Meerheimb

Richard Riess

Perspektiven der Pastoralpsychologie

Perspektiven der Pastoralpsychologie

Herausgegeben von Richard Riess

Vandenhoeck & Ruprecht
in Göttingen

ISBN 3-525-62148-5

 – Satz und Druck: Gulde-Druck, Tübingen. – Bindearbeit: Hubert & Co., Göttingen

Vorwort

Der Einfluß der empirischen Wissenschaften zeigt auch in Theologie und Kirche zunehmend seine Wirkung. Im Zuge dieser Entwicklung entfaltet sich nunmehr in Europa die Pastoralpsychologie, die vordem nur in den Vereinigten Staaten verbreitet war.

Der vorliegende Band versucht Dimensionen dieser Disziplin zu beleuchten. Er enthält deshalb sowohl „klassische" Aufsätze als auch neue Arbeiten. Ihre Autoren kommen aus verschiedensten Aufgabenbereichen – der Beratung, der psychotherapeutischen Praxis, der kirchlichen Seelsorge oder der Universität. Sie haben sich zumeist schon über lange Zeit um das Aufkommen und Ansehen der Pastoralpsychologie bemüht und waren schließlich wesentlich an der Gründung der „Deutschen Gesellschaft für Pastoralpsychologie" (1972) beteiligt. Die vorliegende Publikation vermittelt daher auch einen Eindruck vom geschichtlichen Prozeß und von der gegenwärtigen Position eines jungen Faches, das seinen Schwerpunkt in der Praxis hat und zugleich als Forschungsdisziplin im Bereich der wissenschaftlichen Praktischen Theologie zunehmend an Bedeutung gewinnt. Nachdem in den letzten Jahren einige Literatur erschien, die der praktischen Seelsorge gewidmet war, ist es nun angebracht, das Gespräch um die Grundlagen der Pastoralpsychologie anzuregen. Dazu soll diese Auswahl dienen.

Mein Dank gilt aus diesem Grunde allen Autoren und Übersetzern, die sich daran beteiligt haben, und dem Verlag Vandenhoeck & Ruprecht, besonders Herrn Dr. Eberhard Herdieckerhoff, der diesem Vorhaben mit viel Verständnis und Vertrauen begegnet ist.

Richard Riess

Inhalt

TEXTE ZUR THEORIE

Joachim Scharfenberg

Symbole des Glücks in theologischer und psychologischer Sicht

Neben Leiden, Kreuz und Tod sind auch Aktion, Spiel und Hoffnung zu Themen der neueren Theologie geworden. Joachim Scharfenberg stellt sich mit seinem Aufsatz (1972) der gewandelten Ausgangssituation und nimmt die Auseinandersetzung um den Aspekt des Glücks auf. Wie in vielen seiner Veröffentlichungen kommen auch dabei seine kritisch-kongeniale Verbundenheit mit der Theologie und sein eigenständig-engagiertes Verhältnis zur klassischen Psychoanalyse zum Ausdruck.

Daß die Frage nach dem Glück in den letzten Jahren nach einer langen Zeit der Abstinenz in diesen Fragen in der Theologie wieder aufgetaucht ist, wird von dem Praktischen Theologen nur begrüßt werden können. Über Gebühr lange sah er sich von der theologischen Theoriebildung im Stich gelassen, wenn es um die Frage der Bedürfnisse des Menschen und um deren Befriedigung ging, obwohl sie sich als praktisches Problem des kirchlichen Handelns faktisch immer stellte. Das grundsätzliche und prinzipielle „Ignorieren aller inneren Prozesse" *(E. Brunner)*, das lange einen geradezu mit Ingrimm verfolgten Programmpunkt innerhalb der Theologie darstellte, hat offenbar die kirchliche Praxis in eine dreifache Kalamität geführt: Entweder stand kirchliches Reden und Handeln beziehungslos neben der menschlichen Wirklichkeit, so daß das Interesse daran sprunghaft abzusinken begann. Oder es kam zu einer unkritischen Bedürfnisbefriedigung, die die kirchliche Praxis auf das Niveau eines religiösen Service an Marginalgruppen und in Grenzsituationen absinken ließ. Oder aber es kam zu unschönen und unreflektierten Kompromißbildungen, die von den Notwendigkeiten der Praxis diktiert schienen und darauf hinaus liefen, daß man der offenbaren Unattraktivität des kirchlichen Betriebes auf eine äußerst vordergründige Art durch einige kosmetische Operationen in Richtung auf größeren Lustgewinn und stärkere Befriedigung von Glücksstreben aufzuhelfen versuchte. So wurde im kirchlichen Unterricht und in der Jugendarbeit die bittere Pille des Umganges mit der Bibel durch eine wohlschmeckende Umhüllung von Spiel, Sport und geselliger Aktivität versüßt; da versuchte der Prediger die lähmende Monotonie des Predigtmonologes dadurch aufzulockern, daß er sich um die Rolle eines Alleinunterhalters bemühte, der sich immer wieder neue Kurzweil auszudenken hatte; da wurde der offensichtlich als museal empfundenen Welt der Liturgie durch einige flotte Beat-Rhythmen aufzuhelfen versucht und vieles mehr.

Der Historiker wird darauf verweisen können, daß die Frage nach dem Glück innerhalb der theologischen Überlieferung als eine gefährliche Frage anzusehen ist. Zu großes Leid wurde immer wieder über zu viele Menschen gebracht, indem man die Formel *J. Benthams* „Möglichst großes Glück für möglichst viele Menschen" im Sinne ganz bestimmter individueller oder gesellschaftlich verstandener „Endzustände" zu verwirklichen suchte und so den christlichen Beitrag zum Glücksproblem konkretistisch mißverstand. Es soll deshalb der Frage nachgegangen werden, ob dieser Beitrag nicht eher im symbolischen Bereich zu suchen wäre. Ohne Zweifel hat die biblische Überlieferung im Laufe ihrer Entstehungsgeschichte eine Fülle von bildhaften Elementen herausgestellt, die den erfahrenen und wieder anzustrebenden Glücksempfindungen Ausdruck zu verleihen sucht. Neben Metaphern, die an ein bestimmtes Weltbild gebunden zu sein scheinen, wie dem geöffneten Himmel, von dem Engel auf einer Leiter herabsteigen, stehen Bilder, die bestimmte ökonomische oder gesellschaftliche Bedingungen widerspiegeln, wie das von der Beute, der Ernte, der Hochzeit, der Stadt oder dem Reich Gottes. Als im eigentlichen Sinne symbolisch möchte ich jene Beiträge bezeichnen, die allgemein menschliche Erfahrungen personaler Art ausdrücken und relativ unabhängig von weltbildhaften und sozio-ökonomischen Bedingtheiten zu sein scheinen. Ich nenne exemplarisch für viele das Symbol des aufgedeckten Angesichtes, das von den Anfängen der Überlieferung her in Gestalt des aaronitischen Segens an zentraler Stelle des christlichen Gottesdienstes aufbewahrt wird, zur Vermittlung der Erfahrung von Glück, Heil und Segen dienen soll und von *Paulus* zur Ausformulierung des eschatologischen Glücks herangezogen wird: „Wir sehen jetzt wie durch einen Spiegel in einem dunklen Wort, dann aber von Angesicht zu Angesicht" (1. Kor. 13).

Damit stellt sich die Frage nach dem angemessenen Umgang mit Symbolen als ein zentrales Problem Praktischer Theologie. Wenn sich nun aber vor allem in den letzten Jahren die Psychoanalyse immer stärker als eine Wissenschaft profiliert hat, die den menschlichen Umgang mit Symbolen als ihren eigentlichen Forschungsbereich erkannt hat, im Gegensatz zu den streng naturwissenschaftlich konzipierten Denkmodellen ihrer Anfänge, dann erscheint es sinnvoll, der Frage nach den Symbolen des Glücks im Grenzgebiet von Theologie und Psychologie nachzugehen.

I

Man könnte nun auf den Gedanken kommen, daß die Psychoanalyse es sei, die die Frage nach dem Glück in besonderer Weise angeregt und beantwortet, dadurch dem Eudämonismus in unserem Zeitalter zur Auferstehung verholfen habe und nun diese Frage der Theologie gleichsam mit der Aufforderung zur Konkurrenz präsentiere.

Wenden wir uns mit dieser Frage an den Schöpfer der Psychoanalyse, *Sigmund Freud* selbst, so erhalten wir zunächst eine erstaunliche und befremdende Antwort: „Man möchte sagen, die Absicht, daß der Mensch ‚glücklich' sei, ist im Plan der ‚Schöpfung' nicht enthalten. Was im strengsten Sinne Glück heißt, entspringt der eher plötzlichen Befriedigung hoch aufgestauter Bedürfnisse und ist seiner Natur nach nur als episodisches Phänomen möglich. Jede Fortdauer einer vom Lustprinzip ersehnten Situation ergibt nur ein Gefühl von lauem Behagen; wir sind so eingerichtet, daß wir nur den Kontrast intensiv genießen können, den Zustand nur sehr wenig. Somit sind unsere Glücksmöglichkeiten schon durch unsere Konstitution beschränkt."[1]

[1] Das Unbehagen in der Kultur, Ges. Werke, Bd. XIV, 434.

Wenige Jahre bevor diese Sätze niedergeschrieben wurden, hatte ein christlicher Apologet, der in einem großangelegten Werk die Herausforderung der Theologie durch die moderne Naturwissenschaft aufzuarbeiten versuchte, nämlich *Arthur Titius*, fast gleichlautend formuliert, es sei der besondere Beitrag des Christentums zum Problem des Glücks darzustellen, daß die Erreichung eines glücklichen Dauerzustandes auf Erden infolge der Disharmonie des Menschen, die auf Sünde und Schuld beruhe, und der damit zusammenhängenden Disharmonie der ganzen Natur, die durch die Vergänglichkeit und das Verlangen nach Ewigkeit bedingt sei, unerreichbar sei[2]. Es mag dahingestellt bleiben, ob die erstaunliche Einmütigkeit, die zwischen dem Theologen und dem Psychoanalytiker besteht, eine Spätfrucht jener Geistesrichtung ist, mit der *Immanuel Kant* die philosophische und theologische Lehre von der eudämonistischen Richtung befreit hatte[3], oder ob dafür andere Faktoren verantwortlich zu machen sind. Wir halten jedoch fest, daß im Blick auf das Glück sowohl der Theologe wie der Psychoanalytiker offenbar durch ihre Zeitgenossenschaft in der gleichen skeptischen Grundeinstellung sich begegnen.

Man mag sich fragen, wie es eigentlich komme, daß *Freud*, der für die Leidenszustände der Menschen ein derartig reichhaltiges Arsenal von Beschreibungs- und Klassifizierungsmöglichkeiten schuf, sich eine so außerordentlich große Zurückhaltung auferlegte, wenn es um die Beschreibung des Heilungszieles, um Gesundheit, Wohlbefinden und Glück ging. Immerhin stößt man auf einen wichtigen Zusammenhang, wenn man sich um eine Beantwortung dieser Frage bemüht. *Freud* hatte sich im Blick auf das Heilungsziel auf eine immer wieder als understatement empfundene Formel festgelegt: Er müsse sich zufrieden geben, bei seinen Patienten ein Stück Arbeits- und Genußfähigkeit wiederherzustellen. Es ist aber diese Formel von der Arbeits- und Genußfähigkeit, die *Freud* erstmalig von einem alten Juden in Hamburg hört, die ihn auf das lebhafteste an die vom Vater her bekannte Form der chassidischen Frömmigkeit erinnert. In dem Bericht über diese Begegnung, den *Freud* in einem seiner Briefe an die Braut gibt, heißt es:

„Ich kannte ja die Art ... Die Religion war nicht mehr starres Dogma, sie wurde zum Gegenstand des Nachsinnens, zur Befriedigung des verfeinerten künstlerischen Geschmacks und gesteigerter logischer Anforderungen und schließlich empfahl sie der Hamburger Lehrer, nicht weil sie einmal als geheiligt vorhanden war, sondern weil er sich des tiefen Sinns freute, den er in ihr entdeckte ... Es war Kritik, wenn auch willkürlich gehandhabte und fest bestimmten Zielen zusteuernde ... Er war kein Asket, setzte er fort. Der Jude, sagte er, ist die höchste Blüte des Menschen und für den Genuß geschaffen ... Der Jude ist für die Freude und Freude ist für den Juden. Der Lehrer erläuterte dies an der Steigerung der Feste ... Wenn die Form, in der die alten Juden sich wohlfühlten, auch für uns kein Obdach mehr bietet, etwas vom Kern, das Wesen des sinnvollen und lebensfrohen Judentums, wird unser Haus nicht verlassen."[4]

---

[2] A. Titius, Natur und Gott, 1926, 668.

[3] So C. Weizsäcker, in: RE, Bd. V, 197 f.

[4] S. Freud, Briefe 1873–1939, 1960, 23 f.

Es scheint mir nun ganz im Sinne dieses Hinweises von *Freud* zu liegen, daß in der gegenwärtigen Wiederaufnahme der Frage nach dem Glück in der theologischen Diskussion eine Schwerpunktverlagerung aus dem ethischen Bereich in den der Ästhetik erfolgte. *Karl Barth,* der die Frage nach dem Glück noch im Bereich der Ethik aufzunehmen versucht, hat in seiner Kritik an Kant darauf hingewiesen, daß „das, was uns angenehm, das, was uns lustig dünkt, wessen wir uns für bedürftig halten ... das kann in seiner Weise ebenfalls wie ein Gesolltes sich darstellen ... Es kann keine Frage sein, daß diese Zielsetzungen unseres Willens mit objektiven Problemen zusammenhängen und auf solche hinweisen, daß sie also nicht kurzerhand diskreditiert und beiseite geschoben werden dürfen"[5]. Damit geht es aber eben um diese „objektiven Probleme", die geklärt werden müßten, wenn die „real prinzipielle Transzendenz" dann aber auch unser Heil in sich schließen soll, das, „was uns von Gott als lustig, angenehm, wahr, gut und schön zugedacht ist"[6]. In ganz anderer Weise, aber in auffallender formaler Strukturparallele dazu hatte *Herbert Marcuse* in seiner Kritik des Hedonismus aus dem Jahre 1938 eine Klärung der wahren Interessen gefordert, nur dann könne der gesellschaftliche Lebensprozeß in einer Weise gestaltet werden, „durch die die Freiheit des Individuums mit der Erhaltung des Ganzen auf Grund der gegebenen objektiven geschichtlichen und natürlichen Bedingungen in Einklang gebracht wird"[7]. Durch die Beschränkung des Glücks auf die sinnliche Lust seien Daseinsverhältnisse geschaffen worden, die wahre Lust nicht nur von der Seele, sondern auch von allen wesentlichen personalen Beziehungen getrennt haben und somit die Erkenntnis der Wahrheit außerhalb des Glückes fallen lassen[8].

Das Ergebnis der ethischen Debatte um das Glück, in dem sich der Theologe und der marxistische Sozialphilosoph zu begegnen vermögen, so wie sich ein Jahrzehnt zuvor der Theologe und der Psychoanalytiker in einer eher skeptischen Einstellung trafen, könnte also darin liegen, daß nicht in erster Linie zu fragen wäre, wie denn Verhältnisse zu schaffen wären, unter denen ein fraglos feststehendes Glück für möglichst viele Wirklichkeit werden könnte, sondern wie sich denn die Frage nach dem Glück mit der Wahrheitsfrage, mit der Frage nach dem Objektiven verbinden lasse. Was bei *Marx* in der dritten These gegen Feuerbach in der revolutionären Praxis als verbunden angesehen war, nämlich die Selbstveränderung und das Verändern der Verhältnisse, scheint heute in der Gefahr zu stehen, auseinanderzugeraten und sich in einen ethischen Aktionismus zu vereinseitigen, der lediglich von der Veränderung des Bestehenden schon ein Höchstmaß an Glück erhofft[9]. Man kann diesen Vorgang sehr schön beobachten, wenn man sich einmal die Mühe macht, die Beiträge jener beinahe spektakulär zu nennenden Veranstaltung auf dem Stuttgarter Kirchentag zu studieren, die als „Tribunal zur Ermittlung des Glücks" drei Tage lang diese Fragen unter illusterer wissenschaftlicher Beteiligung, aber unter deutlichem Vorherrschen des ethischen Elementes diskutierte. Es ist vielleicht nicht

[5] Kirchliche Dogmatik, Bd. II, 2, 723 f. [6] AaO., 726.

[7] H. Marcuse, Zur Kritik des Hedonismus, in: Zeitschrift für Sozialforschung 7/1938.

[8] Marcuse, aaO., 67 u. 87. [9] Vgl. Kursbuch 25.

zuletzt die erschreckende Ergebnis- und Fruchtlosigkeit derartiger Deklamationen, die dazu geführt haben, daß gerade diejenigen Autoren, die noch vor einigen Jahren so etwas wie einen ethischen Aktionismus vertreten hatten, die Frage nach der Objektivität, dem Wahrheitsgehalt von Glückserfahrung stellen und sich nunmehr eine Weiterführung aus einer Zuwendung zum ästhetischen Bereich versprechen.

So wird von *Harvey Cox* eine Verbindung unseres Lebens mit dem Gestern und Morgen durch ein Eingehen auf die „ästhetischen, gefühlsmäßigen und symbolischen Aspekte des Lebens" gefordert[10]. *Jürgen Moltmann* beklagt, daß die ästhetischen Kategorien der neuen Freiheit zugunsten der moralischen Kategorien des neuen Gesetzes und des neuen Gehorsams verschwunden seien, und entdeckt, daß Ethik unter keinen Umständen alles werden dürfe, da doch die theologische Tradition voller ästhetischer Bilder und Kategorien stecke[11]. *Gerhard Martin* schließlich fordert ein konkretes Zusammenspiel von politisch-ethischer Praxis und ästhetischer Welterfahrung und Weltgestaltung[12]. Von einem Umgang mit den christlichen Symbolen des Glücks darf erwartet werden, so versichern uns die genannten Autoren, daß er zu einer Bewußtseinsveränderung verhilft, die zwischen wahrem und falschem Glück zu unterscheiden lehrt, einen Demonstrationswert hat, der die Möglichkeit realen Heils antizipiert[13], uns in geschichtliche Existenz und Freiheit hineinführt[14], die Phantasie anregt, neue Ebenen des Bewußtseins eröffnet[15], emotionale Anziehungskraft entwickelt, die eine starke Motivationsquelle liefert[16], so daß Phantasiewelt und Faktenwelt sich gegenseitig befruchten können[17], das Ganz-Andere vergegenwärtigt wird und damit die Veränderung des Hiesigen vorweggenommen wird[18]. Ich möchte versuchen, diese Versprechen durch eine Konfrontation mit psychoanalytischen Grunderkenntnissen zu überprüfen, wobei sich eine Schwerpunktbildung für *Cox* im Bereich der Feier, für *Moltmann* im Bereich des Spielerischen und für *Martin* im Bereich des Pädagogischen ergibt.

II

1. Nach *Harvey Cox* gilt es, zwei Extreme zu vermeiden, nämlich daß die Geschichte zur einzigen Wirklichkeit des Menschen gemacht wird, weil er dann ihrer fürchterlichen Umarmung zwangsläufig zu entkommen suche, indem er sie fliehe[19] und so in das andere Extrem verfalle: der unhistorischen und darum unpolitischen Wiederentdeckung der Feier, wie sie bei den sogenannten „Neomystikern" zu beobachten sei[20]. Seine Forderung geht deshalb dahin, zur Wiederentdeckung derjenigen Symbole zu gelangen, die zur Sinngebung der geschichtlichen Existenz und zur Freiheit beitragen, denn der Mensch werde nur zum Menschen, wenn er sich in ein größeres Drama hineingenommen weiß[21]. Es geht also um eine Pflege derjenigen

---

[10] Harvey Cox, Das Fest der Narren, 1970, 22.
[11] J. Moltmann, Die ersten Freigelassenen der Schöpfung, 1971, 22 u. 44.
[12] G. Martin, Wir wollen hier auf Erden schon . . ., 1971, 48.
[13] AaO., 65.
[14] Cox, aaO., 145.
[15] AaO., 126.
[16] AaO., 117.
[17] AaO., 107.
[18] Moltmann, aaO., 62 f.
[19] Cox, aaO., 66.
[20] AaO., 146.
[21] AaO., 148.

Symbole, die in der Vergangenheit des Menschen neue Ebenen des Bewußtseins eröffnet haben[22]. Es seien dies in besonderer Weise die vom Christentum entwickelten Symbole, die die Phantasie anregen können und Kanäle eröffnen, über die es zu einer Befruchtung der Welt der Wirklichkeit und des Notwendigen kommen kann[23]. Dadurch, daß ein Ideal symbolisiert werde, werde es bei genügender emotionaler Anziehungskraft eine starke Motivationsquelle dafür abgeben, darauf hinzuarbeiten und dazu beizutragen, daß die Gesellschaft sich selbst zu transzendieren vermag[24]. Auf die Frage, wie das zu verwirklichen sei, verweist *Cox* auf Festlichkeit, Spiel, Meditation und Liebe, die mit Nützlichkeit nichts zu tun hätten, sondern reiner Selbstzweck seien[25]. Sie sollen den Menschen dazu befähigen, seine Erfahrung dadurch zu erweitern, daß er Ereignisse der Vergangenheit aufs neue durchlebt und die Phantasie zu einer Form des Spielens mache, das die Grenzen der Zukunft erweitere[26] und eine festliche Weise darstelle, sich die Vergangenheit zu eigen zu machen[27].

Fragen wir nach der psychologischen Stimmigkeit einer solchen Vorstellungswelt, so muß von der psychoanalytischen Theorie und Praxis her Einspruch erhoben werden. In der Zwangsneurose, dem Beobachtungsbereich der Psychoanalyse, die als das „Zerrbild" einer Privatreligion bezeichnet werden kann, befreit die ständige Vergegenwärtigung der Vergangenheit im Umgang mit Symbolen und Ritualen gerade nicht zur Zukunft, erlaubt es dem Menschen gerade nicht, sich die Vergangenheit zu eigen zu machen, sondern bleibt ihm gerade fremd und äußerlich, sie verhindert in ihrem Wiederholungszwang gerade die geschichtliche Existenz des Menschen. Die These von *Cox*, die mit einer gewissen Emphase vertreten wird, daß nämlich das Ritual den Raum vermenschliche, wie der Mythos die Zeit vermenschliche[28], läßt sich von der psychologischen Erfahrung her nicht bestätigen. Unbewußt vollzogenes Ritual, unbewußte Teilhabe an unverstandenen Mythen lassen sich leicht als die wirksamen Faktoren der menschlichen Entfremdung und gerade nicht als die seiner Menschwerdung aufzeigen. Man fragt sich auch verwundert, wozu denn die jahrzehntelange Debatte um Entmythologisierung und Entritualisierung des christlichen Glaubens gut gewesen sein solle, wenn die Lösung nunmehr in einer unkritischen Hinwendung zu Ritual und Mythos gefunden werden soll. Es ist jedenfalls bei *Cox* schwer Auskunft darüber zu bekommen, welche Faktoren dieser Gefahr wehren sollen, und worin denn der Unterschied zwischen vorwissenschaftlich-unkritischem Umgang mit Symbol und Ritual und einem neuen qualifizierten Umgang mit ihnen bestehen soll. Wenden wir uns also mit dieser Frage den Thesen von *Jürgen Moltmann* zu.

2. *Moltmann* konzentriert seinen Beitrag zur Frage nach dem Glück auf den gewiß sympathischen Gedanken, daß die christliche Theologie so etwas wie einen Spielcharakter gewinnen müsse, sie sei immer auch überschwängliche Freude an Gott und „das freie Spiel der Gedanken, Worte, Bilder und Gesänge mit der Gnade Gottes"[29]. Auf dem Hintergrund der entfremdeten Formen eines nur scheinbaren Glücks, die unsere Gesellschaft beherrschen

[22] AaO., 126.
[23] AaO., 107.
[24] AaO., 117.
[25] AaO., 13.
[26] AaO., 15.
[27] AaO., 48.
[28] AaO., 95.
[29] Moltmann, aaO., 33.

und Ausdruck einer mit der Freiheit unversöhnten Herrschaft und einer mit den Trieben des Menschen entzweiten Moral sind[30], soll die Theologie die entfremdeten Spiele den herrschenden Interessen aus der Kontrolle nehmen, „und sie zu Vorspielen der Freiheit des Menschen und einer freieren Gesellschaft machen"[31].

Dies aber geschieht auf dem Wege der Feier, denn Freiheit drängt nicht nur auf ihre Verwirklichung, sondern auch auf Darstellung und Zelebration, sie will nicht nur realisiert, sondern auch gefeiert werden[32]. Das Spiel hat nun aber immer Unschuld zur Voraussetzung, der Schuldige dagegen ist mit sich selbst zerfallen, er kann nicht spielen. Spielen können nur Schuldlose, nämlich Kinder, oder von Schuld Befreite, nämlich Geliebte[33]. An dieser Stelle scheint mir der Ursprung einer großen Gefahr der *Moltmann*schen Argumentationsweise zu liegen. Zwar möchte er festgehalten wissen, daß Befreiung von Schuld, Buße, nicht seelische Rückkehr in die heile und verdrängte Vergangenheit ist, sondern „Umkehr zur Zukunft"[34], daß – unter Berufung auf Luther – wir nicht zu Gerechten werden, indem wir das Gerechte tun, sondern als Gerechtfertigte tun wir das Gerechte[35], aber wenn es um eine konkrete Beschreibung des Neuen geht, das so spielend und feiernd vorweggenommen werden soll, scheint dies mir nur im Rückgriff auf das Alte, Kindliche zu gelingen. Obwohl *Moltmann* den Infantilismus als Lösung der menschlichen Probleme ausdrücklich vermeiden will, obwohl er es ablehnt, sich vorzustellen, daß der Mensch am Ende seiner mühsamen Entwicklung wieder zum Kinde werden soll, kann im gleichen Satz mit einem gewissen logischen Bruch behauptet werden: „Die Bilder des kommenden Neuen (und damit die Symbole des Glücks) stammen nicht aus der Welt des Kampfes und Sieges, der Arbeit und des Erfolges, des Gesetzes und seiner Durchsetzung, sondern aus der Welt des kindlichen Urvertrauens."[36] Indem so in den Betrachtungen über das Spiel „romantische oder utopische Sehnsüchte nach der verlorenen oder noch nicht erreichten Einfalt der kindlichen Welt"[37] einfach mit einem Griff zusammengefaßt werden, scheint mir die erstrebte „Überholung" des Archaischen[38] keineswegs geglückt, sondern das Problem erst verfestigt zu sein; denn wenn der freien Schöpfung aus dem Wohlgefallen Gottes als Weltsymbol die Gotteskindschaft als Menschensymbol entsprechen soll, wenn das Ende der Geschichte mit ästhetischen Kategorien ausgemalt wird[39], dann wartet am Ende der Geschichte tatsächlich nur wieder, was den Anfang bestimmte ... das Wohlgefallen im Spiel, „das den freien Gott und die befreiten Menschen miteinander verbindet"[40], ist die Religion als „Spiel der Erinnerung" Ausdruck „jener ursprünglichen und endgültigen Menschlichkeit vor Gott"[41].

Es scheint mir schwer vorstellbar, wie eine solche Theologie sich gegen den Vorwurf der Religionskritik behaupten will, daß in ihr eine großartige Regression auf die Erfahrungs- und Artikulationswelt des Kindes sich ausspricht, die Ziel und Ursprung in einem Zyklus zusammenfaßt, den Men-

---

[30] AaO., 15. [31] AaO., 19. [32] AaO., 29.
[33] AaO., 37. [34] AaO., 50. [35] AaO., 53.
[36] AaO., 40. [37] AaO., 12. [38] AaO., 30.
[39] AaO., 38. [40] AaO., 42. [41] AaO., 62.

schen auf seine Vergangenheit festlegt und letztlich doch zum Wiederholungszwang des Ewig-Gleichen verurteilt, nämlich die Sinnenwelt, in die wir gestellt sind, mittels der Mechanismen unerfüllter Kinderwünsche zu bewältigen.

3. Am weitesten in den psychoanalytischen Bereich selber stößt *Gerhard Martin* vor in seinem Plädoyer für die Wiedergewinnung ästhetischer Kategorien und symbolischer Ausdrucksformen zur Ermittlung des Glücks. An zentraler Stelle steht bei ihm das bekannte Wort aus dem neunten von *Schillers* Briefen „Über die ästhetische Erziehung des Menschen": „Ihre Maximen wirst du umsonst bestürmen, ihre Taten umsonst verdammen; aber an ihrem Müßiggange kannst du deine bildende Hand versuchen. Verjage die Willkür, die Frivolität, die Rohigkeit aus ihren Vergnügungen, so wirst du sie unbemerkt auch aus ihren Handlungen, endlich aus ihren Gesinnungen verbannen. Wo du sie findest, umgib sie mit edlen, mit großen, mit geistreichen Formen, schließe sie ringsum mit den Symbolen des Vortrefflichen ein, bis der Schein die Wirklichkeit und die Kunst die Natur überwindet."[42]

Schiller findet deshalb das bewundernde Interesse *Martins*, weil bei ihm die Alternative Ethik *oder* Ästhetik überwunden sei, das von *Huizinga* gebrauchte Gegensatzpaar paidia und agon funktional aufeinander bezogen werde. Damit tritt der pädagogische Aspekt des Umgangs mit Symbolen wieder stärker in den Vordergrund, denn gesucht wird gerade das Zusammenspiel von politisch-ethischer Praxis und ästhetischer Welterfahrung und -gestaltung. Dies erscheint *Martin* gegeben in der von ihm postulierten religiösen Ideologie, die er im Anschluß an *E. Erikson* von dem Makel der Diffamierung zu befreien versucht. Sie stellt eine Lebensformel dar für das Leben des Ich in der Gruppe und des Ich in der Welt vor Gott[43]. Erstrebt wird also eine Identität, die auf Identifizierung beruht und sich damit dem Bereich des Über-Ich nähert. Im Gegensatz zu *Erikson*, der das durch Identifizierung gebildete Über-Ich allenfalls als ein Übergangsstadium anerkennen will, möchte *Martin* im Über-Ich einen höheren Wert als im Ich sehen. Er sucht nach einer „in Gott gewährten Identität", die nicht nur meint, sozialpsychologisch integriert zu sein und sich als Ich konstituiert zu haben und auf dieser Basis frei zu sein für Spiel und Glück, sondern ihm geht es um eine neuerliche Aufsprengung der gewonnenen Ich-Synthese durch die Religion, die als positive Ideologie den letzten Sinnhorizont zeichne und damit „offen sei zum Über-Ich hin"[44]. Eine solche geforderte „sekundäre Ich-Diffusion", die die in der Adoleszenz erworbene Identität aufsprengt, kann aber nach tiefenpsychologischer Anschauung nicht als ein Fortschreiten über die Ich-Funktionen hinaus angesehen werden, sondern sie bedeutet nichts anderes als eine sekundäre Regression auf ein Entwicklungsstadium, in dem Identität nur durch ständige Identifizierung mit übermächtigen Schutzmächten garantiert werden kann. Glück hieße dann die Identifizierung mit den vorgegebenen „Symbolen des Vortrefflichen" und deren Verinnerlichung, das heißt aber Anpassung an die je geschichtlich gewordene, nun aber positiv als Glück gesetzte Umgebung, die *Martin*

[42] Schillers Werke, Bd. 8, 38. [43] Martin, aaO., 41. [44] AaO.

gerade als „Arretierung in einer allgemeinen Nicht-Identität"[45] überwinden will. Es überwiegt auch hier der Rückgriff auf ein Entwicklungsstadium, das entwicklungspsychologisch nicht als das Ziel der menschlichen Reifung bezeichnet werden kann.

III

Wir halten inne: Die Schwerpunktverlagerung der theologischen Überlegungen zum Glücksproblem haben eines leisten können: Sie haben die „objektive Größe" der christlichen Überlieferung, die sich in der ethischen Debatte nur in der Form des neuen Gesetzes und den Kategorien des Sollens artikulieren konnte, mit den Elementen des Spielerischen, der Feier und des Symbolischen verbunden. Sie scheint mir jedoch mit der Auskunft, man müsse diese bisher vernachlässigten Elemente nur wieder in der kirchlichen Praxis betonen, an einem entscheidenden Problem vorbeizugehen: Wenn es tatsächlich stimmt, daß die Theologie mit ihrer Überbetonung des Rationalen und des Ethischen die Elemente des Ästhetischen, des Spielerischen und des Symbolischen vernachlässigt hat, so wird man doch eine solche Schwerpunktverlagerung kaum dadurch korrigieren können, daß man einen solchen Fehler eben als schicksalhafte Gegebenheit oder ein blindes Spiel des Zufalls ansieht, die man einfach dadurch zurechtrückt, daß man es in der Zukunft anders zu machen gedenkt, ohne auch nur einige Mühe darauf zu verschwenden, die Ursachen und die Gründe herauszufinden, die zu einer solchen Veränderung geführt haben. Mir schiene eine Praktische Theologie schlecht beraten, die sich lediglich aufs neue den ästhetischen, liturgischen und symbolischen Bereichen zuwendet mit der erleichterten Feststellung, daß nun das Pendel offenbar wieder in die andere Richtung schwinge und die erfreut wieder da religiöse Bedürfnisse registriert, wo bisher die schiere Bedürfnislosigkeit zu herrschen schien, die sich aber nicht in der Lage sieht, einen solchen Wandel theologisch zu verantworten.

Hier könnte nun die Psychoanalyse weiterhelfen: Nach *Jürgen Habermas* besteht der grundlegende Unterschied zwischen der geisteswissenschaftlichen Hermeneutik *Dilthey*scher Prägung und der psychoanalytischen Hermeneutik darin, daß die herkömmliche Hermeneutik, wenn sie vor der Aufgabe steht, einen verderbten Text zu verstehen, sich damit begnügt, die Entstellung rückgängig zu machen, während die psychoanalytische Hermeneutik darauf insistiert, die Motive für eine solche Entstellung aufzudecken und zu verstehen.

Nehmen wir an, der Text der christlichen Überlieferung sei dadurch korrumpiert, daß in ihm das Element des Symbolischen, Spielerischen und Ästhetischen über lange Zeit zugunsten des Ethischen und Rationalen vernachlässigt wurde, so könnte es von größter Wichtigkeit sein, eben das Motiv kennenzulernen, das zu einer solchen Störung der Kommunikation, zu solchen Verstehensschwierigkeiten geführt hat. Bisher hat man weithin angenommen, der Umgang mit den Symbolen der Überlieferung sei deshalb gestört, weil die geschichtliche Entwicklung derlei Ausdrucks- und Kommunikationsmöglichkeiten überholt und erledigt habe. Die Symbole des Glücks, die Elemente des Festes und der Feier könnten deshalb keine

[45] AaO., 27.

Wirkung mehr entfalten, weil der Mensch in seiner Lebenswelt sich auf fundamentale Weise verändert und ihm der Zugang zu solchen Bereichen auf Grund der Veränderungen, die er in seinem Weltbild vorgenommen habe, versperrt sei: Es gelte also Symbole in Begriffe, Feier in Information, Spiel in Kategorien der Entscheidung zu transferieren.

Dies entspricht jedoch keineswegs der psychoanalytischen Erfahrung. Auch der sogenannte „moderne Mensch" — was immer man darunter verstehen mag — geht mit Symbolen um, auch in seinem Leben ist das Element der spielerischen Begehung nicht vergangen, gibt es Bereiche eines transrationalen Umgangs mit Wirklichkeit. Sie artikulieren sich allerdings vorwiegend in den Bereichen des Unbewußten, die der Neurotiker als Symptome, der sogenannte Normale als Träume und Fehlleistungen erfährt. Sein Umgang damit hat sich aus dem Bereich des Bewußten, das sein Alltagsleben beherrscht, in den Bereich des Unbewußten verschoben und es muß geradezu ein gewisser Energieaufwand eingesetzt werden, um eine Wiederkehr des Verdrängten zu verhindern. Eine solche Erkenntnis darf jedoch nicht zu dem Schluß verleiten, eine reine Rückwendung zu jenem entfremdeten Bereich werde automatisch wie eine Befreiungstat wirken und ihr werde ohne weiteres alles, was aus unseren Kindertagen in uns ungenutzt bereitliegt, gleichsam „entgegenjauchzen". Der Umgang mit den Symbolen des Glücks wird sich nicht durch eine Rückkehr zu den infantilen oder juvenilen Denk- und Empfindungsstrukturen neubeleben lassen, sondern ein solcher neuer Umgang mit diesen Bereichen wird der tatsächlich gewordenen Bewußtseinserweiterung und Bewußtseinsveränderung Rechnung tragen müssen. Ein Jugendlicher, der sich nach der Pubertät, nach einer intensiven Phase des Realitätsbewußtseins, in der nur das Faktische gilt, vielleicht durch die Erfahrung einer ersten Liebe motiviert, erneut der Welt der Symbole zuwendet, wird es nie mehr mit der Naivität und Unmittelbarkeit des Kindes tun können, auf das Symbole direkt wirken. Sein Bewußtsein wird jetzt den symbolischen Gehalt plus das Bewußtsein des symbolischen Charakters des Symbols selber umfassen müssen.

Der Aufforderung, sich aufs neue der Welt der Symbole, des Spiels und der Feier zuzuwenden, kann meiner Meinung nach nur zugestimmt werden, wenn es sich bei diesem Umgang um einen *gedeuteten* Umgang handelt, der sich auf einer neuen Bewußtseinsstufe vollziehen muß. An dieser Stelle scheint mir heute viel auf dem Spiel zu stehen, denn die starke Polarisation, die wir in der Theologie beobachten, dürfte hier eine ihrer Wurzeln haben. Wenn einem unbewußten Umgang mit Symbol und Ritual das Wort geredet wird — und wer wollte bestreiten, daß der Umgang mit kirchlichen Ritualen und Symbolen sich für weite Kreise unserer Gemeindeglieder in tiefer Unbewußtheit vollzieht —, dann wird sich kaum vermeiden lassen, daß dies zwanghafte Züge annimmt, mit den Mitteln der Faszination arbeiten muß, Herrschaft stabilisiert, Freiheit verhindert und Zukunft verschließt. *Sigmund Freud* hatte in den damit angedeuteten Mechanismen das eigentliche Geheimnis der Wirkungsmacht der Religion gesehen. Ein bewußter, ein spielerisch-distanzierter Umgang mit Glaubensinhalten, der sich des tiefen Sinnes der Symbole erfreuen kann, lag für ihn — ähnlich wie für *Dietrich Bonhoeffer* — nicht mehr im Bereich des Religiösen im strengen Sinne.

Fragen wir uns abschließend, wie es zu einem solchen bewußten Umgang mit den Symbolen des Glücks kommen kann:

Der Psychoanalytiker beschäftigt sich mit Menschen, die an ihrem Umgang mit Symbolen erkranken. Eine für sie überwältigende Erfahrung beglückender oder schmerzlicher Art in der Phase ihres Lebens, in der sich das kleine schwache Ich noch hilflos den Stürmen seines Gefühlslebens ausgeliefert sah, ist aus ihrem Erinnerungsvermögen geschwunden, aus dem Bereich des Bewußtseins verbannt. An seine Stelle ist eine symbolische Stellvertretung getreten, ein Erinnerungssymbol, dessen eigentlicher Sinn vergessen wurde, das keine gefährlichen Affektstürme auslöst, das aber doch die verschwundene Erfahrung repräsentiert. Freilich um den Preis, daß sie von der allgemeinen Kommunikation ausgeschlossen ist, daß sie privatisiert wurde, sich nicht mehr mit anderen teilen und austauschen läßt, und so den Neurotiker in Isolation und Einsamkeit stößt. Der Umgang mit der eigenen Vergangenheit kann nicht frei, spielerisch erfolgen, die Erinnerungssymbole werden nicht in ihrem symbolischen Charakter erkannt, werden „literalistisch" mißverstanden. Das „falsche" Bewußtsein suggeriert ein falsches Glück, nämlich die zwanghafte Befolgung der im eigenen Innern aufgerichteten Fremdherrschaft durch die Repräsentanzen der Vergangenheit.

Der Psychoanalytiker heilt dadurch, daß er seinen Patienten eine Rückkehr zu den vergessenen Erfahrungen ermöglicht, indem es zu einer Wiederbelebung des alten Konfliktes kommt, der aber nun auf der Ebene des Bewußtseins gelöst werden kann, indem die privatisierten Symbole mit den Symbolen der allgemeinen Interpretation und Kommunikation, die sich in den Deutungskategorien der psychoanalytischen Theorie niedergeschlagen haben, in Verbindung gebracht werden. Wenn der Psychoanalytiker und sein Patient so gemeinsame Deutungsarbeit an Symbolen leisten, dann heißt das weder, daß Symbole auf eindeutige Weise wie mit dem Wörterbuch in die dazugehörigen Erfahrungswerte übersetzt werden, noch, daß ein Symbol in die Beliebigkeit der jeweiligen individuellen Erfahrungswerte des Patienten transformiert würde, sondern, daß ein Prozeß in Gang gesetzt wird, in dem beides auf dem Spiel steht und sich ständigen Veränderungen ausgesetzt sieht, sowohl die individuelle Erfahrung des Patienten, die sich an der Konfrontation mit überindividuellem Erfahrungsgut verändern kann, wie die Theorie des Analytikers, die sich durch jeden individuellen Fall in Frage stellen und verändern lassen muß. „Der Erkenntnisvorgang bewirkt ... nicht nur eine qualitative Veränderung im erkennenden Subjekt, sondern ebenso eine im erkannten Objekt."[46] Ein solcher gleichsam spiralförmiger Erkenntnisprozeß, in dem psychoanalytische Theorie und Praxis zusammengeschlossen sind, erinnert interessanterweise nicht nur an die Unschärferelation von *Heisenberg*, sondern auch an die dialektisch-materialistische Theorie der Einheit von Wissen und Handeln, wie sie *Mao Tse-tung* entwickelt hat[47].

Der Praktische Theologe nun wird sich dem gleichen Problem gleichsam von der anderen Seite her nähern müssen. Ihm stehen die Symbole einer einmal überwältigend gewesenen Erfahrung zur Verfügung, nur daß sie sich

---

[46] Wolfgang Bauer, China und die Hoffnung auf Glück, 1971, 538.

[47] Vgl. aaO., 540.

nicht mehr wie von selbst in Erfahrung umsetzen lassen. Wo sie aber noch wirken, oder hier und da in den neureligiösen Bewegungen der Gegenwart wieder zu wirken beginnen, da scheint dies nur um den Preis möglich, daß diese Wirkungsweise sich auf der Ebene der Unbewußtheit infantiler und juveniler Emotionalität vollzieht. Auch der Theologe wird deshalb einen bewußten, deutenden, verantwortbaren Umgang mit den Symbolen der Überlieferung anstreben. Er wird sich dazu — wie es die Theologie immer getan hat — derjenigen Materialien und Mittel bedienen, die die menschliche Selbstinterpretation auf allen Kulturgebieten zur Verfügung stellt[48]. Wenn er sich dabei auch auf solche der Psychoanalyse einläßt, wie hier vorgeschlagen wird, dann sollte ein solcher Dialog ein durchaus kritischer sein. So wird sich die Psychoanalyse etwa kritisch daraufhin befragen lassen müssen, warum sie sich eigentlich in ihren Deutungskategorien in so überaus einseitiger Weise auf Symbole der Menschheitsüberlieferung festgelegt hat, die das tragische Element betonen. Oedipus, Narzissus, das Ringen der Giganten Eros und Thanatos – was immer an mythologischem Material in die psychoanalytische Theoriebildung eingegangen ist, entstammt diesem Formenkreis eines bestimmten Ausschnittes menschheitlicher Erfahrung. Könnte hier die Wurzel dafür liegen, daß die Psychoanalyse, wenn es um den Umgang mit den Symbolen des Glücks geht, tatsächlich keine eigenständigen Beiträge geliefert hat und allenfalls indirekt auf die Symbole der jüdisch-christlichen Überlieferung verweist? Wenn tatsächlich stimmen sollte, was *Harvey Cox* behauptet, daß der Geist des Komischen dem Christentum irgendwie näher ist als der des Tragischen[49], dann wäre hier ein Punkt erreicht, an dem die Theologie namens der von ihr überlieferten Symbole des Glücks in Streit treten müßte mit anderen Wissenschaften, in denen so offensichtlich die Symbole des Tragischen überwiegen. Es wäre dies allerdings keine Theologie, die in narzißtischer Selbstgenügsamkeit ihr „proprium" zu formulieren unternimmt, sondern eine Theologie, die sich darauf einläßt, ihre überlieferten Symbole und die Erfahrungen, die Menschen heute in ganz anderen Bereichen machen, so miteinander zu vermitteln, daß sie sich wechselseitig deuten, daß sie sich aber auch wechselseitig verändern können.

[48] P. Tillich, Systematische Theologie, Bd. I, 1956, 74.
[49] Cox, aaO., 195.

Thomas W. Klink

Konflikt und Konflikttheorie in der Praxis des Pfarrers*

Wie Glück, Schuld und Trauer ist auch der Konflikt zu den elementarsten Kategorien der menschlichen Existenz zu zählen. Thomas W. Klink hat sich diesem Thema bis kurz vor seinem frühen Tod in besonderer Weise zugewandt. Der aus dem Amerikanischen übersetzte Aufsatz, dem trotz allem die kulturellen Unterschiede noch abzuspüren sind, ist ein Ausschnitt aus seiner Arbeit „Depth Perspectives in Pastoral Work" (1965). Die Konflikttheorie von Klink stellt dabei eine Verbindung von verschiedenen Konzeptionen her: der klinischen Seelsorge, der Theologie von Tillich und dem Grundprinzip des homöostatischen Gleichgewichtes, das unter anderem auch für das tiefenpsychologische und therapeutische Modell von Karl Menninger bezeichnend ist. Thomas Klink, früherer Mitarbeiter von Menninger, hat dieses Modell in seinen theoretischen Ansatz aufgenommen.

Die Bedeutung der Tiefe

Die neue Bewegung des Clinical Pastoral Training hat vielen Theologiestudenten und Pfarrern die Möglichkeit gegeben, Schichten der Tiefe in menschlicher Erfahrung zu entdecken. In Krankenhäusern, Gefängnissen und psychiatrischen Kliniken haben Pfarrer „die Menschen als Texte gelesen" und auf diese Weise eine Perspektive von Tiefe in ihrer Arbeit gefunden. Die Gedanken, die von einem Studenten niedergeschrieben wurden, können das illustrieren.

Wie ich mich fühlte, nachdem ich einen unehelich geborenen Jungen, der einen Monat alt gewesen war, beerdigt hatte, 19. Mai 1960.

Heute beerdigte ich einen unehelich geborenen Jungen, der einen Monat alt gewesen war. Der Leichenbestatter sagte, er sei ein großes Kind gewesen. Nur drei Personen standen am Grab: die Frau vom Kinderheim, der Leichenbestatter und ich. Die Mutter des Jungen war nicht da, weil sie keine Beziehung zu ihm hatte. Der Friedhof war klein und schäbig, er lag auf der anderen Seite der Stadt. Alles schien da braun zu sein – sogar die verfallenen künstlichen Blumen schienen braun zu sein. Die Erde war klumpig und dunkel und die Neger (Friedhofsarbeiter) stellten sich etwas abseits, als ich einige Gebete aus der Agende las. Das Buch, aus dem ich las, war weiß und schien so fehl am Platze – ich wünschte mir fast, es wäre schwarz gewesen. Die Sonne war ziemlich heiß und Schweiß tropfte an meinem Gesicht herunter; meine Jacke fühlte sich an, als ob sie gegen meinen Körper gepreßt worden sei. Ich las nur einige Gebete, weil ich weg wollte. So etwas läßt einen fragen, was das alles soll. Jeder sollte einmal einen unehelich geborenen Jungen, der mit einem Monat starb, begraben. Welchen Sinn hatte dieses Leben, das nur einen Monat gedauert hatte? Das ist die ganze Frage und irgendwie müssen wir eine Antwort bekommen. Die Mutter haßte den Jungen. Sie wußte nicht einmal, wer der Vater war. Von ihr bekam er keine Liebe. Aber vielleicht fand er ein bißchen Liebe. Irgendwo. Vielleicht liebte ihn

* Aus dem Amerikanischen von Helmut Weiss

jemand im Kinderheim ein klein wenig. Vielleicht liebte man ihn wirklich für einen Augenblick, wenn man ihn aufnahm, um ihm die Flasche zu geben. Das wäre der entscheidende Unterschied gewesen. Oder vielleicht lebte er einen Monat, damit ich ihn lieben konnte, bevor man ihn ins Grab legte? Er lebte nur für einen Monat. Er hieß Jeffrey und ich liebte ihn einen Augenblick lang. Vielleicht ist das der Unterschied zwischen Himmel und Hölle[1].

Die Reisen des Kolumbus haben wie die Raumforschung und das Tiefseetauchen unserer Tage die geographische Tiefe erweitert. Sie zeigen, daß es über den sichtbaren Horizont hinaus noch mehr gibt. Fahren Sie langsam durch eine stille Straße in einem Wohnviertel, wenn die Leute nach Hause kommen. Setzen Sie sich auf einen Bahnhof, der voll ist von Pendlern. Was gibt es da für persönliche Dramen, die sich hinter jedem Fenster abspielen, hinter dem das Licht angeht? In welche Welt kehren diese Hunderte nach Hause zurück? Ist sie glücklich oder qualvoll, angenehm oder feindlich, sicher oder voller Angst? Mit welchen Erwartungen machen sich diese Tausende auf den Weg? Die Antworten auf solche Fragen deuten einen Teil dessen an, was wir mit Tiefe umschreiben.

Die Dimension der Tiefe und der Seelsorger

Eine wichtige Aufgabe des Pfarrers ist es, die Wege auszubauen, auf denen wir den Sinn verstehen lernen, den Menschen Ereignissen geben. Das heißt, die Kunst des Hörens zu kultivieren, diese schwierigste unter allen menschlichen Künsten. Hören ist wahrhaftig eine Kunst, nicht eine unpersönliche Kenntnis. Denn es muß aus der inneren Einstellung des Zuhörenden kommen. Es kann nicht nur eine Technik sein, mit Worten umzugehen. Hören geht dem Predigen voraus, es ist die Voraussetzung, um antworten und austauschen zu können. Hören — wie auch Verstehen — verhält sich zur Arbeit eines Pfarrers wie die Untersuchung eines Arztes zur Behandlung. Die grundlegende Funktion eines Dienstes, der in diese Tiefe vordringt, mit „Hören" zu bezeichnen, heißt, eine einzige Sinneswahrnehmung aus einer Vielfalt herauszugreifen. „Hören" ist der bekannteste Begriff für diesen Prozeß. Diese Bezeichnung kann aber auch zu Irrtümern führen. Wir stellen Hören über Sehen, Berühren, Denken oder Riechen, ja sogar Tun. Wir sind versucht zu meinen, daß Worte, die man klar ausdrückt, die besten Instrumente sind, um die Tiefen von dem, was für einen persönlich bedeutsam ist, zu übermitteln. Kommunikation durch Worte ist jedoch nur eine unter vielen Arten von Kommunikation. In vielen Fällen ist sie sogar die am wenigsten angemessene[2].

---

[1] Palmer Temple, jetzt Pfarrer an der Methodistischen Kirche in Perry, Kansas, schrieb dies während seines Clinical Pastoral Training (CPT) am Grady Hospital in Atlanta, Georgia. Er erlaubte mir, es zu verwenden. Zusätzliche Information über CPT kann man erhalten vom Council for Clinical Training (475 Riverside Drive, New York, N.Y.); vom Institute of Pastoral Care (50 Elm Street, Springfield, Mass). oder vom Department of Pastoral Services, National Council of Churches (475 Riverside Drive, New York, N.Y.).

[2] S. J. Ruesch und W. Kees, Nonverbal Communication, Berkely 1957; ebenso J. Ruesch, Therapeutic Communication, New York 1961, bes. 108–119; J. A. M. Meerloo, Conversation and Communication, New York 1952.

Die Sensitivität, in die Tiefe hineinzuhorchen, kann entwickelt werden, beispielsweise durch Aufgeschlossenheit gegenüber „normalen" Vorgängen. Das einfachste Beispiel ist: Vater oder Mutter sind im Haus. Sie schreiben auf der Schreibmaschine. Währenddessen spielen mehrere Kinder laut im Garten. Man nimmt den Lärm gar nicht wahr. Sie toben und lachen, verspotten einander und schreien, ohne besonders bemerkt zu werden. Normalerweise ist das der Hintergrund-Lärm in dieser Umgebung. Dann spitzen wir plötzlich die Ohren, weil wir von unserer Erfahrung her wissen, daß „draußen etwas vor sich geht". Je nach unserer Eigenart oder Geduld reagieren wir darauf. Wir „hörten" etwas, was den „Normalzustand" überschritt. Jesus, der ein Kind zum Maßstab für das Reich Gottes machte, forderte eine ähnliche Fähigkeit, nämlich zugewandte Aufmerksamkeit, als ein Merkmal derer, die im Reich Gottes dienen wollen.

Solche Arten von Kommunikation, die nicht durch Worte geschehen, sind alltäglich in der Arbeit des Pfarrers. Menschen schreien förmlich ihre Nöte heraus, indem sie sich anders als sonst verhalten. Das zeigt folgendes Beispiel.

Kathryn, 16 Jahre alt, war leitendes Mitglied in einer kirchlichen Jugendgruppe. Ihre Eltern waren beide sehr treue Gemeindeglieder. Sie sang im Kirchenchor, besuchte die Übungsstunden des Chores, und nahm an den Treffen der Jugendgruppenleiter und an den Aktivitäten der Jugend teil. Bei all diesen Veranstaltungen war sie zwar ziemlich regelmäßig dabei, aber längst nicht immer. Mit dem Schulbeginn des ersten Jahres in der High School stiegen ihre Aktivitäten in der Kirche sprunghaft an: Sie besuchte regelmäßig die Veranstaltungen, benutzte eifrig die Bibliothek der Kirche, erkundigte sich bei der Frauengruppe nach dem Mindestalter für die Teilnahme dort und sprach Woche für Woche mit dem Pfarrer über einige Punkte der Predigt. Kurz nach Neujahr wurde Kathryns Vater in den Zeitungen erwähnt: Die Polizei hatte ihn und andere Männer in einem Haus, in dem Prostitution und Wettspiele betrieben wurden, festgenommen und eingesperrt. Am Tag nach seiner Entlassung aus dem Gefängnis beging er Selbstmord. Während des Besuchs bei der Witwe vor dem Begräbnis fand der Pfarrer heraus, daß die etwa 40 Jahre alten Eltern letzten Sommer Kathryn offenbart hatten, sie dächten daran, sich scheiden zu lassen. Von da an bis zum Tod des Vaters waren die Beziehungen zwischen den Eltern dadurch gekennzeichnet, daß die Mutter ständig gerichtliche Schritte androhte und der Vater immer provokativere Handlungen beging.

In jedem von uns wirkt seit den ersten Tagen unseres Lebens eine Mischung von Primitivem, Magischem, Irrationalem und Infantilem. Diese Elemente sind der Ursprung eines anderen Aspektes von Tiefe. Gewöhnlich sind sie versteckt unter einer dicken Schicht von Logik und Rationalität. Obwohl sie normalerweise dem Blick verborgen bleiben, können sie doch von tiefem Einfluß sein. Besonders wesentlich sind sie in Zeiten der Veränderung, inmitten von verwirrenden Ereignissen oder bei Gelegenheiten, wo gewohnte Mittel, mit dem Leben zurechtzukommen, sich als unzulänglich erweisen. Der Seelsorger muß für diese Seiten der menschlichen Natur aufgeschlossen sein. Diese Elemente der Tiefe werden selten in formaler, verbaler Logik ausgedrückt, sondern häufiger in Symbolen und in Handlungen. Sie sind am systematischsten im Verhalten von Kindern, von kulturell primitiven Völkern und bei schweren Fällen von Geisteskrankheit untersucht worden[3].

Fräulein N. war eine 23jährige weiße Frau. Sie war Patientin in einer psychiatrischen Klinik. Als sie in die Klinik eingewiesen wurde, war sie in ihrem Umgang mit anderen isoliert und fast stumm. Sie hatte stumpf ihre Arbeit im Haushalt abgewickelt, manchmal unterbrochen durch Perioden von zerstörerischer Wut. Der erste Eindruck der Untersuchung ergab: Ein Mädchen, das aus äußerst gestörten Familienverhältnissen kommt und unter schizophrener Reaktion katatonischer Art leidet.

Während des monatlichen Abendmahls in der Kapelle der Klinik gehörte Fräulein N. zu der ersten Gruppe von Patienten, die der Einladung folgten, zur Kommunionsbank zu treten. Man konnte sehen, daß sie sich verklemmt und mit einer bestimmten Starrheit bewegte und die Berührung mit anderen Abendmahlsgästen mied, wenn sie den Gang entlang kamen und dann kniend ihre Plätze einnahmen. Dieselbe energielose Starrheit war für ihr Verhalten an der Kommunionsbank charakteristisch. Sie nahm einen leeren Platz genau in der Mitte der Kommunionsbank in Besitz. Sie bewegte ihren Kopf in einer angestrengt balancierten Achteldrehung nach rechts, dann drehte sie ihn langsam und mit Genauigkeit gleichermaßen nach links. Dies wiederholte sie mehrere Male. Der Pfarrer, der nacheinander den knienden Teilnehmern das Abendmahl reichte, konnte sehen, wie Fräulein N. ihre Hände faltete, die Finger zusammenlegte, als ob sie betete. In symmetrischer Genauigkeit bewegte sie ihre gefalteten Hände langsam abwärts zu der Kommunionsbank und dann zu dem nackten Fußboden unter ihren Knien. Ihre Fingerspitzen entdeckten, daß die mittlere Spalte zwischen den Fußbodendielen nicht ganz in der Mitte von ihr war und sie bewegte sich – langsam, Stückchen für Stückchen, aber mit einer schwerfälligen Exaktheit – genau über die Spalte. Dies war das Signal für eine völlige Veränderung in ihrem Ausdruck. Während Fräulein N. sich der Kommunionsbank näherte, hatte sie den Eindruck vermittelt, sie sei wie ein spannungsgeladenes, zerbrechliches Gebilde aus Kristall, in dem gegensätzliche Kräfte kaum im Gleichgewicht gehalten werden konnten. Nun war es, als ob sie ins Lot gekommen sei. In diesem „Auge" des inneren Sturmes, das sie für sich selbst geschaffen hatte, kamen die angespannten Energien zur Ruhe. (Auge wird das windstille Zentrum beim Hurrikan genannt. Anm. des Übersetzers.) Ihr Gesicht fiel in die stumme Gleichgültigkeit zurück, die an ihr Aussehen erinnerte, als sie in die Klinik eingewiesen wurde. Vorbei war der angespannte Ausdruck der Augen- und Kopfbewegungen. Nun starrte sie leer und gebannt nach vorne, an der mittleren Spalte der Fußbodendielen entlang.

Fräulein N. war eine schwerkranke psychiatrische Patientin, die nach und nach wieder gesund wurde. Solche Verhaltensweisen an der Kommunionsbank in der Klinik sind selten. Ihre große Fremdheit zeigt jedoch deutlich, auf welche Weise die ursprunghaften, irrationalen Tiefen zumeist Ausdruck finden, nämlich durch die nichtverbale Sprache. Die Sprache des Verhaltens lernt man früher. Sie vergißt man weniger schnell. Zu ihr kehrt man meistens in Zeiten von Anspannung oder übermächtiger Angst auch zurück. Selbst kaum gestörte Personen tendieren dahin, in Situationen von Anspannung oder Gefahr auf diese Mittel nichtverbaler Kommunikation zurückzugreifen.

---

[3] S. H. Werner, Comparative Psychology of Mental Development, New York 1948, 191–211.

Nach einem plötzlichen Feuer in einem Haus, das teilweise die Wohnung der Familie zerstörte, findet man den Mann stumpfsinnig an der Seite eines Nebengebäudes sitzend. Er reagiert überhaupt nicht, als der Pfarrer ankommt. Dieser wird offenbar gar nicht bemerkt. Der Pfarrer setzt sich neben das Opfer des Brandes nieder: Er wartet. Der Mann schaut schweigend und mit flackerndem Blick auf die ausgebrannten Überbleibsel eines Sofas, die in dem schmutzigen Garten stehen. Er öffnet seinen Mund und schiebt die Zunge vor – eine Karikatur von Übelkeit.

Pfarrer: Das macht Sie krank, hm?

Mann (nach langer Pause): Ja.

Pfarrer (paßt sich dem langsamen Tempo der Antwort an): Fast mehr als man durch Worte ausdrücken kann?

Mann: Und wir haben eine Versicherung ...

Pfarrer: Sie wird die entstandenen Schäden decken.

Mann: (Er bestätigt, was der Pfarrer über die Bedeutung dieses Ereignisses „gehört" hat, nämlich, daß dem Mann davon schlecht ist, daß er ein unvorhergesehenes Ereignis „schlucken" mußte.): Und den Kindern ist auch nichts passiert.

Pfarrer: Fast, als ob es keinen Grund gäbe, sich so übel zu fühlen, wie es Ihnen scheinbar ergeht?

Mann (schaut den Pfarrer zum ersten Mal an, aber nur einen Moment lang): Ja. Das ist es. Ich habe keinen Grund, mich so zu fühlen.

Pfarrer: Aber Sie fühlen sich so und darum ist es wichtig, darauf einzugehen. Etwas an dieser Sache geht Ihnen nahe, trotz dieser Tatsachen ...?

Hier wieder: Tiefe ist das, was eine Sache für einen persönlich bedeutet. Sie ist hervorgerufen durch eine plötzliche Tragödie draußen auf dem Land. Sie wird zunächst durch nichtverbale Hinweise mitgeteilt. Das langsame Tempo eines plötzlich Beraubten und das Gefühl der Übelkeit stehen im Streit mit den Tatsachen, daß er überlebt hat, die Versicherung den Schaden deckt und die Kinder in Sicherheit sind. Der Dienst eines Seelsorgers beginnt mit dem, was Musiktherapeuten Einstimmung in die gleiche Gemütslage nennen, das heißt, auf derselben Stimmungsebene zu antworten.

Die Beispiele und die bisherige Diskussion schöpfen die Theorie von der Tiefe nicht aus. Es gäbe weit mehr zu sagen[4]. Die Tatsächlichkeit solcher Tiefe wird indessen oft vergessen. Um dies alles auf die Arbeit des Seelsorgers zu beziehen, ist es notwendig, noch den theoretischen Rahmen zu bedenken, in den diese Ausführungen gestellt werden können.

Eine Theorie, die Dimensionen der Tiefe zu verstehen

Erforscher der menschlichen Natur haben immer wieder daran gearbeitet, eine Theorie aufzustellen, mit der sie erklären können, was sie in sich und in anderen beobachten. Einige von ihnen waren religiöse Denker, Ärzte, Dichter oder Dramatiker. Sie versuchten, ein System zur Beantwortung dieser Fragen zu bieten: Warum geschehen Dinge? Warum besteht ein Konflikt zwischen diesen Dingen? Und dergleichen.

---

[4] Repräsentativ für Untersuchungen über zusätzliche Aspekte von Tiefe ist: L. Murphy, The Widening World of Childhood, New York 1963.

Eine der brauchbarsten Theorien nimmt an, daß es viele grundlegende Faktoren für menschliche Gesundheit gibt und daß sie in einem lebenswichtigen Gleichgewicht miteinander gehalten werden müssen. Diese Theorie setzt einen innerpsychischen Konflikt zwischen den Elementen menschlichen Lebens voraus. Sie versteht menschliches Leben als einen dynamischen Prozeß mit variierenden inneren Spannungen und mit unterschiedlichem Erfolg, das Gleichgewicht zwischen diesen Elementen zu erhalten. Die Theorie erkennt, daß die Umwelt das menschliche Leben nur selten automatisch bestimmt. Man muß sich vielmehr mit ihrer Wirklichkeit auseinandersetzen. Das Steuerungszentrum, das dieses Gleichgewicht hervorbringt, ist ein besonderer Aspekt der Person – sein Selbst, sein Wille, sein Ich, seine Seele. Dieses Steuerungszentrum, wie immer man es auch bezeichnet, gleicht einem Organ, das angleicht, reguliert, aufnimmt, erhält, verarbeitet, vereinigt[5].

Für die seelsorgerliche Arbeit ist es wichtig zu verstehen, was ein Konflikt ist

Paulus zeigt, daß eine Konflikttheorie der Person wichtig ist, um die Situation des Menschen verstehen zu können – „denn das Gute, das ich will, tue ich nicht; sondern das Böse, das ich nicht will, das tue ich" (Röm. 7,19). Die modernen psychologischen Wissenschaften haben diese Einsicht im einzelnen belegt. Sie haben dazu beigetragen, die Beschaffenheit der Konflikte zu beschreiben, die der Mensch in einem lebenswichtigen Gleichgewicht zu halten sucht.

Der ursprünglichste aller seelischen Konflikte im Menschen ist der Konflikt zwischen seinem Trieb für konstruktives, liebendes Verhalten und dem Trieb für destruktives, hassendes Verhalten.

Karl Menninger und seine Kollegen haben diese Theorie des doppelten Triebs in Begriffe gefaßt, die ihrer Meinung nach Grundgedanken des späten *Sigmund Freud* zum Ausdruck bringen.

„. . . Die Leiden der Menschheit kommen *nicht* aus der Frustration des sexuellen Triebs des Menschen . . . sondern aus seiner tief verwurzelten Aggressivität, seinem Hang zur Zerstörung, seiner andauernden Feindseligkeit. Ich habe ihn (diesen Trieb) feindselig und zerstörend genannt und sicherlich zeigt er sich auch so, wenn er nicht genügend mit den liebenden und aufbauenden Strömungen, die uns auch beeinflussen, vereinigt wird. Ich sehe das Sexualleben, die erotischen Gefühle, die Liebe der Menschen füreinander und für ihre Kinder, für ihr Zuhause, für ihre Haustiere, Hobbies und für ihren Besitz als Anzeichen einer grundsätzlich aufbauenden Kraft, der triebhafte Impulse entgegenstehen, die ein grundsätzlich anderes Ziel haben, nämlich Destruktion."[6]

Wenn man diese beiden Triebe eindeutig mit dem Etikett „gut" für Liebe und „böse" für Haß versehen könnte, dann wäre eine Theorie des Ausgleichs der Konflikte in einer Person nicht nötig. Die Tatsachen des menschlichen Lebens erlauben jedoch solch einen einfachen Moralismus

[5] K. Menninger et al., The Vital Balance, New York 1963, 76–124.
[6] AaO., 115.

nicht. Der destruktive Trieb kann die Energie für sehr erstrebenswertes Verhalten liefern. Das Bestreben zu siegen, zu formen, zu kritisieren, zu erziehen, zu widerstehen, zu arbeiten erhält seine Kraft von dem destruktiven Trieb, der mehr oder weniger gezähmt, durch Liebe gemäßigt, geändert und arbeitsfähig gemacht wird. Der Ausgleich der Kräfte, die sich im menschlichen Leben bekämpfen, wird Triebverschmelzung genannt. Sie kommt nicht ohne weiteres zustande. Sie ist die Schöpfung eines gesunden und entsprechend gekräftigten Ich oder Selbst. Die Eltern, die das lustvolle Handeln ihres Kindes unterbrechen, um es zurechtzuweisen oder zu korrigieren, und zwar in der Hoffnung, es für ein reifes Verhalten vorzubereiten, zeigen eine produktive Triebverschmelzung. Der Lehrer, der Arbeiten der Schüler korrigiert und diese Antwort als richtig, jene als falsch anstreicht, zeigt eine sorgfältig ausgewogene Triebverschmelzung. Der Chirurg, der seine Operationsgeräte hernimmt und kranke Gewebe entfernt – er tut das mit Fähigkeiten, die in langen Jahren des Studiums und der Schulung entstanden sind –, zeigt eine Triebverschmelzung. Ebenso ist es auch bei dem Propheten, der seine Empörung zurückhält und seinen König mit einer lehrhaften Parabel konfrontiert[7].

Wie aber alle Eltern wissen, wenn sie sich durch die ablehnende Haltung ihrer heranwachsenden Kinder zur Wut haben verleiten lassen, ist es nicht einfach, ein produktives Gleichgewicht zwischen den mächtigen Trieben der Liebe und des Hasses zu behalten. Manchmal treffen wir auf Hinterbliebene, die nach einem Todesfall sich selbst oder ihre Mitmenschen bestrafen. Es ist, als ob der Verlust durch den Tod eine früher funktionierende Verschmelzung der Triebe auseinandergerissen habe und die Triebe andere Ziele für die aggressive Energie, die nun kein Ziel mehr hat, finden müßten. Eine produktive Vereinigung der Triebenergien durchzuhalten, bedeutet eine Leistung. Diese Aufgabe wird nicht erreicht ohne Änderungen oder Krisen. Ebensowenig wird diese Leistung vollbracht, wenn man lediglich verbal anerkennt, daß die Kräfte der Liebe und des Hasses existieren. Die angeborenen Triebe, von denen wir sprechen, sind tief unter den Bereichen der bewußten Vorgänge verborgen. Wir gehen nur mit sehr veränderten Ableitungen aus den Tiefen um und auf hunderterlei bewußten und gesellschaftlich gebilligten Wegen erfinden wir ein Arsenal von Mitteln, die das Gleichgewicht durchhalten, die scharfe Konflikte abschwächen und Energien ausnützen – Sport, Studium, Arbeit, Hobbies, Dramen, Träume, körperliche und geistige Übung, gelehrte Disputationen, moralische Kreuzzüge, leidenschaftliche Kampagnen. Änderungen in der Umwelt, die die Möglichkeiten für den Einsatz dieser Mittel ändern, können hohe Anforderungen an unser Vermögen stellen, produktive Triebverschmelzungen durchzuhalten. Es gibt allerdings Zeiten, in denen die größten Anstrengungen fehlschlagen und der Triebkonflikt in uns zu groß für das Gleichgewicht unserer Gesundheit wird. Wir erleben solch eine Krise mit Angst, einem starken subjektiven Gefühl der Unruhe – als ob wir von einer Welle erfaßt worden seien, die zu wuchtig für unsere Schwimmkünste ist. Der Konflikt in solchen Zeiten ist ein Teil dessen, was wir mit Tiefe umschrieben haben.

---

[7] S. P. Pruyser, Nathan and David: A Psychological Footnote, in: Pastoral Psychology XIII/Feb. 1962, 14–18.

Ein Konflikt kann als eine Spannung zwischen dem Inneren und dem Äußeren erfahren werden

Wir leben in zwei Welten, die für uns bedeutsam sind. Die eine ist privat, persönlich und dem einzelnen eigen. Die andere ist öffentlich, allgemein und auf die Gesellschaft bezogen. Gewöhnlich existieren diese Welten in relativer Harmonie miteinander. Manchmal jedoch stehen sie in einer radikalen Spannung zueinander. Solche Gelegenheiten schaffen einen Konflikt — wie etwa den, mit dem ein Besucher einer Kunstausstellung durch abstrakte Gemälde konfrontiert wird. Die Sammlung wurde weit und breit von Kritikern und der Öffentlichkeit gepriesen. Der Besucher geht hin. Er steht da. Er schaut. Er betrachtet genau. Er versucht zu fühlen, was der Künstler sagt. Er macht einen Schritt zurück. Er nimmt einen anderen Standpunkt ein. Keine Antwort! Er möchte sagen: „Unsinn! Ich komme nicht dahinter. Das ist doch nur Farbenkleckserei." Das ist es, was er fühlt. Aber er entdeckt, daß seine Bekannten — Leute, deren Achtung er genießt — begeistert sind, ganz in Übereinstimmung mit den Kritikern. Dieses Beispiel illustriert eine wichtige Art des Konflikts. Wenn solch ein Zwiespalt zwischen inneren und äußeren Beurteilungen bei wichtigeren Dingen auftritt — wie bei unterschiedlichen emotionalen Reaktionen von Ehepartnern oder beim Auseinanderklaffen der Reaktion eines lebhaften, herumhüpfenden Kindes und einer müden, abgespannten Mutter —, ist die Spannung kritischer, die Not von größerer Bedeutung. Man ist aufgefordert, unterschiedlichste Dinge im Gleichgewicht zu halten, um eine gegenseitige Wechselwirkung zwischen sich und seiner Umwelt zustande zu bringen. Wenn der Zwiespalt zwischen Innerem und Äußerem zu groß wird, kann das Ich (oder Selbst) diese Aufgabe vielleicht nicht bewältigen, ohne Maßnahmen zu ergreifen, die seltsam, infantil, krankhaft oder unsozial erscheinen.

Ein Konflikt umfaßt die Spannung, die zwischen Vergangenheit und Gegenwart erfahren wird

Als *Jesus* zur Menge auf dem Berge sprach, gebrauchte er mehrmals eine Formel, um seine Gedanken einzuführen: „Ihr habt gehört, daß zu den Alten gesagt ist ... Ich aber sage euch ..." (Mt. 5,21.22). Er offenbarte hier sein Verständnis von der Spannung zwischen gegenwärtigen und vergangenen Bedeutungen bestimmter Dinge — ein Konflikt, der als eine wichtige menschliche Erfahrung fortbesteht. Wir drücken das in einer Anzahl von fast formelhaften Redewendungen aus: „Ich fühlte mich so wie damals, als ..."; „Es schien mir, als ob ich immer noch dort sei ..."; oder: „Ich konnte beinahe hören, was X wohl dazu gesagt hätte."

Solche Redewendungen drücken die Erfahrung eines Konfliktes zwischen Gegenwart und Vergangenheit aus. Wenn die Kluft zwischen den Bedeutungen der Gegenwart und der Vergangenheit größer wird als das Vermögen einer Person, sie zu überbrücken, können Bestandteile des Konflikts im Inneren ein Eigenleben bekommen und als Halluzinationen, Visionen oder Stimmen erscheinen. In solchen Fällen kann man sagen, daß der Konflikt die Fähigkeit des Ich, ein Gleichgewicht aufrechtzuerhalten, überstiegen hat. Solche Erfahrungen sind an sich noch kein Beweis für eine bösartige psychische Krankheit. Sie sind Extremfälle eines Konflikts und Anlässe, bei denen Nothilfen angewandt werden, um mit der Spannung zurechtzukommen. Die körperlose Stimme oder Vision oder Einsicht kann der Ausdruck für ein vereinigendes Wort sein, das die lebenswichtige Balance von Vergangenheit und Gegenwart in einer völlig neuen Form wiederherstellt.

Die Auseinandersetzung des *Petrus* mit seiner jüdischen Vergangenheit und seiner christlichen Gegenwart zeigt dieselbe Art von Konflikt und seine dramatische Lösung. Die Speisevorschriften und der Ausschluß von Fremden waren wichtige Grundsätze des jüdischen Glaubens für *Petrus*. Eine Umkehr war nicht ohne weiteres möglich. Und doch verlangte seine gegenwärtige Situation eine aufgeschlossenere Antwort. Das 10. Kapitel der Apostelgeschichte hält den Konflikt und seine Lösung fest: *Petrus* sah in einer Vision alle möglichen Tiere, reine und unreine, ganz durcheinander. Er hörte eine Stimme, die zur Freiheit von der Vergangenheit aufrief, indem sie die verborgene Kontinuität zwischen Vergangenheit und Gegenwart aufzeigte. „Was Gott gereinigt hat, das heiße du nicht gemein!" (Apg. 10, 15).

Nicht alle Fälle eines Konflikts zwischen Vergangenheit und Gegenwart werden auf so dramatische und schöpferische Weise gelöst. Einige jedoch schon, und der Seelsorger muß in der Lage sein, solche grundlegenden Erfahrungen richtig einzuschätzen. Wichtiges Kriterium hierfür ist, wie sich eine Erfahrung auf die Fähigkeit einer Person auswirkt, ein schöpferisches Gleichgewicht in dem Konflikt zwischen Gegenwart und Vergangenheit durchzuhalten. Ein Sündenbekenntnis aus den Gottesdiensten in einer psychiatrischen Klinik macht diese Dimension der Tiefe deutlich:

> O Gott, Stärke derer, die leiden, und Ruhe derer, die triumphieren. Wir jubeln in der Gemeinschaft der Heiligen. Wir denken an alle, die im Glauben gelebt haben, an alle, die in den Himmel eingegangen sind. Wir gedenken vor allem derer, die eine Bedeutung für uns gehabt haben. Wir haben nicht immer ihren Wegen getreu gelebt. Wir haben herausgefunden, daß ihre Wege nicht unsere Wege sind. Wir haben versucht, ihnen mehr zu gehorchen als dem lebendigen Geist. Wir haben die Last der Bindung an die Vergangenheit getragen. Vergib uns unsere Fehltritte. Schenke uns die Freiheit, in unserem Erbe zu bestehen, und die Weisheit, das Neue deiner Schöpfung für uns zu sehen. Amen.

Mit den meisten Konflikten zwischen Vergangenheit und Gegenwart setzt man sich weniger dramatisch auseinander. Sie treten im Laufe der normalen Entwicklung auf; und zwar in Situationen, wo Erziehung ein Verlernen verlangt, bevor man Neues lernt; oder in engen Beziehungen wie etwa in Ehe und Familie, wo ein unerwartetes Verhalten des anderen eine Reaktion erfordert, die früheren Verhaltensmustern entgegengesetzt ist[8].

---

[8] Vgl. T. W. Klink, How is Supervision Carried Out?, in: Clinical Education for the Pastoral Ministry, Advisory Committee on Clinical Pastoral Education: Proceedings of the 5th National Conference, 1956, 104–110.

Manche persönlichen Konflikte gehören zur Suche nach Identität und Identitäten

So könnte man das ausdrücken, was alle Eltern von Kindern zwischen 10 und 20 Jahren als etwas Alltägliches kennen. Es ist abstrakt ausgedrückt, damit die Erfahrung zum Beispiel mit Jugendlichen auch auf Erfahrungen in anderen Bereichen übertragen werden kann – in der Eheberatung etwa oder im Dienst an Patienten in einem Krankenhaus.

Als ich ein Junge war, galt es als „weibisch", kurze Hosen zu tragen. So war es allerdings nicht im Norden des Staates New York gewesen, wo ich die knielange Hose kaufte. So war es aber in Oregon, wohin wir umzogen. Unglücklicherweise überlebte die Hose den Umzug über den Kontinent – obwohl mein Unbewußtes sein Bestes tat, eine Panne herbeizuführen. In der besten aller möglichen Welten sollte es nicht so sein, daß eine Hose jemanden zum Mann machen kann (oder ihn daran hindert, ein Mann zu sein), aber die zerbrechliche männliche Identität von 13jährigen existiert ja nicht in der besten aller möglichen Welten. Und so dauerte der Konflikt mehrere Monate hindurch: Konnte ich ein Mann in einem neuen Land sein, wenn meine Beine von knielangen Hosen und langen Strümpfen bekleidet waren? Da ich jetzt selbst Jungen in diesem Alter habe, ertappe ich mich, daß ich dieselbe alte Geschichte nochmals durchlebe, mit der Ausnahme, daß die Kleidungsstücke, die man jetzt zur Bestätigung hernimmt, enge, mit Kupfer genietete „Levi's" sind. Die Mutter in unserem Haus spricht in neuen Worten, aber in einem merkwürdig vertrauten Ton: „Wie steht es denn mit der hübschen Hose, die du im Schrank hängen hast?" Und die Antwort ist ebenso vertraut: „Aber keiner von den anderen Jungen trägt solche Hosen."

Jeder Mensch hat eine ganze Anzahl von Identitäten, die er wie eine Erkennungsmarke um den Hals mit sich herumträgt. Sie sind nicht leicht erworben worden. Wir sind männlich oder weiblich durch unseren physischen Körperbau. Aber das Gefühl dafür, ein Mann oder eine Frau zu sein, wurde mit einem Preis erkauft. In der sozialen Stellung, in der rassischen Identität, in der religiösen Zugehörigkeit, in beruflichen Pflichten und in Dutzenden anderer wichtiger Dinge wurde uns eine Identität übermittelt oder wir erwarben sie durch formale Schritte der Bewerbung, Qualifikation und Zulassung. Aber solche äußeren Dinge sind nur die Gewänder der Identität, die man anziehen oder je nach Laune ablegen kann. Identität in allen diesen Fällen ist vielmehr ein Prozeß in der Person, der es erforderlich macht, daß wir die Rolle in uns aufnehmen, unser Verhalten ändern, unsere Energien umleiten, unsere Maßstäbe für Handeln und Befriedigung neu setzen und unseren Gesichtskreis auf neue Personen ausdehnen.

Jeder Schritt in dem Prozeß, der zur Bildung der Identität führt, ist ein Fortschritt, voll von Konflikten und reich an persönlicher Bedeutung. Ein Mann zu werden, heißt, die Freiheit eines Kindes aufzugeben. Eine Frau zu wählen, heißt, auf eine Schar von attraktiven Frauen – die man kennt oder nur erträumt – zu verzichten. Ein Erwachsener zu werden, heißt, den vorläufigen Verzicht auf Verantwortung aufzugeben, den jede Kultur ihrer Jugend zugesteht. „Gesund" zu werden, heißt, die Ausnahmen preiszugeben, die dem Kranken gewährt sind. Keiner dieser Schritte geschieht ohne

Konflikt. Die Anforderungen eines Berufs oder des Erwachsenseins wecken das wehmütige Bewußtsein, daß die eigenen Altersgenossen anders wählten, länger zu Hause blieben, andere Wege gingen, es leichter hatten. Und doch wird so Identität geformt – nicht auf einmal, sondern auf vielfache Weise. Man trauert, daß man eine grenzenlose Freiheit hinter sich gelassen hat. Konflikte werden gelöst, indem man eine Auswahl trifft, oder sie werden durch einen Vorwand verdrängt. Denn es ist verführerisch, ein Jugendlicher (oder ein Kind) für immer zu bleiben, mit einer Fülle von Möglichkeiten, ohne feste Bindungen und Verpflichtungen einzugehen[9].

In zahlreichen Situationen, besonders wenn Menschen sich mit kritischen Ereignissen konfrontiert sehen, wie etwa bei der Heirat, einem Krankenhausaufenthalt oder beim Altern, versuchen sich die Identitätskonflikte im Verhalten durchzusetzen. Die Tiefendimension findet ihren Ausdruck in den konflikthaften Gefühlen, die sich mit der Wahl der Identität verbinden. Viele Krisen im Zuge der Prozesse, in denen sich Identität bildet, werden durch Feste begangen, durch die Riten der Konfirmation beispielsweise, der Bar-Mizwa-Feier, der Taufe, des Eintritts in die Kirche. Bei solchen Gelegenheiten ist der Pfarrer der Leiter eines traditionellen Ritus – eines Ereignisses, das bis in tiefste Schichten reicht. Weil solche Ereignisse in dem lebenslangen Prozeß der Identitätsbildung mit religiösen Werten und Feiern verbunden sind, suchen sich Menschen, deren Konflikte aus Identitätskrisen stammen, den Seelsorger aus, um seine Hilfe zu erbitten. Überhaupt haben Pfarrer durch die Struktur ihres Dienstes viele Kontakte zu Menschen in Situationen, die ihre individuelle Identität stark belasten, bei der Einlieferung ins Krankenhaus etwa, bei Krankheit oder einem Todesfall – wenn sich vertraute Möglichkeiten, eine Identität zu finden, mit einem Male ändern.

Sinn des Identitätskonfliktes ist die Erfahrung, daß jeder Einzelne in einer Vielzahl von Welten lebt, in denen er jeweils eine Identität hat. Keiner bringt es fertig, sich nur mit einer einzigen Rolle zu identifizieren und so alle Forderungen zu erfüllen. Ich bin Vater und auch Pfarrer, Kind und auch Staatsbürger, Zweifler und auch Glaubender. *Sophokles* hat diesen Sachverhalt in seinem Stück „Antigone" dramatisch dargestellt. *Jesus* hat den Konflikt am Beispiel des Steuerzahlens aufgezeigt (Mk. 12, 13–17).

Der eigentliche Schwerpunkt der seelsorgerlichen Aufmerksamkeit

Ein Mensch ist nicht eine Summe von Additionen. Er ist nicht nur das Gleichgewicht widerstreitender Mächte. Er ist ein lebendiges Wesen. Er

[9] Es ist nicht zufällig, daß der Konflikt der Identität auf die Jugendzeit bezogen ist. Das Problem „Identität gegen Rollenverwirrung" ist das zentrale Thema des Heranwachsens. Erik Erikson definiert es so: „... Der Sinn für eine Identität des Ich ist also das entstandene Vertrauen, daß die innere Gleichheit und Kontinuität, die in der Vergangenheit hergestellt wurde, sich mit der Gleichheit und Kontinuität der eigenen Bedeutung für andere deckt, wie es in der greifbaren Aussicht einer ‚Karriere' offenbar wird. Die Gefahr in diesem Stadium ist die ‚Rollenverwirrung'." Childhood and Society, 2nd ed. rev. New York 1963, 261 bis 262. S. auch sein Buch Young Man Luther, New York 1962.

erfährt innerhalb von Grenzen seine Individualität als eine unabhängige Kraft. Dieses Moment im Menschen ist der eigentliche Schwerpunkt seelsorgerlicher Aufmerksamkeit. Es gibt eine Anzahl von Namen, die diesem Element gegeben wurden. Ich gebrauche am liebsten den Begriff des „Ich".

„Ich" bezeichnet das Funktionsgefüge im Menschen, das fähig ist, Taten und Gedanken hervorzubringen, die als frei und nicht als durch und durch determiniert erfahren werden. Das Ich ist das Bündel meines Bewußtseins, das diese Worte hier liest, das sich entschieden hat, dieses Buch in die Hand zu nehmen und es zur gegebenen Zeit wieder hinzulegen. Das Ich ist der Verteidiger der Person gegen Gefahr und gegen Angst. Es versucht, Erfahrungen in sich aufzunehmen, Notwendigkeiten an Möglichkeiten anzugleichen; von Taten abzuhalten oder dazu anzutreiben, ganz im Einklang mit eigenen Wertvorstellungen; ein Gefühl für körperliche und seelische Kontinuität in all den Änderungen durchzuhalten. Das Ich ist der Name für den Funktionsbereich in uns, der Erfahrungen macht.

Das Ich ist zwar eine theoretische, aber eine notwendige Vorstellung. Es ist kein Ding. Es ist nicht das Gehirn. Es kann nicht im Körper ausfindig gemacht werden – und doch ist es auf den Körper bezogen und abhängig von biologischen Vorgängen. Im Laufe des Lebens hat es sich entwickelt, sich gewandelt und sich geändert. Es ist ein Leben lang allen Wechselfällen von Zerstörung und Wiederherstellung, von Überarbeitung und Unterforderung, von Fortschritt und Rückschritt unterworfen. Der moderne Versuch, ein Ich-Konzept zu formulieren, spiegelt die Notwendigkeit wider, das Bündel von kognitiven, integrativen, adaptiven und defensiven Funktionen des menschlichen Lebens auf einen Begriff zu bringen. Die Ich-Theorie hat für die seelsorgerliche Arbeit die Bedeutung, daß sie einen Schwerpunkt für das bietet, was bei der seelsorgerlichen Arbeit am Einzelnen angesprochen werden soll. Es ist das Ich in seiner Fähigkeit, mit Konflikten umzugehen, ein gutes Leben zu gestalten, sich gegen Verletzungen zu schützen, das Gleichgewicht wiederherzustellen, eine Identität zu schaffen.

Ein Aspekt einer wirksamen seelsorgerlichen Arbeit besteht darin, die Praxis des Pfarramtes zu nützen, um die Ich-Funktionen von Menschen zu erhalten, zu ergänzen und zu erweitern. Die Tiefe der persönlichen Bedeutsamkeit ist Sache eines jeden einzelnen Menschen. Es gibt gewiß Parallelen zwischen Personen. Es gibt Kategorien, die dazu anregen, Erfahrungen mit einer Person auf die Arbeit mit anderen zu übertragen. Aber doch ist keine Kategorie, keine Klassifikation genau genug, ein lebendes Einzelwesen in ihre Begriffe und ihre Bestimmungen zu pressen.

Seelsorgerliche Arbeit kümmert sich notwendigerweise um Individuen, um konkrete, einzelne, einzigartige Menschen.

Seelsorgerliche Arbeit ist ein Versuch, zwischen den lösenden und heilenden Kräften des Evangeliums und der Kirche – der Gemeinschaft, die vom Evangelium gesammelt wird – und einzelnen Menschen Kommunikation zu stiften.

Helmut Harsch

Die Bedeutung des tiefenpsychologischen Schuldverständnisses für die Theologie

Bezeichnungen wie Schuld, Sünde, Vergebung oder Versöhnung suchen seit alters Vorgänge zu fassen, die für jede personale Beziehung von fundamentaler Bedeutung sind. Die Kirchen mit ihrer jahrhundertealten Praxis und die demgegenüber noch junge Psychotherapie wissen zutiefst um diese Zusammenhänge. Helmut Harsch verfolgt im vorliegenden Aufsatz (1965) das Anliegen, die Beziehung des theologischen und tiefenpsychologischen Schuldbegriffes aufzuzeigen. Die fundierte Kenntnis von Theologie und kirchlicher Tradition und die Korrelation mit der Tiefenpsychologie – ohne Fixierung auf eine ihrer Schulen – sind offensichtliche Kennzeichen seiner Konzeption.

In einem ersten Teil wollen wir den historischen Horizont skizzieren, der mitgesehen werden muß, wenn wir unsere heutige Beschäftigung mit dem Schuldproblem in der rechten geschichtlichen Dimension sehen wollen.
Ein zweiter Teil befaßt sich mit dem Neuansatz der Tiefenpsychologie in dieser Frage. In einem dritten Teil wollen wir dann versuchen aufzuzeigen, was dies für die Theologie bedeutet.

I. Der historische Horizont

In der Frage nach der Schuld stehen wir an einem Grundproblem menschlicher Existenz. Solange es Menschen und menschliche Religion gibt, finden wir bei ihnen in ihren Opfer- und Versöhnungsriten ein Wissen um schuldhaftes Verfallensein an höhere Mächte, auch wenn dies sich in den primitiveren, d. h. unbewußteren, Formen der Religion nur in einem quälenden Angstgefühl zu äußern vermag. Aber je mehr der Mensch zum Bewußtsein seiner selbst kommt, desto klarer entdeckt er die Spannung der Gegensätze, die mitten durch die Welt und durch ihn hindurch geht, und die in dem Gegensatz von Gut und Böse ihren klassischen Ausdruck findet. Über diesen Zusammenhang von Selbst- und Schuldbewußtsein schreibt *Helmut Kuhn* treffend: „Der sich als schuldige Ursache wissende Mensch entdeckt sich selbst: ‚Ich bin schuldig, also bin ich!' In der Erfahrung folgt ihm der zweite Satz: ‚Ich denke, also bin ich!' Man darf von einer Geburt des Selbstbewußtseins aus dem Gewissen reden"[1]. Durch die „ontologische Affirmation" im Gewissen wird der Mensch der Welt als einer werthaften und geordneten Realität gewiß, die die Grundlage für sein Erkennen und sein Handeln ist.

In seinem Schuldigsein erfährt der Mensch, daß sein Sein Forderung ist, die er zu verwirklichen hat, die er aber auch verfehlen kann. Im Unterschied zum Tier muß der Mensch erst werden, was er sein soll. Auf diesen Zusammenhang von Schuld und Seinsforderung weist die Etymologie des Wortes „Schuld". Es leitet sich ab vom althochdeutschen „scult", einem Ver-

[1] Begegnung mit dem Sein, 1954, S. 56.

balsubstantiv von „sollen" (althochdeutsch „sculan"). Damit wird uns schon von der Begriffsbestimmung her deutlich gemacht, daß das Verständnis der Schuld entscheidend beeinflußt wird von der anthropologischen Antwort auf die Frage nach dem eigentlichen Sein des Menschen. Wenn ich weiß, was der Mensch sein soll, dann weiß ich auch um die Möglichkeit seines Versagens, seiner Schuld.

Diesen engen Zusammenhang von Existenz und Schuld hat vor allem der zum Selbstbewußtsein erwachte griechische Geist erfaßt und in der besonderen Gestalt der tragischen Schuld zum Inhalt seiner großen Tragödien, z. B. von König Ödipus, gemacht. Unverstehbar und unentrinnbar haben die Götter den Menschen in Schuld verstrickt, aber in der äußersten Einsamkeit der Schuld bildet sich der neue Mensch, der den Willen der Götter mit tieferer Intensität erfüllt.

Das Schuldproblem ist auch das große Thema der christlichen Religion. Seine fundierende Bedeutung für die menschliche Existenz zu beschreiben ist Sinn und Inhalt von Gen. 3, der Geschichte vom Sündenfall. Leider wird sie immer noch mißverstanden, da man in ihr entweder eine überholte Mythologie sieht, oder sie als historisches Ereignis um das Jahr 5000 v. Chr. versteht. Sie will jedoch nichts mehr und nichts weniger sagen als dies: Das eigentliche Sein des Menschen liegt in seiner Beziehung zu Gott. Die Ursache der Schuld und des Übels in der Welt liegt in seinem Abfall von Gott, hinter den er nicht mehr zurück kann. Sein Getrenntsein von Gott ist zu seinem Schicksal geworden; aber für dieses Schicksal trägt doch jeder einzelne die Verantwortung. Diese Urschuld des Menschen in seinem Abfall von seinem ursprünglichen Sein bei Gott bezeichnet die Bibel als „Sünde". Sie muß deutlich von den einzelnen „Sünden" in Worten, Werken und Gedanken unterschieden werden. Die Sünde manifestiert sich in den Sünden, und die Sünden wiederum weisen hin auf die Sünde des Abfalls von Gott. Wenn diese Unterscheidung preisgegeben wird, landen wir im Moralismus, der die Sünde ihrer Bezogenheit auf Gott beraubt und sich nur auf die Erkenntnis einzelner Tatsünden beschränkt, die er zu vermeiden aufruft.

Die Lösung des Schuldproblems im Neuen Testament ist eine andere als die des Moralismus. Es bezeugt, daß der Kern des Schuldproblems, die Sünde, überwunden wurde durch Jesus Christus. In ihm ist das eigentliche Sein des Menschen von Gott her erschienen in der begrenzten Existenz des Menschen Jesus von Nazareth. Alle, die sich im Glauben mit ihm verbinden lassen, werden in sein neues Sein versetzt und durch die Dynamik seines Geistes zu einem neuen Tun gewandelt.

Für die Kirche des Ostens trat der Aspekt der Todesüberwindung durch Christus in den Vordergrund. Ihr Hauptfest ist demgemäß Ostern. Für den Westen hat *Augustin* das Schuldproblem und seine Lösung in den Mittelpunkt gestellt mit dem Doppelthema von Sünde und Gnade. Im Gegensatz zu dem moralischen Appell des *Pelagius* ging es *Augustin* um die Wiederherstellung des biblischen Verständnisses der Sünde, deren Schicksalhaftigkeit und Totalität er durch den wenig glücklichen Begriff der „Erbsünde" festzustellen suchte. Der Nachteil dieses Begriffs liegt in der häufig angewandten biologischen und damit veräußerlichenden Interpretation. *Augustin* hat auch sehr deutlich von der Verfassung des Sünders geredet, von seinem Verfallensein an die Mächte dieser Welt, denen er nun versklavt ist. Aus seiner eigenen

Lebenserfahrung heraus hat er solchen Zwang besonders im Bereich der Sexualität gesehen. Dadurch hat *Augustin* wesentlich mit beigetragen, die Sünde im Bereich der Leiblichkeit und der Sexualität zu lokalisieren.

Die mittelalterliche Kirche nach *Augustin* ist bald wieder in den Moralismus und den Nahkampf mit den einzelnen Sünden zurückgefallen, wozu auch die allmählich sich entfaltende Institution der Beichte beitrug. Die absolute Bestimmung der Sünde als Abfall des Menschen von Gott ging immer mehr verloren, dafür gewann man aber ein reiches kasuistisches Wissen über die vielfältigen Gestaltungen der Sünde in den einzelnen menschlichen Sünden.

Luther hat auf dem Weg über Augustin und Paulus die biblische Bestimmung von Sünde und Gnade im Gegensatz zum moralistischen Sündenbegriff und Bußwesen der mittelalterlichen Kirche wiederentdeckt. Die Rechtfertigung des Sünders durch Gott allein durch den Glauben war sein großes Thema. Dementsprechend wurde auch der Karfreitag zum protestantischen Hauptfest.

Von diesem Grundsatz aus hat *Luther* auch die Beichte reformiert: Er schaffte sie keineswegs ab; sie sollte freiwillig sein; man brauchte nicht zwanghaft jede Einzelsünde bekennen, da es doch darum ging, in den Sünden sich als Sünder vor Gott zu erkennen: die Satisfaction wurde beseitigt; in der Absolution, die der Glaube annimmt, ist das Ziel der Beichte erreicht. *Luther* war noch der Meinung, er könne sich keinen Christ vorstellen, der die Möglichkeit der Beichte nicht für sich in Anspruch nehme, wie er sie selbst praktiziert hat. Aber die Beichte entartete sehr bald zum Abendmahls- und Katechismusverhör, bis ihr dann der Pietismus und die Aufklärung völlig den Garaus machten.

Die *Aufklärung* hat besonders gegen die Lehre von der Erbsünde Sturm gelaufen, denn ihr Standpunkt war der Glaube des rationalistischen Moralismus an den „guten Menschen“. Das Schuldproblem trat in den Hintergrund, der Begriff Sünde wurde ausgehöhlt und säkularisiert, das Wissen an die Stelle des Gewissens gesetzt. *Kant* hat dieses Problem am schärfsten gesehen. Sein ganzes System ist ein Versuch, das Gewissen zu retten, der ihm aber nur teilweise gelungen ist.

Bestimmender wurde für das 19. Jahrhundert der *Neuhumanismus.* Seine Auffassung war, in der Nachfolge *Rousseaus,* die Natur des Menschen ist gut, wenn man sie nur wachsen läßt und vor allen schädlichen Einflüssen bewahrt.

Der *Positivismus* sah im Gewissen und den Schuldgefühlen nur relative Gegebenheiten, die abhängig waren von Tradition, Erziehung und körperlicher Verfassung. Diese Auffassung wurde bestärkt durch die anatomisch-physiologischen Entdeckungen der aufstrebenden Medizin. *Virchow* glaubte, in der Zellularpathologie einen Universalschlüssel zum Verständnis der Krankheit, auch der seelischen gefunden zu haben. Man wußte zwar, daß Schuldgefühle und Versündigungsideen häufig im Zusammenhang mit seelischen Erkrankungen auftauchen, aber man verstand sie als Ausgeburten eines erkrankten und fehlgesteuerten Gehirns. In dieser Vorstellungswelt hat *Sigmund Freud* als junger Arzt angefangen zu arbeiten und Entdeckungen gemacht, die zu einer völlig neuen Würdigung des Schuldproblems führten.

II. Der Neuansatz in der Tiefenpsychologie

S. Freud war schon sehr bald, nachdem er angefangen hatte, Neurosen systematisch zu behandeln, auf die Bedeutung des Schuldproblems gestoßen. Er schildert dies sehr anschaulich in seinen „Studien über Hysterie" aus dem Jahr 1895[2]. Auf die Frage nach dem ersten Anlaß des neurotischen Symptoms (z. B. einer Armlähmung oder Anästhesie) waren die Auskünfte der Patienten meist sehr dürftig. Wenn er aber dringlich wurde und ihnen versicherte, daß sie es doch wüßten, so fiel ihnen jedesmal etwas ein, was die Behandlung weiter brachte. „Da dieses Drängen mich Anstrengung kostete und mir die Deutung nahelegte, ich hätte einen *Widerstand* zu überwinden, so setzte sich mir der Sachverhalt ohne weiteres in die Theorie um, daß ich durch meine psychische Arbeit eine psychische Kraft bei dem Patienten zu überwinden habe, die sich dem Bewußtwerden der pathogenen Vorstellung widersetzte"[3]. Der Widerstand konnte nichts anderes sein als die Kraft, welche ursprünglich die betreffenden Vorstellungen aus dem Bewußtsein ins Unbewußte abgedrängt hatte, von wo aus sie sich dann als neurotische Symptome bemerkbar machten. War die Verdrängung mit der Durchbrechung des Widerstands rückgängig gemacht, wurden sie dem Bewußtsein wieder zugänglich. Als ihr gemeinsames Kennzeichen konnte *Freud* feststellen, daß sie alle geeignet waren, Gefühle der Scham und Schuld hervorzurufen. Die verdrängende Kraft mußte daher eine *moralische* Instanz sein, die diese unmoralischen Vorstellungen und Erlebnisse vom Bewußtsein fernhielt. Das paßte auch zu dem Befund, daß die von *Freud* behandelten Patienten keineswegs degeneriert, sondern häufig moralisch besonders anspruchsvoll waren. *Freud* sah sich durch dieses neue Verständnis der Neurose plötzlich aus der naturwissenschaftlichen Beobachterrolle des Arztes in eine moralische Mentorrolle versetzt: „Man wirkt so gut man kann als *Aufklärer*, wo die Ignoranz eine Scheu erzeugt hat, als *Lehrer*, als Vertreter einer freieren oder überlegenen Weltauffassung, als *Beichthörer*, der durch die Fortdauer seiner Teilnahme und seiner Achtung nach abgelegten Geständnissen gleichsam *Absolution* erteilt"[4].

Freud nannte diese moralische Instanz, die sich im Widerstand äußerte und die durch die Verdrängung die Neurose erzeugte, zunächst *„Abwehr"*. In diesem Sinn bezeichnete er die durch die Abwehr entstehenden Erkrankungen als *„Abwehrneurosen"*. Bei der Untersuchung des Traumes stieß *Freud* wiederum auf diese moralische Instanz, der er aber hier wegen ihrer speziellen Aufgabe für die Traumgestaltung den Namen *„Zensur"* gab[5]. Der Traum dient, nach Auffassung *Freuds*, der Wunschbefriedigung. Regungen, die am Tag zu kurz gekommen sind, drängen bei Nacht in den Traum. Naturgemäß haben diese Wünsche vor allem aggressive und sexuelle Inhalte, die am Tag vom Bewußtsein als unannehmbar abgewiesen wurden. Da der Mensch auch im Schlaf ein moralisches Wesen bleibt, würde ihr ungehemmtes Auftreten im Traum Angst- und Schuldgefühle auslösen. Es ist Aufgabe der Zensur, dies zu verhindern und den Schlaf zu schützen. Nur entstellt und getarnt gelingt es den Wunschgedanken, die Zensur zu passieren. Versagt die Zensur gegen einen besonders starken Wunsch, dann kommt es zu einem Angst- oder Straftraum, der das Erwachen herbeiführt. Gerade der Traum

---

[2] Ges. Werke, London 1940 ff., Bd. I, S. 77 ff. [3] I, S. 268.
[4] I, S. 285. [5] II/III, Die Traumdeutung.

läßt für *Freud* erkennen, daß der Mensch einerseits schlechter ist, als er denkt, andererseits aber besser, als er weiß: „Dem ethischen Narzißmus des Menschen sollte es genügen, daß er in der Tatsache der Traumentstellung, in den Angst- und Strafträumen ebenso deutliche Beweise seines sittlichen Wesens erhält wie durch die Traumdeutung Belege für Existenz und Stärke seines bösen Wesens"[6].

Alle Neurosen haben durch die moralische Instanz der „Abwehr" mit dem Schuldproblem zu tun, aber bei zwei seelischen Erkrankungen steht es besonders im Vordergrund, bei der Zwangsneurose und in der Melancholie, die man ausgesprochene Schuldkrankheiten nennen kann. In der *Zwangsneurose* fühlt sich der Patient unter einer ständigen Anklage, gegen die er sich verzweifelt zur Wehr setzt. Besonders deutlich wird dies beim Skrupulanten, der von einem Helfer zum anderen geht, um sich bestätigen zu lassen, allerdings ohne jeden Erfolg, daß er nicht schuldig sei. Aber auch dann, wenn das Schuldgefühl nicht bis zum Bewußtsein vordringt, ist es beim Zwangskranken vorhanden und in seinen Handlungen erkennbar. Schon vor *Freud* hatten Psychiater eine Ähnlichkeit zwischen dem zwangsneurotischen Zeremoniell und religiösen Riten beobachtet. Die Zwangshandlungen können als Ritual aufgefaßt werden, durch welches das Böse verhindert und gesühnt werden soll. Wird z. B. durch einen Eingriff von außen der Vollzug eines zwanghaften Händewaschens nach dem Berühren einer Türklinke verhindert, so hat dies heftige Gewissensangst zur Folge, die sich bis zur Todesangst steigert. „Man kann sagen, der an Zwang und Verboten Leidende benimmt sich so, als stehe er unter der Herrschaft eines Schuldbewußtseins, von dem er allerdings nichts weiß, eines unbewußten Schuldbewußtseins also, wie man es ausdrücken muß mit Hinwegsetzung über das Sträuben der hier zusammentreffenden Worte"[7].

Wie zerstörerisch diese Schuldgefühle werden können, zeigt sich in der *Melancholie*[8]. Der Melancholiker klagt sich der furchtbarsten Verbrechen an, und da seiner Meinung nach ein so schlechter Mensch gar nicht wert ist zu leben, versucht er immer wieder, sich das Leben zu nehmen. *Freud* hielt die ungeheuerlichen Selbstanklagen des Melancholikers nicht für die Ausgeburt eines kranken Gehirns, sondern er nahm sie ernst als Ausdruck eines tatsächlich vorhandenen Schuldgefühls, das aber andere Ursachen haben muß als die, welche der Kranke angab.

Freud stieß auf das Schuldproblem auch in dem merkwürdigen unbewußten Drang des Neurotikers zur *Selbstbestrafung*. Er scheint völlig an das archaische Gesetz des Talion ausgeliefert zu sein: Jede Schuld muß durch eine Strafe gesühnt werden. Meist ist die Krankheit selbst eine Strafe durch die Einschränkung und Verzichte, die sie mit sich bringt. Wenn der Arzt versucht, den Kranken zu heilen, stößt er daher auf einen Widerstand, der nicht weichen will. „Endlich kommt man zur Einsicht, daß es sich um einen sozusagen ‚moralischen' Faktor handelt, um ein Schuldgefühl, welches im Kranksein seine Befriedigung findet und auf die Strafe des Leidens nicht verzichten will. An dieser wenig tröstlichen Aufklärung darf man festhalten. Aber das Schuldgefühl ist für den Kranken stumm, es sagt ihm nicht, daß er schuldig ist, er fühlt sich nicht schuldig, sondern krank"[9].

---

[6] I, S. 568. [7] VII, S. 135. [8] X, S. 428 ff. [9] XIII, S. 279.

Der Drang nach Selbstbestrafung wirkt sich auch aus in bestimmten Charakterbildungen, von denen *Freud* zwei klassische Formen beschrieben hat: „Die am Erfolg scheitern" und „Die Verbrecher aus Schuldbewußtsein". Für die am Erfolg Scheiternden verweist er auf die Darstellung der Dichter, z. B. auf *Shakespeares* Lady Macbeth oder auf *Ibsens* Rebekka in dem Schauspiel „Rosmersholm". Rebekka kommt in das Haus des Pfarrers Rosmer. Es gelingt ihr, durch ein raffiniertes Arrangement, die schwermütige Frau des Pfarrers zum Selbstmord zu treiben. Als Rosmer sie bittet, seine Frau zu werden, bricht sie zusammen und lehnt ab. „Die analytische Arbeit zeigt uns, daß es *Gewissensmächte* sind, welche der Person verbieten, aus der glücklichen realen Veränderung den lang erhofften Gewinn zu ziehen"[10]. Beim Verbrecher aus Schuldbewußtsein kam *Freud* zu dem paradoxen Befund, daß das Schuldbewußtsein früher da war als das Vergehen, ja das Verbrechen ging aus dem aus unbekannter Quelle stammenden Schuldbewußtsein hervor. Die Tat wurde begangen, um durch die dafür zu erwartende Strafe das Schuldgefühl zu mildern.

Wenn wir diesen Abschnitt überschrieben haben, „Der Neuansatz in der Tiefenpsychologie", dann können wir nach diesem kurzen Überblick über die Befunde *Freuds* nur bestätigen, daß die Tiefenpsychologie die Schicksalsmacht der Schuld in einer neuen und beunruhigenden Weise wiederentdeckt hat, zumal er zu zeigen vermochte, daß diese Erscheinungen mehr oder minder auch beim sog. „Normalen" vorhanden sind.

Wichtig ist dabei folgendes: *Freud* hat durch die Entdeckung des Unbewußten einen Weg gefunden, scheinbar sinnlose Phänomene als in einem unbewußten Zusammenhang sinnvoll zu verstehen. Er hat auf empirischem Weg die Gewissensinstanz im Menschen aufgespürt und sie als Nachinnennahme der Elterngestalten in den ersten 5 Lebensjahren erkannt. Er hat sie später nicht mehr „Abwehr" und „Zensur" genannt, sondern Überich, da sie dem Ich hilft, die Triebschicht des Es zu beherrschen. Ein Konflikt zwischen Trieb und Überich führt dann zur Entstehung von Schuldgefühlen. Es können, wie *Freud* zeigte, aber auch Schuldgefühle vorhanden sein, ohne daß der Mensch weiß warum. *Freud* erklärt dies damit, daß das Überich direkten Zugang zum Es hat. Es hat damit Kenntnis von Regungen im Es, die noch gar nicht bis zum Bewußtsein durchgedrungen sind. Ein Neurotiker mit solchen „unbewußten Schuldgefühlen" ist z. B. der Skrupulant, der irgendwelche Lappalien bekennt, da er die eigentliche Ursache seiner Schuld nicht weiß und zu fassen bekommt.

Freud sucht das Schuldproblem dadurch zu lösen, daß er die übertriebenen Forderungen eines sadistischen Überichs abbaut, das Ich stärkt und das Es durch Reifung beherrschbarer macht. Der Weg dazu ist das therapeutische Gespräch, das die bewußte Durcharbeitung unbewußter Inhalte zum Ziel hat.

Die Tiefenpsychologie ist aber nicht bei *Freud* stehengeblieben. Schon sein Schüler *Carl Gustav Jung* empfand *Freuds* Standpunkt als zu eng und zu mechanistisch. Vor allem durch seine ganz andere Auffassung der Religion kam *Jung* zu anderen Ergebnissen. Jung entdeckte in manchen Träumen seiner Patienten eigenartige Parallelen zu alten Mythen und religiösen Riten. Er kam dadurch zu der Überzeugung, daß in der Psyche jedes einzelnen Men-

[10] X, S. 372.

schen kollektive Kräfte (sog. Archetypen) am Werk sind, die den psychischen Prozeß in einer bestimmten Richtung treiben auf die *Selbstwerdung* des einzelnen hin. Die für die Jungsche Psychologie zentrale Größe des „Selbst" ist bewußtseinstranszendent, nicht definierbar, sondern nur in dynamischen Bildern anschaubar. Das konzentrierteste Bild des Selbst ist das „Mandala", das Jung in allen Religionen nachweisen konnte. Kennzeichnend für das Mandala ist die Vier, das Quadrat und der Kreis. Auch in der Bibel finden sich zahlreiche Mandalas. Ich nenne hier nur das bekannteste, das Paradies. Es ist ein Quadrat, in der Mitte der Baum des Lebens, bzw. der Erkenntnis des Guten und Bösen, von dem die vier Ströme ausgehen. Wir verstehen von hier aus Gen. 3 besser als eine Beschreibung des ursprünglichen Seins des Menschen in der Gemeinschaft mit Gott.

Selbstwerdung bedeutet Ganzwerdung, Überwindung der Gegensätze, Auflösung der Erstarrung in einseitigen Positionen. Die Gefahr des Frommen z. B. ist seine Erstarrung im moralischen Gewissen, wie sie uns im Neuen Testament in der Gestalt des Pharisäers vor Augen geführt wird. Er hat alles Böse aus seinem Bewußtsein verdrängt, ebenso wie er nach außen mit keinem Sünder in Berührung kommen möchte. Inwendig ist er aber „voll Unreinigkeit" (Mt 23, 27), *Jung* würde sagen, er hat einen gewaltigen unbewußten „Schatten".

Bei *Jung* meldet sich eine andere Art Gewissen zu Wort, die wir im Unterschied zu *Freuds* Überich als „Stimme des Selbst" bezeichnen wollen. Sie verlangt die Hereinnahme und Durcharbeitung des Schattens, was nicht ohne Leiden vor sich gehen kann. In unserem psychologischen Beispiel des Pharisäers vertrat Jesus diese Stimme, da er zu den Sündern ging und die Pharisäer auch einlud, sich mit ihnen und ihm an einen Tisch zu setzen. Damit verlangte Jesus nichts anderes von ihnen, als den eigenen Sünder in sich zu erkennen und anzunehmen. Das wollten sie aber nicht und deshalb mußte Jesus sterben. Die Pharisäer sind damit — wir sind hier immer noch in einer psychologischen Betrachtung — schuldig geworden an ihrer Aufgabe der Selbstwerdung. Wir sehen, diese Art Schuld ist nicht mehr in den Kategorien von Gut und Böse zu erfassen. Hier geht es um Finden oder Verfehlen unserer Aufgabe als Mensch.

Sieht *Freud* den Menschen als ein von Trieben beherrschtes Wesen, dessen psychische Instanzen miteinander in Konflikt geraten können, so sieht *Jung* den Menschen von der „Transzendenz" innerpsychischer kollektiver Mächte her, die einen bestimmten Prozeß im Menschen steuern. *Jung* nimmt damit deutlich gnostische und mystische Elemente wieder auf, die ihr Dasein meist am Rande der Kirche geführt haben. Es ist mir dabei jedoch eine Frage, inwieweit durch diese Sicht die Geschichtlichkeit des Menschen und seine Beziehung zum Nächsten in Gefahr ist, verlorenzugehen.

Seit dem letzten Krieg ist eine neue Richtung der Tiefenpsychologie im Entstehen, die wir unter dem Begriff der „Anthropologischen Psychotherapie" zusammenfassen. Sie hat deutlich erkannt, daß die Unterschiede der einzelnen Schulen sich nicht einfach harmonisieren lassen, da sie ihre Ursache in bestimmten theologischen bzw. philosophischen Vorentscheidungen haben, die zu ganz verschiedenen Sichtweisen führen. *Freud* und *Jung* hatten noch die Illusion, nichts anderes als Empiriker zu sein. Die anthropologischen Psychotherapeuten wollen dagegen zunächst von der Philosophie und Theologie her ihr Menschenbild bewußt klären, um dann ihre Befunde in einem größeren Zusammenhang neu zu interpretieren. Philosophisch orientieren sich z. B. die Psychotherapeuten *Ludwig Binswanger, Medard Boss, Erich Fromm, Gustav Bally*; theologisch die katholischen Therapeuten *Viktor v. Gebsattel, Igor Caruso, Wilhelm Daim, Ernst Michel* und die evangelischen Therapeuten *Paul Tournier, Theodor Bovet* und *Alfons Maeder*.

Im Mittelpunkt dieser Bemühungen steht die neue Sicht des Menschen als „Person". Person bezeichnet die nur dem Menschen eigene geistige Strukturmitte, in der sich Leib und Seele, Natur und Geist, Immanenz und Transzendenz, Getriebensein und Freiheit miteinander zu einer neuen Ganzheit verbinden. „Als zentrale Instanz grenzt sich Person dann noch von Persönlichkeit ab, womit nach neuerem Sprachgebrauch der Gesamtaufbau unserer Struktur gemeint ist, oder in werthafter Betonung etwa noch die Ranghöhe des einzelnen gegenüber der Menge."[11]

Infolge ihrer anthropologisch-personalen Orientierung hat sich diese Richtung innerhalb der Tiefenpsychologie ganz entschieden dem Schuldproblem zugewandt[12].

Die Anthropologische Psychotherapie hat das Schuldverständnis der Tiefenpsychologie bereichert um den Begriff der „*Existenzschuld*", den sie von *Heidegger* übernommen und ihren anthropologischen Bedürfnissen — im Unterschied zu seinen ontologischen — angepaßt hat. Existenzschuld muß sehr deutlich von moralischer Schuld unterschieden werden. Es geht in ihr nicht um die Kategorien von Gut und Böse, sondern von Eigentlich und Uneigentlich. Der Mensch ist nach *Heidegger* ins Dasein „geworfen"; dazu gehört auch sein Verfallensein an die uneigentliche Alltäglichkeit des „Man". Es entlastet zwar das Dasein, indem es ihm manche Verantwortlichkeit abnimmt, da es festlegt, was „man tut" und „man nicht tut". Wenn es sich damit begnügt, gerät das Dasein immer tiefer in den Wirbel des Man, der es hineinreißt in das Uneigentliche der Vielfalt des rein Zufälligen, des Behagens, des Leichtnehmens und Sichdrückens. Zum Uneigentlichsein des Man gehört auch die Weigerung, das Schuldigsein des Daseins zu akzeptieren.

In der Existenzschuld geht es also nicht um meine Taten, sondern um mein Sein, das sich dem Anruf des Daseins gegenüber noch verschlossen hält. Dem uneigentlichen Dasein entspricht ein Mangel an personalem Gewissen, eine pervertierte Wertordnung, die der dem Sein selbst immanenten Wertordnung nicht entspricht.

Im Unterschied zu *Heidegger* hält die Anthropologische Psychotherapie aber die Existenzschuld nicht streng von der moralischen Schuld getrennt, sondern sie sucht gerade den Zusammenhang zwischen beiden durchzuhalten, denn das uneigentliche Sein wirkt sich aus in bestimmten Taten z. B. der Lieblosigkeit und des Versagens. Umgekehrt werden wir gerade in den moralischen Verfehlungen der Verschlossenheit unseres Seins ansichtig und haben in der konkreten Reue die Möglichkeit zur Wandlung unseres Seins.

Es hat sich als äußerst fruchtbar erwiesen, diese Kategorie der Existenzschuld auf das Verständnis der Neurosenerkrankungen anzuwenden. Schon *Freud* hatte die Neurose als eine infantile Form der Konfliktverarbeitung

[11] A. Vetter in A. Sborowitz, Der leidende Mensch, 1960, S. 46.

[12] Kennzeichnend für dieses Bemühen ist vor allem das Buch von H. Häfner, Schulderleben und Gewissen, 1956.

erkannt. Bewußte Verarbeitung wäre, den Triebwunsch bewußt abzuweisen, aufzuschieben, auf ein anderes sozial wertvolles Gebiet zu verlagern (zu sublimieren) oder gegen eine widerstrebende Umwelt durchzusetzen. Gelingt dies einem schwachen Ich nicht, dann springen die vorpersonalen Mechanismen der Verdrängung, der Projektion, der Verschiebung, der Regression usw. ein. Der Neurotiker ist damit das Beispiel eines Menschen, der uneigentlich lebt, der auf der Flucht ist vor dem personalen Gewissen, vor Freiheit und Verantwortung. Meist ist es gerade ein überstrenges und starres Überich, das gar keine Schulderkenntnis zuläßt und durch seine Strenge den Durchbruch des personalen Gewissens verhindert. Durch diesen Tatbestand darf jedoch die rechte Relation der beiden nicht verwischt werden: der Mensch entwickelt ein Überich, weil er Gewissen hat, und das Überich kann nur eine Vorform sein, bis das personale Gewissen mit der Festigung der Person in Erscheinung tritt.

Die Uneigentlichkeit des Neurotikers zeigt sich sehr deutlich in der *Verdrängung*. Wichtige Lebensbereiche werden aus dem Bewußtsein und dem Lebenszusammenhang ausgeklammert. Nicht umsonst handelt es sich dabei meist um den sexuellen Bereich, wo der Neurotiker dem Aufruf zum liebenden Miteinander ausweicht. Im Hintergrund steht dabei häufig ein mit sexuellen Erlebnissen in der Kindheit verbundenes blockierendes Schuldgefühl. Indem man jedem Partner aus dem Wege geht, vermeidet man die Begegnung mit der alten und die Möglichkeit neuer Schuld. Den Mechanismus der *Verschiebung* schildert *Häfner* (S. 37 f.) an dem Beispiel einer 27jährigen Patientin. Sie hatte zwei Jahre zuvor eine erfolgreiche Abtreibung vorgenommen und seitdem heftige Kopfschmerzen gehabt. Sie gibt aber ihrer Unachtsamkeit, im Winter kein Kopftuch getragen zu haben, die Schuld an diesen Kopfschmerzen. Ist dies aber überhaupt noch eine Schuld? Durch die Verbindung mit einer Banalität gelingt es, die quälende Schuld zu leugnen. Der Vorgang der *Schuldprojektion* ist so alltäglich, daß wir ihn alle kennen als das Bemühen, den anderen die Schuld zuzuschieben. Ein Beispiel für *Regression* ist die Zwangsneurose. Auf den Sühnecharakter des zwangsneurotischen Zeremoniells, z. B. eines Waschzwangs oder eines Bekenntniszwangs, hatte bereits *Freud* hingewiesen. Diese Handlungen sind im Grunde Sühnungsakte zur Schuldentlastung, die aber im Leeren verpuffen, da sie den personalen Kern nicht erreichen und alles beim alten bleibt.

Es wäre aber völlig verfehlt, diese Menschen vorwurfsvoll auf ihre Existenzschuld hin anzusprechen. Heilung geschieht hier durch bewußte Durcharbeitung der Probleme und durch den Aufruf zum personalen Sein, der durch die Person des Therapeuten gegeben ist.

Wir müssen hier abbrechen, um uns nun zu fragen, was diese Sichtweisen des Schuldproblems für die Theologie bedeuten.

III. Die Bedeutung des tiefenpsychologischen Schuldverständnisses für die Theologie

Zunächst war die Reaktion der Theologen auf die Tiefenpsychologie negativ, da man sich wie die Allgemeinheit auch von ihren Ergebnissen abgestoßen fühlte. Später, als die Sprechzimmer der Psychotherapeuten sich immer mehr füllten und die Amtszimmer der Pfarrer immer leerer wurden, sah man in der Psychotherapie eine unliebsame Konkurrenz. Man versuchte ihren Erfolg damit zu erklären, daß man behauptete, sie unterstütze den modernen Menschen in seinem Bemühen, der Schuld auszuweichen, durch den angenehmen Ausweg der „Absolution als Selbstverständlichkeit" und die „suggestive Lösung seines Schuldgefühls"[13]. Die Psychotherapeuten erwiderten die Vorwürfe ihrerseits durch den Hinweis auf ihre therapeutische Erfahrung, daß die Kirche selbst durch eine starre Moral bei ihren Gliedern Neurosen erzeuge. Der Gynäkologe und Psychotherapeut *E. Schaetzing* hat dafür den Begriff der „ecclesiogenen Neurose" geprägt[14].

Einer der ersten, der bereits vor dem ersten Weltkrieg ein positives Verhältnis zur Tiefenpsychologie gewann, war der Schweizer Pfarrer *Oskar Pfister*. Er erkannte die Bedeutung der Freudschen Befunde für eine Neuinterpretation der christlichen Botschaft und für eine Konkretisierung der Praxis der Seelsorge. Dies war ihm möglich, weil er sah, daß *Freuds* Ergebnisse keineswegs so unauflöslich mit der positivistischen Grundlage *Freuds* verbunden waren, wie dieser selbst glaubte.

Manches an *Pfisters* Sicht scheint uns von unserer heutigen Perspektive aus gesehen noch zu direkt und kurzschlüssig zu sein. Aber inzwischen ist die Begegnung der beiden Wissenschaften weitergegangen. Im Zusammenhang mit unserem Thema möchte ich hier nur zwei Männer nennen, die ganz verschiedenen theologischen Richtungen angehören, und die dennoch ein positives Verhältnis zur Tiefenpsychologie gefunden haben: *Paul Tillich*[15] und *Eduard Thurneysen*[16].

Tillich sieht die Ursache für die gegenwärtige Notlage der Kirche in der Tatsache, daß es ihr noch nicht recht gelungen ist, die alten Begriffe Sünde und Gnade in ihrer Bedeutung für den modernen Menschen aufzuweisen. Jede Zeit steht neu vor dieser Aufgabe, den Zustand des Menschen in seiner Entfremdung von Gott und die göttliche Antwort in Jesus Christus in der ihr eigenen Sprache zu interpretieren. In früheren Jahrhunderten leisteten vor allem die asketisch-monastischen Theologen diese Aufgabe, indem sie sich und andere Glieder ihrer Gruppe so eingehend analysierten, „daß es heute wenige Beschreibungen der menschlichen Entfremdung gibt, die sie nicht vorweggenommen haben"[17]. Das gleiche läßt sich auch von *Luther* sagen, wie der Psychoanalytiker *E. Erikson* in seinem Buch „Der junge Mann Luther" (1964) festgestellt hat. Dieses Wissen ging jedoch unter dem Einfluß einer rationalistischen Bewußtseins-Philosophie und -Theologie verloren. Aufgabe der modernen Theologie ist es, das ganze Bild des Menschen wieder ans Licht zu bringen. Sie hat dazu vor allem die Hilfe der Existenzphilosophie in Anspruch genommen und damit viel erreicht, ist aber bisher durch die Bindung an die Existenzphilosophie in einer abstrakten Vorstellungswelt und Sprache steckengeblieben, deren Erlernung Voraussetzung ist, um ihr Anliegen zu verstehen. *Tillich* fährt deshalb mit Recht fort: Der Theologe „braucht vor allem die Hilfe der Praktiker der Existenzerforschung, z. B. Geistliche, Erzieher, Psychoanalytiker und psychologische Berater. Der Theologe muß die traditionellen religiösen Symbole und theologischen Begriffe im Licht des Mate-

[13] Vgl. H. Thielicke, Fragen des Christentums an die moderne Welt, 1947, S. 108 ff.
[14] In: Wege zum Menschen, 7. Jg./1955, S. 97 ff.
[15] Bes. Systematische Theologie Band II, 2. Aufl., 1958, S. 30 ff.
[16] Die Lehre von der Seelsorge, 2. Aufl., 1957, bes. S. 215–218.
[17] P. Tillich, aaO., S. 34.

rials, das er von den Genannten erhält, neu interpretieren. Er muß sich vor Augen halten, daß Worte wie ‚Sünde' und ‚Gericht' nicht an innerer Wahrheit verloren haben, wohl aber an ihrer Fähigkeit, diese Wahrheit auszudrücken. Das kann sich nur ändern, wenn solche Worte neu gefüllt werden mit den Einsichten in die menschliche Natur, die uns durch den Existentialismus (einschließlich der Tiefenpsychologie) vermittelt sind[18]."

Ähnlich urteilt auch *Thurneysen,* wenn er der Meinung ist, daß er keine erschütterndere Darstellung der inneren Zerissenheit des Sünders finden könne als die in der modernen Tiefenpsychologie, die dem sehr nahe kommt, was Paulus in Röm. 7 sagt, wenn er von dem Zwiespalt zwischen Wollen und Tun redet.

Durch die Einsichten der Tiefenpsychologie wird die Theologie ganz neu auf die Bedeutung biblischer Aussagen hingewiesen, die in der gegenwärtigen theologischen Diskussion kaum beachtet werden. Dazu gehören der Zusammenhang von Sünde und Krankheit und seine spiegelbildliche Entsprechung, nämlich der Zusammenhang von Heil und Heilung, den die Evangelien besonders betonen. Im Grunde geht es um die Wiederentdeckung der Ganzheit und Leibhaftigkeit des Menschen, die jeder idealistischen Verinnerlichung und jeder existentialen Reduktion auf bloße Bedeutsamkeit widersteht.

Die Begegnung mit dem tiefenpsychologischen Schuldverständnis ergibt auch neue Impulse für die Praxis der kirchlichen Seelsorge. Es ist gut, daß der evangelische Seelsorger um den absoluten Bezug der Sünde als Abfall des Menschen von Gott weiß und dadurch die Seelsorge vor dem Abgleiten in den Moralismus bewahrt. Was er dazu braucht, ist ein konkretes Wissen um die Vielschichtigkeit menschlicher Situationen, aus denen es zu den mannigfachen Erscheinungsformen der Sünde kommt. Dazu gehört auch die Fähigkeit, zwischen krankhaftem Bekenntniszwang und echtem Schuldbewußtsein zu unterscheiden. Zu beidem kann ihm die Tiefenpsychologie gute Hilfsdienste leisten.

Sehr konkret hat sich die Begegnung mit der Tiefenpsychologie bereits in der Wiedergewinnung der evangelischen Beichte ausgewirkt. Schon im Jahr 1932[19] hat *C. G. Jung* auf die Tatsache hingewiesen, daß er kaum katholische Christen unter seinen Patienten habe. Er führte dies auf das Vorhandensein der Beichte in der katholischen Kirche zurück. Am gleichen Ort veröffentlichte er auch das Ergebnis einer interessanten Umfrage in der Schweiz aus der gleichen Zeit. Von allen befragten Katholiken entschieden sich 58 Prozent, in Schwierigkeiten zu ihrem Pfarrer zu gehen, 25 Prozent wollten zum Arzt gehen, 17 Prozent waren unentschieden. Bei den Evangelischen war das Ergebnis wesentlich anders. Hier entschieden sich nur 8 Prozent für den Pfarrer, 57 Prozent für den Arzt und 35 Prozent waren unentschieden. Als Begründung für die Ablehnung des Pfarrers wurde angegeben, er hätte nichts mit Menschenbehandlung zu tun, verstünde nichts von Psychologie und würde einem nur mit moralischen Forderungen und Vorwürfen begegnen. Besonders bemerkenswert ist, daß sich alle befragten Mitglieder von Pfarrfamilien gegen den Pfarrer aussprachen!

---

[18] P. Tillich, aaO., S. 34.

[19] In: Die Beziehungen der Psychotherapie zur Seelsorge.

Die Konkurrenz der Psychotherapeuten war sicher für viele Pfarrer ein Anreiz, sich der Beichte wieder anzunehmen. Die moderne Literatur zur Beichtfrage läßt diesen Einfluß deutlich erkennen, auch dann, wenn die psychologischen Quellen nicht wörtlich angeführt werden. In dieser Situation liegt natürlich auch eine Gefahr, daß der Seelsorger nicht mehr genau weiß, was seines Amtes ist, und nun, von der Psychotherapie fasziniert, anfängt, dilettantisch Psychotherapie zu treiben. Diese Art, Psychotherapie zu treiben, ist sicher abzulehnen. Auch wäre es falsch, nun anzufangen, die Beichte auf dem Weg organisatorischer Maßnahmen wiedereinzuführen. Die Dinge müssen von innen her wachsen, zunächst wohl in kleinen Kreisen, um von da aus die Beichte der Gemeinde wieder wert zu machen. Die Erfahrungen des Berneuchener Kreises und auf verschiedenen Kirchentagen ermutigen, auf diesem Weg weiterzuschreiten.

In allen Punkten der Begegnung, die wir bisher erwähnt haben, bleiben die beiden Wissenschaften doch klar voneinander geschieden, da jeder in seinem Bereich verharrt. Die Frage ist, ob das genügt, oder ob die Begegnung nicht notgedrungen zur gegenseitigen Durchdringung und Überschneidung führen muß. Wir glauben, daß dies vor allem im Begriff der Existenzschuld der Fall ist, der in der Anthropologischen Psychotherapie auftaucht, der aber auch, wie wir kurz zu zeigen haben, eine theologisch-seelsorgerliche Bedeutung besitzt. Man darf ihn nur nicht verwechseln mit der Ursünde des Abfalls von Gott und den einzelnen Tatsünden. Sein Ort ist wahrscheinlich zwischen beiden.

Machen wir das Gemeinte an einem Beispiel deutlich. Ein Mann Anfang 40, seit 10 Jahren verheiratet, verfiel dem „Don-Juanismus", d. h. er verführte andere Frauen, die er im Stich ließ, sobald er sie bezwungen hatte, um sich eine andere zu suchen. Ab und zu hatte er nach einem solchen Abenteuer Gewissensbisse und kam zu seinem Seelsorger, um ihm diese Verfehlungen gegen das 6. Gebot zu beichten.

Die Tatsünden sind klar. Für den Seelsorger sind sie ein Hinweis auf die Sünde des Menschen, der sich von Gott getrennt hat. Der Zuspruch der Absolution wird bei diesem Mann jedoch wenig ausrichten. Der Seelsorger müßte sehen, daß dieser Mensch in der Schuld eines uneigentlichen Seins verhaftet ist. *Freud* könnte zeigen, daß dieser Mann auf einer infantilen Entwicklungsstufe stehengeblieben ist und immer noch in allen Frauen das Bild der geliebten Mutter sieht. *Jung* würde darauf hinweisen, daß er die Aufgabe der Selbstwerdung noch nicht erkannt hat. Die *Anthropologische Psychotherapie* würde hier von Existenzschuld reden, da er sich selbst noch nicht gefunden hat, uneigentlich lebt in den Mechanismen der Projektion und der Wiederholung. Wenn die Absolution nicht nur rein formalistisch sein soll, dann muß der Seelsorger diese Dimension mit sehen und dieses Reifungsproblem in seinem vorbereitenden Gespräch mit berücksichtigen[20].

---

[20] Zur ausführlichen Darstellung verweise ich auf mein Buch „Das Schuldproblem in Theologie und Tiefenpsychologie", Heidelberg 1965.

Zusammenfassung

Ziel der Ausführungen war, zu zeigen, wie gerade am Schuldproblem deutlich wird, daß die beiden Wissenschaften der Theologie und der Tiefenpsychologie aufeinander angewiesen sind.

Die Bearbeitung des Schuldproblems hat der Tiefenpsychologie deutlich gemacht, daß sie einer seinsmäßig fundierten Anthropologie bedarf, für die sie auf die Hilfe der Theologie bzw. der Philosophie angewiesen ist.

Die Verkündigung der zentralen christlichen Botschaft von Sünde und Gnade und der konkrete Umgang in der Seelsorge machen dem Theologen deutlich, daß er ohne recht verarbeitete Tiefenpsychologie gar nicht auskommen kann, wenn er den konkreten Menschen erreichen will. Leider überwiegen bei den Theologen immer noch die Widerstände gegen die Tiefenpsychologie. Gerade die modernsten Theologen haben sich einseitig den Kategorien der Existenzphilosophie verschrieben und stehen der Praxis der Existenzerforschung in der Tiefenpsychologie noch fremd und mißtrauisch gegenüber. Ansätze an den Universitäten lassen hoffen, daß hier allmählich eine Wandlung eintritt. Vielleicht kommt es dann schließlich so weit, daß zum Theologiestudium neben historisch-kritischer Exegese, Kirchengeschichte, Systematik und praktischer Theologie auch eine anthropologisch orientierte Tiefenpsychologie gehört, die dem Theologen ein differenziertes Bild des Menschen vermittelt, dem er die christliche Botschaft weiterzugeben hat.

Yorick Spiegel

Der Prozeß der Trauer

Die Verdrängung von Tod und Trauer entspricht einer heute verbreiteten Tendenz, Vorgänge zu tabuisieren, welche die Grenzen einer am vitalen Leben und an der Leistung orientierten Gesellschaft sichtbar werden lassen. Die Thematik von Tod und Trauer konnte bislang denn auch nur zögernd in unser Blickfeld treten. Der folgende Beitrag von Yorick Spiegel (1972), eine konzentrierte Skizze seiner umfassenden Untersuchung, dient der Bewußtmachung. Auch bei dieser Bemühung wird wiederum die Vielfalt human- und sozialwissenschaftlicher Einflüsse erkennbar, die den Ansatz des Autors auszeichnet.

I.

Keine Untersuchung über die Trauer[1] kann an *Sigmund Freud* vorübergehen, der mit seiner Studie über „Trauer und Melancholie" (1917) den Anstoß zu ihrer wissenschaftlichen Erforschung gegeben hat, obgleich das Hauptinteresse der Analyse den manisch-depressiven Zuständen gilt. Die entscheidende Passage sei hier zitiert:

„Die Realitätsprüfung hat gezeigt, daß das geliebte Objekt nicht mehr besteht, und erläßt nun die Aufforderung, alle Libido aus ihren Verknüpfungen mit diesem Objekt abzuziehen. Dagegen erhebt sich ein begreifliches Sträuben – es ist allgemein zu beobachten, daß der Mensch eine Libidoposition nicht gern verläßt, selbst dann nicht, wenn ihm Ersatz bereits winkt... Das Normale ist, daß der Respekt vor der Realität den Sieg behält. Doch kann ihr Auftrag nicht sofort erfüllt werden. Er wird nun im einzelnen unter großem Aufwand an Zeit und Besetzungsenergie durchgeführt und unterdes die Existenz des verlorenen Objekts psychisch fortgesetzt. Jede einzelne der Erinnerungen und Erwartungen, in denen die Libido an das Objekt geknüpft war, wird eingestellt, überbesetzt und an ihr die Lösung der Libido vollzogen."[2]

Der Trauerprozeß, wie *Freud* ihn sieht, besteht vor allem in den Mechanismen des Erinnerns und der Substitution. Im Vorgang des Erinnerns werden angenehme und schwere gemeinsame Erlebnisse des Verstorbenen und des Hinterbliebenen wiederbelebt und dabei, an einem distanzierten Erlebnis, die Realitätserkenntnis gewonnen, daß solche Erlebnisse nicht mehr wiederholbar sind. Nach *Freud* wird so Libido freigesetzt, die dann nach und nach in neue Liebesobjekte und neue Tätigkeiten investiert werden kann: „Dann wird unsere Libido wiederum frei, um sich, insofern wir noch

---

[1] Der hier vorliegende Artikel faßt einige Beobachtungen und Überlegungen zusammen, die in einer umfassenden Untersuchung des Verfassers ausführlich entwickelt und belegt werden. (Der Prozeß des Trauerns. 2 Bände. München-Mainz 1973.) Vgl. auch das Literaturverzeichnis am Schluß des Beitrags, auf das sich Hinweise im Text beziehen und das einen geschichtlichen Überblick über die Entwicklung der Literatur zum Thema „Trauer" bringt und in einzelne Fragenkreise gegliedert ist.

[2] S. Freud, Trauer, 430.

jung und lebenskräftig sind, die verlorenen Objekte durch möglichst gleich kostbare und kostbarere zu ersetzen."[3] Letztlich wird damit der Tote früher oder später vergessen.

Ein Fallbeispiel, das *Edith Jacobson* bringt, kann die Vorstellungen *Freuds* verdeutlichen, aber auch korrigieren:

> Frau B., verwitwet in der Mitte ihrer Lebensjahre, war in einem Zustand tiefer Trauer. Sie war eine Frau mit einem intensiven emotionalen Leben und fähig, ihren Gefühlen lebendigen Ausdruck zu geben. Obgleich sie in der Gegenwart anderer Menschen sich sehr kontrollierte, weinte sie unaufhörlich, sobald sie alleine war, und war völlig beschäftigt mit den Erinnerungen an den geliebten Ehepartner. Sie hatte das Bedürfnis, immer wieder von Neuem die Orte im Gebirge zu besuchen, die sie beide besonders beglückt hatten. In ihrem emotionalen Zustand bewegte sie die Szenerie noch stärker als früher; aber eine wundervolle Aussicht, ein Sonnenaufgang oder -untergang, riefen in ihr einen Tränenausbruch hervor, wenn sie an die gemeinsam geteilte Freude dachte. Sie hatte ihre Kontakte mit anderen Menschen eingeschränkt, hatte aber den Wunsch, dann und wann mit nahen Freunden ihres Gatten zusammenzusein und mit ihnen über den Verstorbenen zu sprechen.
>
> Frau B. berichtete, daß sie sich anfänglich sehr niedergedrückt gefühlt habe und voller Schuldgefühle war, weil ihr Mann allzu oft ihre ärgerlichen Ausbrüche hatte ertragen müssen. Die Schuldgefühle wurden wieder lebendig, wenn sie darüber sprach und Tränen darüber vergoß.
>
> Ein Weg, mit ihrer Trauer fertig zu werden, war eine besondere Anteilnahme am Leiden und dem Schmerz anderer. So hatte sie auch an dem Leiden ihres sterbenden Gatten teilgenommen. Zudem entwickelte sie zunehmend eine besondere Beschäftigung mit Interessen und Tätigkeiten, die ihr Gatte geschätzt hatte. Mit dem Vergehen der Trauer liebte sie die Berge mehr als zuvor. Sie übernahm berufliche Tätigkeiten ihres verstorbenen Ehemannes und bedauerte auch in späteren Jahren noch, daß er nicht die gleichen Erfolge mehr erzielen konnte, die sie erreicht hatte[4].

Hier handelt es sich um einen normalen Prozeß der Trauerverarbeitung. Frau B. ist in der Lage, ihren Gefühlen Ausdruck zu verleihen; sie kann weinen und durch die Beschränkung auf bestimmte Tätigkeiten der Vergangenheit sich schrittweise von der Realität des Todes überzeugen. Später beginnt sie, Dinge intensiver zu erleben und Tätigkeiten aufzunehmen, zu denen sie früher nicht fähig war. Der Trauerprozeß endet so mit einer Bereicherung ihres Lebens.

Ein wesentlicher Mechanismus, der hier zu einer positiven Überwindung der Trauer beiträgt, ist die Identifikation mit den positiven Seiten ihres Gatten. Die Identifikation ersetzt ihn und die positiven Zuwendungen, die Frau B. durch ihn erfahren hat. Das geliebte Objekt ist nicht verloren, sondern ihm können weiterhin die Anerkennung und die Gratifikation zugewendet werden, die der Verstorbene früher durch seine Frau erfuhr. Eine gelungene Trauerarbeit könnte man dahingehend definieren, daß die Realität des Verlustes voll anerkannt (nicht nur intellektuell zur Kenntnis genommen) wird, aber zugleich der Tote nicht verloren geht oder verstoßen wird, sondern als geliebtes Objekt in dem Hinterbliebenen aufgenommen

[3] S. Freud, Vergänglichkeit (1916), Ges. W., Bd. 10, Frankfurt [4]1967, 358–361.

[4] E. Jacobson, Normal and Pathological Moods. Their Nature and Functions, in: The Psychoanalytic Study of the Child, 12/1957, 73–113. 102–107.

wird, ihn bereichert und zu neuen Fähigkeiten und Tätigkeiten verhilft.

Ob die Trauerarbeit gelingt oder pathologische Formen annimmt, hängt für die klassische psychoanalytische Schule in besonderer Weise davon ab, ob der im Kindesalter auftretende wesentliche Konflikt auf eine befriedigende Weise gelöst worden ist oder ob gewisse Teile der kindlichen Entwicklung auf diesen Grundkomplex fixiert blieben. Ob dieser grundlegende Konflikt in der oedipalen Situation gesehen wird *(Freud)*, in der Entwöhnung *(Melanie Klein)* oder in einer zeitweiligen oder dauernden Trennung von der Mutter *(John Bowlby)*, in jedem Falle handelt es sich um einen von außen erzwungenen Verzicht oder einen für die Entwicklung zwangsläufigen Verlust, den das Kind bewältigen muß und normalerweise auch ohne bleibende Schädigungen bewältigt. Jeder spätere Verlust, insbesondere der eines geliebten Menschen durch dauernde Abwesenheit oder durch Tod, reaktiviert diesen Urkonflikt. Wurde er angemessen gelöst, so kann man nach Meinung der Vertreter der psychoanalytischen Schulen eine verstärkte Gewißheit haben, daß auch die Trauerarbeit angemessen geleistet wird; war die Verarbeitung der oedipalen oder depressiven Position nur durch eine starke Repression und damit verbunden einer intensiven Fixierung möglich, so besteht die Gefahr, daß der Trauernde auf ähnliche regressive Mechanismen zurückgreift.

Seit Beginn der sechziger Jahre haben Untersuchungen über die frühkindliche Entwicklung, die vor allem in „The Psychoanalytic Study of the Child" publiziert wurden[5], diese Ergebnisse bestätigt, aber auch modifiziert. Es zeigte sich, daß der Tod eines nahestehenden Menschen (Mutter, Vater, Großeltern und andere Personen, die die dauernde Fürsorge für das Kind übernommen hatten), einen Verlust darstellt, dessen traumatisierende Wirkung die der normalen kindlichen Konflikte weit übersteigt, bzw. verstärkend auf diese Konflikte einwirkt, wenn der Todesfall mit dem Höhepunkt der kindlichen Krise zusammenfällt. Ein Kind erfährt den Tod einer sorgenden Person nicht nur als einen emotionalen Verlust, sondern als eine unmittelbare Existenzbedrohung, weil es nicht für sich selber Sorge tragen kann. Es hat zudem keine klare Einsicht in das Wesen und die Ursachen des Todes (vielleicht war er ein Erfolg des kindlichen ‚Todeswunsches'), oder es sieht ihn als Bestrafung an. Je schutzloser ein Kind sich fühlt, zu desto massiveren Abwehrmechanismen muß es im allgemeinen greifen. Es wird geneigt sein, den Tod überhaupt zu leugnen (was durch die noch mangelhafte Ausbildung des Realitätsprinzips gefördert wird) und durch die (unüberprüfbare) Idealisierung des verstorbenen Elternteils sich selbst Unterstützung zukommen lassen.

Die Verleugnung des Todes zeigt sich vor allem darin, daß Kinder sich gegenüber der Todesnachricht häufig völlig unberührt zeigen und unbetroffen ihr Spiel fortsetzen. Dies Verhalten pflegt Erwachsene vielfach zu

---

[5] Vgl. etwa in dieser Zeitschrift N. B. Neubauer, The One-Parent Child and His Oedipal Development, 15/1960, 286–309; L. Meiss, The Oedipal Problem of a Fatherless Child, 7/1952, 216–229; J. Barnes, Reactions to the Death of a Mother, 19/1964, 334–357; R. A. Furman, Death and the Young Child. Some Preliminary Considerations, 19/1964, 321–333; ders., Death of a Six-Year-Old's Mother during His Analysis, 19/1964, 377–397 (Die beiden Beiträge von Furman finden sich übersetzt in: Psyche, 21/1966, 766–777. 778–796).

schockieren, gibt ihnen aber auch den willkommenen Eindruck, man brauche mit dem Kind nicht über dies Ereignis zu sprechen. Genauere Beobachtung zeigt jedoch, daß Kinder oft zutiefst betroffen sind (wobei der Tod der liebevollen Großmutter sie unter Umständen schwerer trifft als die Eltern, die mit dem Tode schon lange gerechnet haben), so daß sie nur mit massiver Verleugnung auf den Tod reagieren können. Trauer kann dann vielfach nur im wiederholten Spielen des ‚Totumfallens' oder der ‚Beerdigung' bewältigt werden. Da die Erklärungen der Eltern den Kindern zumeist nicht zu einer klaren Einsicht in das Geschehene verhelfen (der Verstorbene ‚ist als Engel bei Jesus', ‚Gott hat ihn zu sich geholt'; ‚er hat eine lange Reise angetreten' oder ‚schläft einen langen Schlaf'), sie aber zugleich mit einem beängstigenden Verhalten der tief betroffenen Eltern konfrontiert werden, entwickeln sich unbegrenzte Phantasien über Strafe, Schuld, einen rachsüchtigen Gott, einen Jesus, der dem Kind das Liebste wegnimmt, (‚wo er doch schon so viele Engel hat'). Es bedarf hier langer klärender Gespräche der Eltern, damit diese Erfahrung realitätsgerecht verarbeitet werden kann. Dazu gehört auch, das Kind an der Beerdigung teilnehmen zu lassen (natürlich nicht gegen seinen Willen), wenn man das Kind nicht einem unüberprüfbaren Hören-Sagen ausliefern will[6].

Ein normaler Trauerprozeß wird zumeist erst möglich, wenn ein Kind zu einem realistischen Verständnis des Todes gekommen ist. Die Kinderpsychologie nimmt an, daß unter den heutigen Erziehungsbedingungen dies zwischen acht und zehn Jahren der Fall ist. Die volle Fähigkeit zu trauern entwickelt sich jedoch erst in dem Zeitraum, in dem der Jugendliche eine der Trauer analoge Form der Trennung vollzieht und sich im Zuge der zunehmenden Zuwendung zur beruflichen Welt von den Eltern löst. Diese Erfahrung kann sehr schmerzlich und konfliktreich sein und vermittelt zum ersten Mal einen realistischen Eindruck, was der Verlust eines nahestehenden Menschen bedeuten kann. Aber auch die Eltern bleiben von dieser Abwendung nicht unbetroffen und müssen zumeist eine intensive Krise durchstehen. Was hier gilt, trifft auch für eine angemessene Trauerarbeit zu: Sich zu emanzipieren, ohne den zu verlieren, von dem man sich auf Grund der Realitätsforderung freimachen muß[7].

Der Vergleich mit dem jugendlichen Emanzipationsprozeß macht deutlich, daß Trauer nicht nur ein innerpsychischer Vorgang ist, sondern auch ein sozialer. Sowohl der Sterbende wie der Hinterbliebene vollziehen einen Statusübergang. Der erstere vollzieht den Übergang von dem Status eines Sterbenden in den eines Toten, der Hinterbliebene z. B. den von einer Ehefrau in den einer Witwe. Dies erfordert nicht nur eine umfangreiche innere Reorganisation auf Seiten des Trauernden, sondern bedeutet auch eine Neugestaltung seiner Umwelt, eine Veränderung von Erwartungen und Verpflichtungen gegenüber der Familie, der Nachbarschaft und der Gesellschaft als ganzer. In jedem Status-Übergang im Verlauf des Lebenszyklus findet eine gewisse Analogie zum Sterben statt, so wie dies in jeder

---

[6] Grundlegend: E. A. Grollmann (Hrsg.), Explaining Death to Children, Boston 1969.

[7] M. Wolfenstein, How is Mourning Possible?; M. Sugar, Normal Adolescent Mourning, in: American Journal of Psychotherapy, 22/1968, 258–269.

anderen ernsthaften Krise der Fall ist. Von daher ist es nicht falsch, wenn Existenztheologie und -philosophie den Tod und das Verhältnis zu ihm als die entscheidende Aufforderung verstanden haben, zu einer inneren und äußeren Reorganisation der Existenz zu gelangen.

II.

Es ist mehrfach versucht worden, den Prozeß der Trauer in verschiedene Phasen einzuteilen. Einer Anregung *Fulcomers* folgend, scheint sich in den westlichen modernen Gesellschaften eine Abfolge von vier Phasen aufzeigen zu lassen. Traditionelle Rituale markieren in manchen Religionsgemeinschaften noch diese Abfolge, die jedoch heute zumeist nur innerpsychisch abläuft.

Bei der Schilderung dieser Phasen ist zu bedenken, daß im Folgenden aus einem Spektrum unterschiedlichster Verhaltensweisen nur einige typische Reaktionsweisen herausgestellt werden, mit denen zudem nur dann zu rechnen ist, wenn es sich um den Tod eines nahestehenden Menschen und einer damit verbundenen tiefen Betroffenheit handelt. Die Abfolge der Phasen kann bereits (etwa bei einer lange andauernden, aber mit Sicherheit zum Tode führenden Krankheit) sehr früh einsetzen und faktisch mit dem aktuellen Eintritt des Todes abgeschlossen sein[8].

1. *Die Phase des Schocks:* Sie hält meist nur für wenige Stunden an und ist normalerweise auch bei längerer Dauer nach ein bis zwei Tagen vorüber. Der Betroffene zeigt sich hier häufig wie paralysiert und zu keiner irgendwie gearteten Emotionalität fähig. Vorherrschend ist der Ausdruck der Ungläubigkeit und des Nicht-wahr-haben-Wollens. Wird dieser Zustand nicht überwunden und wird weiterhin alle Energie darauf verwandt, das Eintretende zu verleugnen, spricht man allgemein von einer ‚Behinderung der Trauer', die zu ernsthaften Störungen führen kann.

2. *Die kontrollierte Phase:* Sie endet meist mit der Beerdigung und der Zusammenkunft der Familie, dauert aber im orthodoxen jüdischen Ritual sieben Tage („Schiva")[9]. Zu diesem Zeitpunkt regrediert das Ich des Trauernden sehr rasch; seine psychische Organisation bricht zusammen. Die Konsequenzen werden aber nicht in ihrem ganzen Gewicht sichtbar, weil die Fülle der mit der Beerdigung verbundenen Aufgaben, die Anwesenheit der Familie und das Eingreifen professioneller ‚Todesagenten' wie des Bestatters und des Pfarrers dem Trauernden einen äußeren Halt geben, der die ersten Auswirkungen des Schocks abfängt.

Der Pfarrer steht der Aufgabe des ‚Zeremoniemeisters', die ihm in dieser Phase zufällt, häufig mit gemischten Gefühlen gegenüber. Dennoch kann er mit dem Ritual der Beerdigung (eingeschlossen der Beerdigungsansprache)

[8] Vgl. etwa A. A. Rosner, Mourning before the Fact, in: Journal of the American Psychoanalytic Association, 10/1962, 564–570.

[9] Vgl. etwa J. Spiro, A Time to Mourn. The Dynamics of Grief and Mourning in Judaism, Philosophische Dissertation, Hebrew Union College 1961; I. W. Kirdorf, Jewish Tradition and the Freudian Theory of Mourning, in: Journal of Religion and Health, 2/1962/63, 248–252. Insbesondere der letztere ist bemüht, den von Freud beschriebenen Trauerprozeß in seiner Übereinstimmung mit dem orthodoxen jüdischen Begräbnisritual aufzuweisen.

Aufgaben erfüllen, die von höchstem therapeutischem Wert für den Trauernden sind[10]. Damit soll jedoch keineswegs gesagt werden, daß die heute verwendeten Begräbnisagenden den im Folgenden genannten Funktionen Genüge tun.

Im Idealfall vollzieht das Ritual der Beerdigung symbolhaft innerhalb eines kurzen Zeitraums, was der Trauernde während des sehr viel längeren Prozesses des Trauerns real vollziehen wird. Es zeichnet den *Weg der allmählichen Ablösung* vom Toten in verschiedenen liturgischen Schritten auf. Es *kontrolliert die Gefühlsausbrüche*, nicht indem es sie grundsätzlich unmöglich macht (eine zunehmende Tendenz in den letzten Jahrzehnten)[11], sondern indem es Gefühlsausbrüche ermöglicht, aber durch die Liturgie auch auffängt und begrenzt. Es *reduziert Angst,* wenn es dem Trauernden zusichert, er werde mit Hilfe Gottes und der Menschen über den Verlust hinwegkommen, und setzt mit den liturgischen Schritten eine Ordnung dem inneren Chaos des Trauernden entgegen. Das Ritual spricht zudem dem Hinterbliebenen einen *neuen Status* mit neuen Rechten und Verpflichtungen zu; das Leben geht nicht einfach weiter, sondern hat sich mit der Realität des Todes des Nächsten entschieden verändert. Es *veröffentlicht diesen Statuswechsel* und stellt heraus, daß der Trauernde des besonderen Schutzes und der Fürsorge bedarf. Schließlich *generalisiert* das Ritual, es geht nicht länger um die Trauer dieses Einzelnen, sondern es ist die vergangene und die kommende Trauer all derer, die einen geliebten Menschen verlieren. Demonstration des Weges, Kontrolle der Gefühlsausbrüche, Angstreduzierung, Zusprechen des neuen Status, Zusicherung der öffentlichen Hilfe und Einschluß in die große Gemeinsamkeit der Trauernden, mit all dem kann das Ritual in seiner Symbolik den Hinterbliebenen helfen[12].

3. *Die regressive Phase:* Hier ist es besonders schwierig, einen genauen Zeitpunkt anzugeben. Das orthodoxe jüdische Ritual geht von 30 Tagen („Schloschim") aus[13]; die Erfahrungen einzelner Berichte sprechen von ein bis zwei Monaten. Die Regression wird nun in vollem Ausmaß deutlich. Der Trauernde stirbt einen symbolischen Tod. Dieser zeigt sich in seinem apathischen Verhalten und wird ausgesprochen in solchen Wendungen wie: ‚In mir ist alles tot und gestorben.' Er wird der Öffentlichkeit auch heute vielfach noch durch das Tragen von schwarzer Kleidung als der Farbe des Todes angezeigt. Das, was die Welt der Trauernden ausmacht, ist gestorben, und damit ist das eigene Ich in seiner ganzen inneren Organisation getroffen.

---

[10] Vgl. dazu Y. Spiegel, Gesellschaftliche Bedürfnisse und theologische Normen. Versuch einer Theorie der Amtshandlungen, in: Theologia Practica, 6/1971, 212–231.

[11] Vgl. etwa M. Mezger, Bestattung, in: G. Otto (Hrsg.), Praktisch-Theologisches Handbuch, Hamburg 1970, 81–92. 88: „Weniger fromme Rührung am Grab, mehr Todes- und Unwiederbringlichkeitsernst!".

[12] In entsprechender Weise gelten die hier genannten Funktionen des Rituals auch für den Toten. Sie wirken indirekt auf den Trauernden zurück, etwa dann, wenn die Ehrung des Toten zugleich ein Gewinn an Ansehen für die Hinterbliebenen mit sich bringt.

[13] Vgl. Spiro, aaO., 40. Bezeichnenderweise ist die Trauerzeit für den Sohn, der einen Vater verloren hat, länger.

Es ist zu natürlich, daß diese Bedrohung der inneren Welt erhebliche Angst freisetzt. *Freud* hat bemerkt, wahrscheinlich habe die Angst vor dem Toten „auch noch den alten Sinn, der Tote sei zum Feind des Überlebenden geworden und beabsichtige, ihn mit sich zu nehmen, als Genossen seiner neuen Existenz"[14]. Diesem Wunsch ist der Trauernde allzu bereit nachzugeben (schon unter der Vorstellung der himmlischen Wiedervereinigung). Die Sterblichkeitsrate verwitweter Frauen ist während der ersten zwei Monate erheblich höher als in den gleichaltrigen Kontrollgruppen[15]. Erkrankungen, die nach dem Tode einsetzen, sind oft Anzeichen dieses symbolischen Todes, sind aber zugleich paradoxerweise auch ein Zeichen von Lebenswillen: Der Trauernde wehrt sich gegen den Wunsch, dem Toten nachzusterben und befriedigt ihn durch eine symbolhafte Handlung wie einer Krankheit oder, wie in anderen Kulturen, durch Verletzungen und Opferung des Haares oder eines wertvollen Tieres[16].

Der Lebenswille des Trauernden muß zwangsläufig darauf ausgerichtet sein, von dem Toten freizukommen und sich selbst zu retten. Das bestimmt die Egozentrik des Trauernden, die weniger betroffene Angehörige so irritiert. Zum einen braucht er Menschen, mit denen er die Erinnerungen an den Verstorbenen wiederbeleben und durcharbeiten kann; immer von neuem wiederholt er bereits Erzähltes und stellt die Geduld des Zuhörenden auf eine harte Probe, während er tröstliche Argumente kaum zu hören scheint. Auf der anderen Seite besteht das starke Bedürfnis, sich zurückzuziehen, weil jede Form des sozialen Kontaktes zusätzliche Energie erfordert, die der Trauernde braucht, um sich ‚zusammenzureißen' und nicht, wie es im Englischen heißt, ‚to go to pieces'. Regression in der Trauerarbeit bedeutet also Rückzug auf einfachere Formen der Ich-Organisation, unter Verzicht auf normale soziale Zuwendungen und Verpflichtungen, ein Vorgang, der unter geordneten Umständen gesellschaftlich für eine bestimmte Zeitdauer anerkannt wird.

Die psychoanalytische Theorie spricht zumeist von einem Rückzug auf die orale Entwicklungsstufe, weil eine Anzahl psychosomatischer Symptome, die mit der Trauer verbunden sind, darauf hinweisen. Dabei hängt es von der unbewußten Einstellung des Trauernden ab, ob die körperliche Symptomatik mehr der Ausdruck des Wunsches ist, den Toten zu behalten und in sich aufzunehmen, oder aber ihn loszuwerden und abzustoßen. Solche oralen Bezugspunkte sind z. B. die Totenmahlzeit, bei der man den Ver-

---

[14] S. Freud, Das Unheimliche (1919), Ges. W., Bd. 12, Frankfurt ³1966, 227–268. 256.

[15] Vgl. etwa P. R. Cox und J. R. Ford, The Mortality of Widows Shortly after Widowhood, Lancet, 1964 (1), 163–164.

[16] Caruso, Trennung, 33: „Die Abwehrmechanismen *vermitteln* also zwischen den ‚Instanzen' des ‚psychischen Apparates': denn der Konflikt zwischen diesen Instanzen ist durch die gegensätzlichen Ansprüche der ‚Außenwelt' und der ‚Triebansprüche' unvermeidlich. Indem die Abwehrmechanismen die Konflikte unterdrücken oder zu vermeiden bemüht sind, sind sie *sowohl gegen* den Triebanspruch *als auch für* ihn tätig, *sowohl gegen* den Anspruch der Außenwelt *als auch für* ihn. Sie sind von Grund auf ambivalent, sie dienen dem Eros und dem Thanatos, dem individuellen und dem sozialen Anspruch, dem Es und dem Überich im Kompromiß des Ichs."

storbenen symbolisch inkorporiert, oder die Appetitlosigkeit, teils Zeichen, mit dem Toten sterben zu wollen, teils Ausdruck der Unfähigkeit, den Toten in sich aufzunehmen. Zudem bedeutet die orale Entwicklungsstufe noch unmittelbare mütterliche Nähe und damit Schutz und Sicherheit durch ein anderes Ich. Zugleich muß jedoch betont werden, daß die Wiederkehr infantiler Züge nicht bedeutet, daß der Trauernde zum Kinde wird; die meisten im Laufe der Entwicklung erworbenen mentalen Systeme sind resistent genug, ihre Funktionen nicht in einem solchen Ausmaß regredieren zu lassen.

Der Eindruck der Regression entsteht aber auch dadurch, daß der Trauernde in seiner ausdrücklichen Ichbezogenheit auf Mechanismen zurückgreift, die in der Kindheit beherrschend waren, vor allem der Verleugnung des Todes, die erst schrittweise zurückgenommen wird, der Idealisierung des Verstorbenen, mit der sich der Trauernde die Hilfe des Verstorbenen zusichert, der Omnipotenz, Lebendiges sterben und Totes wieder lebendig machen zu können, der Vorwürfe gegen andere, am Tode schuldig zu sein, während man ihn doch unbewußt auf den eigenen Todeswunsch zurückführt; dies alles sind Verteidigungsmechanismen, in deren Schutz der Trauernde seine zerstörte Welt wieder aufrichten kann und die ihm helfen, den Toten in sich selbst zu erhalten. Sie erscheinen unbeteiligten Freunden und Bekannten häufig als irrational. Es hängt viel daran, wieweit sie und die Gesellschaft als ganze dem Trauernden in einer institutionalisierten Form ein solches irrationales, ichbezogenes Verhalten ermöglichen (etwa das Ausagieren aggressiver Gefühle) und andererseits Modelle der Bewältigung zur Verfügung stellen.

Wesentlich ist es, daß der Trauerprozeß überhaupt in Gang kommt und der Betroffene nicht im Schock und in Verleugnung steckenbleibt oder die notwendige Trauerarbeit überspringt und sich bemüht, sich so zu verhalten, als sei nichts geschehen und er selbst in keiner Weise betroffen. Gerade dieses Verfahren erfreut sich als klaglose Annahme des Willen Gottes oder der Realität heute besonderer gesellschaftlicher Billigung. Eine weitere Fallbeschreibung von *Edith Jacobson* mag die Behinderung der Trauer verdeutlichen:

Fräulein C. hatte vor anderthalb Jahren ihre Schwester verloren, mit der sie ungewöhnlich eng verbunden war. Seit dieser Zeit verharrte sie in einem depressiven Zustand, von dem sie sich nicht erholen konnte. Ihr Gefühlsausdruck war aufs Äußerste kontrolliert, ihr Verhalten war zurückhaltend. Ihr gesamtes inneres Leben schien leer, und sie konnte an nichts, auch nicht an ihrer Arbeit, ein Interesse finden. Zugleich war sie von großer Unruhe beherrscht. Sie vermied die Bekanntschaft mit Freunden und zog es vor, ihre Zeit auf Partys oder bei Besuchen mit oberflächlichen Geprächen zuzubringen. Fräulein C. umging in jeder Weise den Kontakt mit Menschen und Dingen, die sie an den Verlust hätten erinnern können. Sie war voller Schuldgefühle gegenüber jedermann mit Ausnahme ihrer verstorbenen Schwester. Dies war offensichtlich eine Projektion der feindseligen Gefühle, die sie gegenüber ihrer Schwester empfand, aber nicht ausdrücken konnte. Sie gingen zu einem großen Teil auf kindliche Rivalitätskonflikte zurück. Ihre ruhe- und ziellose Aktivität verdeckte die Angst und den Schmerz, der mit dem Einsetzen der Trauerarbeit eintreten würde. Damit wurde nicht nur die Realitätsprüfung behindert, sondern die Schwester blieb verloren, weil sie sie nicht trotz aller Liebe in sich aufnehmen konnte. Auch zwei Jahre nach dem Tod war ihr Verhalten unverändert.

Diese Fallbeschreibung weist nicht nur eine der Konsequenzen auf, sobald die Trauerarbeit nicht in Gang kommt, nämlich eine bedrohliche Verarmung der äußeren und inneren Welt. Sie kann auch einen der wesentlichen Gründe der Behinderung deutlich machen. Fräulein C. zeigt eine stark negativ getönte Gefühlsambivalenz gegenüber ihrer Schwester. Eine intensive Zuneigung ist vermischt mit feindseligen Gefühlen. Die verstorbene Schwester war nicht nur Konkurrentin um die Gunst des Vaters, sie war auch eine Art Mutterfigur, die ihr gerade die Dinge verboten hatte, denen Fräulein C. nun auf eine oberflächliche Weise nachgeht[17].

Freud, der als erster die große Bedeutung der Ambivalenz in der Trauerarbeit erkannte, schrieb 1915: „Den zärtlichsten und innigsten unserer Liebesbeziehungen hängt, mit Ausnahme ganz weniger Situationen, ein Stückchen Feindseligkeit an, welches den unbewußten Todeswunsch anregen kann."[18] Es ist gerade die intensive Liebe zu dem verlorenen Objekt, das den Ausdruck und das Aussprechen der gleichzeitig wirksamen feindseligen Gefühle behindert und damit eine der Voraussetzungen für die „Unfähigkeit zu trauern" schafft.

4. *Die adaptive Phase:* Rituell wird allgemein der Prozeß der Trauer mit Ablauf eines Jahres abgeschlossen; Katholiken feiern die Jahresmesse zum Gedenken des Toten; auch für das orthodoxe Judentum ist zu diesem Zeitpunkt die Trauerperiode abgeschlossen (‚Jahrzeit'). Bewältigungsmechanismen, die auf die reine Ich-Erhaltung ausgerichtet waren, können nun allmählich durch adaptive ersetzt werden, die eine erneute Zuwendung zur Umwelt und zur Gesellschaft gestatten. Verhaltensweisen, die in der regressiven Phase auf die Dauer sich äußerst negativ ausgewirkt hätten, bekommen nun in der adaptiven Phase eine positive Bedeutung. Eine Wiederverheiratung hätte in der regressiven Phase bedeutet, daß hier ein Ersatzobjekt nur darum gewählt wurde, weil es einige äußerliche Ähnlichkeiten mit dem Verstorbenen aufwies; nun aber ist der Trauernde von den überwältigenden Erinnerungen des Toten freigeworden und kann realistischer die Qualitäten eines eventuellen neuen Ehepartners abschätzen. Es ist ein wesentlicher therapeutischer Ratschlag, daß der Trauernde während der regressiven Phase alles vermeidet, was eine schwer zu lösende Bindung auf längere Zeit bedeutet. Der überrasche Entschluß während der regressiven Phase, z. B. Krankenschwester zu werden, kann nach außen auf sehr idealistische Weise begründet werden. Im Grunde aber will der Trauernde nur den Verstorbenen weiterpflegen. In der adaptiven Phase dagegen, wenn der Verstorbene wirklich aufgegeben und zugleich inkorporiert ist, kann ein solcher Entschluß aber ein durchaus positives Ergebnis der Trauerarbeit sein.

III.

Grundsätzlich ist zu sagen, daß jeder Trauerprozeß, auch wenn er normalerweise zeitlich begrenzt ist, ein offener Prozeß ist. Es ist nicht voraussagbar, was dabei herauskommen wird. Wir werden unten noch einige Ge-

[17] Jacobson, aaO., 103–107.

[18] S. Freud, Zeitgemäßes über Krieg und Tod (1915), Ges. W., Bd. 10, Frankfurt [4]1967, 324–355. 353.

sichtspunkte zusammenfassend nennen, die ein pathologisches Auskommen befürchten lassen. Aber angesichts der Komplexität des menschlichen Verhaltens und der niemals identischen gesellschaftlichen Situation, in denen eine Person steht, sind Reaktionsweisen schwer vorauszusagen. Bleibt der Trauernde auf einer der ersten drei Stufen fixiert, kommt also der Trauerprozeß überhaupt nicht in Gang (1. Phase), überwiegt das Verhalten völliger und andauernder Hilflosigkeit, in der die Hilfe von außen unentbehrlich bleibt (2. Phase) oder ist der Trauernde auf bestimmte irrationale Verhaltensformen anhaltend fixiert (3. Phase), so wird sich mit hoher Wahrscheinlichkeit die Trauer zu pathologischen Verhaltensformen verfestigen. Aber auch dann, wenn der Trauerverlauf einigermaßen ‚normal' verläuft, kann das Ergebnis stärker positiv oder stärker negativ bestimmt bleiben (wobei dies eine Aussage ist, die nur auf Grund bestimmter Wertvorstellungen zu machen ist). Hypothetisch lassen sich drei mögliche Ergebnisse des Trauerprozesses erörtern. Sie sind am Verhältnis des Trauernden zum Verstorbenen orientiert.

1. Der Hinterbliebene gibt den Toten nicht frei, sondern versucht, ihn unter seiner Herrschaft zu behalten. Er leugnet den Tod und verkehrt weiterhin mit ihm, als sei nichts geschehen; der Tote wird, wie *Gorer* es ausdrückt, „mumifiziert"[19]. Es wird ihm nicht gestattet zu sterben, er wird auf dieser Erde festgehalten. Es gibt einen Spruch, der bei Beerdigungsanzeigen gerne verwendet und dem Toten in den Mund gelegt wird: „Haltet mich nicht auf, da der Herr mich gerufen hat; lasset mich zu meinem Gott ziehen." Die biblische Herkunft dieses Verses ist zwar kaum noch zu erkennen[20], aber er drückt doch die unbewußte Sorge aus, man sei unfähig, den Toten freizugeben. Die Herrschaft über den Toten, die sich als ohnmächtig erwiesen hat, kann sich auch in einem gewalttätigen Abschaffen des Toten ausdrücken (das Ausrufezeichen hinter dem „Ruhe sanft" wird zum Befehl!); nichts darf an ihn erinnern; sein Name darf nicht erwähnt werden, er wird ausgestoßen; die menschliche Gemeinschaft wird ihm verweigert. Er wird für die Undankbarkeit bestraft, die er mit seinem Tode beweist. Man braucht nur an das Verhalten von Eltern gegenüber dem heranwachsenden Jugendlichen zu denken, den sie nicht freigeben wollen oder bei ersten Anzeichen von Rebellion verstoßen, um das oben beschriebene Verhalten nicht allzu sonderbar zu finden.

2. Der Tote etabliert seine Herrschaft über den Lebenden um so fester. Im Zusammenhang mit der Ermordung des Urvaters durch den Brüderclan macht *Freud* die Bemerkung: „Der Tote wurde nun stärker, als der Lebende gewesen war; all dies, wie wir es noch heute an Menschenschicksalen sehen."[21] Als Gewissen installiert, übt er eine mächtige Kontrolle über die Lebenden aus. Vor jeder Entscheidung wird gefragt, wie er entscheiden

[19] Gorer, Death, 79–81.

[20] Vgl. H.-J. Geischer, Tod und Leben. Volksfrömmigkeit im Spiegel von Todesanzeigen, in: Theologia Practica, 6/1971, 254–271. 256. Der Spruch bezieht sich auf Gen 24,56; „da der Herr mich gerufen hat", stellt eine Einfügung dar; statt „zu meinem Gott ziehen" lautet der Originaltext „zu meinem Herrn ziehen", mit dem Isaak gemeint ist.

[21] Freud, Totem, 173.

würde; dem vaterlosen Kind wird vorgehalten, daß der Verstorbene dieses oder jenes Verhalten nie geduldet hätte. Doch nur in Gesellschaften, in denen der Ahnenkult ein gesellschaftlich anerkanntes Verhalten ist, mag die Unterwerfung unter den toten Vater ein normales Verhalten sein[22]. Es setzt sich damit nur die bedingungslose Unterwerfung der Ehefrau und der Kinder unter das Familienoberhaupt fort, die die normale Verhaltensweise einer Gesellschaft ist.

Der folgende Fall, der sich bei *W. E. Oates* findet[23], handelt nicht unmittelbar von einer Trauerreaktion, macht aber deutlich, unter welchen Bedingungen es zu einer Herrschaft des Toten über den Lebenden kommt:

Herr Daily, ein einundzwanzigjähriger junger Mann, wurde in die psychiatrische Klinik aufgenommen, weil er von intensiven Gefühlen beherrscht war, eine schreckliche und unvergebbare Sünde begangen zu haben. Sein Vater war ein Laien-Prediger. Der Patient hatte zwei Schwestern von elf und siebzehn Jahren. Er fühlte, daß der Vater ihn fortwährend verfolgte und seine Schwestern ständig bevorzugte. Er war Lehrer an einer Volksschule, hatte aber Tagträume darüber, Missionar oder Polizist zu werden. Es handelte sich um eine psychiatrische Ersterkrankung.

Die Krankheitssymptome bestanden vor allem aus Schlaflosigkeit und dem Gefühl, gegen Gott gesündigt zu haben. Für seine Sünde stand Gott im Begriff, seine jüngere Schwester zu strafen. Der Patient machte sich ständig Sorgen um ihr Wohlergehen und ihre Sicherheit. Nach einer Elektroschock- und Chemotherapie wendeten sich seine Befürchtungen von der jüngeren Schwester ab und der älteren zu. In Gesprächen beschuldigte er zuweilen Gott, seine Schwestern für etwas zu bestrafen, was er selbst getan hatte.

Während der Behandlung wurde seine Besorgnis über die Schwestern weniger zwanghaft, und seine Feindseligkeit verlagert sich von Gott auf den Vater. Während er bei der Aufnahme in das Krankenhaus von der großen Freundlichkeit und der perfekten Erziehung gesprochen hatte, die ihm sein Vater geschenkt habe, war er nun fähig, seinen Haß gegen den Vater auszusprechen, der „ihn zu sehr eingeschränkt hatte". Bei Gesprächen mit dem Vater kam dieser zur Einsicht, daß er seinen Sohn allzu sehr vor der Welt beschützt und nichts anderes gewollt habe, als daß er „sein kleiner Junge" bleibt.

Wie *Oates* es ausdrückt, wird Gott hier zu einem rachsüchtigen Geist, der den Patienten für die uneingestandene und unakzeptable Feindseligkeit bestraft, die er gegen den Vater und gegen die von diesem bevorzugten Schwestern empfindet. Seine Gefühle des Hasses und der Rachsucht sind so stark, daß sie für ihn zu absoluten Forderungen werden. Dies drückt sich darin aus, daß die Gefühle auf Gott übertragen werden. Wäre dagegen der Vater gestorben, so wäre er mit einiger Sicherheit zu dem geworden, der auf eine Bestrafung der Schwestern hinwirkt und zugleich die tiefen Schuldgefühle in dem Patienten erweckt, der sich seine Ambivalenz gegenüber dem Vater nicht eingestehen kann.

3. In einer durch die christliche Tradition bestimmten Gesellschaft sind Tote und Lebende ‚Genossen' und ‚Brüder', Bezeichnungen, die sowohl Herrschaft übereinander wie Unterwerfung ausschließen. Der Tote eman-

---

[22] Goody, Death; J. Yamamato/K. Ognogi/T. Iwasaki/S. Yoshimura, Mourning in Japan, in: American Journal of Psychiatry, 125/1969, 1660–1665, die interessante Vergleiche zum modernen westlichen Trauerverhalten ziehen.

[23] W. E. Oates, When Religion Gets Sick, Philadelphia 1971, 34–37.

zipiert sich aus den irdischen Herrschaftsverhältnissen, aber er wird auch nicht abgeschoben. Sein Tun und Sein kann inkorporiert werden, sobald Bitterkeit und Feindseligkeit abgebaut worden sind und die Liebe sich unbehindert entfalten kann.

In der theologischen Tradition wird der Tod des Nächsten allgemein als ‚Anfechtung' bezeichnet. Dem Trauernden wird der Glauben an einen liebevollen Gott und eine vertrauenswürdige Erde zerstört. Der Verstorbene mag Herr und Beschützer gewesen sein, er mag aber auch das Bedürfnis erfüllt haben, zu herrschen und zu sorgen. Die ‚Anfechtung' der Trauer gibt, theologisch gesehen, die Möglichkeit, das Verhältnis zu diesem Toten grundsätzlich zu ändern; statt in ihm einen Herrn und Beschützer zu sehen (der doch sich weder als Herr über den Tod erwies, noch Schutz vor ihm bot), kann es gelingen, in ihm den Bruder zu entdecken. Statt einen Unterworfenen zu haben, an dem man seine Herrschaftsgelüste befriedigen oder so sich um ihn sorgen kann, daß er in zeitlebender Abhängigkeit bleibt, kann er als Ebenbürtiger anerkannt werden. Er kann mit den Augen gesehen und aufgenommen werden, mit denen Gott uns im Symbol des Gerichtes ansieht, als Opfer gesellschaftlicher Umstände. So gesehen und so angenommen, bleiben der Verstorbene und der Trauernde verbunden in der Erwartung des kommenden Reiches Gottes.

Im Vorangegangenen wurde immer wieder von ‚normaler' Trauer gesprochen. Das ‚Normale' bezieht sich im Grunde genommen darauf, daß die Trauerarbeit in Gang kommt und nach einem angemessenen Zeitraum der Zustand einer gewissen psychischen Ausgeglichenheit wieder erreicht wird, wie er vor dem Tode bestand. Darüber hinaus kann Trauerarbeit zu einem befreienden Verhältnis zu dem Verstorbenen und zu neuen, andauernden Interessen und Aktivitäten führen[24].

Nach ihrer Symptomatik gehört die Trauer ohne Zweifel dem manisch-depressiven Formenkreis an, mit dem sie gemeinsam hat, daß sie sich zeitlich selbst begrenzt. Die schweren Verhaltensstörungen des Manisch-Depressiven lassen sich in vermindertem Ausmaß auch in der Trauer aufweisen. *Freud* sagt mit Recht: „Eigentlich erscheint uns dieses Verhalten nur darum nicht pathologisch, weil wir es so gut erklären können."[25] Die Gesellschaft erklärt jedoch dies pathologische Verhalten für normal, solange es sich in einem angemessenen Zeitrahmen hält.

Aber auch anhaltende pathologische Trauerformen werden zumeist nicht als neurotische Verhaltensstörungen behandelt. Dies liegt einmal daran, daß sie von den Trauernden selbst wie von den praktischen Ärzten nicht als solche angesehen werden (zunehmend anders in den USA); zum anderen können auch schwere Störungen in einer Weise auftreten, daß sie den Verlauf der Alltagstätigkeit kaum stören (eine Witwe kann z. B. über Jahre hinaus zu bestimmten Tageszeiten die unmittelbare Präsenz des verstorbenen Gatten spüren und Gespräche mit ihm führen, ohne daß die Umwelt etwas davon bemerkt); da von der Trauer zumeist ältere Menschen betroffen sind, werden anhaltende Apathie und andere Störungen als Folge des Alterungsprozesses erklärt. Die pathologische Persistenz der Trauer wird

[24] Ein besonders eindrückliches Beispiel findet sich bei B. Brecht, Die unwürdige Greisin, Ges. W., Bd. 11, Werksausgabe edition suhrkamp, Frankfurt 1967, 315–320.

[25] Freud, Trauer, 429.

zudem nicht erkannt, weil alte Menschen vor allem auf somatische Trauerreaktionen ausweichen[26].

Pathologische Trauerverarbeitung kann vor allem unter den folgenden Bedingungen auftreten: 1. Eine unzureichende Bewältigung früherer Verlust- und Trennungserlebnisse, wobei hier die ätiologische Bedeutung, die frühkindlichen Fixierungen zukommt, offenbleiben muß; 2. Rasche Aufeinanderfolge solcher Trennungs- und Verlusterfahrungen, etwa mehrere aufeinanderfolgende Todesfälle, oder das Zusammentreffen des Todes mit dem Höhepunkt einer anderen Lebenskrise; 3. Intensive Ambivalenz zu dem Verstorbenen, gleichgültig, ob der Verstorbene die Hinterbliebenen besonders tyrannisch beherrscht hat (etwa im Verlauf seiner Erkrankung) oder die Feindseligkeit von dem Überlebenden ausging, in jedem Fall liegt es nahe, daß der Verstorbene als rachsüchtiges, beschuldigendes Über-Ich in das Ich aufgenommen und dieses von Unwert- und Schuldgefühlen überwältigt wird; 4. Selbstmord des Toten, bzw. sofern der Hinterbliebene den Tod aktiv verursacht hat (etwa durch einen Autounfall); auch hier können die Schuldgefühle überwältigend werden; 5. Verlust eines Menschen, von dem der Hinterbliebene sich in einer besonderen Weise abhängig gemacht oder dem er besonders viel Liebe zugewendet hat (z. B. dem Lieblingskind); 6. Todesfall, bei dem aus der sozialen Situation heraus die Substitution eines Liebesobjektes praktisch ausgeschlossen ist (z. B. bei alten Menschen oder der Verlust eines Kindes bei einer Frau, die ihre Gebärfähigkeit mit der Geburt des ersten Kindes verloren hatte). In allen diesen Fällen handelt es sich um Gefährdungen, wobei es von vielen anderen Faktoren abhängt, ob es zu einer Persistenz der Trauer kommt.

Die Trauer bietet ein besonderes Beispiel für die Chancen eines präventiven Eingreifens. Können in Gesprächen mit den Trauernden die gegenüber dem Verstorbenen unakzeptablen Gefühle ausgesprochen werden, so kann damit verhindert werden, daß Trauerreaktionen sich zu pathologischen Syndromen verfestigen, die dann nur durch psychiatrisches Eingreifen zu lösen sind. Der Pfarrer hat, wenn er die Arbeit mit Trauernden ernst nimmt, hier eine große Aufgabe, da er als einziger der professionellen ‚Todesagenten' im allgemeinen Zugang zum Trauernden hat. Er kann bei einiger Schulung auch erkennen, wo ärztliches Eingreifen angebracht ist. Eine Überweisung an einen Psychiater wird unabdinglich[27], wenn ein Pfarrer nicht die Zeit für eine Anzahl von Gesprächen aufwenden kann, wenn nach sechs bis sieben Gesprächen keine Besserung eingetreten ist, wenn er sich unsicher fühlt, weil das Thema des Todes und die damit verbundenen Probleme in ihm selbst unbewältigte Ängste wecken, oder wenn er die in solchen Gesprächen auftretende Übertragung in der Form des Hasses (weil er z. B. als Vertreter Gottes am Tode schuldig ist) oder in der Form der Zuwendung (als Ersatz für das verlorene Liebesobjekt) nicht bewältigen kann.

[26] Vgl. etwa K. Stern/G. Williams/M. Prados, Grief Reactions in Later Life, in: American Journal of Psychiatry, 58/1951, 289–294; *wiederabgedruckt* in: Fulton, Death, 240–249.

[27] W. B. Oglesby, Referral in Pastoral Counseling, Englewood Cliffs, New York 1968, insbesondere 29–57.

Literaturübersicht

Theorie der Trauer: Grundlegend *S. Freud,* Trauer und Melancholie (1916), Ges. W., Bd. 10, Frankfurt [4]1967, 428–466; er muß unbedingt im Zusammenhang gesehen werden mit: *S. Freud,* Totem und Tabu (1912/13), Ges. W., Bd. 9, Frankfurt [4]1968; zu Freud: A. und M. Mitscherlich, Die Unfähigkeit zu trauern, München 1967, 71–85. *M. Klein,* Die Trauer und ihre Beziehungen zu manisch-depressiven Zuständen (1940), in: Das Seelenleben des Kleinkindes und andere Beiträge zur Psychoanalyse (Beihefte zur „Psyche"), Stuttgart 1962, 72–100, stellt m. E. den eindrücklichsten Beitrag zur Trauerforschung dar; zum vollen Verständnis ist *M. Klein,* Zur Psychogenese der manisch-depressiven Zustände (1935), in: ebd., 44–71, heranzuziehen. *E. Lindemann,* Symptomatology and Management of Acute Grief, in: American Journal of Psychiatry, 101/1944, 141–148, geht insbesondere auf die psychosomatischen Trauerreaktionen ein; die dort dargelegten Ergebnisse finden sich auch in: *E. Lindemann,* Die Bedeutung emotionaler Zustände für das Verständnis mancher innerer Krankheiten und ihre Behandlung, in: Medizinische Wochenschrift, 1/1953, 515–520. *J. Bowlby,* Processes of Mourning, in: International Journal of Psycho-Analysis, 42/1961, 317–340. *M. Wolfenstein,* How is Mourning Possible?, in: Psychoanalytic Study of the Child, 21/1966, 93–123. Zwei leicht erreichbare deutschsprachige Beiträge ohne Anspruch auf originelle Einsichten sind *A. Galvin,* Tod, Trauer und Begräbnis, in: Psyche, 3/1950, 796–800, und *G. Bally,* Todeserwartung, Sterben und Trauern heute, in: H. J. Schultz (Hrsg.), Was weiß man von der Seele?, Stuttgart 1967, 94–106. Der Sammelband von *R. L. Fulton* (Hrsg.), Death and Identity, New York 1965, enthält neben dem erstgenannten Beitrag von E. Lindemann weitere wichtige Untersuchungen zur Trauer. Unentbehrlich ist *I. A. Caruso,* Die Trennung der Liebenden. Eine Phänomenologie des Todes, Bern-Stuttgart 1968; die allzu wenig beachtete Untersuchung beschäftigt sich mit der Trauer bei der Trennung zweier sich liebender Menschen, ihre Ergebnisse sind jedoch weitgehend auf die Trennung durch Tod übertragbar.

Theologische Literatur zur Trauer: E. Jackson, Understanding Grief. Its Roots, Dynamics, and Treatment, New York-Nashville 1957; *C. Ch. Bachmann,* Ministering to the Grief Suffer, New York 1964; *J. N. Carlin,* Grief Work and Pastoral Practice of Baptist Ministers, Theologische Dissertation, Southern Baptist Theological Seminary, Lousville, Ky., 1962; *D. Switzer,* The Dynamics of Grief, New York-Nashville 1970 (interpretiert Trauer allzu einseitig als eine Ausdrucksform von Angst). *Zur Beerdigung: P. E. Irion,* The Funeral: Vestige or Value?, New York-Nashville 1966; *B. Bürki,* Im Herrn entschlafen, Heidelberg 1969.

Autobiographische Berichte von Trauernden: N. N. Clerk (Pseudonym für C. St. Lewis), A Grief Observed, London 1961 (Bericht eines Pfarrers, der seine Frau verliert; religiöse Probleme werden sehr offen angesprochen); *A. Philipe,* Nur einen Seufzer lang, Reinbek bei Hamburg 1964 (Witwe des Filmschauspielers Gerard Philipe). *S. de Beauvoir,* Ein sanfter Tod (1964), Reinbek 1965 (Tod ihrer Mutter); *J. Agee,* A Death in the Family, New York 1967 (schildert sehr eindrücklich die unmittelbare Reaktion einer Familie auf den tödlichen Unfall des Ehemannes und geht dabei besonders auf die Reaktion der beiden Kinder ein); *W. Kramp,* Der letzte Feind, München 1969 (Bericht über den Tod seines Bruders, wobei sich der Prozeß des Trauerns weitgehend bereits vor dem aktuellen Eintritt des Todes vollzieht und die Bedeutung des Erinnerns deutlich hervortritt); *H. Frick,* Henri, Reinbek 1970 (Verlust eines Sohnes, der einem psychisch schwer angeschlagenen Schriftsteller den letzten Halt bedeutet hatte).

Untersuchungen über Trauernde: D. M. Fulcomer, The Adjustive Behavior of Some Recently Bereaved Spouses, Philosophische Dissertation, Northwestern University, 1942; *P. Marris,* Widows and Their Families, London 1959; *G. Gorer,*

Grief and Mourning in Contemporary Britain, London 1967; *D. Maddison* und *Wendy L. Walker*, Factors Affecting the Outcome of Conjugal Bereavement, in: British Journal of Psychiatry, 113/1967, 1057–1067.

Gesprächsprotokolle mit Trauernden: N. S. Cryer und *J. M. Vayhinger* (Hrsg.), Casebook in Pastoral Counseling, New York-Nashville 1962, 63–70.

Ethnologische Untersuchungen: R. Hertz, A contribution à une étude sur la représentation collective de la mort, in: L'année sociologique, 10/1905/1906, 48–137; *J. Goody*, Death, Property, and the Ancestors. A Study of the Mortuary Customs of the Lo Dagaa of West Africa, Stanford 1962; *L. V. Thomas*, Cinq essais sur la mort africaine, Dakar 1968.

Kurt Niederwimmer

Tiefenpsychologie und Exegese

Die tiefenpsychologische Interpretation biblischer Texte befindet sich innerhalb der evangelischen Theologie noch in den ersten Anfängen. Kurt Niederwimmer, ordentlicher Professor für Neues Testament, widmet sich als einer der ersten wissenschaftlich anerkannten Exegeten diesem Experiment. Sein Beitrag (1970) steht exemplarisch für die Begegnung von exegetischer Erkenntnis und tiefenpsychologischer Einsicht.

Die Anwendung tiefenpsychologischer Methoden zur Interpretation biblischer Texte ist alt, fast so alt wie die Anfänge der Psychoanalyse selbst – wenn man darauf sieht, daß solche Methoden von Psychiatern und Psychologen verwendet worden sind. Umgekehrt kann man sagen, daß die Anwendung tiefenpsychologischer Methoden in der Exegese noch ganz in den Anfängen liegt, daß sie in bisher kaum begangenes theologisches Neuland führt, wenn man nach wissenschaftlich gebildeten Exegeten fragt, die ihrerseits die Tiefenpsychologie heranziehen, um biblische Texte zu verstehen. In diesem Gegensatz (die Tiefenpsychologie wendet ihre Methoden seit langem auch auf biblische Texte an, für die theologische Exegese dagegen ist die Methode der Tiefenpsychologie immer noch Neuland) liegt im Grunde bereits das ganze Problem beschlossen, das im Folgenden erörtert werden soll.

Ich versuche zunächst, ehe ich auf das Problem selbst eingehe, die drei Aufgaben zu charakterisieren, die sich m. E. aus der geschilderten Situation ergeben. Nötig wäre zunächst eine möglichst vollständige und kritische Darstellung dessen, was bisher auf diesem Gebiet erarbeitet worden ist. Es ist bekannt, wie verstreut und seinem Wert nach ungleichmäßig das Material ist, das hier darzustellen wäre. Dieses aufzuarbeiten, kritisch zu sichten und für die weitere Arbeit zur Verfügung zu stellen, scheint mir eine der vordringlichsten Aufgaben zu sein, die zum gegenwärtigen Zeitpunkt zu leisten wäre.

Die zweite Aufgabe bestünde darin, in verschiedenen Einzeluntersuchungen eine methodisch einwandfreie Anwendung der Analyse auf dem Gebiet der Exegese zu unternehmen. Solche Untersuchungen erfordern freilich nicht nur die übliche Ausbildung in der Methode der historisch-kritischen Exegese, sondern auch eine zureichende Kenntnis der Methode der Analyse. Auch hierin wird es wohl noch einige Zeit brauchen, bis die Voraussetzungen erfüllt sind und es zu einer größeren Anzahl von Arbeiten kommen kann.

Schließlich ist auf die *hermeneutische Reflexion* zu verweisen, die bei der Einführung neuer oder relativ neuer Methoden unumgänglicher ist als je. Ich möchte im Folgenden einen Beitrag zu dieser dritten Aufgabe geben. Ich gehe dabei so vor, daß ich versuche, die methodischen Grundsätze bzw. Probleme in der Form von Thesen zu formulieren, die ich jeweils erörtere. Die Thesen 1–5 behandeln grundsätzliche Fragen, die Thesen 6–8 fragen nach der spezifischen Aufgabe der tiefenpsychologischen Methode in der Exegese, die Thesen 9–12 formulieren die Schwierigkeiten, die sich dabei ergeben.

I.

These 1: Die Verwendung tiefenpsychologischer Methoden innerhalb der Exegese steht nicht im Gegensatz zur traditionellen historisch-kritischen Methode; sie ist vielmehr – wenn sie sachgemäß geschieht – ein Teil dieser Methode und setzt ihre bisherigen Ergebnisse bzw. Problemstellungen voraus.

Diese These[1] ist im Indikativ formuliert, sie sollte aber vielleicht als Imperativ formuliert sein, um die wirklichen Verhältnisse besser zu treffen. Denn daß die Anwendung tiefenpsychologischer Methoden die Methoden und Problemstellungen der bisherigen wissenschaftlichen Exegese nicht ignorieren kann, ist zwar an sich selbstverständlich, gemessen an der bisherigen Arbeit aber (von rühmlichen Ausnahmen abgesehen) leider weithin ein bloßes Desiderat. Das liegt daran, daß die meisten der auf diesem Gebiet bisher publizierten Arbeiten von Autoren verfaßt sind, die nicht oder nur in einem unzureichenden Maße mit den Methoden der historisch-kritischen Exegese vertraut waren. Um so notwendiger ist es, zu betonen, daß eine methodische Anwendung der Analyse innerhalb der Exegese das Vertrautsein mit den Methoden und Problemstellungen der historisch-kritischen Forschung voraussetzt. Selbstverständlich ist das nicht so zu verstehen, als gäbe es eine genau umschreibbare Summe von exegetischen Lehren, die zuerst angeeignet werden müssen, ehe man darangehen darf, die analytische Methode auf biblische Texte anzuwenden. Zwar gibt es in einer Reihe von exegetischen Fragen in der Tat einen gewissen kritischen Konsens, er bleibt aber, wie es nicht anders sein kann, immer problematisch und wird immer problematischer, je weiter er sich von bloß einzelwissenschaftlichen Ergebnissen entfernt, und je mehr er sich den eigentlichen Sachfragen, nämlich den Fragen der Interpretation annähert. Die aufgestellte Forderung impliziert also keineswegs die kritiklose Übernahme von bestimmten exegetischen Lehrmeinungen, sondern sie impliziert vielmehr, daß derjenige, der die tiefenpsychologische Methode in der Exegese anwenden will, mit den gegenwärtigen Methoden und Problemstellungen der historisch-kritischen Forschung vertraut sein muß, damit er gerade nicht von einer bestimmten Schulmeinung abhängig wird, sondern zu einem eigenständigen, wissenschaftlich begründbaren Urteil fähig ist.

These 2: Die Verwendung tiefenpsychologischer Methoden bedeutet daher – wenn sie sachgemäß geschieht – keinen Rückfall in den durch die formgeschichtliche und redaktionsgeschichtliche Methode überwundenen Psychologismus.

Mit dieser These versuche ich, das eben Gesagte an einem Beispiel, nämlich am Beispiel der Jesus-Überlieferung, zu konkretisieren. Ich möchte damit einem Einwand entgegentreten, den jeder zu erwarten hat, der darangeht, mit psychologischen Methoden an unseren Texten zu arbeiten. Das Problem ist bekannt und braucht hier nicht ausführlich dargestellt zu werden[2]. Die Exegese hat zu einer bestimmten Zeit ihrer Entwicklung den fragwürdigen Versuch unternommen, das Fragmentarische unserer Texte durch psychologische Erwägungen zu ergänzen. Man versuchte, mit Hilfe der psychologischen Methode (und zwar natürlich in der Regel nicht mit Hilfe der Psychoanalyse, son-

[1] Vgl. auch H. Harsch, Psychologische Interpretation biblischer Texte?, in: Wege zum Menschen 20/1968, 283 f.

[2] Vgl. Harsch, aaO., 281 ff.

dern mit Hilfe einer mehr oder weniger differenzierten Bewußtseinspsychologie) die unverbundenen Perikopen der synoptischen Tradition durch psychologische Erwägungen zu verbinden, den Ablauf der Erzählungen, der Streitgespräche, der Wunderberichte biographisch zu motivieren und das spröde und fragmentarische Quellenmaterial auf diese Weise zu einem wenigstens einigermaßen biographischen Ganzen zu formen. Der Einbruch der formgeschichtlichen Methode hat die Fragwürdigkeit aller dieser Versuche deutlich gemacht. Niemand kann eine Biographie Jesu entwerfen. Es ist aber durchaus möglich, das *Ganze* der Überlieferung vom tiefenpsychologischen Standpunkt aus zu analysieren. Wenn man den unbewußten Sinn bestimmter, in der Überlieferung auftauchender Motive zu erkennen sucht, dann rekonstruiert man nicht eine Biographie, einen Tagesablauf oder den Lebenslauf Jesu (seine Entwicklung oder dergl.), man rekonstruiert nicht Einzelereignisse, Einzelmomente im sog. ‚Leben Jesu', sondern man versucht, bestimmte Motive des *Ganzen* zu erfassen, man untersucht den tiefenpsychologischen Sinn der Überlieferung *im ganzen*. Wenn es möglich ist, den existentialen Sinn der Jesusüberlieferung im ganzen sichtbar zu machen, so muß dasselbe auch für den tiefenpsychologischen Sinn der Überlieferung möglich sein. Mit anderen Worten: der Versuch, die Methoden der Tiefenpsychologie auf die Jesusüberlieferung anzuwenden, bedeutet keineswegs die Repristinierung der „Leben-Jesu-Forschung"[3]. Oder allgemein: das Verdikt des ‚Psychologismus' kann nicht schon deshalb gefällt werden, weil überhaupt tiefenpsychologische Methoden angewendet werden, sondern nur dann, wenn diese Anwendung unsachgemäß geschieht.

These 3: Die Verwendung tiefenpsychologischer Methoden innerhalb der Exegese – weit davon entfernt, eine Alternative zur historisch-kritischen Methode darzustellen – versteht sich in gewisser Weise als deren Konsequenz. In ihr wird der latente Sinn der historisch-kritischen Arbeit manifest: die Auflösung des „falschen Bewußtseins", das die Kirche von ihren eigenen Ursprüngen (und ihrer Vorgeschichte) besaß und immer noch besitzt, die Zerstörung traditioneller, ideologischer Zurechtlegungen, die Bewältigung der Vergangenheit.

These 4: Was die historisch-kritische Methode immer schon intendierte (ohne daß es ihr notwendigerweise immer in ausreichendem Maße bewußt gewesen wäre), tritt jetzt voll ins Bewußtsein und ist geeignet, die Einstellung der Kirche zu ihren eigenen Anfängen und damit zu sich selbst zu verändern.

Ich bin mir bewußt, mit diesen beiden Thesen Problematisches zu formulieren, und möchte versuchen, sie nach zwei Seiten hin zu erläutern.

a) Die historisch-kritische Exegese (in der Form, wie wir sie heute kennen) hat einen zeitlich einigermaßen bestimmbaren Anfang: es ist der Aufbruch

[3] Freilich wäre selbst die im Sinn der obigen Bestimmungen eingeschränkte Anwendungsmöglichkeit tiefenpsychologischer Methoden in der Frage nach dem historischen Jesus hinfällig (nur von dieser Frage ist jetzt die Rede), wenn wirklich mit G. Strecker, Die historische und theologische Problematik der Jesusfrage, in: Evangelische Theologie 29/1969, 453 ff. zu urteilen wäre, daß zum gegenwärtigen Zeitpunkt ein historisch verläßliches Urteil über Verkündigung und Schicksal Jesu überhaupt nicht gegeben werden könne. Ich glaube nicht, daß wir zu einem so radikal skeptischen Urteil verpflichtet sind.

des historischen Bewußtseins im europäischen Rationalismus. Was vorher exegetisch geleistet wurde, ist aufs Ganze gesehen als vorkritische Exegese zu bezeichnen (die Ausnahmen, Ansätze und Vorspiele sind mit dem gar nicht zu vergleichen, was seit der Aufklärung in steigendem Maße die exegetische Arbeit bestimmt). In der Geschichte der Exegese spielt die Aufklärung m. E. eine größere Rolle als die Reformation. Sie stellt jedenfalls einen entscheidenden Einschnitt dar, sie formuliert die Probleme, die uns bis auf diesen Tag innerhalb der Exegese am meisten bewegen. Es entsteht die Frage: ist die historisch-kritische Exegese, wie wir sie seither kennen, einer bestimmten und begrenzten Epoche der Kirchengeschichte zugehörig? Die historisch-kritische Exegese hat eingesetzt zu einem bestimmten Zeitpunkt, zu dem Zeitpunkt nämlich, da das christliche Bewußtsein so weit war, einen historischen Abstand zu seinen eigenen Urkunden und Ursprüngen zu gewinnen, d. h. psychologisch gesehen, als das christliche Bewußtsein imstande war, bestimmte Projektionen zurückzunehmen, mit denen die Anfänge verdeckt werden. Die *Funktion* der historisch-kritischen Exegese zeigt sich (von diesem Standpunkt aus betrachtet) darin, daß sie bestimmte ideologische Selbstauslegungen der Tradition zerstörte, sie hat also (von diesem Standpunkt aus betrachtet) „analytische" Funktion. Sollte diese Analyse eine „endlose Analyse" sein? Ist es nicht gefordert, anzunehmen, daß die entscheidende Arbeit einmal geleistet sein wird? Das bedeutet natürlich nicht, daß man von einem bestimmten Zeitpunkt an aufhören wird, historisch-kritische Exegese zu treiben, wohl aber würde es bedeuten, daß ein Zeitpunkt denkbar wird, zu dem die große Zeit der historisch-kritischen Exegese vorüber ist[4]. Freilich hängt hier alles von dem Urteil ab, worin nun eigentlich die besondere Funktion der historisch-kritischen Methode zu sehen ist. Zweifellos hängt sie mit dem Bedürfnis des Glaubens zusammen, die Texte der Schrift in methodischer Weise auszulegen. Aber für die historisch-kritische Methode ist andererseits charakteristisch, daß sie sich auf dieses perenne Bedürfnis der Kirche und der kirchlichen Praxis nicht festlegen läßt. Ihre Funktion erschöpft sich nicht darin. Ihre besondere Funktion hat sie vielmehr gerade im *Kritischen*, und die kritischen Ergebnisse sind es gewesen, die in der Geschichte der historisch-kritischen Exegese Schule gemacht haben. Dabei heißt ‚kritisch' hier nicht nur „wissenschaftlich einwandfrei, von dauernder methodischer Reflexion begleitet", sondern ‚kritisch' hat hier zugleich eine praktische Bedeutung: die wirklichen oder auch nur vermeintlichen Ergebnisse der kritischen Exegese zwangen das christliche Bewußtsein zum Umdenken, Umlernen, zu einem neuen Verständnis seiner eigenen Ursprünge. Blickt man auf diese bewußtseinsverändernde Funktion

[4] Diese Aufstellungen stehen nicht im Widerspruch zu dem Satz, Geschichte müsse immer aufs neue umgeschrieben werden. Dieser Satz ist in der Tat gültig, weil und sofern Geschichte unabgeschlossen und ein Ganzes ist: *mit der Zukunft verändert sich auch der Sinn der Vergangenheit.* Unter endlichen Bedingungen ist kein Bewußtseinsstand denkbar, der nicht überholbar wäre und auch faktisch überholt wird. Versteht man andererseits (unter tiefenpsychologischen Voraussetzungen) die wesentliche Funktion der historisch-kritischen Methode als analytische, als Verdrängung auflösende, ideologiekritische, dann ist ein Kairos oder eine Epoche denkbar, in der diese ihre Aufgabe zum Schicksal der Kirche wird, dann ist denkbar, daß ihre Funktion das besondere Geschick eines besonderen Kairos ist (man denke vergleichsweise an die epochale Begrenzung der patristischen, scholastischen, reformatorischen Theologie).

der Methode (und ich sehe darin ihre wesentliche Leistung), dann läßt sich sagen: *die Geschichte der historisch-kritischen Exegese erscheint als Geschichte einer lang andauernden und schwierigen Selbstanalyse der Kirche.*

b) Daraus erklärt sich m. E. ein guter Teil des Widerstandes, der sich von Anfang an gegen die historisch-kritische Methode erhoben hat. Um nicht mißverstanden zu werden: der Widerstand war und ist z. T. sachlich berechtigt, die Geschichte der historisch-kritischen Exegese ist bis auf diesen Tag nicht nur eine Geschichte hervorragender und erregender Entdeckungen, sondern auch eine Geschichte glänzender Irrtümer. Aber neben dem sachlich berechtigten Widerstand steht der aus der Angst um einen bestimmten Bewußtseinsstand erwachsende. Es handelt sich dabei um den begreiflichen Widerstand gegen jede Veränderung des Bewußtseinsstandes, um einen letztlich affektiv gespeisten Widerstand, der die Preisgabe bestimmter Lösungen verhindern soll, die im Laufe der Jahrhunderte gefunden wurden, und der die Unsicherheit, neue Lösungen finden zu müssen, verdeckt. Gleichwohl muß dieser Widerstand analysiert werden. Es ist zu verstehen, daß er sich auch gegen die Verwendung tiefenpsychologischer Methoden in der Exegese erhebt. Es ist eine analytische Grundregel, daß die Analyse des Widerstandes nicht neben der sonstigen Arbeit einhergeht, sondern mit ihr zusammenfällt. Wendet man dies auf unsere Aufgabe an, dann begreift sich, daß die Analyse des Widerstandes gegen die historisch-kritische Methode und gegen ihre Entdeckungen mit der exegetischen Arbeit selbst zusammenfällt. Durch die Analyse des Widerstandes wird auch hier die von der Verdrängung bestimmte Selbstauslegung abgebaut. Dabei versteht es sich von selbst, daß der Exeget nicht außerhalb dieser Zusammenhänge steht, daß er nicht dem Widerstand gegen seine Arbeit distanziert gegenübersteht, sondern daß er selbst daran Anteil hat. Wir interpretieren ja immer unsere eigene christliche Existenz kritisch, wenn und sofern wir die Anfänge der christlichen Existenz überhaupt kritisch interpretieren.

These 5: Die Verwendung tiefenpsychologischer Methoden innerhalb der Exegese kann durch den Hinweis auf die prinzipiell metapsychologische Intention der Texte nicht abgewehrt werden.

Mit dieser These kommen wir (die grundsätzlichen Fragen abschließend) zu den beiden Haupteinwänden, die gegen die Anwendung tiefenpsychologischer Methoden innerhalb der Exgese ins Treffen geführt werden:

a) Man wendet ein: die tiefenpsychologische Interpretation müsse notwendigerweise zum Psychologismus führen, sofern sie das, was der Glaube als Offenbarung erkennt, von ihrem Ansatz her auf innerweltliche, psychische Phänomene reduziert. Gälte dieser Einwand zu Recht, dann würde er nicht nur die tiefenpsychologische *Exegese* im besonderen, sondern die Anwendung der Tiefenpsychologie auf *allen Gebieten* theologischer Arbeit treffen. Die Haltlosigkeit dieses Einwandes ist aber leicht einzusehen. Die Psychologie analysiert immer nur die *Symbole* des Unbedingten, die *Manifestationen* des Unbedingten, soweit sie der besonderen Methode, der die Psychologie verpflichtet ist, zugänglich sind. Sie analysiert selbstverständlich *nicht das Unbedingte selbst* (schon die Formulierung eines solchen Satzes erweist sich als absurd). Selbst wenn die Psychologie – von einem falschen Verständnis ihrer selbst geleitet – das Unbedingte nicht in dem, wie es erscheint, sondern in dem, was es ist, zum Gegenstand ihrer Methode erheben wollte – sie könnte es gar nicht. Das Unbedingte ist kein Gegenstand der Psychologie[5]. Die Tiefenpsychologie analysiert die besondere Struktur der Symbole und versucht, ihre Bedeutung zu erkennen, sie gelangt aber nie darüber hinaus. Sie analysiert immer nur das jeweilige geschichtliche Material, das einem bestimmten Kairos zukommt, um das Unbedingte damit auszusagen. Sie kann die erkenntnistheoretische Frage, die durch den Begriff Symbol gestellt ist, von sich aus nicht lösen[6]. Es ist zwar richtig, daß im Laufe der Geschichte der Psychologie immer wieder versucht worden ist, solche Grenzüberschreitungen zu unternehmen. Es läßt sich aber leicht zeigen, daß Reflexionen über das empirische Material der Psychologie hinaus immer von (reflexen oder eben nicht reflexen) philosophischen Motiven geleitet waren. Wenn *Freud* den Gottesglauben als Illusion bezeichnet, so kommt er zu diesem Urteil nicht aufgrund seiner psychologischen Erfahrung, sondern aufgrund bestimmter philosophischer Voraussetzungen, die er bereits mitbringt. Als Illusion kann die Psychoanalyse lediglich ein schlechtes, ein falsches Symbol auflösen (etwa ein Symbol, in dem die Transzendenz des Unbedingten nicht gewahrt ist). Die Angst vor der Mitwirkung tiefenpsychologischer Methoden in der Theologie gründet also nicht in dem, was man in der Regel angibt, sondern sie gründet in der Verdrängung: man befürchtet zu Recht die Auflösung der eigenen, falschen, illusionären Symbole, man rationalisiert aber (aufgrund der Verdrängung) diese Angst als gnoseologischen Einwand gegen die tiefenpsychologische Analyse überhaupt (wie man umgekehrt wohl auch hinter dem Triumph über den „religionszerstörenden" Charakter der Psychoanalyse bestimmte Abwehrmechanismen wird vermuten dürfen). Man fürchtet kurzum die Auflösung des eigenen Aberglaubens, der falsa religio im weitesten Sinn des Wortes. Wir haben immer allen Grund, das zu fürchten. Aber wir sollten es nicht als prinzipiellen Abweis der tiefenpsychologischen Methode im Bereich der Theologie rationalisieren.

b) Nun gibt es aber noch einen anderen grundsätzlichen Einwand, der sich speziell von *exegetischen* Erwägungen her motiviert. Man sagt: die tiefenpsychologische Interpretation müsse notwendigerweise die zu interpretierenden Texte überfremden, sofern diesen Texten in der Regel doch ein psychologisches Selbstverständnis ganz fern liegt. Der Einwand ist ernst zu nehmen, er leistet freilich genau betrachtet weniger als es scheint. So notwendig es ist, auf den jeweiligen Vermittlungsstand der Texte selbst zu reflektieren, so unmöglich ist es, dabei stehen zu bleiben, wenn man den Text kritisch interpretieren will. Man muß in der Tat zuerst fragen, welchen Vermittlungsgrad der Glaube im jeweiligen Text selbst erreicht hat. Aber eben indem man so fragt, ist ja schon die hermeneutische Differenz gesetzt, nämlich die Differenz zwischen

---

[5] Über das Verhältnis von Offenbarung und Einzelwissenschaft P. Tillich, Systematische Theologie I, Stuttgart [2]1956, 142. 155 ff. Der oben aufgestellte Satz ist natürlich völlig mißverstanden, wenn man ihn als Abwehr psychologischer Forschung, als Einschränkung ihrer Ergebnisse deuten würde. Es heißt nicht: „die Psychologie *soll* nicht oder *darf* nicht über die bloße Analyse der *Manifestation* des Unbedingten hinaus", sondern es heißt: „die Psychologie *kann* es gar nicht"! Die Grenze ihrer Methode ergibt sich von der *Sache* her, nicht durch irgendeinen ängstlichen oder autoritären Einwand, der sich dann pseudognoseologisch motivieren würde.

[6] Zur Hermeneutik des Symbols vgl. K. Niederwimmer, Kerygmatisches Symbol und Analyse, in: Archiv für Religionspsychologie 7/1962, 204 ff.

dem *Sinn* des Textes und seinem *Vermittlungsstand*. Der Grundsatz jeder Sachkritik lautet: man muß den Text besser verstehen als er sich selbst versteht[7]. Mithin kann die Selbstauslegung des Textes (das, was der Autor von sich selber weiß) kein letzter Maßstab für die Interpretation sein. Man liest in exegetischen Untersuchungen unendlich oft die Versicherung: „Das ist aber nicht psychologisch gemeint!" Aber was ist mit einer solchen (durch Häufigkeit und Stereotypie ausgezeichneten und verdächtig an einen Abwehrmechanismus erinnernden) Wendung[8] gesagt? Die Antwort muß lauten: Es mag durchaus so sein, daß bestimmten Texten, ja den meisten Texten, eine psychologische Selbstvermittlung ganz fern liegt, und selbstverständlich müssen wir das zur Kenntnis nehmen. Aber festzustellen, was der Text unmittelbar aussagt (wie der Autor bzw. die Tradition sich selbst versteht), ist nur die allererste Stufe der Interpretation. Keineswegs kann sich die Interpretation darauf beschränken. Die Interpretation hat vielmehr ihr Ziel erst dann erreicht, wenn man nicht nur weiß, was der Glaube jeweils von sich selber weiß, wie er sich das, was er zu vermitteln hat, selbst zurechtlegt; sondern die Interpretation hat ihr Ziel doch erst dann erreicht, wenn man auch versteht, was sein (über alle Selbstauslegung hinausgehender) Sinn ist – wenigstens so weit und in dem Maße, als er sich dem jeweiligen Bewußtseinsstand des Interpreten erschließt. Es kann sein, daß auch unter diesen Voraussetzungen die psychologische Methode unbrauchbar ist, und das wird sehr oft der Fall sein. Aber es wird auch das Gegenteil der Fall sein, nämlich daß die psychologische Methode in bestimmten Zusammenhängen verwendet werden muß, um zur Interpretation des Textes zu gelangen – unbeschadet der Frage, ob der Text sich selbst psychologisch verstehen will oder nicht. Die Grenze der Anwendung der psychologischen Methode bestimmt sich mithin von der *Sache*, nicht vom *Bewußtseinsstand* der Texte her. Wenn der Text etwas intendiert, das psychologisch verdeutlicht werden kann, so ist es ganz gleichgültig, ob er es selber psychologisch vermittelt haben will oder nicht. Wenn er etwas intendiert, zu dessen Verständnis die Psychologie von der Sache her keinen Beitrag mehr leisten kann, dann und nur dann muß man und kann man auf die Mühe psychologischer Interpretation verzichten.

II.

Soviel zu den ersten fünf Thesen, die sich mit mehr grundsätzlichen Fragen beschäftigen. Ich versuche nun, in den folgenden Thesen (6–8) einiges zur spezifischen Aufgabe der analytischen Methode in der Exgese zu sagen. Ich beginne mit einer Reflexion über die Voraussetzungen, auf denen die Anwendung tiefenpsychologischer Methoden in der Exegese beruhen:

These 6: Die Verwendung tiefenpsychologischer Methoden innerhalb der Exegese gründet auf drei Voraussetzungen: a) auf der Geschichtlichkeit des Bewußtseins, b) auf der Zirkelstruktur des Verstehens, c) auf der weitgehenden Unbewußtheit der Texte. Die beiden ersten Voraussetzungen teilt die

---

[7] Zur Geschichte dieses Satzes: H. G. Gadamer, Wahrheit und Methode, Tübingen, ²1965, 180 ff.

[8] Dazu: K. Niederwimmer, Psychologische Anmerkungen zum Methodenproblem in der gegenwärtigen evangelischen Theologie, in: Jahrbuch für Psychologie, Psychotherapie und medizinische Anthropologie, 11/1964, 225; Harsch, aaO., 281.

tiefenpsychologische Exegese mit allen Formen exegetischer Arbeit. Die dritte Voraussetzung ist ihre Besonderheit.

a) Zur ersten Voraussetzung: Die hermeneutische Differenz (die Differenz von Textvermittlung und Textsinn) gründet in der geschichtlich bedingten Unabgeschlossenheit jedes möglichen Bewußtseinsstandes. Deshalb gilt ja der Satz, daß der Sinn eines Textes immer schon mehr ist, als im Text selbst unmittelbar zu Bewußtsein gebracht wurde. Der endgültige, universale und zugleich konkrete Sinn der Texte und dessen, was sie bezeugen, tritt in ihnen selbst, nämlich in dem positiven Vermittlungsstand, den sie erreichen, noch nicht zutage. Jede kritische Interpretation ist im Grunde nichts anderes als der methodische Versuch, den Sinngehalt des Textes, der im Text selbst nur unzureichend vermittelt wird, besser und zureichender zu vermitteln. Jede mögliche Interpretation hat darum nur vorläufigen Charakter. Der endgültige Sinn erschließt sich erst *am Ende der Geschichte* der Differenzierung des Bewußtseins.

b) Daraus folgt (und das ist die zweite Voraussetzung), daß die jeweilige geschichtlich-endliche Sinnerhellung der Schrift an den jeweiligen geschichtlich-endlichen Bewußtseinsstand des Interpreten gebunden ist. Die Schrift wird nur soweit verstanden, als sich ihr Ausleger selbst versteht und umgekehrt (wobei hier der Begriff des Selbstverständnisses nicht auf seinen existentialen Sinn eingeschränkt ist). Die *Interpretation* der Schrift muß, wenn diese Aufstellungen stimmen, als ein Moment innerhalb der Geschichte der Bewußtseinsdifferenzierung erscheinen (psychoanalytisch gesprochen: als ein Moment innerhalb des Weges vom Es zum Ich), als *ein Moment innerhalb der Geschichte der wachsenden Freiheit* und Selbstverfügung des Menschen. Dabei verläuft der Prozeß der Interpretation so, daß das Maß der eigenen Selbstdurchsichtigkeit mit dem Maß der Sinnerhellung der Schrift in der Weise des hermeneutischen Zirkels verbunden ist.

c) Die dritte, für die tiefenpsychologische Interpretation *spezifische* Voraussetzung besteht in der Unterstellung, daß die Motive der zu interpretierenden Texte weitgehend in der Entfremdung der Außenprojektion, bzw. in symbolischer Verschlüsselung auftreten, d. h. daß sie entweder noch gar nicht zu Bewußtsein gelangt sind oder aber durch den Vorgang der Verdrängung unbewußt gehalten werden. Die tiefenpsychologische Exegese unterstellt ferner, daß der unbewußte Sinn solcher Symbole nur durch die Anwendung tiefenpsychologischer Methoden entschlüsselt und bewußt gemacht werden kann (und z. B. nicht — oder wenigstens nicht zureichend — durch existentiale Interpretation)[9]. Sie unterstellt endlich, daß die Entschlüsselung solcher Symbole nicht außerhalb der existentiellen Beteiligung des Interpreten, d. h. nicht abgesehen von der Analyse der Widerstände, vollzogen werden kann. Ob diese

[9] Diese Kritik ist unabhängig von sonstigen Einwänden gegen die existentiale Interpretation. Sie beschränkt sich lediglich auf das, was von der tiefenpsychologischen Erfahrung her gegen die existentiale Interpretation eingewandt werden muß: die existentiale Interpretation realisiert nicht die Möglichkeit unbewußter Sinngehalte bestimmter Traditionen. Sie erreicht mit ihrer Methode nicht das Unbewußte, weil sie mit dem Verdrängungsmechanismus und den unbewußten Widerständen nicht rechnet. — Zur diesbezüglichen Kritik am Ansatz R. *Bultmanns* vgl. jetzt auch J. Scharfenberg, Sigmund Freud und seine Religionskritik als Herausforderung für den christlichen Glauben, Göttingen, 1968, 106 ff.

Unterstellungen richtig sind oder nicht, kann nur die Empirie erweisen.

Sind diese drei Voraussetzungen gegeben, dann läßt sich die Aufgabe der tiefenpsychologischen Methode bestimmen:

These 7: Die Aufgabe der tiefenpsychologischen Methode innerhalb der Exegese besteht (allgemein gesprochen) darin, nach den unbewußten Implikationen der im Text ausgesprochenen Zusammenhänge zu fragen.

Das kann nach zwei Seiten hin näher bestimmt werden:

a) Der allgemein geltende sachkritische Grundsatz, der Text müsse besser verstanden werden als er sich selber versteht, würde in diesem Fall folgende Konkretisierung erfahren: den Text besser verstehen, als er sich selber versteht, heißt (natürlich nicht nur, aber doch sicher auch) auf mögliche unbewußte Implikationen zu achten, die in ihm gesetzt sein können. Diese Formulierung würde dann wiederum zeigen, daß die Einführung tiefenpsychologischer Methoden in der Exegese eben gerade nicht im Widerspruch zu den Intentionen der historisch-kritischen Methode steht, sondern nur eine bestimmte Konsequenz dieser Intentionen darstellt.

b) Die Analyse der unbewußten Implikationen des Textes könnte auch einen Beitrag zum Verständnis der kirchen- und dogmengeschichtlichen Entwicklung leisten. Was sich später entfaltete, könnte sich im Einzelfall als Explikation dessen begreifen lassen, was bereits ursprünglich unbewußt impliziert war. Natürlich bewegen wir uns hier auf sehr unsicherem Gelände. Ich sehe aber nicht, wie man dieser Konsequenz ausweichen kann. Jedenfalls gibt uns die Tiefenpsychologie neue Kategorien, mit deren Hilfe geschichtliche Abläufe besser verstanden werden könnten. Es ist eines der Fundamente der Psychoanalyse von Anfang an, daß wir aus späteren Manifestationen des Unbewußten auf frühere, der Verdrängung anheim gefallene Inhalte zurückschließen können und müssen. Überträgt man das auf unsere Aufgabe, dann ergeben sich daraus die entscheidenden Fragen, von denen die psychoanalytische Interpretation geprägt sein wird: Welcher Konflikt steht am Anfang der Entwicklung? Welche Lösung des Konfliktes wurde gebracht? Was blieb ungelöst? Wo setzen neuerlich die Verdrängungen ein? Wo wurde die Verdrängung aufgehoben? Was bedeutet das für die weitere Entwicklung? Wann und wo kehrt das Verdrängte wieder? Wendet man solche Fragen auf historische Dokumente an, dann bedeutet das natürlich den radikalen Bruch mit der positivistischen bzw. historistischen Auffassung, die ja dazu neigt, das geschichtliche Geschehen mit dem Vermittlungshorizont der Quellen zu identifizieren. Statt dessen würden die Texte als verschlüsselte Hinweise auf eine unendlich reichere Entwicklung erscheinen, auf eine Entwicklung, die inhaltlich keineswegs nur von den jeweils zeitgenössischen Belegen allein, sondern erst vom Sinn des Ganzen verstanden werden kann. Der Historismus, der dem Text nichts zu entnehmen bereit ist, außer dem, was er positiv, d. h. was er seinem eigenen Vermittlungsstand nach belegt, wäre dann auch von der Psychologie her diskreditiert.

Ich schließe diese Überlegungen zur Aufgabe der Methode mit der Frage ab, wo die Methode beim gegenwärtigen Stand unserer Bemühungen am besten einsetzen könnte:

These 8: Die spezifischen Ansatzpunkte für die Anwendung tiefenpsychologischer Methoden liegen insbesondere a) in der Interpretation ‚archetypi-

schen Materials' (Mythos und Kult), und b) in der Analyse ‚sekundärer Rationalisierungen'.

a) Zunächst zur Frage der Interpretation des Mythos. Es liegt nahe, hier einzusetzen, weil in dieser Frage die Vorarbeiten am weitesten gediehen sind. Wir können davon ausgehen, daß die Tiefenpsychologie empirisch nachgewiesen hat, daß die Voraussetzungen und Bedingungen der Mythenbildung (die Voraussetzung dessen, was man das „mythenbildende Bewußtsein" nennen könnte) keineswegs der Vergangenheit angehören, sondern im Unbewußten bis auf diesen Tag lebendig geblieben sind. Natürlich kann man nicht einfach sagen, daß der moderne Mensch Mythen träumt oder nachträumt; wohl aber, was viel wichtiger ist, daß er in der Ausdrucksweise seines Unbewußten eine Sprache hat, deren Struktur der Sprache des Mythos direkt entspricht. Hierin liegt die Ursache dafür, daß in den Produktionen des Unbewußten auch immer wieder spontan mythische Motive, Mythologeme wiederkehren, Motive, die an die mythologische Welt der Vergangenheit erinnern. Die Tiefenpsychologie gewann von dieser Erfahrung aus zum Mythos (und zum Ritus als seiner Vergegenständlichung) ein anderes Verhältnis als die traditionelle religionsgeschichtliche Arbeit. Für diese bleiben ja die Mythologeme immer nur eine fremde Welt, zu der der Interpret keinen unmittelbaren Zugang hatte, zu der ihm der unmittelbare Lebenszusammenhang fehlte. Die Analyse trifft nun auf mythische Motive im Unbewußten des Menschen unserer Tage. Sie gewinnt mithin auch zum Mythos der Vergangenheit ein neues, unmittelbares Verhältnis. Sie beginnt zu verstehen, wie es zur Mythenbildung kam, weil sie versteht, wie es auch heute noch zur Produktion mythischer Motive kommt. Das ist der handgreifliche Vorteil, den die tiefenpsychologische Interpretation des Mythos gegenüber jeder anderen Mytheninterpretation hat, einschließlich der existentialen. Die Tiefenpsychologie deckt (in der Sprache der romantischen Hermeneutik gesprochen) den unmittelbaren Lebenszusammenhang auf, der notwendig ist, um die Texte der Vergangenheit zu verstehen. Oder (in der Sprache der modernen Hermeneutik gesprochen): die Psychologie des Unbewußten bietet das sachgemäße Vorverständnis, welches zur Interpretation mythischen Materials (bzw. kultischer Vollzüge) notwendig ist. „Entmythologisierung", sachgemäß durchgeführt, bedeutet daher:

aa) Auflösung der Außenprojektion;
bb) Bewußtmachung der unbewußten Motive;
cc) Bewußte Auseinandersetzung mit den bislang unbewußten Motiven.

D. h. aber: Die Deutung des Mythos folgt ebendenselben Methoden, die für die Deutung unbewußter Symbolik überhaupt bestimmend sind.

b) Zum Thema ‚sekundäre Rationalisierung'. Das scheint mir der zweite, naheliegende Ansatzpunkt zu sein. Der Begriff ‚Rationalisierung' ist von *E. Jones* geprägt worden, wenn man einer diesbezüglichen Bemerkung Freuds folgen darf[10]. Die Sache findet sich freilich schon in *Freuds* Traumdeutung, wo *Freud* von fadenscheinigen Begründungen spricht, von unbefriedigenden Auskünften bei der Deutung der Traumsymbolik, von Ausflüchten, hinter denen sich uneingestandene Motive zu verbergen pflegen[11]. Unter sekundärer

[10] Ges. W. XIV, 554.
[11] Ges. W. II/III, 153.

Rationalisierung versteht die Psychoanalyse eine Folgeerscheinung, die durch „das Verdrängen der wahren Ursache einer Handlung" bedingt ist, nämlich „das Vorschieben einer rationellen Erklärung, die als Ersatz dieser verdrängten Ursache dient"[12]. Über die Rolle, die dieser zum Verdrängungsmechanismus gehörige Vorgang spielt, brauche ich hier nichts zu sagen. Seine Aufdeckung gehört zu den wesentlichsten Leistungen der Psychoanalyse. Vielleicht sollten wir uns aber einen Augenblick lang die Bedeutung vergegenwärtigen, die die sekundäre Rationalisierung innerhalb der *theologischen Reflexion* und innerhalb der ihr vorgegebenen *Texte* spielt oder wenigstens spielen kann. Theologische Aussagen sind ihrer Grundbestimmung nach existentielle Aussagen, d. h. Aussagen, die stark affektiv geprägt sein können. Das bringt mit sich, daß bei ihnen die Gefahr der nachträglichen Zurechtlegung der ursprünglichen Motivation, die Gefahr einer rationalisierten Verdrängung im besonderen Maße gegeben ist. Erst jüngst hat *Helmut Elsässer* auf die besondere Rolle hingewiesen, die die Analyse sekundärer Rationalisierung in *Tillichs* Theologie- und Philosophiekritik gespielt hat[13]. Sekundäre Rationalisierungen verwandeln Theologie in Ideologie (senso malo), und „Entideologisierung" ist in der Tat (um mit *H. H. Schrey* zu reden)[14] ein „hermeneutisches Problem". Aber kehren wir zu unserer engeren Fragestellung zurück. Die Analyse sekundärer Rationalisierungen ist nicht nur eine Aufgabe der systematischen Theologie, sondern auch der exegetischen Theologie. Es gibt jedenfalls keine Garantie dafür, daß diese Mechanismen ausschließlich in den späteren theologischen Entwürfen zutage treten sollten, während die Texte der Schrift selbst davon frei sind. Im Gegenteil: es ist von vornherein wahrscheinlich, daß sich nachträgliche, unbewußte Zurechtlegungen auch in unseren Texten finden, und zwar insbesonders dort, wo die Dimension bloß mythologischer Vermittlung überschritten ist und eine wenigstens *intentionale* Vermittlung des Glaubens angestrebt wird, d. h. dort, wo der jeweilige Glaube aus der Unmittelbarkeit zur rationalen Selbstvergewisserung aufbricht, wo er sich also nicht mehr nur unmittelbar *versteht* (oder unmittelbar vorstellt wie z. B. im Mythos), sondern sich selbst *auszulegen* beginnt. Hält man sich vor Augen, daß am Anfang des christlichen Glaubens ein tödlicher Konflikt steht, dann muß die Analyse möglicher sekundärer Rationalisierungen geradezu zum Programm einer tiefenpsychologischen Exegese gemacht werden. Grundsätzlich gilt: die jeweiligen Selbstauslegungen des Glaubens, wie sie in den Texten sichtbar werden, sind daraufhin zu untersuchen, ob sie und wie weit sie unter dem Vorwand mehr oder weniger plausibler rationaler Begründungen die eigentlich treibenden Motive verdecken. Hier liegt m. E. der zweite mögliche Ansatzpunkt für die Anwendung tiefenpsychologischer Methoden in der Exegese.

III.

Zuletzt sei noch einiges zu den *Schwierigkeiten* bemerkt, auf welche die Anwendung tiefenpsychologischer Methoden in der Exegese stößt (Thesen 9—12).

These 9: In dem Bemühen, diesen Aufgaben nachzukommen, entstehen

---

[12] I. A. Caruso, Bios-Psyche-Person, 1957, 130.

[13] Paul Tillich und die Tiefenpsychologie in theologischer Sicht, in: Wege zum Menschen 21/1969, 207 f.

[14] Entideologisierung als hermeneutisches Problem, 1969 (= SgV 256).

charakteristische Schwierigkeiten. Ein Teil der Schwierigkeiten resultiert aus dem traditionellen Bewußtseinsstand. Die tiefenpsychologische Analyse kann (ihrer Methode gemäß) darauf nur dadurch antworten, daß sie die Analyse der Texte mit der Analyse der Widerstände verbindet.

These 10: Ein anderer Teil der Schwierigkeiten ergibt sich aus der Pluralität und Konkurrenz tiefenpsychologischer Methoden, hinter der sich (wenigstens zu einem erheblichen Teil) anthropologische Probleme verbergen. Für die Theologie im allgemeinen und die Exegese im besonderen ist insbesonders die Frage wichtig, ob und in welchem Maße innerhalb der verschiedenen Schulen und ihrer Methoden Personalität und Geschichtlichkeit der menschlichen Existenz realisiert sind.

Ich möchte diesen Fragenkreis an einer einzigen, freilich wichtigen Stelle, nämlich am Mythosproblem ein wenig verdeutlichen.

a) Der ‚späte' *Freud* hat nach dem letzten Sinn, nach der ‚Wahrheit' des Mythos gefragt und eine Antwort auf diese Frage in der fiktiven Urgeschichte der fiktiven Urgesellschaft gefunden, der Geschichtsverlauf erschien von daher wie eine ewige Wiederkehr des Urmordes und Urinzests[15]. Andererseits wollte *Freud* (wenn man der Darstellung von *Scharfenberg* folgen darf) für die Mose-Tradition insofern eine Ausnahme konzedieren, als er in ihr „die Umschlagstelle von der totemistischen Religionsform, die es nur zu ständigen Wiederholungen bringen kann, zu den Fortschritten in der Geistigkeit einer geschichtlich bestimmten Religion" zu finden bereit war[16]. Es stehen also einander gegenüber: einerseits ein Geschichtslauf, der durch den pathologischen Wiederholungszwang bedingt ist (diesen Wiederholungszwang analysiert zu haben und aufheben zu wollen, ist das Pathos der *Freud*schen Religionskritik), und andererseits der singuläre und merkwürdige Exodus aus dem Wiederholungszwang, ein befreiender Ausbruch zur Geschichtlichkeit, den *Freud* mit bestimmten Elementen der alttestamentlich-jüdischen Überlieferung (und in ihrem Gefolge, wenn freilich auch mit gewissen Einschränkungen, auch der christlichen Überlieferung) verbindet. Zu den traditionell regressiven Elementen des religiösen Lebens treten hier mithin bestimmte progressive. Es ist hier nicht der Ort, diesen Aufstellungen *Freuds* näher nachzugehen[17]. Es ist aber soviel deutlich, daß die psychoanalytische Mythendeutung hier an das Problem des Verhältnisses von Bewußtsein und Geschichtlichkeit, bzw. Bewußtsein und Freiheit stößt, ohne daß man sagen könnte, dem späten *Freud* wäre bereits eine zureichende Lösung dieser Fragen geglückt.

[15] Wenn ich recht sehe, sind in den Anfängen der psychoanalytischen Mythendeutung drei Epochen zu unterscheiden: *zunächst* die Zeit der ersten Aufstellungen *Freuds* (von der Traumdeutung bis etwa 1909). *Fortan* wird die Mythosfrage vor allem von den Mitarbeitern und Schülern weiterverfolgt. *Freuds* Anregungen werden methodisch entfaltet und auf einzelne Mythologumena konsequent angewendet (vor allem: K. Abraham, Traum und Mythus. Eine Studie zur Völkerpsychologie, 1909; O. Rank, Der Mythus von der Geburt des Helden. Versuch einer psychologischen Mythendeutung, 1909; ders., Psychoanalytische Beiträge zur Mythenforschung, 1919). Seit etwa 1912 setzt eine *dritte Epoche* ein: nun ist *Freud* von der Frage nach der historischen Ableitung des Mythos fasziniert, von der Frage nach seiner historischen ‚Wahrheit'. Vgl. im einzelnen die Darstellung bei Scharfenberg, Freud, 169 ff.

[16] Scharfenberg, Freud, 153.

[17] Vgl. Scharfenberg, Freud 150 ff.

b) *Freud* rekurrierte, um den letzten Sinn des Mythos zu erklären, auf die Urgeschichte, *Jung* rekurrierte auf die Strukturdominanten des kollektiven Unbewußten, die er mit den Instinkten in Beziehung setzte, ja gelegentlich als psychischen Ausdruck, als Manifestation der Instinkte aufzufassen geneigt war[18] (*Jungs* Begrifflichkeit entbehrt hier zuweilen der Präzision). Die Archetypen sind es, die die mythologischen Vorstellungen produzieren, sie bleiben aber selbst gleichsam hinter ihnen verborgen, unerkennbar, unfaßbar. Sie offenbaren sich (sit venia verbo) in den mythologischen Phantasien, gehen aber nicht in ihnen auf. Sie sind „psychoid", d. h. zwar das Bewußtsein leitend, aber selber doch wahrscheinlich bewußtseinstranszendent[19]. Sie stehen in einer gewissen Autonomie jenseits aller von ihnen strukturierten und hervorgebrachten mythologischen Produktion. (Auf die Tatsache, daß *Jungs* Mythosbegriff und sein Begriff von den sog. Archetypen eine Entwicklung durchgemacht hat, worauf *Jung* selbst hinweist[20], und auf eine explizite Darstellung seiner Archetypenlehre können wir hier nicht eingehen). Es ist nun bei *Jung* charakteristisch, daß man nach einem letzten konkreten Sinn der Archetypen nicht fragen kann, oder besser: fragen kann man wohl, aber man erhält keine Antwort. Der eigentliche, letzte und zugleich primäre Sinn der Archetypen verliert sich im Unsagbaren. Damit wird aber auch der letzte Sinn mythologischer Produktionen, die ja von den Archetypen strukturiert sind, unsagbar, unbestimmbar. Der Archetyp als solcher ist ineffabel, der Mythos darum letztlich ohne definitiv bestimmbaren Sinn. „Inhalte archetypischer Natur manifestieren Vorgänge im kollektiven Unbewußten. Sie beziehen sich daher auf nichts Bewußtes oder bewußt Gewesenes, sondern auf essentiell Unbewußtes" (!)[21], d. h. also letztlich auf etwas Bewußtseinsunfähiges, über das sich keine zutreffenden Aussagen machen lassen. Es läßt sich umschreiben, aber nicht definieren. Zwar bedeutet das immerhin einen Schritt hin zur Begegnung mit jener Psyche, die war, ehe das Bewußtsein aufkam, und insofern einen entscheidenden Fortschritt in der Erkenntnis – aber der „letzthinnige Bedeutungskern"[22] bleibt doch dunkel. Alle konkreten Beziehungen, die der Mythos aufweist, alle konkreten Bestimmungen sind sekundär. Der primäre Sinn bleibt bewußtseinstranszendent. „Der Sinn dieses Nucleus war nie bewußt und wird es nie sein."[23] Je umfassender die Erscheinungsform des Archetyps wird, um so

[18] C. G. Jung, Ges. W. III, 291; Archetypen sind nicht „vererbte *Vorstellungen*", sondern vielmehr „*vererbte instinktive Antriebe und Formen*" (Ges. W. III, 301). Sie greifen „regulierend, modifizierend und motivierend in die Gestaltung der Bewußtseinsinhalte" ein und insofern „verhalten sie sich so wie Instinkte" (Ges. W. VIII, 253). Hier wird also nur eine Verwandtschaft zwischen Archetypus und Instinkt gelehrt (ausdrücklich VIII, 236). Als das „eigentliche Element des Geistes" steht der Archetyp im denkbar größten Gegensatz zum Instinkt (ebd.), aber: „Als Entsprechungen gehören sie zusammen" (237).

[19] Ges. W. VIII, 244 ff. „Was immer wir von Archetypen aussagen, sind Veranschaulichungen oder Konkretisierungen, die dem Bewußtsein angehören. Aber anders können wir von Archetypen gar nicht reden. Man muß sich stets bewußt bleiben, daß das, was wir mit ‚Archetypus' meinen, an sich unanschaulich ist, aber Wirkungen hat, welche Veranschaulichungen, nämlich die archetypischen Vorstellungen, ermöglichen" (245). Vgl. auch XI, 390 f.

[20] Ges. W. VIII, 231 ff. schildert Jung selbst den Verlauf seiner Entdeckung.

[21] Jung-Kerényi, Einführung in das Wesen der Mythologie, 1951, 113.

[22] AaO., 113. [23] AaO., 114.

abstrakter wird sie auch. Je mehr man über die verschiedenen Gleichnisse oder Symbole, in die sich der Archetyp kleidet, hinausgelangt zu seinem „Wesen", zu seinem „Bedeutungskern" – um so mehr entzieht er sich dem Intellekt. Die Archetypen sagen zuletzt alles oder nichts mehr, nämlich nichts rational Bestimmbares mehr. Sie selbst haben ja keine konkreten Inhalte, sie sind ja nicht das An-Sich der Dinge, sondern bilden lediglich die formalen Strukturen, und zwar die „apriorischen Strukturformen des instinktiven Bewußtseinsfundamentes", wie der späte *Jung* einmal formulierte[24]. Sie bilden gleichsam das kollektiv-psychische Apriori, die formalen Strukturen, mit Hilfe derer und durch die kollektiv-unbewußte, instinktive Energien apperzipiert werden – ein Apriori freilich dynamischer Natur, mit einer spezifischen psychischen Energie „aufgeladen", mit einer u. U. numinosen Gewalt. Und damit verbindet sich noch ein anderes Problem: die Archetypen als solche scheinen sich in alledem auch der Geschichte zu entziehen. Sie erscheinen in immer neuen Gestalten, ohne sich je in einer von ihnen zu erschöpfen. Der Archetypus wandelt sich fortwährend, ohne mit einer seiner Erscheinungen identisch zu sein. „Er beharrt durch die Jahrtausende und verlangt doch immer neue Deutung."[25] Seine Epiphanie ist geschichtlich und wandelbar, sein Wesen scheint die Geschichte zu übersteigen. Der Archetyp macht Geschichte, hat aber selbst keine. Er stellt die schöpferische Potenz seiner historischen Erscheinungsformen dar (die sich allerdings wandeln), die dadurch den Charakter des Zufälligen, Kontingenten, Sekundären gewinnen. Der Archetyp ist das, quod semper, quod ubique, quod ab omnibus creditur[26]. Die Archetypen als solche verändern sich scheinbar nicht, sie verändern nur ihre Ausprägungen, ihre Relationen zu uns. Sie selbst sind konservativ, zeitlos, fast möchte man sagen: ‚ewig'[27]. Die Frage des Theologen lautet, ob von diesem Ansatz aus die Kategorien der Geschichtlichkeit und Personalität je wirklich erreicht werden. Zuletzt ist auch der Prozeß der Selbstwerdung, der dem zentralen Archetypus folgt, nicht als ein – im eminenten Sinn – zur Geschichtlichkeit führender Prozeß gedacht, sofern als Ziel gerade nicht die Personalität erscheint, in der das Psychische sich selbst transzendiert, oder anders: sofern der Bannkreis der archetypischen Mächte (und bei *Jung* sind es ‚Mächte') nie verlassen wird, nie durchbrochen wird, sofern die Selbstwerdung immer nur als konkrete, kontingente Ausformung des ‚ewigen' Archetyps erscheint.

c) Es ist aber nun die Frage, ob das empirische Material in diesem Sinne gedeutet werden muß. Es ist die Frage, ob der Mythos zureichend bestimmt ist, wenn er lediglich als kontingente Ausformung des bewußtseinstranszendenten Archetyps erscheint. Erschließt sich sein Sinn zureichend durch den Regreß, durch den Weg zurück ins essentiell Unbewußte? Kann die geschichtliche Rolle und Bedeutung des Mythos lediglich als konkrete Ausformung des Vorgeschichtlichen, allem Bewußtsein Vorausliegenden verstanden werden? Ist in der *Jung*schen Archetypenlehre nicht eine gewisse Tendenz zu einer Remy-

---

24 Erinnerungen, Träume, Gedanken, 1962, 349.

25 Jung, Mythologie, 145.

26 Ges. W. XI, 130.

27 Zur ‚Ewigkeit' der Archetypen vgl. E. Neumann, Ursprungsgeschichte des Bewußtseins, 1949, 4. 59. Neumann bemüht sich, gerade den Doppelaspekt herauszubringen: einmal, daß der Archetyp im Zeitlosen steht und daß er sich doch in der Geschichte in wandelnden Gestalten ausprägt.

thisierung einer im übrigen unleugbaren Erfahrung (nämlich der Erfahrung angeborener kollektiver Schemata) zu finden? Oder kann die Geschichte der Bewußtseinsdifferenzierung vielleicht so verstanden werden, daß sie auf ein *Ziel* zuläuft, welches als endgültige, als eschatologische Realisierung der psychischen Energie begriffen werden kann? Darf ein solches Ziel postuliert werden? Wir verstehen ja (freudianisch geredet) die individuelle Entwicklung als Reifungsprozeß, als den (mehr oder weniger geglückten) Weg vom ‚Es' zum ‚Ich'. Aber das Ich ist mehr als eine psychische Größe. In dem Maße, als die psychische Integration geglückt ist, transzendiert die Dimension des Psychischen sich selbst und der Mensch erwirbt Personalität[28]. Personalität ist keine statische Größe, nichts, was das menschliche Dasein immer schon bestimmen würde. Der Mensch *ist* nicht (immer schon) Person, er muß es jeweils erst *werden*. Er ist nicht frei, er muß es erst werden. Er steht nicht immer schon in der Situation echter Entscheidung, sondern gewinnt (vielleicht!) in zunehmendem Maße diese Situation. Er ist nicht schon, wozu er bestimmt ist. Er soll es erst werden. Darf man von da aus auch das Ziel der universalen Entwicklung utopisch formulieren? Das Ziel der Entwicklung wäre dann die konfliktlose Realisierung (und damit zugleich Selbsttranszendierung) der psychischen Energie auf universale Personalisierung hin. Denn ich kann nicht frei sein, solange es nicht auch mein Nächster ist. Es gibt keine endgültige personale Verwirklichung nur im ‚Jetzt' und nur für mich als je Einzelnen. Sollen überhaupt Freiheit und Personalität als Wirklichkeit unseres Daseins erscheinen, dann müssen sie als zukünftige und universale gedacht sein.

d) Alle solche Überlegungen dienen in unserem Zusammenhang lediglich dazu, an die Aporien zu erinnern, die aus den verschiedenen anthropologischen Voraussetzungen der verschiedenen tiefenpsychologischen Entwürfe entspringen. Diese Aporien belasten die Versuche einer tiefenpsychologischen Exegese. Weder die Psychologie als Einzelwissenschaft noch die Einzeldisziplin der theologischen Exegese kann von sich aus diese Aporien lösen. Zu ihrer Lösung bedarf es der grundwissenschaftlichen Reflexion.

These 11: Bei der Aufzählung der Schwierigkeiten tiefenpsychologischer Exegese ist schließlich daran zu erinnern, daß die Anwendung tiefenpsychologischer Methoden gerade auf diesem Gebiet theologischer Arbeit noch ganz in den Anfängen liegt.

Das erklärt einerseits bestimmte methodische Schwierigkeiten und fordert andererseits (auch von der Exegese her) eine Korrektur an unserem traditionellen theologischen Betrieb.

a) Die Arbeit ist dadurch erschwert, daß die Psychologen in der Regel nicht über eine zureichende Ausbildung in historisch-kritischer Exegese, und umgekehrt die Exegeten in der Regel nicht über zureichende Kenntnisse der Tiefenpsychologie verfügen können. Wenn es so etwas wie eine tiefenpsychologische Exegese geben soll, dann kann sie (unter den gegenwärtigen Umständen) nur als eine Disziplin an der Grenze der Disziplinen erscheinen, und sie hat damit auch die Schwierigkeiten zu tragen, die mit dieser Stellung verbunden sind. Und doch sind es im Laufe der Forschungsgeschichte immer wieder solche Versuche an der Grenze gewesen, die das Versprechen in sich trugen, einen Schritt weiter zu führen.

[28] Vgl. den Begriff der fortschreitenden Personalisation bei Caruso, aaO., 415 ff. u. passim.

b) Es erschiene mir daher auch von der Exegese her im höchsten Maße wünschenswert, wenn die gegenwärtigen Reformen des Theologiestudiums der Bedeutung, die der Tiefenpsychologie für die theologische und kirchliche Arbeit zukommt, in angemessener Weise entsprächen. Dem Studenten müßte im Laufe seines Studiums die Möglichkeit geboten werden, sich zuverlässig und zureichend mit der Psychoanalyse und ihren Deszendenten vertraut zu machen. Das käme nicht nur der kirchlichen Praxis zugute, sondern zuvor schon den historischen und systematischen Fächern der Theologie. Denn entscheidend ist ja nicht, daß man immer und in jedem Fall schulmeisterlich und kleinlich die Verwendung tiefenpsychologischer Einsichten und Methoden ausdrücklich thematisiert, sondern daß man ein für allemal durch die Begegnung mit ihnen zu einem anderen Bewußtseinsstand gebracht wird, von dem aus viele theoretische und praktische Probleme der Theologie ein anderes Licht erhalten.

Ich schließe mit der letzten These, die (nach alledem) keiner weiteren Erläuterung mehr bedarf.

These 12: Beim gegenwärtigen Stand kann die Anwendung tiefenpsychologischer Methoden innerhalb der Exegese nur den Charakter des Experiments tragen. Experimentieren schließt den Mut zum Irrtum ein. Die Korrektur erfolgt auch hier aus der Praxis einerseits und der methodischen Reflexion andererseits.

Peter Frör

Gruppenseelsorge in der kirchlichen Tradition: das Beispiel der Banden Herrnhuts

Analog zur tiefenpsychologischen Arbeit an biblischen Texten bietet auch die kirchliche Tradition vielfältigste Ansatzpunkte für eine empirisch orientierte Hermeneutik. Peter Frör publiziert mit der folgenden Analyse (1973) erstmals entscheidende Hinweise dafür, indem er mit den Prinzipien heutiger Gruppendynamik an historisch belegte Phänomene bestimmter Gruppenbildungen herangeht. Ein Dokument dieser Art wäre freilich nicht denkbar ohne den Hintergrund, den der Autor unter anderem einbringt: klinische Seelsorgeausbildung, eigene Erfahrungen mit Gruppen und historisch-hermeneutisches Interesse.

I. Vorbemerkungen

Das Bemühen um eine zeitgerechte Seelsorge ist heute nicht mehr zu denken ohne Reflexion und Praktizierung der Möglichkeiten, die die Gruppe für die Bewältigung der seelsorgerlichen Aufgabe bietet. Die verschiedensten säkularen Ansätze therapeutischer Bemühung um den Menschen haben die Gruppe neu entdeckt und Modelle für therapeutische Arbeit mit Gruppen entwickelt. Erkenntnisse der Gruppendynamik, der Tiefenpsychologie, der Gesprächspsychotherapie nach *Rogers-Tausch* und verschiedene Supervisionstechniken werden mehr und mehr auch im kirchlichen Kontext für die Arbeit an und in Gruppen fruchtbar gemacht, sei es zur Ausbildung des Seelsorgers[1], sei es unmittelbar in der Seelsorge selbst[2].

In dem Rahmen, in dem sich praktisch-kirchliche Arbeit auf diese Herausforderung einläßt, stellt sich in neuer Form noch einmal die alte Frage nach dem Verhältnis von Theologie und Psychologie, d. h. mit anderen Worten die Frage nach der Bestimmung des Wesens der Seelsorge aus ihrem eigenen kirchlich-theologischen Kontext im Verhältnis zu dem Angebot säkularer wissenschaftlicher Methoden. So ist auf der einen Seite die Beurteilung pastoralpsychologisch fundierter Bemühungen um die Gruppe innerhalb der Kirche diesem Konflikt voll ausgesetzt – die Skala reicht von höchstem

[1] Zu nennen sind hier vor allem die zur Klinischen Seelsorgeausbildung gehörenden Fallbesprechungs- und Selbsterfahrungsgruppen, bei denen mehr und mehr auch der Gruppenprozeß selbst Gegenstand der Beobachtung und Erfahrung wird, vgl. dazu W. Zijlstra, Seelsorgetraining, München u. Mainz 1971 und D. Stollberg, Die Funktion von Gruppen und Gruppendynamik in der Klinischen Seelsorgeausbildung, in: Klinische Seelsorgeausbildung, Schriften der Evang. Akademie in Hessen und Nassau, Heft 98, Frankfurt 1972, 108 ff.; außerdem werden jetzt in vermehrtem Maße gruppendynamische Laboratorien verschiedenen Charakters von Theologen und Seelsorgern in Anspruch genommen.

[2] J. W. Knowles, Gruppenberatung als Seelsorge und Lebenshilfe, München u. Mainz 1971; D. Stollberg, Seelsorge durch die Gruppe, Göttingen 1971; R. C. Leslie, Sharing Groups in the Church, Nashville/New York 1970.

Interesse und oft fast messianischen Erwartungen an die modernen Gruppenmethoden zur Erneuerung und Aktivierung des kirchlichen Lebens bis hin zu offen geäußerten Ressentiments und Ängsten vor Überfremdung, Aufgabe des spezifisch kirchlichen Auftrags und Verlust der eigenen Identität.

Andererseits entdeckt man diesen Konflikt ebenso in der neueren pastoralpsychologischen Literatur, die sich mit dem Thema „Gruppe und Kirche" auseinandersetzt. Hier zeigt sich, daß die Beschäftigung mit der Gruppendynamik dem Verständnis von Kirche als empirischer Größe ganz neue Impulse verliehen hat, so daß die allgemeine Erkenntnis, daß die Interaktion in der Gruppe die Normalform jeder menschlichen Kommunikation ist, auch für die Kirche und ihre Glieder gilt[3]. So ist es möglich, die Kirche selbst als Gruppe und ihr Leben als eine Vielzahl von ineinander verwobenen Gruppenprozessen zu verstehen[4]. Neben den historisch-kritischen Ansatz der wissenschaftlichen Erforschung von Kirche, ihrer Anfänge, Geschichte und Gegenwart, ist damit ein weiteres Instrument getreten, das es erlaubt, sich einen Zugang zu Kirche in ihrer historisch-empirischen Vorfindlichkeit zu verschaffen, indem nämlich Kirche als umfassendes gruppendynamisches System auf seine methodischen Voraussetzungen und gruppeninhärenten Implikationen hin untersucht und kritisiert werden kann.

Bisher ist diese Aufgabe jedoch kaum in Angriff genommen worden. Der Blick auf die praktisch-aktuelle Aufgabe hat die Pastoralpsychologie die historische Frage mehr oder weniger ausklammern lassen. Das Interesse richtet sich auf eigens zum Zweck der Seelsorge und Seelsorgeausbildung gebildete Gruppen innerhalb der Kirche, in denen die je eigene Dynamik, wie sie durch Person und Bedürfnisse der Teilnehmer, Leiterfunktion und methodischen Ansatz gegeben ist, für ein spezifisch kirchliches Ziel bewußt eingesetzt wird, eben das der Seelsorge. Das Schwergewicht pastoralpsychologischer Bemühung um die Gruppe liegt damit auf der Erforschung eben dieser aktuellen gruppendynamischen, verhaltens- und tiefenpsychologischen Implikationen, die in solchen Gruppen auftauchen.

Damit ist das Problem jedoch nicht gelöst. Denn wie läßt sich begründen und legitimieren, daß das, was in einer Beratungsgruppe, einer psychoanalytisch orientierten Selbsterfahrungsgruppe oder einer Lerngruppe für Seelsorger geschieht, als Seelsorge und damit genuine kirchliche Aufgabe gelten kann? Und wie lassen sich solche theologischen Begründungen und Legitimationen, die ja immer aus der kirchlichen Tradition erwachsen sind, in das hinein integrieren, was tatsächlich in einer solchen Gruppe geschieht?

An solchen Versuchen der theologischen Verankerung fehlt es nicht. Im Gegenteil, gerade ihre Vielfalt in den einschlägigen Untersuchungen muß stutzig machen. So beansprucht *Joseph W. Knowles* die Gruppenberatung als einen „integrierenden Bestandteil des kirchlichen Dienstes" und fährt fort: „Die Lehre von der Kirche und von ihrem Dienst offenbart erst die tieferen Dimensionen einer Beratungsgruppe; eine Beratungsgruppe kann zu einem Gnadenmittel werden, das es der Kirche erst ermöglicht, wirklich Kirche zu sein."[5]

---

[3] „Kirche als Kommunikationsprozeß vollzieht sich – psychologisch betrachtet – ausnahmslos durch das Medium zwischenmenschlicher Interaktion und Gruppendynamik", Stollberg, Seelsorge durch die Gruppe, 17.

[4] Stollberg, aaO., 15 f.

[5] Knowles, aaO., 9 f.

Ist dieses aus der Ekklesiologie gewonnene Selbstverständnis nun tatsächlich gedeckt durch die Art, wie Kirche ihren seelsorgerlichen Auftrag in ihrer Geschichte verstanden hat und wie sie ihn heute ausübt? Oder handelt es sich bei dieser Behauptung um einen ungedeckten Scheck, mit dem tatsächlich Neues mit Hilfe der kirchlichen Tradition abgedeckt werden soll?

Vorsichtiger urteilt *Howard J. Clinebell*[6]: „Inwiefern ist die beratende Seelsorge ‚christliches' Handeln? Sie sollte sich in ihren Zielen, ihrer Begründung, ihren Verfahrensweisen, ihren Kraftquellen, ihren Mitarbeitern und ihrer letztgültigen Motivation zum Engagement als christlich erweisen." Hier wird es nicht von vorneherein entschieden, sondern von dem aktuellen Geschehen selbst abhängig gemacht, ob es um christliches Handeln geht oder nicht. Trotzdem kann der Tatsache nicht ausgewichen werden, daß die Kategorien für die Beurteilung als „christlich" aus der Tradition gewonnen werden müssen, aus Lehre, Selbstverständnis und empirischer Vorfindlichkeit von Kirche in ihrer Geschichte und Gegenwart. Welche theologischen Topoi nun immer aus der Tradition zur christlichen Interpretation von seelsorgerlicher Gruppenarbeit herangezogen werden[7], gemeinsam ist diesen Bemühungen, daß der Ansatz nicht aufgegeben wird, sie als integrierenden Bestandteil des christlichen Auftrags zu verstehen und in der kirchlichen Überlieferung zu verwurzeln, kurz, daß sie bei aller methodischen Reflexion als kirchliche Aufgabe festgehalten wird.

Es fällt auf, daß hierzu fast ausschließlich biblisch-exegetisches Material einerseits und dogmatische Überlegungen andererseits herangezogen werden, und dabei der Tatsache kaum Rechnung getragen wird, daß eben die Tradition der Kirche selbst in ihrer historisch-empirischen Vorfindlichkeit reich ist an Beispielen für praktizierte Seelsorge in und mit Gruppen. Seit je haben Seelsorger die Gruppe als hervorragendes Medium für ihren Auftrag gesehen. Dabei haben ihre — gewiß auf vorwissenschaftliche und pionierhaft-charismatische Weise gewonnenen — Erfahrungen zu wiederum originellen theologischen Entdeckungen geführt, wie umgekehrt der theologische Standort bestimmte Formen von Gruppenbildung und Gruppenseelsorge erst motiviert und ermöglicht hat. Gerade daß in der Kirche vor dem Aufkommen fundierter Erforschung von Gruppenprozessen der wissenschaftliche Einsatz von Methoden und deren Reflexion gefehlt hat, macht die Tatsache so bedeutsam, daß die Kirche in ihrer Geschichte über ein Erbe von praktizierter Seelsorge durch die Gruppe verfügt, das aus dem theologischen Verständnis ihres eigenen Auftrags und nicht erst unter „kirchenfremdem" Einfluß erwachsen ist. Und das umso mehr, als es sich dabei

---

[6] H. J. Clinebell, Modelle beratender Seelsorge, München u. Mainz 1971, 32.

[7] Bei Knowles ist das die Pneumatologie („die Kirche als Ereignis"), die Bundestheologie („die Kirche als Bündnisgemeinschaft"), die Rechtfertigungs- und Versöhnungslehre („die Kirche als bekennende Gemeinschaft"), die Lehre von der Seelsorge und Diakonie und die Ämterlehre, alles entfaltet innerhalb der Ekklesiologie, aaO., 28–39. – D. Stollberg führt besonders die Christologie und Inkarnationslehre an, mit ihren Implikationen für die Rechtfertigungs- und Wort-Gottes-Theologie, vgl. Seelsorge durch die Gruppe, 186 ff. – An biblischen Texten tauchen u. a. auf: Mt. 18,18–20; 1. Kor. 12; Röm. 8,21; Eph. 4,15 f.

[8] Zu der Unterscheidung von funktionaler und intentionaler Seelsorge vgl. D. Stollberg, Seelsorge durch die Gruppe, 18.

nicht nur um Gruppen handelt, die nicht mit dem Hauptzweck der Seelsorge veranstaltet wurden, aber trotzdem auf einzelne Beteiligte einen seelsorgerlichen Effekt hatten (funktionale Seelsorge[8]); vielmehr lassen sich auch Beispiele für den intentionalen Einsatz der Gruppe für die seelsorgerliche Aufgabe nachweisen.

Damit ist die Frage nach dem Interesse der Pastoralpsychologie an kirchenhistorischem Material gestellt. Wenn die Pastoralpsychologie darauf angewiesen ist, ihre Verwurzelung in der kirchlichen Tradition nicht aufzugeben, ohne ihr Proprium zu verlieren, dann ist sie auch darauf angewiesen, wissenschaftlich zu reflektieren, wo sie selbst in einer Tradition steht, wo sie verpflichtet ist, diese Tradition aufzunehmen und weiterzuentwickeln, und wo sie neue Wege gehen kann und muß. Dann genügt es nicht, den Satz, daß Kirche sich in Gruppen verwirklicht, mit biblischen Texten und deren dogmatischer Reflexion zu legitimieren, die konkrete Gestaltung jedoch aus der gegenwärtigen Vorfindlichkeit von Kirche als Gruppe unter Einbeziehung psychologischer und gruppendynamischer Erkenntnisse abzuleiten, sondern dann stellt sich auch die Frage, wie zu jeder Zeit die Kirche mit ihrem Gruppe-Sein unter dem seelsorgerlichen Aspekt umgegangen ist. Gerade weil – zugespitzt ausgedrückt – die Kirche immer nur so gut und so schlecht ihren Auftrag – auch den seelsorgerlichen – erfüllt hat, wie sie ihr Gruppenproblem bewältigt hat, gehört der Dialog zwischen Empirie und christlich-kirchlicher Tradition zum Wesen der Pastoralpsychologie[9]. Praktische Auswirkungen wird dieser Dialog dann haben, wenn die Impulse, die die christliche Tradition bereitstellt (die ja ihrerseits immer eingebunden ist in ihren je historischen und damit auch gruppendynamischen Zusammenhang), als mitgestaltende Elemente bei der Verwirklichung von Kirche als Gruppe und Gruppen in der Kirche ernstgenommen werden.

Unter dieser Fragestellung soll im folgenden versucht werden, das Beispiel der Banden Herrnhuts unter der Leitung *Nikolaus Graf von Zinzendorfs* herauszugreifen und als ein Modell von Gruppenseelsorge darzustellen[10].

---

[9] So hat Joachim Scharfenberg das Wirken Johann Christoph Blumhardts tiefenpsychologisch interpretiert (J. Scharfenberg, Zur Lehre von der Seelsorge, in: Religion zwischen Wahn und Wirklichkeit, Hamburg 1972, 150 ff.). – Vgl. dazu das Standardwerk von William A. Clebsch und Charles R. Jaekle, Pastoral Care in Historical Perspective, referiert bei D. Stollberg, Therapeutische Seelsorge, München 1969: „Nicht in der Diskontinuität, sondern in der Kontinuität mit der kirchlichen Tradition liegt die Chance der Seelsorge heute. Deshalb kann der moderne Seelsorger aus pastoralpsychologischen Zeugnissen der Vergangenheit nur lernen, insofern er durch sie teilhat am konkreten seelsorgerlichen Vorgang." AaO., 305.

[10] Sicher sind auch noch andere Aspekte bei dem Phänomen der Banden in Herrnhut von Bedeutung. Wenn wir in diesem Zusammenhang jedoch nur eine Perspektive betonen, so bedeutet das nicht notwendigerweise die Ablehnung der anderen. Es soll also keineswegs eine umfassende historische Darstellung gegeben werden, sondern die für unsere Fragestellung relevanten Tatbestände herausgegriffen werden.

II. Das Beispiel der Banden Herrnhuts[11]

Die Entstehung der Banden

Im Jahr 1722 ließen sich mährische Exulanten auf den Besitzungen des Grafen Zinzendorf nieder und begründeten dort die Kolonie Herrnhut (Oberlausitz). Am 12. Mai 1727 wurde daraus unter der Führung Zinzendorfs die „Brüdergemeine", ein eigenes politisch-kirchliches Gemeinwesen, das jenseits bestehender konfessioneller Unterschiede die „Erweckten" zusammenschließen und Zelle für eine Neubelebung der Christenheit werden sollte. Schon bald finden sich in Herrnhut Gemeinschaftsbildungen verschiedener Art und Prägung. Sicher ist das zum wesentlichen Teil auf die mährischen Exulanten selbst zurückzuführen, die schon sehr früh kleine Gemeinschaften und Gruppen unter sich gebildet haben.

Jedoch steht fest, daß es Zinzendorf selbst war, der mit seiner ausgeprägten Vorstellung von dem, was Christsein heißt, und mit seinen Leiterqualitäten diesem Bedürfnis nach Gemeinschaft und Zusammenschluß entgegenkam und ihm erst Gestalt und Richtung verlieh. Sein ganzes Leben und Denken als Christ ist von Jugendzeit an auf Gemeinschaft mit anderen Christen ausgerichtet. So wird berichtet, daß es für ihn zwei Fragen gab, um einen Menschen als Christen zu erkennen: Auf die Frage: „Hast du Jesus?" folgte die zweite: „Hast du Gemeinschaft?" Die Kommunikation mit Gleichgesinnten in der kleinen, überschaubaren Gruppe seelenverwandter Freunde gehört für ihn zum Christsein selbst hinzu.

Wie aber sollte sich das für eine ganze Kolonie verwirklichen lassen? Der Versuch, dieses Ziel zu erreichen, waren die Banden Herrnhuts.

Am 2. Juli 1727, also nur zwei Monate nach ihrer Gründung, wurden in der Brüdergemeine anläßlich der Feier des Festes Mariae Heimsuchung von zwei Nachbarpfarrern und von Zinzendorf selbst Erweckungspredigten gehalten. Text war die Perikope Lukas 1, 39 ff., wo sich der Satz findet: „Und es begab sich, als Elisabeth den Gruß Marias hörte, hüpfte das Kind in ihrem Leibe."

Unter dem Eindruck dieses Textes habe, wie Zinzendorf retrospektiv berichtet, die Brüdergemeine erfahren, daß sich Christus *stets bei denen findet, die sich zu zweien oder dreien zusammenschließen*[12]. Damit war der Wunsch nach Bildung von kleinen Gruppen wachgeworden.

---

[11] Ich danke an dieser Stelle Herrn Privatdozent Dr. Horst Weigelt, Erlangen, sehr herzlich für die Erarbeitung und gemeinsame Diskussion des kirchenhistorischen Quellenmaterials. – Unter anderen Gesichtspunkten wurden die Banden Herrnhuts bereits ausführlich dargestellt, in: G. Schmidt, Die Banden oder Gesellschaften im alten Herrnhut, in: Zeitschrift für Brüdergeschichte 3/1909, 145–207; K. Schuster, Gruppe, Gemeinschaft, Kirche. Gruppenbildung bei Zinzendorf, Theologische Existenz Heute, NF Nr. 85, München 1960; H.-J. Wollstadt, Geordnetes Dienen in der christlichen Gemeinde dargestellt an den Lebensformen der Herrnhuter Brüdergemeine in ihren Anfängen, Arbeiten zur Pastoraltheologie, Bd. 4, Göttingen 1966, 93–99; H. Ch. Hahn, Die Banden Alt-Herrnhuts, in: Civitas praesens, in: Brüdergemeine im Gespräch 18/1965, 6–14.

[12] „Der Besuch der Maria bey der Elisabeth, dessen man sich an dem Tage in der Christenheit erinnert, und die göttliche Regung, welche diese zwo Schwestern mit ihren noch verborgenen Kindern dabey gefühlt, habe sie auf den

Eine Woche später, am 9. Juli 1727, ergriff Zinzendorf selbst die Initiative, um diesen allgemeinen Wunsch zu kanalisieren und in die Tat umzusetzen:

„Weil aber der Herr Graf sahe, daß es zu gar keiner Herzlichkeit unter den Brüdern kommen wollte und fast keiner seine Gabe bey dem andern anwenden könnte, *begab er sich selbst allen zum gemeinschaftlichen Freunde und Vertrauten*, suchte sich so viel möglich *in alle zu richten* und mit einem jeden die Sache des Herrn nach seiner Fassung zu tractieren. Dazu nahm er zuweilen noch einen, je nach dem er sahe, daß sie das *meiste Vertrauen zueinander* hätten. Und das war der Anfang zu denen sogenannten Banden oder kleinen Gesellschaften in Herrnhut."[13]

Zinzendorf selbst setzt in seinem Tagebuch bezeichnenderweise den Schwerpunkt etwas anders, schreibt die Initiative nicht sich selbst, sondern der Gemeine zu:

„Am 9. Juli war eine allgemeine Regung in ganz Herrnhut bey allen Einwohnern, da sie sich in gewisse kleine Sozietäten getheilet, und täglich von 7 bis 8 zu mir kommen sind, ausm Grunde mit mir zu sprechen."[14]

Was wollten die Banden?

Was an diesen beiden Tagebuchnotizen ins Auge fällt, ist nicht nur, daß hier offensichtlich ein Bedürfnis der „Großgruppe Herrnhut" nach überschaubarer und damit intensiverer Gruppengemeinschaft sich trifft mit Zinzendorfs Vorstellung von Christsein und Gemeinschaft, was wohl erst das Phänomen der Banden — sicher nicht ohne direktes Zutun Zinzendorfs — möglich gemacht hat; hier ist darüber hinaus bereits im groben umrissen, unter welchem Gesetz diese Banden antreten sollten:

Mangelnde Herzlichkeit untereinander, das war Ausgangspunkt und Anstoß. Und das in einer Gemeine, die man unter vielen Gesichtspunkten als äußerst homogene und geschlossene Großgruppe bezeichnen darf, die auch als politische Körperschaft zusammengehörte, eine Gemeinde mit gemeinsamer Geschichte und gemeinsamer geistlicher Ausrichtung, mit einer Vielzahl von Kommunikationsmöglichkeiten wie Gottesdiensten, Bet- und Singstunden, Bibelbetrachtungen und geistlichem Unterricht.

All das war offensichtlich nicht genug, um die pneumatischen Gaben der Gemeine (1. Kor. 12) wirklich zur Entfaltung kommen zu lassen. Erst in der kleinen Gruppe, in einer Atmosphäre der Offenheit und des Vertrauens konnte das hinreichend geschehen, und zwar nur so, daß die Gruppe, von all den anderen wichtigen Aufgaben entlastet, sich eben dieser Aufgabe gegenseitiger Offenheit untereinander voll widmen konnte. In ihrer ganzen Anlage wären diese Banden damit am ehesten mit der Struktur heutiger Seelsorgegruppen zu vergleichen, die, ohne ein festgelegtes Arbeitsziel außerhalb ihrer selbst zu haben, an den Beziehungen ihrer Mitglieder untereinander thematisch interessiert sind. Es muß wohl nicht eigens betont

Besuch der Kinder Gottes, bey welchem der Heiland immer der dritte Mann ist, und auf die Banden oder Gesellschaften gebracht ...", Spangenberg, Zinzendorfs Leben, 432 f.

[13] Herrnhuter Diarium: 1727. – Schmidt, aaO., 146 f.

[14] Zinzendorf, Extract aus dem Diario, vgl. Schmidt, aaO., 147.

werden, daß zumindest Zinzendorf und die Herrnhuter Brüdergemeine darin nicht ein pietistisch-schwärmerisches, oder gar unchristliches Um-Sich-Selbst-Kreisen sehen konnten, sondern in dieser Form von Gruppe gerade eine hervorragende Möglichkeit erkannten, ihr Christsein für sich selbst *und* für den andern zu verwirklichen.

Das soll nun im einzelnen noch näher untersucht und erläutert werden.

1. Gruppenbildung[15]

Vornehmstes Kriterium für die Gruppenbildung war demnach ein personales und kommunikatives. Es fanden sich diejenigen zusammen, die das stärkste gegenseitige Vertrauen zueinander hatten. Dies ließ dem Prinzip der Freiwilligkeit und Spontaneität bei der Gruppenbildung einen weiten Spielraum: gerade der war ja beabsichtigt. Wie schon erwähnt, muß man sich Herrnhut als eine vergleichsweise homogene Großgruppe vorstellen. Dennoch gab es Unterschiede im Standesbewußtsein, in der Herkunft und der geistlichen Erfahrung. Jedoch spielten diese Kategorien bei der Bildung der Banden keine Rolle. Im Gegenteil, Vertrauen in der Gruppe sollte nicht in dem Sinn erreicht werden, daß eine möglichst heterogene Gruppe langsam zu einer gewissen Identität ihrer selbst zusammenfand, vielmehr stand es am Anfang als das Kriterium der Homogenität, das die sonstigen Unterschiede relativierte und tragbar machte. „Die Banden sind nichts als die Cultivation einer intimen Freundschaft ... Durch die Banden wurde damals kein einziger Mensch in der ganzen Gemeine neglirt noch vergessen ... Denn sobald das Zeichen mit der Glocke zu den Banden gegeben wurde, so lief gleich alles untereinander, und ein jeder fand seinesgleichen in der Bande, und wenn einer nicht da war, so fragte man nach ihm ... Eine Bande muß aus lauter Confidenten bestehen, die das Zutrauen zueinander haben, daß sie alles in der Bande reden können, ohne an der Freundschaft etwas zu verlieren ..."[16]

2. Zielsetzung

Es wurde schon darauf hingewiesen, daß die Banden zugleich den Bedürfnissen der Bewohner Herrnhuts wie ihres Leiters Zinzendorf entgegenkamen. Blockaden, die gegenseitiges Vertrauen und allseitige Offenheit verhinderten, sollten abgebaut werden, weil gestörtes zwischenmenschliches Verhalten es dem einzelnen verwehrte, mit seinen Gaben dem andern und damit dem Ganzen zu dienen. Deshalb verfolgten die Banden nicht die Absicht, eine spezifisch religiöse Veranstaltung zur „Erbauung" zu sein; dafür gab es als eigene Organisationsformen die bekannten Bet-, Sing- und Bibelstunden. Allerdings haben diese religiösen Momente auch in den Banden nicht völlig gefehlt, was bei einer Gemeinschaft wie der der Herrnhuter nicht zu verwundern ist: „Und ist eben nicht der Zweck, dass wir mit einander beten, singen und die Bibel einander erklären; nein, das ist nicht in den Banden die Haupt-Absicht, weil andere Bet-Stunden und

---

[15] Vgl. unten unter „Organisation".

[16] Protokoll der Londoner Ratstage, 6. 9. 1753, zit. nach Schmidt, aaO., 200–201.

Singe-Stunden und Bibel-Erklärungen sind; um uns so zu erwecken, kommen wir nicht zusammen . . ."[17]

Entscheidend bleibt, daß der Fokus von Anfang an auf der Kommunikation der Gruppenmitglieder untereinander lag.

Warum aber war das so wichtig, ja offensichtlich entscheidend für das Selbstverständnis dieser Gemeinde? Man darf wohl mit Recht vermuten, daß dahinter eine ausgeprägte Vorstellung stand von dem, wie Kirche im Idealfall aussehen soll. Eine Kirche, deren Kennzeichen rückhaltlose Offenheit in der Gemeinschaft ist, läßt sich nicht allein als Großgruppe verwirklichen, auch nicht so, daß nur einige aus ihrer Mitte mit anderen Kontakt halten, sondern setzt eben die planmäßige Bildung kleiner Gruppen voraus, die innerhalb der Großgruppe das praktizieren, was der Großgruppe selbst unmöglich ist. So sollte die kleine Gruppe gerade für das Ganze der Gemeinde das leisten, was diese selbst nicht leisten konnte. Wie das folgende Zitat zeigt, trug trotz aller Gruppenzentriertheit die einzelne Bande ihr Ziel nicht allein in sich selbst, sondern wußte sich in der Verantwortung für das Ganze. Wich ein einzelner von der Gruppennorm der angestrebten Idealgemeinde ab, ließ sich das am ehesten in der kleinen Gruppe entdecken und beheben: „. . . Sondern der Haupt-Zweck ist die Auskundschaftung des verborgenen Bannes und das Austhun und die Ausfegung des alten Sauerteigs, damit wir also in der Gemeine versichert seyn können, dass kein Unreiner und der einen verborgenen Bann hat, unter uns wissentlich ist und wohne . . ., sondern lauterliche, redliche und rechtschaffene Herzen und Gemüter."[18]

Zinzendorf selbst beschreibt Ziel und Zweck der Banden in ganz ähnlicher Weise. Sein Bestreben, daß einer am andern teilhaben sollte, an seinen Ängsten und Nöten, an seiner Freude und an seinen Schattenseiten, ist ein ausgesprochen seelsorgerliches: „Dass wir Bande mit einander halten, dass wir einer dem andern den Zustand seines Herzens und die mancherlei Mangelhaftigkeit gestehen, das geschieht nicht, daß wir uns Rats bei den Geschwistern erholen müßten, daß wir nicht ohne den Rat eines Bruders oder Schwester zurecht kommen könnten: sondern damit man die Geradigkeit der Herzen sieht, damit wir einander vertrauen lernen, damit kein Bruder oder Schwester von dem andern denkt, das steht heute gut, wenns schlecht steht, dass sich keins einbilden darf, wie wohl dem Bruder, wie wohl der Schwester ist, wenn es ihnen weh ist. Darum sagt mans einander, darum schüttet man die Herzen gegen einander aus, damit man eine beständige Zuverlässigkeit von einander hat."[19]

---

[17] Christian David, Beschreibung und zuverlässige Nachricht von Herrnhut, Leipzig 1735, 39.

[18] Ebd.

[19] Zinzendorf, 32 einzelne Homilien 1744–1746, XX., 17. – Vgl. dazu die Ausführungen von Knowles über Zweck und Ziel der Beratungsgruppe: „Die Aufgabe einer therapeutischen Gruppe ist das Heilen des Konflikts und der Schuld eines Menschen, wie der Gebrochenheit und Entfremdung in seiner Beziehung zum anderen, auch zu Gott. Das Klima und das Vertrauensbündnis . . . schaffen die Voraussetzungen dafür, in der Gruppe der zu sein, der man eigentlich ist . . .". AaO., 21.

Daß dabei konkrete Hilfe bei der Bewältigung von akuten Problemen und in materiellen Notfällen geleistet wurde, versteht sich von selbst[20]. Im Vordergrund stand jedoch das, was *Knowles* „das paradoxe Zugleich von Angenommensein und Beurteiltwerden in versöhnender Beratung" nennt[21], immer mit dem Blick auf die Gesamtgemeinde, die in den Banden ein hervorragendes Instrument hatte, ihren Gliedern nachzugehen, ihre Schwierigkeiten zu entdecken, ihnen Hilfe zu gewähren, sie neu zu integrieren oder sie auszuschließen. Beichte und Vergebung, Trost und Stärkung, Heiligung und Zucht des einzelnen und der Gesamtheit hatten in der kleinen Gruppe, in der Atmosphäre des Vertrauens und der Offenheit, ihren besten Platz. So sollte in Herrnhut trotz aller Vielfalt und individuellen Konkretheit die Einheit der Gemeinde der Heiligen verwirklicht werden.

Unter diesen Umständen verdient es besondere Beachtung, daß von Anfang an niemand in Herrnhut gezwungen war, einer Bande anzugehören. Vielmehr war es dem einzelnen durchaus überlassen, ob er diese Form der Gemeinschaft wählte oder nicht. Auch war es – wenigstens in der ersten Zeit – jedem freigestellt, mit welchen Partnern er sich zu einer Bande zusammentat oder welcher der bereits bestehenden Gruppen er sich anschließen wollte[22]. In späterer Zeit war dies jedoch nicht mehr so durchzuhalten. *August Spangenberg,* Zinzendorfs Nachfolger und Biograph, berichtet zurückschauend, daß Zinzendorf als Vorstand der Gemeinde auf Grund seiner Erfahrung nun stärker in die Gruppenbildung eingegriffen und durchaus einzelne zu Banden zusammengeschlossen bzw. zugeordnet habe. Hierbei ließ er sich von dem „Seelenzustand" der einzelnen leiten. Die Spontaneität des Anfangs erfuhr damit eine Einengung.

Die Quellen verschweigen auch nicht eine weitgehende Skepsis. Würden die Banden das wirklich leisten, was sie intendierten? Man zweifelte an dem Nutzen dieser Gemeinschaftsform. Vor allem aber war es Angst davor, daß sich die Banden isolieren und exklusiv werden könnten[23]. Der Vorwurf der Schwärmerei, der „Rotten und Sekten", des pietistischen Übereifers oder gar der Ketzerei hat immer kirchliche Gruppenarbeit begleitet – sehr oft zu Recht. Und sicher ist auch in Herrnhut nicht alles so ideal verlaufen, wie es gedacht und intendiert war[24]. Jedoch steht es außer Frage, daß es

---

[20] Ein Beispiel: „In der Bande der Anne Lene als von der Barmherzigkeit geredt wurde, und die arme Schwester Christelin Paulin zugegen war, zog die Frau Kleinin in der Stube einen noch ganz guten Rock aus und gab ihn dieser benötigten Schwester." Herrnhuter Diarum vom 19. Dezember 1732.

[21] Knowles, aaO., 21.

[22] „Es haben unter den Brüdern und Schwestern anfänglich einige, die ein sonderbares Vertrauen zusammen gehabt, sich angefangen besonders zu verbinden ... und weil denn andere sahen, dass sie Nutzen hatten und gebessert würden, und es nicht aus Verachtung anderer geschah oder auff Rotten und Secten hinauslief, wurden die andern auch gereitzet, solche Banden zu machen und funden sich hie und da welche, die ein solches Liebes-Band mit einander aufrichteten." Christian David, Beschreibung und zuverlässige Nachricht von Herrnhut, Leipzig 1735, 33 u. 35.

[23] Vgl. Anm. 22.

[24] „... daß sie sich einander die Freyheit zum Hertzen, Leben und Wandel, alles zu prüfen und zu sagen, geben wollen, und einander sich so lieben, wie sein eigen Leben, für einander wachen, beten, ringen und kämpfen, und einander

gerade den so Verdächtigten vorbehalten war, zuerst die Gruppe als Instrument seelsorgerlicher Hilfe in Glaubens- und Lebensfragen und als Chance der Verwirklichung von Kirche zu entdecken.

3. Inhalt der Gespräche

Es versteht sich von selbst, daß aus den Quellen genaue Berichte über die Interaktionen in den Banden sowie exakte Aufzeichnungen ihrer inneren Dynamik nicht zu erschließen sind, denn viele der Fragen, die heute von wissenschaftlich fundierter Gruppenmethodik gestellt werden müssen, waren damals noch gar nicht vorhanden. Immerhin wurden in den Bandensitzungen Protokolle geführt, die jedoch alle verlorengegangen sind. Soweit uns also die Quellen Einblick in das Geschehen innerhalb der Banden gewähren, sind es Zeugnisse solcher, die in mehr zufälligen Notizen ihre Eindrücke niedergeschrieben haben. Nur in Ansätzen kann danach erschlossen werden, was in den Sitzungen wirklich vor sich ging. Danach scheinen die Gespräche in großer Offenheit und Breite Erlebnisse und Konflikte des persönlichen Lebens und Glaubens umfaßt zu haben. Die Gruppenmitglieder berichteten dabei sowohl aus ihrer Vergangenheit als auch von den Schwierigkeiten, die sie gegenwärtig bedrückten. So kam es etwa am 22. Januar 1732 in der Jünglingsbande Martin Dobers während eines Gesprächs über die „verderbte Natur der Jünglinge" dazu, „daß alle Jünglinge einen Bund machten, *alle und jede Einfälle* in die Jünglingsbande zu bringen und gemeinschaftlich darüber herzuziehen, ein jeder will sich selbst alles offenherzig bekennen, und darf das auch einer dem Andern thun. Deswegen wollen sie alle Tage zusammen kommen, sitzend oder stehend einander bekannt machen, ohne alle Scheu, was sie den Tag neues gefunden, *auch sogar die Träume,* in Summa alles, was unserer Ritterordnung zuwiderläuft"[25].

Spontane Einfälle, Traumerzählungen waren also hier Gegenstand des Gesprächs; überhaupt konnten die Teilnehmer das Thema selbst bestimmen und jeweils sagen, was immer und wann immer einer etwas sagen wollte. Beobachtungen aneinander und Vermutungen über die andern gehörten ebenfalls zu den Dingen, die hier ausgesprochen wurden: „daß sie über alles einander erinnern und ermahnen wollen, *was sie von einander sehen, oder nur können dencken,* und doch einander alles zu gute halten"[26].

Die Art dieser Gespräche, „daß wir alle Seellen recht Kennen Lernen, u. wie es mit einer Jeden von innen und außen stehet"[27], hat eine auffallende Parallele darin, wie etwa *Knowles* das emotionale Klima einer therapeutischen Gruppe beschreibt: sie gewährt „die Freiheit, in der Gegenwart anderer so zu sein, wie man ist, das zu fühlen, was man fühlt, und das mitzuteilen, was man wirklich fühlt und denkt"[28]. Wie selbstverständlich waren dabei

---

tragen, verschonen, das Leben erleichtern helfen, was sonst schwer ist, und also am Evangelio recht Gemeinschaft haben". Christian David, Beschr., 33 f., zit. bei Wollstadt, aaO., 93–94.

[25] Herrnhuter Diarium vom 2. 8. 1735, zit. bei Schmidt, aaO., 165.

[26] Christian David, Beschr., 33 f., zit. bei Wollstadt, aaO., 93–94.

[27] Christian David, Bericht über die Banden, zit. bei Wollstadt, aaO., 94.

[28] Knowles, aaO., 19 f.

in den Banden Herrnhuts spezifische Lebensäußerungen christlichen Glaubens bis hin zum Vollzug der Liturgie in die Gespräche mit eingeschlossen. Verkündigung, wechselseitige Seelsorge und elementare Lebenshilfe standen ungeschieden nebeneinander. Sie bildeten nicht verschiedene Ebenen. Die Gruppe war der Ort, an dem Seelsorge im ganzheitlichen, umfassenden Sinn geschehen konnte, als deren Kennzeichen es galt, „brüderlich vor Gottes angesicht und seiner gemeine mit einander umgehen Können damit die Liebe und daß vertrauen zwischen einander wachsen, gerechtigkeit u. friede sich Küßen u. in der gemeine Ehr und redlichkeit wohne"[29].

4. Die Bezeichnung „Banden"

Wir haben bisher die Banden Herrnhuts einfach als Gruppen bezeichnet. Tatsächlich sind zwei Beobachtungen dazu höchst aufschlußreich:

Einmal, daß man sich in Herrnhut über lange Zeit Gedanken gemacht hat, wie diese neue Gemeinschaftsform so zu benennen sei, daß der Name auch ausdrücken würde, was inhaltlich gemeint war. So tauchen in den Quellen verschiedene Ableitungen für die Bezeichnung „Banden" auf, was darauf schließen läßt, daß man sich selbst in Herrnhut lange Zeit unschlüssig darüber war, was denn nun eigentlich damit gemeint sei. So wird das Wort auf die „Banden von Musikern" zurückgeführt, dann wieder auf das Verbum „binden, zusammenbinden" bis hin zum christlich verstandenen „Band der Vollkommenheit". Zudem war das Wort „Bande" schon damals mißverständlich und konnte deshalb später auch von den Gegnern der Herrnhuter als Spottname verwendet werden[30].

Der zweite Tatbestand ist hier jedoch von größerer Bedeutung: der Sache nach entsprechen die Banden genau dem, was wir heute als Gruppe bezeichnen, mit all ihren spezifischen Merkmalen[31]. Noch näher können wir die Art dieser Gruppen so bestimmen, daß es sich hier um „intentionale Seelsorgegruppen" handelt, die – schon damals – „eigens zum Zwecke gemeinsamer Lebens- und Konfliktbewältigung gebildet" wurden[32]. Wenn wir auch gesehen haben, daß damit die Aufgabe der Banden nur unvollkommen beschrieben ist, so war dies doch in jedem Fall ihre herausragende Bedeutung. Was uns die Quellen über die Organisation dieser Gruppen mitteilen, soll das noch einmal bestätigen.

Organisation

1. Zusammensetzung, Größe und Anzahl der Banden

Anfänglich scheinen sich sehr wahrscheinlich ausschließlich verheiratete Männer zu Banden zusammengeschlossen zu haben. Erst unter dem Datum

[29] Siehe Anm. 27.

[30] Wie schon erwähnt, wurden die Banden – besonders in späterer Zeit – auch „kleine Gesellschaften" genannt.

[31] Gruppe ist ein im Gegensatz zu Masse und Menge durchstrukturiertes, überschaubares soziales Gebilde aus einer meist kleinen Zahl aufeinander bezogener einzelner, von denen jeder eine bestimmte Funktion innerhalb dieser Gemeinschaft ausübt (Battegay).

[32] Stollberg, Seelsorge durch die Gruppe, 18.

vom 9. Februar 1728 berichtet das Herrnhuter Diarium auch vom Zusammenschluß verheirateter Frauen. Wenige Tage danach entstanden dann auch Banden unter ledigen Frauen und noch später unter den Jungen und Mädchen. Gemischte Gruppen kamen nicht vor, das Prinzip der Trennung nach Geschlecht und Familienstand wurde durchweg gewahrt.

Die Gruppengröße entspricht etwa der heutiger Gruppen mit ähnlicher Zielsetzung. Zwischen 5 und 11 Mitglieder gehörten einer Gruppe an. Mit der Zeit bewährten sich jedoch immer mehr die kleineren Gruppen. Mehr als 9 Teilnehmer in einer Bande waren in späterer Zeit sehr selten.

Die Anzahl der Banden ist nach der Anfangsphase durch Neubildung, Zuwanderung von Teilnehmern sowie auch durch Teilung und Umbesetzung von bereits bestehenden Gruppen rasch angewachsen. So erwähnt das Diarium vom 15. August 1732 bereits 77 Banden[33], 1733 sind es 85 und 1734 wuchs ihre Zahl auf 100. Im allgemeinen blieb jedoch die Einrichtung von Banden auf Herrnhut beschränkt; nur vereinzelt wurden sie auch außerhalb ihres Entstehungsortes nachgeahmt. Es zeigte sich bald, daß diese spezielle Form von Gruppengemeinschaft sich nicht einfach anderswohin übertragen ließ, nicht einmal innerhalb der sich international ausbreitenden Herrnhuter Brüderunität selbst. Wo doch außerhalb Herrnhuts Banden eingerichtet wurden, wie etwa seit 1738 in Oxford, benötigten sie bezeichnenderweise von Anfang an feste Satzungen.

2. Gruppendurchlässigkeit und Wechsel der Mitglieder

Auf Grund des Freiwilligkeitscharakters der Banden bestand in Herrnhut jederzeit die Möglichkeit, aus einer Gruppe auszuscheiden und sich einer anderen anzuschließen. Keiner war verpflichtet, immer in derselben Gruppe zu verbleiben. Zinzendorf selbst sowie die Ältesten der Brüdergemeine gaben immer wieder Anregungen zu gewissen Gruppierungen. Diese verhältnismäßig lockere Kohäsion der Einzelgruppe ist auf die starke Kohäsion der Gesamtgruppe zurückzuführen. Da diese in sich sehr geschlossen war, konnten ständig wechselnde Einzelgruppen in ihrer Mitte ohne Gefahr verkraftet werden[34].

So bestand auch die Möglichkeit, daß die Gruppe selbst bzw. ihr Leiter („Bandenhalter", siehe unten) einzelne Teilnehmer aus der Gruppe ausschloß. Martin Dober berichtet beispielsweise in seinem Tagebuch unter dem 4. Januar 1733 davon, daß er als Leiter den Teilnehmer Voigt aus der Gruppe exmittiert habe, weil dieser nur unregelmäßig die Bandensitzungen besucht habe[35]. Auch zeitweiliger Ausschluß wurde praktiziert, wenn durch einen Teilnehmer der Gruppenprozeß gestört wurde.

---

[33] Bei Wollstadt, aaO., 95.

[34] „Ob nun gleich die Brüder und Schwestern ihre vorigen Gesellschaften gemeiniglich ungern verlissen; so hatten doch die Veränderungen einen besonderen Nutzen; weil auf die Art alle Glieder der Gemeine (doch nach dem Unterschied der Geschlechter) nach und nach unter einander bekant und herzlich verbunden wurden ...". Spangenberg, Zinzendorf, 434 f., zit. bei Wollstadt, aaO., 97.

[35] „Voigten stiess ich wegen seiner unbeständigkeit und deswegen Unsichtbarmachens aus der Bande."

Wenn eine Gruppe die in sie gesetzten Hoffnungen nicht erfüllte, wurde sie aufgelöst und ein neuer Teilnehmerkreis zusammengestellt. Dies scheint relativ häufig und ohne langes Zuwarten praktiziert worden zu sein[36]. Offensichtlich bedeuteten auch diese Eingriffe keine Gefährdung der Bandeneinrichtung selbst.

3. Ort, Häufigkeit und Zeitdauer der Sitzungen

Die Banden sind an ganz verschiedenen Orten abgehalten worden. Anfänglich traf man sich zumeist im Herrschaftshaus des Grafen Zinzendorf, die Frauen dabei in den Räumen der Reichsgräfin. Später, als die Zahl der Banden anstieg, wurden die Zimmer einzelner Mitglieder zu bevorzugten Treffpunkten. Bei gutem Wetter kam man auch im Freien zusammen. In jedem Fall waren es profane Lokalitäten, an denen die Gruppensitzungen stattfanden.

In der Regel trafen sich – zumindest anfänglich – die einzelnen Banden einmal in der Woche, wobei nach bestimmtem Plan die Versammlungszeiten der verschiedenen Gruppen über die Dauer der ganzen Woche, ausgenommen Sonntag, verteilt waren. Es sieht so aus, als ob dadurch auch eventuelle Begegnungen zwischen den Geschlechtern verhindert werden sollten. Es kam aber auch vor, daß sich je nach Bedürfnis einzelne Banden mehrmals wöchentlich trafen. Vor allem in späterer Zeit setzte sich mehr und mehr eine tägliche „Banden-Viertelstunde" durch.

Die Sitzungen fanden gewöhnlich abends statt, meist ab 7 Uhr, und dauerten in der Regel eine Stunde. Jedoch kam es häufig auch zu zwei- bis dreistündigen Sitzungen, da die Gruppe selbst nach ihrem eigenen Wunsch die Zeitdauer bestimmen konnte.

Wie so auf der einen Seite die Freiheit und Spontaneität der Gruppe und ihrer Mitglieder einen möglichst großen Spielraum genoß, so ist auf der anderen Seite umso auffälliger, wie dem ein relativ fest organisiertes und gestaffeltes System von Leitungsfunktionen gegenüberstand, das in seiner Anlage bis ins einzelne an heute praktizierte Modelle von geordneter Supervision erinnert. Es handelt sich dabei um die Bandenhalter und ihre Helfer, die Konferenzen der Bandenhalter (Bandenkonferenzen) und schließlich die Oberleitung Zinzendorfs und seines Kreises.

Leitung der Banden und ihre Funktionen

1. Leitung der einzelnen Banden

Jede Einzelgruppe hatte in Herrnhut einen sog. Bandenhalter, wobei es vorkam, daß mehrere Banden von ein und demselben Bandenhalter begleitet wurden[37]. Er wurde wohl in den meisten Fällen durch das Los – die

---

[36] „Wenn die Gesellschaften eine Veränderung erforderten, so nahm man dieselbe nach reiflicher Überlegung, sobald als möglich vor ... Zeigte sich aber zu gewissen Zeiten kein Nutzen von diesen Banden, so wurden sie ausgesetzt und nach einiger Zeit verändert mit erneutem Segen wieder angefangen." Zum Zitat vgl. Anm. 34.

[37] Martin Dober beispielsweise hatte 1732 bis zu vier verschiedene Banden an

in Herrnhut übliche Form göttlicher Legitimation – bestimmt. Aber es kam auch immer wieder vor, daß er durch die Gruppe selbst aus ihrer Mitte gewählt oder von Zinzendorf als Vorsteher der Gemeine ernannt wurde[38]. Die Bandenhalter hatten als „Gruppenseelsorger" die Aufgabe, „der ihnen anvertrauten Personen sich besonders anzunehmen", die Gruppe einzuberufen und zu leiten. Tauchten Probleme auf, die in der Bande nicht gelöst werden konnten, brachten die Bandenhalter sie in ihrer eigenen Gruppe, der Bandenkonferenz, vor, oder sie berichteten direkt Zinzendorf und seinem Leiterkreis. Hierzu dienten die Protokolle, die über jede Sitzung angefertigt werden mußten und die dann im Kreis der Bandenhalter durchgesprochen wurden. Die Mitglieder der Brüdergemeine haben es offensichtlich nicht als Gefährdung des Seelsorgegeheimnisses verstanden, daß ihre Probleme und Schwierigkeiten u. U. Thema in der Supervisorenkonferenz werden konnten. In besonderen Fällen sollte die Gruppenseelsorge – wie das auch heute üblich ist – durch Einzelgespräche begleitet werden. Was der Bandenhalter dabei erfuhr, sollte er streng geheim halten und in der Gruppe keinen Gebrauch davon machen[39]. Auf Erfahrung und Menschenkenntnis bei der Auswahl der Bandenhalter wurde deshalb besonders geachtet, waren diese doch keineswegs theologisch oder gruppendynamisch besonders ausgebildete Leute. Ganz nüchtern wird ihre Qualifikation auf ihre Erfahrung begründet, in einer Gemeinde mit der Religiosität der Herrnhuter eine nicht zu überschätzende Erkenntnis: „Sonsten muß der Bandenhalter nicht allemal der Beste sein in einer Bande, sondern etwa nur einer, *der länger dabei u. dieser Arbeit gewohnt ist . . .*"[40]

Seit 1733 standen den Bandenhaltern jeweils Helfer zur Seite. Diese sollten den Leiter vertreten, wenn dieser – etwa durch Reisen – verhindert war. Keine Gruppe sollte längere Zeit sich selbst überlassen bleiben. Die Helfer übernahmen aber auch dann die Leitung der Banden, wenn sich der Bandenhalter indisponiert oder der Gruppenleitung nicht gewachsen fühlte. Die enge Kooperation zwischen Leiter und Ko-Leiter wiederum entlastete die Gruppe.

---

einem Tage zu halten. Herrnhuter Diarium vom 19. 3. 1732, zit. bei Wollstadt, aaO., 186.

[38] „In diese kleine Gesellschaften theilte dann unser Graf, als Vorsteher der Gemeine, mit Zuziehung der andern Arbeiter und Arbeiterinnen, alle Brüder und Schwestern nach eines jeden Seelenzustande, ein. In jeder Bande der Brüder hatte ein Bruder und in jeder Bande der Schwestern eine Schwester den Auftrag, der ihnen anvertrauten Personen sich besonders anzunehmen . . ." Zum Zitat vgl. Anm. 34.

[39] „Der Bandenführer Sache sei: Auf den Zustand der Seelen Acht zu geben, sie auch ausser den ‚Banden' zu besuchen, sich nach jeder Seele besonders zu erkundigen und alles kurz zu machen; nicht Sachen auszuplaudern, sondern auf dem Herzen zu tragen, privatissime lehren; ihnen beim öffentlichen Gottesdienste und allgemeinen und besonderen Betstunden zum Segen und Exempel sein." Herrnhuter Diarium vom 19. 11. 1735.

[40] Herrnhuter Diarium vom 15. 1. 1735, zit. bei Wollstadt, aaO., 186.

2. Bandenkonferenz und Supervision der Bandenhalter

Von Anfang an waren in Herrnhut die Banden nicht denkbar ohne geordnete Supervision. Diese geschah einmal in den Bandenkonferenzen, kleinen Teams, in denen die Bandenhalter über die anstehenden Probleme diskutierten und ihre Schwierigkeiten bearbeiten konnten. Dazu kam regelmäßige Einzelsupervision der männlichen Bandenhalter bei Zinzendorf selbst, für die Frauen waren Anne Lene Nitschmann und Anna Nitschmann d. Ä. verantwortlich. Und so faßte *Zinzendorf* seine Aufgabe als Seelsorger und Supervisor auf: „Er (sc. Zinzendorf) hat alle Tage mit den Arbeitern hauptsächlich zu thun, welche Classen-weise nach ihrer Abtheilung zu ihm kommen, und theils Rechenschaft geben müssen von ihrer Haushaltung mit den Seelen, wie sie ihr Amt führen, theils auch ihm Nachricht zu geben haben von einer iedweden Seele, die ihrer Pflege anvertrauet ist, und endlich bey Proben und schweren Übungen sich Raths bey ihm zuerholen."[41] Es kam auch vor, daß nicht nur der Bandenhalter zur Supervision erschien, sondern mit ihm die gesamte Gruppe. Umgekehrt wurden auch die Gruppen selbst von ihren Supervisoren besucht, die dann Rechenschaft forderten und Rat erteilten. In Zinzendorfs Diarium vom 3. Januar 1731 findet sich über einen solchen Besuch folgender Eintrag: „Es war entsetzlich zu hören, daß ein Mädchen in der kleinen Kinderbande, das schon 1 ½ Jahr boshaft gewesen, der Linner Annel bezeugte, sie wolle kein gutes Herz haben, auch nicht darum beten, sie wollte zum Teufel in die Hölle. Sie wurde darüber aus der Bande gestoßen und der Linner Annel aufgetragen, sie nachmals zu besuchen." Unter dem 5. Januar fährt Zinzendorf dann fort: „Das Mädchen, welches sich neulich in der Bande so unartig bezeugt, kam schon als ein Raum der Linner Annel mit vielen Tränen um abzubitten und versprach, sich dem Herrn Jesu ganz hinzugeben. Ich ermahnte sie herzlich. Sie bat um Erlaubnis, wieder in die Bande zu kommen. Das wird ihr aber darum abgeschlagen, damit sie nicht natürliche Schandenflucht und Heuchelei in die gute Bewegung möchte gemengelt und obtenirt haben." Trotz Abbitte also keine Wiederaufnahme in die Bande, auf den bloßen Verdacht hin, die Motive der Heranwachsenden könnten nicht der ursprünglichen Idee gegenseitiger Offenheit und annehmenden Vertrauens in den Banden entsprechen, sondern darin begründet liegen, daß das Mädchen der Schande, in keiner Bande sein zu dürfen, entgehen wollte. Das Interesse des Ganzen stand in dieser Frage über dem Wunsch des Einzelnen.

Als sich seit 1734 die Zahl der Banden und auch die Reisen Zinzendorfs mehrten, gewannen die schon vorhandenen Bandenkonferenzen immer mehr an Bedeutung. Neben den kleinen Teams versammelten sich alle Bandenhalter allmonatlich einmal zur allgemeinen und großen Bandenkonferenz, „da alle Brüder und Schwestern, die Banden halten, oder darinnen helfen, mit einander zusammen kommen, und von den Vortheilen und Hindernissen, die sie in ihrer Arbeit wahrnehmen, gemeinschaftlich mit einander reden, und sich unter einander reitzen, stärcken und anfassen,

[41] Christian David, Beschr. Druck, Lintrup 1734, 19, zit. bei Wollstadt, aaO., 188.

daß sie mit Muth und Kraft und in einerley Sinn und Meinung nach Christo Jesu das Werck des Herrn mit Nutzen und Segen treiben mögen, und in der Gemeine einerley Sprache führen etc. . ."[42]

Auflösung des Bandenwesens in Herrnhut

Zehn Jahre lang lebte die Gemeinschaftsform der Banden in Herrnhut, dann war ihre Zeit vorbei. Sicher haben mehrere Faktoren dabei eine Rolle gespielt, daß diese von ihrem Ansatz her auf Dauer angelegte Einrichtung zum Erliegen kam. So wurde *Zinzendorf* am 20. März 1736 durch das consilium abeundi aus Herrnhut ausgewiesen. Wenn dadurch auch die Brüdergemeine selbst nicht aufgelöst wurde, so fand sich doch anscheinend niemand, der die Funktion des Reichsgrafen innerhalb des Bandenwesens hätte übernehmen können. Hier zeigt sich noch einmal, wie stark diese Gemeinschaftsform, ihre Ziele und ihre Verwirklichung, auf die Person Zinzendorfs ausgerichtet war.

Die Ausweisung des Leiters der Brüdergemeine führte schließlich dazu, daß zahlreiche Brüder aus Herrnhut abwanderten, zumal weitere Ansiedlungen dort obrigkeitlich untersagt worden waren. Hinzu kam schließlich das königliche Dekret vom 7. August 1737, das u. a. „Name und Mißbrauch der Banden" verbot. Daraufhin wurden die Banden, wenn auch nicht mehr in dem Umfang wie bisher, unter der Bezeichnung „Gesellschaften" weitergeführt. Sie verloren aber mehr und mehr an Bedeutung. Unter „Banden-Halten" verstand man in Herrnhut jetzt immer mehr den persönlichen Umgang mit Christus, ihren ursprünglichen Sinn hatten diese Gruppen verloren. Nach dem Tod Zinzendorfs, 1760, versuchte die Brüderkirche, die Banden wieder ins Leben zu rufen, ohne Erfolg. Ein originelles Modell von Gruppenseelsorge hatte seine Zeit gehabt und war Geschichte geworden.

Zusammenfassung

Für uns, die wir auf dem Weg sind, die Gruppenseelsorge wieder neu zu entdecken, stellt sich die Frage, was wohl am Beispiel der Banden Herrnhuts erstaunlicher ist: der Mut und der Anspruch des seelsorgerlichen Ansatzes oder die Konsequenz, mit der er ohne ausgefeilte methodische Hilfen in die Tat umgesetzt wurde. Seelsorge ist ja hier nicht verstanden als Mittel zum Zweck, etwa dem der Behebung einer speziellen geistlichen oder seelischen Notlage des einzelnen, sondern wird als ordentlicher Teil christlichen Lebens überhaupt ernstgenommen, zu dem es gehört, sich selbst in seinen Stärken und Schwächen im Gespräch mit den anderen zu erfahren, an der Lösung der Probleme gemeinsam zu arbeiten und vor allem sich selbst und die anderen als zur Gemeinschaft gehörend und auf Gemeinschaft hin angelegt zu erleben. Das bedeutet, daß das Angebot der Seelsorge zugleich das Angebot kontinuierlicher Gemeinschaft in der Gruppe mit einschließt, und das nicht im Sinn einer Forderung oder einer unerfüllten Hoffnung,

---

[42] Ebd., 34, zit. bei Wollstadt, aaO., 71.

sondern in aller zeitbedingten Begrenztheit als konkrete Lebensmöglichkeit. Das Gespräch in der Gruppe, für das uns heute ganz andere methodische Hilfen zur Verfügung stehen als damals, bleibt jenseits aller Methodik Chance für die Entfaltung christlichen Glaubens und christlicher Freiheit, und damit Herausforderung und Angebot an die Kirche, ihr Kirche-Sein nun auch zu verwirklichen.

Dietrich Stollberg

Seelsorge und Psychotherapie
Kirchliche Seelsorge als Kommunikationsmodus

Das sogenannte Proprium der Seelsorge ist bis in unsere Gegenwart zu einem Problem nicht weniger Seelsorger geworden. Deutlich wird das vor allem dann, wenn das Verhältnis von Seelsorge und Psychotherapie zur Sprache kommt. Dietrich Stollberg hat dieses Anliegen in seinem Aufsatz (1969) aufgegriffen und darin die falschen Alternativen mit Hilfe des Kommunikationsbegriffes aufgehoben. In dieser wie in zahlreichen anderen Publikationen wird erkennbar, was das Profil von Dietrich Stollberg bislang geprägt hat: analytische Gruppenarbeit, psychotherapeutische Praxis, klinische Seelsorgeausbildung und ein engagiert-unkonventionelles Verhältnis zu Theologie und kirchlicher Tradition.

Das Verhältnis zwischen Seelsorge und Psychotherapie interessiert heute Pfarrer und Psychologen in ähnlicher Weise[1]. Nicht ohne Grund hat man die Psychotherapie eine säkularisierte Form von Seelsorge genannt. Andererseits sucht man nach einem Proprium der kirchlichen Seelsorge, um ihre Daseinsberechtigung zu erweisen. Hatte sich schon früh in der Geschichte der Beruf des Arztes aus dem magisch-sakramentalen Bereich eines ‚priesterärztlichen' Wirkens emanzipiert, so blieb die Auswanderung der intentional-systematischen Seelsorge aus dem kirchlichen Bereich dem Spezialisierungstrend unserer Zeit vorbehalten. Es gibt heute – wie immer man dies beurteilen mag – eine kirchliche *und* eine nicht-kirchliche Seelsorge: Seelsorge *und* Psychotherapie. Schon dieser Sprachgebrauch ‚kirchlich' und ‚nicht-kirchlich' setzt gleichartige Strukturelemente im Vollzug von Seelsorge voraus – und damit auch eine Vergleichbarkeit. Verschieden hingegen ist jeweils der Rahmen, in dem sie geschieht: der kirchliche oder nicht-kirchliche Kontext[2].

Mit dem Begriff ‚kirchliche Seelsorge' wird man zunächst wohl eigene Erlebnisse assoziieren: Man erinnert sich etwa an Haus- oder Krankenhausbesuche, an Trau- oder Taufgespräche, vielleicht auch an Telephon- oder

[1] Vgl. u. a. Th. C. Oden, Kerygma and Counseling, Philadelphia 1966; ders., Contemporary Theology and Psychotherapy, Philadelphia 1967; D. E. Roberts, Psychotherapy and a Christian View of Man, New York 1951; A. C. Outler, Psychotherapy and the Christian Message, New York 1954; W. E. Hulme, Counseling and Theology, Philadelphia 1956; W. Kurth/G. Bartning, Psychotherapie in der Seelsorge, München/Basel 1964; H. Harsch, Das Schuldproblem in Theologie und Tiefenpsychologie, Heidelberg 1965; A. Rensch, Das seelsorgerliche Gespräch, Göttingen [2]1967; J. Scharfenberg, Sigmund Freud, Göttingen 1968; D. Stollberg, Was ist Pastoralpsychologie?, in: Wege zum Menschen 20/1968, 210 ff.

[2] S. Hiltner/L. Colston, The Context of Pastoral Counseling, New York 1961. Vgl. v. Vf., Mein Auftrag – Deine Freiheit. Thesen zur Seelsorge, München 1972.

[3] Vgl. vom Vf.: Formen der Einzelseelsorge, Vortrag auf der deutsch-schwedischen Seelsorge-Tagung in Sigtuna am 30. Oktober 1968, in: H. Jetter (Hrsg.), Die Stunde der Seelsorge, Heidelberg 1969.

Urlauberseelsorge, an eine Konfirmanden-Freizeit (mit oder ohne Beichtgespräch) oder an die Militärseelsorge. Die „Formen der Einzelseelsorge"[3] sind in Wahrheit viel mannigfaltiger, als man gemeinhin annehmen möchte. Man kann jedoch aus ihnen rein phänomenologisch noch nicht ein Proprium kirchlicher Seelsorge erkennen: denn einen ‚Telephondienst' haben auch die verschiedensten säkularen Institutionen; und ‚Aussprachen' sind keine Spezialität der Kirche.

Die neuere Literatur über Seelsorge ermangelt fast ausnahmslos der kategorialen Schärfe in der Bestimmung dieses Propriums kirchlicher Seelsorge. *Seward Hiltners* ‚Einleitung in die Pastoraltheologie'[4] zum Beispiel, ein international bekanntes Standardwerk, handelt differenziert phänomenologisch über kirchliche Kommunikationsformen, aber nur vage und gelegentlich kommen theologische Randglossen und biblische Exkurse vor – obwohl sich das Buch als eine „theory of a theological order"versteht[5]. Auch bei deutschen Autoren sind phänomenologische und theologische Gesichtspunkte oft nicht sauber unterschieden. Was sich als Seelsorgelehre gibt, stellt sich nicht selten heraus als eine nachträglich ‚getaufte' Phänomenologie von Kommunikationsvorgängen (zum Beispiel unter sozial- und individualpsychologischen, didaktischen oder moralischen Gesichtspunkten), oder es werden theologische Lehraussagen als methodische Anweisungen verstanden. So kann *Wolfgang Offele*[6] Hans Asmussen eine Vermengung des Inhalts der christlichen Botschaft „mit ihrer methodischen Vermittlung und den unanfechtbaren Lebensgesetzen" vorwerfen. Auch bei *Wolfgang Trillhaas* finden sich nicht selten kategorial unscharfe Aussagen: Wenn zum Beispiel Lk 12,13 f. dazu dienen soll, den Seelsorger vor einer Bevormundung seines Mitmenschen zu warnen[7], dann wird damit eine psychologische Selbstverständlichkeit pseudotheologisch überhöht; Theologie und Phänomenologie werden nicht unterschieden. Es ist aber wohl nicht richtig, allgemein zugängliche und einsichtige Realitäten (die man theologisch als Schöpfungsordnungen interpretieren könnte) mit einer Auslegung und Gestaltung von Wirklichkeit zu verwechseln, die menschliches Dasein vom biblischen Zeugnis her, insbesondere der Offenbarung Gottes in Christus, verstehen will.

I. Phänomenologie der Seelsorge

Zu allen Zeiten hat die Kirche sich um notleidende Menschen gekümmert – innerhalb und außerhalb ihrer Grenzen. Half sie vornehmlich psychisch, so sprach man von ‚Seelsorge', half sie physisch, so sprach man von ‚Diakonie', ohne jedoch beide Aspekte grundsätzlich trennen zu wollen. Half sie Menschen außerhalb der kirchlichen Grenzen, so nannte man dies eine ‚missionarische' Tätigkeit. All dies ist ‚Seelsorge als Lebensäußerung der Kirche'.

Hier soll nun im folgenden erörtert werden, wie sich Seelsorge als Funktion der Kirche von säkularen Parallelen unterscheidet. Das Ergebnis bezeichne ich als generelles Proprium der Seelsorge; die Frage danach stellt sich natürlich im Zusammenhang der allgemeinen Säkularisierung von kirch-

---

[4] S. Hiltner, Preface to Pastoral Theology, New York 1958.

[5] AaO., 7.

[6] W. Offele, Das Verständnis der Seelsorge in der pastoraltheologischen Literatur der Gegenwart, Mainz 1966, 137.

[7] W. Trillhaas, Der Dienst der Kirche am Menschen, München [2]1958, 102.

lichen Lebensformen[8]. Außerdem steht zur Debatte, wie sich Seelsorge von anderen Lebensäußerungen der Kirche unterscheidet. Das Ergebnis bezeichne ich als spezifisches Proprium der Seelsorge.

1. Das generelle Proprium. Als Gemeinschaft des Glaubens hat die Kirche ein bestimmtes theologisches Verständnis von Welt-Wirklichkeit – sie ist nicht identisch mit der Welt, sondern steht ihr gegenüber und hat einen Auftrag an ihr. *Dietrich Bonhoeffer* hat diesen Auftrag mit dem Begriff des ‚Mandats' zu beschreiben versucht[9]: Nur in ihrem auf Christus bezogenen Mandat darf sich die Kirche als ‚göttlich', ‚nicht-weltlich' bezeichnen, nicht in ihrem geschichtlichen Dasein. So eignen auch der kirchlichen Seelsorge bestimmte Motive und eine bestimmte Intention, die theologisch qualifiziert sind. Sie machen ihr generelles Proprium aus. Dieses zeitigt durchaus empirisch verifizierbare Konsequenzen, bleibt aber unterschieden von säkularer Psychotherapie: Glaubensüberzeugungen verändern und gestalten empirische Wirklichkeit, sind aber nicht mit ihr identisch. Differenziert man so, dann bleiben methodische Konsequenzen für die seelsorgerliche Praxis zunächst völlig offen: Der Seelsorger muß nicht seine Glaubensüberzeugung im seelsorgerlich-therapeutischen Prozeß einsetzen, obgleich es fraglich ist, ob er gerade hier von seinen Überzeugungen absehen kann. Es ist jedoch durchaus denkbar, daß der Seelsorger weltliche, nicht christlich motivierte Methoden übernimmt, wenn sie seinen Glaubensüberzeugungen nicht widersprechen und weltanschaulich neutral sind. Theologisch motiviert ist vor allem die Begründung, Zielsetzung und Bewertung seiner Therapie im ganzen. Methodologische Konsequenzen sind erst dann unumgänglich, wenn eine anscheinend wertneutrale Methodik mit den Glaubensüberzeugungen des Seelsorgers in Konflikt gerät (zum Beispiel, wenn seine Überzeugung, der Mensch sei als Kind Gottes unbedingt frei, mit einer Methode kollidiert, die des Klienten Entscheidungsfreiheit manipuliert und ihn entmündigt: etwa suggestive Beeinflussung, Bevormundung, ethisch verbindliche Ratschläge). Dann wird die theologische Frage nach dem Proprium der Seelsorge auch empirisch evidente Folgen haben (indem beispielsweise autoritäre Methoden der Seelsorge als nicht dem Evangelium entsprechend abgelehnt werden).

2. Das spezifische Proprium. Als menschlich-geschichtliche Gemeinschaft hat die Kirche Lebensformen, die nicht erst christlich motiviert, sondern als human vorgegeben sind[10]. Dazu gehört vor allem Kommunikation als eine Form des Existierens: der einzelne kann weder ohne Gemeinschaft noch kann Gemeinschaft ohne den einzelnen bestehen; Kommunikation ist stets ein sowohl kollektiver als auch individueller Prozeß; da Kommunikation zum Menschsein gehört, hat ihre Qualität es stets mit Gesundheit oder Krankheit

[8] Vgl. u. a. die Debatte zwischen G. Otto und H.-O. Wölber, in: Lutherische Monatshefte 3/1964, 388–392 und 392–394; dazu P. Gerlitz, Seelsorge als menschliche Beratung, in: Theologia Practica 2/1967, 244–248.

[9] D. Bonhoeffer, Ethik, München 1949, 70, 222 ff. u. ö. Vgl. die Bezeichnung evangelischer Beratung als Ausübung des ‚mandatum Christi' bei J. Beckmann, Was erwartet die Kirche von der Erziehungsberatung?, in: Wege zum Menschen 16/1964, 340 ff.

[10] Diese können freilich wiederum schöpfungstheologisch interpretiert werden, aber sozusagen ‚erst im nachhinein', ‚vom Glauben her'.

des einzelnen oder der Gruppe zu tun. Kommunikation kann recht verschiedene Funktionen erfüllen: etwa gegenseitige Hilfeleistung (Dienstcharakter), Erwerb von Gesinnungsgenossenschaft (missionarischer Charakter), Ermahnung (paränetischer Charakter), Belehrung (katechetischer Charakter) und Heilung (therapeutischer Charakter). Alle Lebensäußerungen in einer Gemeinschaft können so in ihrem dienenden, helfenden, missionarischen, belehrenden und heilenden Aspekt analysiert werden, und man kann umgekehrt auch Dienst, Hilfe, Mission, Lehre und Therapie auf ihren kommunikativen Aspekt hin befragen.

Kommunikation hat verschiedene Formen, die formal allen Menschen gemeinsam sind, inhaltlich jedoch variieren: Es gibt nicht-verbale und verbale Kommunikationsformen. Jene sind – entwicklungspsychologisch gesehen – ursprünglicher. Das ist nicht ohne Bedeutung für eine kommunikative Therapie („Heilung durch Sprache"[11], durch künstlerische Aktivität usw.). Zu jeder Kommunikation gehören nicht-verbale und verbale Symbole, die Erfahrungswerte repräsentieren und die Kommunikationsmodi inhaltlich determinieren[12]. Sie sind variabel, weil die Kombination von Erfahrung und Symbol (also Sprachbildung im weitesten Sinne des Wortes) von Bezugsgruppe zu Bezugsgruppe, von Kultur zu Kultur variiert.

Als Kommunikationsmodi bezeichnen wir Ausdrucksformen des einzelnen und der Gemeinschaft – zum Beispiel die Unterweisung, die Ansprache, das Gespräch oder die Darstellung (in Kunst und Kultus). Sie schließen einander nicht aus (sind auch nicht einfach additiv aneinanderzureihen), sondern sie akzentuieren in verschiedener Weise interpersonale Kommunikation als Form der Existenz[13]. Auch inhaltlich sind die Kommunikationsmodi durch das Menschsein bereits insofern definiert, als jede Gemeinschaft – etwa durch Lob und Tadel, gegenseitigen Dienst oder Zurechtweisung – sich selbst nach möglichst allgemeinverbindlichen Gruppennormen zu orientieren trachtet. Welcher Kommunikationsmodus im einzelnen Fall gut und praktikabel ist, das hängt von der Situation ab; man kann auch nicht im vorhinein wissen, welcher Kommunikationsmodus zu welchen Kommunikationsformen paßt; darüber muß jeweils im Interesse des einzelnen oder der Gruppe (oder auch durch eine beide übergreifende Macht) entschieden werden.

Insofern solche Einsichten ethisch wichtig sind, gehören sie zum generellen Proprium der Seelsorge[14]. Auch kirchliche Seelsorge ist ja ein Modus der Kommunikation — neben Predigt, Unterweisung, Gottesdienst, eventuell auch Kirchenzucht. Diese Kommunikationsmodi (die durchaus auch für das Verhältnis der Kirche zur Welt gelten: Mission[15]) haben, wie zuvor angedeutet wurde, paränetischen, diakonischen, missionarischen oder therapeutischen Charakter; es ist lediglich eine Frage des — freilich theologisch be-

---

[11] So J. Scharfenberg, aaO., 99 ff.

[12] S. unten S. 102 f.

[13] So bedient sich zum Beispiel die Unterweisung auch der Ansprache (Lehrvortrag), des Gesprächs oder der Darstellung; und die Darstellung schließt Belehrung, Ansprache oder Gespräch ein.

[14] Der Schnittpunkt beider Proprien liegt in der empirisch-personalen Konkretion. Vgl. K. Frör, in: RGG³, Bd. 2, 639, wo dieser Sachverhalt analog für die christliche Erziehung festgestellt wird.

[15] Vgl. dazu u. a. W. Küenzlen, Die Bedeutung des Missionsbefehls für die Seelsorge, in: E. Müller/H. Stroh, Seelsorge in der modernen Gesellschaft, Hamburg 1961, 123 ff.

dingten — Akzents, ob man eine Predigt als Seelsorge oder eine therapeutisch-kommunikative Seelsorge als Predigt versteht; auch eine prinzipielle Alternative von Wort und Heilung gibt es nicht, sie ist durch den Oberbegriff der Kommunikation aufgehoben[16]. Verkündigung kann man auf ihren therapeutischen und Therapie auf ihren verkündigenden Aspekt hin prüfen; dabei ist zu fragen, ob die kommunikativen Grundelemente (Wortaussagen dort, Tatzeichen hier) für dieselbe Sache, nämlich das generelle Proprium stehen. Es ist dann lediglich ein ‚Stilunterschied', das heißt ein Unterschied im Kommunikationsmodus, wenn die Seelsorge einmal in der Form eines traditionellen Beichtgesprächs mit Absolution (vielleicht sogar in agendarischer Form) geschieht, das andere Mal nicht von einer psychotherapeutischen Sitzung oder einem intensiven Freundesgespräch zu unterscheiden ist. Keine Frage des Stils ist es allerdings, ob ich mich in einem Fall für diesen oder jenen Modus entscheide, wenn er um der Sache willen vorzuziehen ist. Dies muß von der ethischen Verantwortung, also vom generellen Proprium her bestimmt werden.

Fehler entstehen, wenn ein Kommunikationsmodus dominiert. Dann bekommt ein einzelner Aspekt des spezifischen Propriums den Rang einer zum generellen Proprium gehörenden Aussage; zwischenmenschliche Kommunikationsmöglichkeiten erhalten dogmatischen Rang[17]. Es ist zwar richtig, daß die Seelsorge als therapeutische Kommunikationsform im Unterschied zur Predigt eine besondere Affinität zum Gespräch besitzt, aber Seelsorge ist nicht *nur* Gespräch: erst die ‚diakonisch-therapeutische' (oder auch ‚missionarische') *Funktion* macht das Gespräch zu einem seelsorglichen.

3. *Die empirische Konkretion.* Dem empirischen Betrachter wird zwar dieses spezifische Proprium der Seelsorge durchaus einsichtig sein, er wird aber eine besondere theologische Seelsorge-Lehre für ein bloßes Postulat halten und einen prinzipiellen Unterschied zwischen seelsorgerlicher und psychotherapeutischer Praxis bezweifeln. Denn der theologische Hintergrund (Glaubensüberzeugung, generelles Proprium) hat ja eschatologisch-utopische Züge: Die ‚neue Schöpfung' ist unverfügbar und nicht aufweisbar, und das Heilsereignis, das ‚perfectum Jesu Christi' kann als solches auch nicht objektiv oder historisch aufgewiesen werden. Trotzdem bestimmt dieser Hintergrund das, was der Glaubende sagt und tut; die Konsequenzen des Glaubens sind in personaler Konkretion erfahrbar. Dies bedeutet für die Seelsorge, daß sie zwar ihr generelles Proprium nicht empirisch-rational verifizieren kann, dennoch aber nicht unanschaulich bleibt: Es gibt Situationen, in denen ein christlicher Seelsorger (und zwar nicht nur der Pfarrer, sondern auch der Nicht-Theologe, sei er nun Arzt, Psychotherapeut, Sozialarbeiter oder einfach Mitmensch) anders entscheiden wird als ein nichtchristlicher Therapeut, weil er von anderen anthropologischen Grundentscheidungen ausgeht als dieser (zum Beispiel von der grundsätzlichen Unvollkommenheit aller Kommunikation in diesem Äon). Anthropologie und

---

[16] Gegen W. Trillhaas, aaO., 204.

[17] Man muß darauf achten, ob der Terminus ‚Verkündigung' als theologische oder phänomenologische Kategorie fungiert. In der neueren Literatur herrschen diesbezüglich chaotische Zustände: vgl. z. B. G. Walter, Seelsorge an Neurosekranken, Stuttgart 1967, 10, 85, 89 u. ö.

Ethik können den Christen in eine andere Richtung weisen als den Nicht-Christen, und insofern wird man dann auch zwischen einer christlichen und einer nicht-christlichen Seelsorge unterscheiden können. Das entscheidet sich aber allemal an der Person des Seelsorgers[18]. Es ist nicht objektiv fixierbar, sondern realisiert sich im individuellen Charakter des Pfarrers oder Arztes[19]. In der Person des Seelsorgers begegnen sich generelles und spezifisches Proprium – natürlich nicht nur in seiner eigenen, sondern auch in der des Partners, denn Seelsorge geschieht ja als ein dynamischer Prozeß interpersonaler Begegnung. So kann man zusammenfassend formulieren: Kirchliche Seelsorge geschieht dort, wo der eschatologisch orientierte Christusglaube und die empirisch-vorfindliche Existenz des Menschen personal-kommunikativ zusammentreffen.

II. Seelsorge und Psychotherapie

Das generelle Proprium kirchlicher Seelsorge ist oft und reichlich beschrieben worden[20]. Wir wollen statt dessen auf dem Hintergrund der phänomenologischen Beschreibung nunmehr Seelsorge und Psychotherapie von ihrer Arbeitsweise her zu verstehen und zu vergleichen versuchen. Man muß zunächst die Meinung abwehren, als sei Seelsorge nur eine (verglichen zum Beispiel mit der Predigt) andere Form der Vermittlung christlicher Inhalte.

Neuere Seelsorge-Lehren sind nicht frei von einem autoritären Verbalismus, der in jener Meinung begründet ist. Sie können gelegentlich sogar empfehlen, dem Sünder das Evangelium, wenn er es braucht, ‚um die Ohren zu schlagen'[21]. Nach *Eduard Thurneysen* gibt es in jedem Seelsorge-Gespräch einen „Bruch" zwischen der menschlichen Erfahrung, die in die Seelsorge treibt, und dem Zuspruch des Evangeliums, der nicht aus der Not-Situation des ratsuchenden Menschen kommt. Wie dieser Bruch[22] allerdings überwunden werden soll, damit die Botschaft von extra nos in nobis wirksam werden kann, das bleibt methodisch unklar, denn mit der Feststellung, daß der Bruch in Christus überwunden sei, ist ja noch niemandem geholfen. Was soll ein von Schuldkomplexen umgetriebener Neurotiker mit dem Rat anfangen, er müsse ‚aus der Vergebung leben'[23]? Hier ist Seelsorge nur eine auf den Einzelfall zugeschnittene Predigt – Wortzeugnis unter vier Augen. Was sonst noch geschieht – etwa eine Aussprache über Ehe- oder Familiensorgen –, dient nur der Vorbereitung; kathartische Prozesse mögen lediglich die Hörbereitschaft des Klienten fördern, dem dann, wenn er seinen akuten Leidensdruck losgeworden ist, die ‚Beruhigungstablette' des Evangeliums (samt Gesetz) mehr oder weniger gewaltsam eingeflößt wird.

---

[18] S. Anm. 14. [19] Vgl. Vf., in: Wege zum Menschen 18/1966, 439.

[20] Vgl. die Monographie von W. Offele, aaO., wo ein zuverlässiger Überblick gegeben wird.

[21] Auch E. Thurneysens neuester Band: Seelsorge im Vollzug, Zürich 1968, bringt gegenüber seiner schon klassisch gewordenen Position der Seelsorgelehre (München 1948) keine prinzipielle Änderung; H. Asmussen (Die Seelsorge, München [3]1935) hätte vermutlich seine Freude an Thurneysens Seelsorgepraxis.

[22] Vgl. E. Thurneysen, aaO. (1948), 114 ff.

[23] Ich hatte erst kürzlich einen schwer Depressiven in meiner Sprechstunde, der unmittelbar vorher von einem Kollegen den Rat bekommen hatte, er solle mehr ‚aus der Vergebung leben'. Diese Anweisung bestätigte dem Klienten seine – neurotischen – Schuldgefühle und verstärkte sie.

Bei einer solchen Konzeption liegt natürlich alles Gewicht der Seelsorge auf dem ‚Was', dem zu vermittelnden Inhalt, weniger auf dem ‚Wie', der Methode. Demgegenüber ist festzuhalten: Für die Seelsorge spielt die hermeneutische Frage – gleichsam als Treffpunkt zwischen ‚Wie' und ‚Was' – eine eminent wichtige Rolle, und das ist die Frage nach der Kommunikation, die Seelsorge und Psychotherapie gemeinsam ist. Nicht umsonst taucht in der theologischen Hermeneutik immer wieder ein Begriff auf, der auch im Zentrum einer an *Sigmund Freud* orientierten psychotherapeutischen Praxis steht: ‚Sprachgeschehen'. Denn wovon handelt das Evangelium, das Wort Gottes? Spricht es nicht von der Liebe Gottes zum Menschen – einem Menschen, der problembeladen und komplexbehaftet ist, der von Minderwertigkeitsgefühlen und Überheblichkeit, Schuldbewußtsein und Selbstgerechtigkeit, Lässigkeit und Leistungszwang bedrängt wird und sich selbst weder in seiner Individualität noch in seiner Sozialität anzunehmen vermag? Gott aber akzeptiert ihn, wie er ist; er ermöglicht es jedem, der damit rechnet, sich und seine Mitmenschen ebenso zu akzeptieren. Wenn dies der Inhalt von Rechtfertigung ist – wäre es dann nicht möglich, diese Botschaft von ihrer historischen Text-Gestalt abzulösen und hier und jetzt neu erfahrbar zu machen? Wenn dies nicht möglich ist, bleibt jene Botschaft für den heutigen Menschen letztlich irrelevant. Ist es aber möglich, dann ist es dem Christen aufgegeben, das Erfahrene so zu übermitteln, daß auch andere daran teilhaben – und das heißt: an meinem Heil, meinem Geheiltworden-Sein partizipieren und darin selbst Heilung erfahren – können.

Diesen Weg haben die großen Seelsorger der Kirche seit je beschritten, indem sie – wie Jesus – nicht Wort und Tat auseinanderrissen, sondern Liebe übten, Diakonie trieben, Tatzeugnis ablegten. Dem Menschen wurde nicht zuerst leiblich geholfen, um ihn damit bereitzumachen, das Eigentliche zu vernehmen, sondern das Wort wurde von der Tat begleitet, Erfahrung wurde gedeutet. Eine solche Seelsorge aber entspricht mindestens strukturell dem psychotherapeutischen Prozeß.

Seelsorge muß also den ‚ganzen Menschen' ernst nehmen. Sie wird dann trotz unserer heutigen Spezialisierung etwas vom Beruf des Priester-Arztes an sich haben. Sie wird fragen: Wie kann ein Kontakt zustande kommen, damit der Klient an der Erfahrung des Seelsorgers partizipiert? Dessen Lage ist nicht unähnlich der eines Missionars, der ein Gebiet missionieren soll, dessen Sprache er noch nicht kennt. Die ersten Begegnungen vollziehen sich auf einer präverbalen Kommunikationsstufe: Er deutet, zeigt vor, ahmt nach, tauscht mit den Eingeborenen Gegenstände aus, lebt mit ihnen und sammelt gemeinsame Erfahrungen. Er wird sorgfältig auf die Deutungen hören, die die Eingeborenen den Dingen und Vorgängen beilegen; er wird versuchen, Namen und Sätze nachzusprechen; er eignet sich einen Wortschatz an. Erst durch dieses Einleben, Einfühlen (‚Empathie') und Einhören kommt eine Gemeinsamkeit der Sprache zustande, und diese erst macht dann eine verbale Kommunikation möglich. Die ‚Stufe' der Empathie wurde von der Seelsorge oft übersehen. Darum wurde in dem Zuspruch (dem kein Zuhören vorausging) das Subjekt-Sein des Partners zu wenig ernst genommen. Es ist das Verdienst der Psychoanalyse, hier zur Besinnung gerufen zu haben[24]. Wie der Missionar mit seiner Muttersprache bei den Eingeborenen wenig ausrichtet, so erreicht auch der Seelsorger, der seinem Partner ‚das Wort auf den Kopf zusagt', diesen nicht, weil er die Verschiedenheit des Bezugsrahmens (‚frame of reference') der Gesprächspartner übersieht. Theologisch gesprochen: Er übersieht, daß das Wort Fleisch geworden ist und nicht als besondere himmlische oder geistliche Sprache weitertradiert wird. Sage ich einem anderen Menschen: ‚du bist von Gott angenommen', so mag er das bezweifeln; er kann es nicht nachvollziehen. Nehme ich ihn aber so an, wie er ist, so vermittle ich ihm eine elementare Erfahrung, die es ihm vielleicht ermöglicht, das Wort vom Angenommensein ‚nachzusprechen', also dem Evangelium zu ‚glauben'.

Das steht hinter *Martin Luthers* Erfahrung vom gnädigen Gott, der ja auch ihm nicht ‚höchstpersönlich' erschienen, sondern ihm unter dem Einfluß seines geistlichen Vaters *Johann Staupitz* – einem Gegenbild seines leiblichen Vaters – offenbar geworden ist[25]. Das ‚Wort Gottes' ist dem Seelsorger nicht in einer gleichsam vorfabrizierten – nämlich der biblischen – Gestalt bereit und zur Verfügung, sondern er muß auch dasjenige Wort Gottes hören können, das im Gesprächspartner und von ihm her auf ihn zukommt. Für die Praxis der Seelsorge ist *Paul Tillichs* ‚Methode der Korrelation' zwischen Situation und Kerygma eminent wichtig geworden.

Eine so verstandene Seelsorge wird gegenüber konkreten Ratschlägen und Anweisungen schon allein deshalb skeptisch sein, weil sie dieses liebende Annehmen des anderen — verbal und transverbal, in der Einheit von Wort und Tat — bezeugen will und grundsätzlich die Entscheidungsfreiheit des Partners respektiert. Dem Drängen auf konkrete Weisungen wird sie sich gerade versagen. Denn sie will ja nicht einer regressiven Tendenz zur Unmündigkeit Vorschub leisten, die vom Evangelium nicht intendiert ist. Sie will vielmehr dem Menschen helfen, seine eigenen Entscheidungen zu treffen und seine Situation zu bewältigen.

Die Nähe einer so beschriebenen Seelsorge zur Psychotherapie ist kaum zu bestreiten. Welcher Schule ein Psychotherapeut auch zugehören mag, er muß stets in dieser Weise den anderen an- und sich selbst zurücknehmen, damit der Klient *sein* Problem und *seine* Lösung vertrauensvoll ‚zur Sprache bringen' kann. Zu den Grundforderungen therapeutischer Praxis gehört es, „die Balance zwischen Erkennen und Lieben zu halten, den Patienten zu durchschauen, aber liebend anzunehmen, ihn nicht nur als Objekt der Übertragung zu sehen, sondern auch als Mensch anzunehmen"[26]. Diese wohl immer nur annäherungsweise zu realisierende Haltung — *Viktor v. Weizsäcker* hat sie als den ‚Gestaltkreis' beschrieben — muß vom kirchlichen Seelsorger erwartet werden. Man erwirbt sie nicht vornehmlich durch eine Erweiterung des psychologischen Wissens, sondern vielmehr durch jahrelange Einübung in die Selbst- und Fremdbeobachtung unter kritischer Kontrolle.

---

[24] Vgl. J. Scharfenberg, aaO., passim.

[25] Vgl. dazu E. H. Erikson, Der junge Mann Luther (Young Man Luther, New York 1958), München o. J.

[26] D. Wyss, Die tiefenpsychologischen Schulen, Göttingen ^{2}1966, 418.

Die Studienreform[27] wird deshalb für das Studienfach Seelsorge um eine Einbeziehung der Psychotherapie nicht herumkommen; und die Erkenntnisse von Psychologie und Kommunikationsforschung müssen sich auf die künftige Lehr- und Lerngestaltung der Theologie auswirken[28]. ‚Klinische Semester für Theologen'[29] sowie Schulungskurse in Ehe- und Familienberatung unterscheiden sich schon heute in der Praxis nur unwesentlich von einer psychotherapeutischen Ausbildung.

Die gelegentlich zu hörende Behauptung, Seelsorge unterscheide sich von Psychotherapie dadurch, daß der Pfarrer seinem Klienten klar zu sagen vermöchte, was gut und was böse sei, was er zu tun oder zu lassen habe[30], ist unhaltbar. Theologische Information braucht noch keine Seelsorge zu sein – sie ist es auch dann nicht, wenn sie dem einzelnen appliziert wird. Ein gutgemeinter ethischer Ratschlag, mit dem ein Pfarrer seinem Mitmenschen eine Entscheidung abnimmt, kann (von Ausnahmen abgesehen) nur als Kurpfuscherei bezeichnet werden. – Seelsorge und Psychotherapie mögen aus pragmatischen Gründen im Detail voneinander unterschieden sein (zum Beispiel darin, daß ein Pfarrer mangels Ausbildung und Zeit nicht mit Traum-Material arbeiten kann), aber sie haben ein gemeinsames Ziel: die Erweiterung der Ich-Bewußtheit und des Realitätssinns des Menschen, der lernen soll, sich verantwortlich zu entscheiden. Insofern handelt es sich prinzipiell weder um ‚zwei Wege' noch um ‚zwei Ziele'. Der Unterschied zwischen Seelsorge und Psychotherapie liegt darin, daß man den heilenden zwischenmenschlichen Prozeß verschieden verstehen, begründen und ‚be-nennen' kann. Das allerdings bedeutet viel.

---

27 Vgl. H. Doebert, Neuordnung der Seelsorge, Göttingen 1967.

28 Vgl. T. Brocher, Gruppendynamik und Erwachsenenbildung, Braunschweig 1967; D. Stollberg, Seelsorge durch die Gruppe, Göttingen 1971.

29 H. Faber, Klinische Semester für Theologen, Bern 1965.

30 Vgl. vom Vf: Ist Seelsorge Beeinflussung?, in: Korrespondenzblatt 84/1969 (hrsg. v. Pfarrerverein d. Evang.-Luth. Kirche in Bayern), Nr. 1, 4–6; ders., Seelsorge als Medium der Freiheit, ebd. Nr. 5, 49–52 Wiederabdruck in: ders., Seelsorge praktisch, Göttingen 1970; ders., Therapeutische Seelsorge, München 1969.

Klaus Winkler

Die Funktion der Pastoralpsychologie in der Theologie

Die Szenerie der Seelsorge ist sichtbar in Bewegung geraten. Motive, Modelle und Methoden liegen in einer Mannigfaltigkeit vor, daß nicht selten sogar Mißverständnisse entstehen. Klaus Winkler widmet sich mit seiner Analyse (1973) dem Anliegen, das Spektrum und den theologischen Stellenwert der gegenwärtigen Pastoralpsychologie zu skizzieren. Ein waches Interesse an der theologischen Entwicklung und vielfältige Erfahrung in Beratung und psychotherapeutischer Praxis sind dabei Voraussetzungen dieser Veröffentlichung.

Vorüberlegungen: Jedem neuen Versuch, moderne psychologische Erkenntnisse in die seelsorgerliche Theorie und Praxis einzubeziehen und diesen Vorgang theologisch zuzuordnen, sollte eine ganz bestimmte Auseinandersetzung vorausgehen. Der Pastoralpsychologe hat sich zunächst die Frage zu stellen, ob er die *Skepsis* versteht und verträgt, die seiner guten Absicht und seinem besonderen Denkansatz theologischerseits oft von vornherein und pauschal entgegengebracht wird. Er stößt gewöhnlich auf ein breites Mißtrauen. Persönlich kann er zwar zutiefst davon überzeugt sein, daß es sich letzten Endes als unberechtigtes Vorurteil erweisen muß. Er tut aber jedenfalls gut daran, solches Mißtrauen nicht beiseite zu schieben, sondern es als einen objektiven Faktor zu werten und diesen auf seine Ursachen hin zu untersuchen.

Die Skepsis kann z. B. damit zusammenhängen, daß der Anspruch des Pastoralpsychologen, den Menschen in spezifischer Weise interpretieren zu können, als *Totalanspruch* gesehen und erlebt wird. Möglicherweise sind nach negativen Erfahrungen mit penetrant vordergründig argumentierenden Psychologen gerade bei theologisch empfindsamen Seelsorgern an dieser Stelle Vorsicht und Zurückhaltung entstanden. Daß einzelne Theologen die Möglichkeiten der Humanwissenschaften überschätzen und unrealistische Erwartungen an sie knüpfen, verstärkt das Unbehagen. Dieser skeptischen Einstellung korrespondiert meist die an den praktischen Vollzug gebundene Wahrnehmung, mit Seelsorge eine höchst komplizierte und kaum überschaubare Aufgabe übernommen zu haben. Denn die direkte Nachfrage nach seelsorgerlicher Hilfe geschieht je länger je weniger selbstverständlich. Die Zahl derjenigen Menschen, die im Hinblick auf ihre Konflikte motiviert sind, einen Seelsorger aufzusuchen, ist verschwindend gering. Infolgedessen befindet sich die praktische Ausübung dessen, was den Namen Seelsorge verdient, in einem von vielen als schmerzlich empfundenen Dilemma. Gerade in einer solchen Situation machen sich Leute verdächtig, denen leicht unterstellt werden kann, sie meinten, durch neue psychologische Deutungen belastende Probleme erklären und auflösen zu können. Je mehr der Pastoralpsychologe sein Vorgehen ausgesprochen oder unausgesprochen als *Ersatz* für die theologische Reflexion versteht, umso berechtigter sind die gegen ihn gerichteten Vorbehalte des Seelsorgers. Will der Pastoralpsychologe gehört werden, muß er deshalb sein Anliegen klar abgrenzen, die grundsätzliche Begrenztheit seiner Möglichkeiten durchschaubar werden lassen und seinen methodischen Ansatz deutlich machen. –

In der gegenwärtigen Lage liegt für diesen notwendigen Aufweis der folgende Ansatzpunkte nahe: Der Tatbestand, daß so wenige Menschen auf direktem Wege nach Seelsorge durch einen Geistlichen verlangen, wird zwar allgemein *wahr*genommen, aber von den wenigsten der seelsorgerlich Tätigen einfach *hin*genommen. Hier geht man vielmehr davon aus, daß sich hinter den vielfältigen Hilflosigkeiten, Unsicherheiten, neurotischen Verstrickungen und der häufigen Unfähigkeit zu selbständiger Lebensbewältigung eine *indirekte Nachfrage* nach „zeitgerechter Seelsorge"[1] verbirgt. Die Folge dieser Annahme ist in der Regel zunächst einmal eine Intensivierung des seelsorgerlichen Bemühens in Theorie und Praxis. Es muß aber Enttäuschungen und Unbehagen auslösen, wenn unklar bleibt, ob alle Anstrengung das bewirkt, was man sich von ihr verspricht und an seelsorgerlicher Wirkung erhofft. Gewöhnlich wird nun aber gerade dieses Unbehagen bekämpft! Scheint es doch subjektiv, nur die Umstände oder die Begabung des Einzelnen betreffend, eben „lediglich psychologisch" begründet zu sein! Damit aber ist allzu schnell darauf verzichtet zu fragen, ob nicht gerade diese subjektive Unruhe, bzw. das unbequeme Unbehagen ein nützlicher Indikator für verdeckte Fehlkonstellationen sein könnten. In der Folge kann sich ein Kreis schließen, der unbefriedigende Praxis und davon abhängiges Theoretisieren in negativer Wechselwirkung aufeinander bezieht. Das ehrliche Engagement des Seelsorgers droht dann in fast tragischer Weise ineffektiv zu bleiben.

Die Pastoralpsychologie möchte in diesem Zusammenhang neue Fragestellungen ermöglichen. Sie schlägt vor, zunächst einmal von einer abstrakt-theologischen Reflexion der Gegebenheiten dieses circulus vitiosus abzusehen und die Situation einer ausschließlich humanwissenschaftlichen Betrachtungsweise zu unterziehen. Sie kann und will die theologische Bezugsetzung damit weder ersetzen noch verdrängen! Sie ist aber darauf angewiesen, daß diese Bezugsetzung zeitweise zugunsten einer Phase ausschließlich psychologischer Wahrnehmung zurückgestellt wird. Der Pastoralpsychologe sollte sich dabei bewußt erhalten, daß seine Einsichten nur *ein* Aspekt der komplexen Wirklichkeit und damit im buchstäblichen Sinne *einseitig* sind. Je deutlicher er ein solches Selbstverständnis herausstellt, umso verstehbarer kann er seine Absicht vermitteln: Er möchte in begrenzter Situation ausschließlich psychologisch argumentieren können, ohne sofort in den Verdacht zu geraten, das „Eigentliche" dabei grundsätzlich außer acht gelassen zu haben. Er wird sich freilich nach seinen weltanschaulichen Voraussetzungen, seinen anthropologischen Kriterien, seinen wissenschaftstheoretischen Ansatzpunkten fragen lassen müssen. Aber er kann fordern, daß diese notwendige Befragung in sachgemäßem Zusammenhang und in der für Grundlagenvergleiche und Grundsatzdebatten tragfähigen Situation geschieht. Denn die theologischen und die pastoralpsychologischen Aussagen

[1] Vgl. etwa: Zeitgerechte Seelsorge, in: Missionierende Gemeinde – Eine Schriftenreihe, Heft 20, Berlin 1971.

müssen einander auf der gleichen Abstraktionsebene gegenübergestellt werden können. Das Verstehen dessen, was der Pastoralpsychologe als seine eigentliche Funktion ansieht, ist in entscheidendem Maße von dieser Voraussetzung abhängig. Auf ein solches Verstehen und das sich daraus entwickelnde *Vertrauen* ist er angewiesen. Erst auf dieser Basis hat er die Chance, jene kritische Aufmerksamkeit zu finden, die dazu anregen kann, pastoralpsychologische Erkenntnisse in theologisches Denken zu integrieren. Bereits hier fällt eine dafür wesentliche Vorentscheidung.

Es läßt sich zusammenfassen: Will der Pastoralpsychologe seinen anthropologischen Beitrag wirksam in die Theologie einbringen und nicht unvermittelt neben diese zu stehen kommen, muß er die ihm entgegengebrachte Skepsis nicht von vornherein als unsachgemäß abwerten, sondern die Auseinandersetzung mit dieser Haltung bereits als wesentlichen Teil der anstehenden Aufgabe sehen. Er wird in seinem entsprechenden Bemühen umso eher akzeptiert werden, je unmißverständlicher er seine genau begrenzte Zielsetzung und seine Methode aufzuweisen vermag. Er wird sich so als ersten Schritt jene Vertrauensbasis erarbeiten müssen, die einen ungewohnten Umgang mit der vorliegenden Problematik gestattet.

Nach diesen Vorüberlegungen ist zunächst zu fragen: Mit welcher seelsorgerlichen Situation sieht sich der Pastoralpsychologe gegenwärtig konfrontiert?

I. Pastoralpsychologische Anmerkungen zur Situation des Seelsorgers

Geht der Pastoralpsychologe unter seinem besonderen Aspekt mit den seelsorgerlichen Gegebenheiten und Aktivitäten, die er vorfindet, um, so beabsichtigt er dabei nicht, *vorhandenen* Konzepten ein neues hinzuzufügen. Er möchte vielmehr am jeweiligen Ort des seelsorgerlichen Handelns und theologischen Nachdenkens das Problembewußtsein schärfen und das Wahrnehmungsvermögen vergrößern.

1. *Anmerkungen zum Umgang mit Enttäuschungen:* Beobachtet man zunächst den Umgang der in den Gemeinden tätigen Seelsorger mit ihrer eigenen Situation, so fallen etliche Einstellungen als besonders typisch auf. Ein hoher Prozentsatz der jungen Theologen ist mit großen Erwartungen in das erste Amt und damit in die praktische Tätigkeit gegangen. Was lockt, ist der unmittelbare Umgang mit Menschen und deren Problemen. Oft genug aber wird die enttäuschende Erfahrung gemacht, zwar in der Regel als kirchlicher Funktionär akzeptiert, als Seelsorger, der persönliche Konflikte lösen hilft, aber kaum oder gar nicht gefragt zu sein. Solche Enttäuschungserlebnisse können zu einer *reaktiven Resignation* führen, die sich der einzelne freilich nur sehr schwer oder nur teilweise oder aber gar nicht eingestehen kann. Denn die erschreckende Feststellung, vielleicht gerade dort nicht gebraucht und nicht gefragt zu sein, wo man die Hauptaufgabe seines Berufes und damit das Zentrum der Lebensaufgabe sieht, ist zu stark gefürchtet. Sie wird deshalb meist vermieden. Das eigentliche Problem ist dann gegebenenfalls durch angestrengte oder sogar krampfhafte Aktivität überspielt oder aber abwehrend rationalisiert worden.

Als Beispiel für ersteres kann man sich etwa einen Gemeindepastor vorstellen, der in seiner Gemeinde zu immer neuen Aktionen aufruft, wie

z. B. Besuchsdienst bei Alten und Kranken, Partnerschaften für die Kinder sozial schwacher Familien, aber auch Predigtvorbereitungskreise usw. Er bemerkt dabei gar nicht, daß er bei all dem seinen begreiflichen Wunsch, eine lebendige, christlich aktive Gemeinde zu haben, auf diese nur oberflächlich projiziert. Gewöhnlich beteiligen sich die Gemeindeglieder zunächst an den Vorhaben ihres Pastors und bestätigen diesen damit in seiner Haltung. Dann aber wird je länger je mehr deutlich, daß sie eher gefügig als von der Sache her interessiert reagiert haben. Der Pastor muß sie an die Zusammenkünfte erinnern und dabei immer bedrängender ansprechen. Schließlich werden die Abstände zwischen den einzelnen Aktivitäten in zwischenmenschlichen Bereich größer und größer. Es gelingt dem Pastor nur noch situativ, aber nicht mehr kontinuierlich, seine Anregungen durchzusetzen. Entgegen seiner erklärten Absicht machen die Gottesdienste, die Kasualien und der kirchliche Routinebetrieb immer ausschließlicher den Inhalt der pfarramtlichen Tätigkeit aus. Der Pastor findet sich faktisch mit diesem Zustand ab, vertritt aber dabei die Meinung, man dürfe einfach nicht aufgeben und müsse es eben später wieder versuchen. –

Spätestens an dieser Stelle sollte deutlich geworden sein, daß Gemeindeaktivität nicht gleich Gemeindeaktivität ist! Je krampfhafter der Seelsorger sich bemüht, umso näher liegt, daß es sich dabei mehr um dessen eigene Rollenproblematik als um eindeutige Bedürfnisse der Gemeindeglieder, die natürlich ebenfalls vorhanden sein können, handelt. In der Regel wird dieser Unterschied aber nicht ent-deckt. Die emotionalen Folgen dieser Unterlassung, wie z. B. die genannte Resignation, dringen nicht ins Bewußtsein. Eher wird die enttäuschte Erwartung hinsichtlich der heute vorhandenen Möglichkeiten im seelsorgerlichen Bereich *rationalisiert*. Damit ist in diesem Zusammenhang das zweite wesentliche Stichwort angesprochen. Rationalisierung bedeutet, daß für das vorhandene Dilemma rationale Begründungen gesucht und gefunden werden. Dieses Vorgehen hat eine ganz bestimmte Funktion! Die Zustände und Vorfindlichkeiten sind damit, so wie sie sind, *erklärbar* geworden und müssen nicht mehr beunruhigen. Da wird etwa – um wiederum ein Beispiel zu nennen – mit auffälligem Eifer auf das totale Versagen der Kirche in der Vergangenheit hingewiesen. Sie habe im vorigen Jahrhundert, aber auch weit über die Jahrhundertwende hinaus in der Arbeiterfrage völlig versagt. Das Vertrauen der breiten Masse sei damit einfach verlorengegangen. Hier seien die eigentlichen Chancen der Kirche – vielleicht sogar ein für allemal – verspielt worden. Man verwalte ein schweres Erbe und müsse sich darüber im Grunde nicht einmal wundern. – Unbestritten dürfte sein, daß hier richtiges gesehen ist. Problematisch wird eine solche Aussage aber dann, wenn sie die *eigene Entmutigung* verleugnen hilft. Der persönliche Konflikt ist damit umgangen. Er bleibt unter Hinweis auf das kollektive Versagen ausgespart. Genau das aber ist die Nahtstelle, an der die pastoralpsychologische Auseinandersetzung einsetzen, die Aussagen weiter differenzieren und neue theologische Reflexionen vorbereiten möchte!

2. *Anmerkungen zur positiven Deutung der gegenwärtigen Krise:* Auch für eine andere Möglichkeit theologischer Verarbeitung der gegenwärtigen Seelsorgesituation rücken unter pastoralpsychologischem Aspekt bestimmte Probleme neu ins Gesichtsfeld. Das vorhandene Dilemma kann nämlich

auch als zwar bedrückender, aber letztlich gerade deswegen heilsamer Zustand gesehen werden. In der Folge dieser Grundhaltung werden in der Praxis sehr unterschiedliche Tendenzen vertreten. Sie haben aber gemeinsam, daß es für ihre Vertreter näher liegt, sich auf ein theoretisches Konzept bzw. eine entsprechende „Lehre von der Seelsorge" zu berufen. Wenn in diesem Zusammenhang drei entsprechende Ansätze pastoralpsychologisch zur Debatte stehen sollen, so ist damit deren positive Funktion gerade nicht grundsätzlich in Frage gestellt! Vielmehr geht es darum, auf jene Nebenwirkungen aufmerksam zu machen, die sich unbemerkt als hemmende Faktoren in der praktischen Seelsorge auswirken können.

a) Da ist etwa die Hoffnung, daß trotz der Wirkungslosigkeit moderner theologischer Bemühungen um den Menschen die schwierigen zwischenmenschlichen Probleme unweigerlich eine bestimmte *Sehnsucht* fördern. Es ist dies die Sehnsucht nach festen christlichen Verhaltensregeln und bleibenden Werten. Diese werden besonders dann verstärkt erwartet, wenn über das geistliche Leiden an der Gegenwart hinaus gesellschaftliche Krisen politischer oder wirtschaftlicher Natur zu einer allgemeinen Verunsicherung führen. Aus solcher Haltung heraus kann sich dann z. B. ein Seelsorger in der gegenwärtigen Lage entschließen, ein klassisches Seelsorgebuch wie *H. Asmussens* „Lehre von der Seelsorge"[2] mit neuem Interesse zu lesen und sein Handeln danach auszurichten. Aber er tut das im hier herausgestellten Fall gerade nicht, um sich theologisch mit diesem fast vier Jahrzehnte zurückliegenden Seelsorgeansatz auseinanderzusetzen und dessen Aussagen kritisch in die Gegenwart zu transponieren! Er tut es vielmehr, weil ihn der *restaurative* Zug an Asmussens „unzeitgemäßem" Buch fasziniert. Exemplarisch für restauratives Denken ist dies Buch insofern, als es von seiner ganzen Konzeption her die von den empirischen Wissenschaften immer weitergetriebene faktische Durchschaubarkeit des menschlichen Verhaltens einfach nicht akzeptieren kann. Expressis verbis macht Asmussen gegen sie Front, wiewohl sie nach unserem Verständnis eben nicht nur einem verderblichen Zeitgeist entsprungen ist, sondern einer umfassenden erkenntnistheoretischen Strömung angehört. Asmussen will damit praktisch auf bereits vorhandene und wirksame Einsichten besser verzichten und an Stelle dessen die alte Grunderfahrung des Göttlichen und des Dämonischen in dieser Welt neu ermöglichen. Erst an dieser Unterscheidung und ihren Konsequenzen setzt bei ihm Seelsorge überhaupt an. Gerade dieser für seine Zeit zweifellos sehr wichtige und für eine bestimmte Phase tragfähige Ansatz aber sollte in der vorhandenen Situation pastoralpsychologisch hinterfragt und auf seine unbeabsichtigten Effekte hin untersucht werden. So gesehen lohnt es sich im Einzelfalle herauszufinden, aufgrund welcher nicht bewußt gemachten Befürchtungen oder unrealistischen Erwartungen sich ein heutiger Seelsorger mit dieser zurückliegenden Auffassung identifiziert und damit gleichzeitig die Auseinandersetzung mit einem zeitgemäßen anthropologischen Konzept erspart.

b) Da ist weiter die Hoffnung, daß die kirchliche Misere schmerzhafter Anstoß zu einer die einzelne Persönlichkeit differenzierenden *Verinnerlichung* ist, die durch Meditation und systematische Selbstbesinnung erreicht

---

[2] H. Asmussen, Die Seelsorge, München (1933) 1935.

werden kann. Seelsorger mit dieser Tendenz können sich etwa auf einen praktischen Theologen wie *Manfred Seitz* berufen. Die „Aufgabe der Praktischen Theologie" sieht dieser zunächst charakteristischer Weise darin, „. . . die Krisis als Verheißung zu begreifen"[3]. Die Erneuerung der Praktischen Theologie und damit vor allem auch der Seelsorge wird hier von der Wiederbelebung einer evangelischen *Asketik* erwartet. Diese Einstellung fasziniert viele in sehr einfühlbarer Weise, weil damit gerade nicht nur einer liebenswürdigen Erbaulichkeit das Wort geredet ist. Hier wird vielmehr – übrigens ganz parallel zur modernen Tiefenpsychologie! – das Subjekt zum Übungsfeld für den Umgang mit hilfesuchenden anderen Menschen. Dabei muß unter pastoralpsychologischen Gesichtspunkten nun aber darauf hingewiesen werden, daß ein solches Vorgehen sich seine unbeabsichtigten Auswirkungen viel bewußter machen muß, als das gewöhnlich geschieht. Die forcierte Differenzierung der (geistlichen) Einzelpersönlichkeit kann auch unliebsame Folgen für das Ganze der seelsorgerlichen Tätigkeit haben. Ständige Eigenreflexion ist auch als Flucht vor den gefürchteten oder abgelehnten Realitäten des schwierigen Zusammenlebens mit oberflächlich und indifferent reagierenden Zeitgenossen möglich! Dann wird ein *Teilaspekt* der Wirklichkeit kultiviert, tiefer erfahrbar gemacht, situativ bewältigt. Das kann zusätzlich mit einem aus der (biblischen) Meditation herauswachsenden Gefühl inneren Bestätigtseins verbunden sein. Solches Gefühl des Bestätigtseins aber ist imstande, den Zugang zur ganzen unbequemen Wirklichkeit des menschlichen „Ich" zu hemmen. So kann es geschehen, daß gerade die immer weitergeführte Ausdifferenzierung *eines* bevorzugten Modus des Erlebens das zwischenmenschliche Wahrnehmungsvermögen *vereinseitigt*.

c) Da ist schließlich die Hoffnung, eine Veränderung der Situation sei durch einen konsequenten Neuansatz des Denkens im systematisch-theologischen Bereich zu erwarten. Der Theologe solle seine eigene Wissenschaft nur genauer, besser, konsequenter, radikaler betreiben. Seelsorger, die diese Meinung bevorzugt vertreten, können zunächst mit *M. Josuttis* übereinstimmen. Dieser stellt in einem Literaturbericht[4] heraus, daß fast alle neueren Veröffentlichungen zur Seelsorge stereotype Klagen enthalten. Der Begriff gelte als ungeeignet, die Ausbildung als ungenügend, die Praxis als unbefriedigend. Die „Krise der Seelsorge" wird mit der „Krise der Theologie" in Zusammenhang gesehen. – Wer in dieser Richtung denkt, findet damit wohl auch jenen Tatbestand bestätigt, den *G. Otto*[5] „Die Verlegenheit der Th(eologie) im allgemeinen, der Pr(aktischen) Th(eologie) und der kirchlichen Praxis im besonderen" genannt hat. Die traditionelle Theologie wird von ihm mit einem treffenden Ausdruck als ihrer Struktur nach „historisch-narzißtisch" bezeichnet. Sie leide unter wachsendem Realitätsverlust, und dieser hänge eng mit der Negation des Theorie-Praxis-Bezuges in Theologie

[3] In: E. Jüngel/K. Rahner/M. Seitz, Die Praktische Theologie zwischen Wissenschaft und Praxis, München 1968.

[4] M. Josuttis, Seelsorge und Psychologie, in: Verkündigung und Forschung, Beihefte zu Ev. Theologie, Heft 1, München 1970.

[5] G. Otto, Zur gegenwärtigen Diskussion in der Praktischen Theologie, in: Praktisch Theologisches Handbuch, hrsg. v. G. Otto, Hamburg 1970, 9 ff.

und Kirche zusammen. – Symptomatisch ist für Otto dabei die auffällige Wirkungslosigkeit aller kirchlichen (respektive seelsorgerlichen) Bemühungen. – Pastoralpsychologisch ist an dieser Stelle das zur Diskussion zu stellen, was als typisch für die Denkrichtung der hier engagierten Seelsorger angesehen werden kann. Ottos (thesenartig zusammengedrängte) Ausführungen zur gegenwärtigen Situation in der Praktischen Theologie sind beispielhaft für ein faszinierendes Problembewußtsein. Genau diese verständliche Faszination kann aber den Blick dafür trüben, daß vom positiven Erlebnis einer entdeckenden und einleuchtenden Erkenntnis her die faktische Auswirkung dieser neuen Einsicht in der Regel *optimistisch überschätzt* wird. Es kommt gerade in diesem Zusammenhang entscheidend darauf an, die realen Auswirkungen einer treffsicheren Analyse bzw. einer differenzierten Diagnose richtig einzuschätzen! Ohne Zweifel stellt letztere die conditio sine qua non einer wirksamen Symptom- und Problemaufarbeitung dar, zumal wenn sie neue Gesichtspunkte erstmalig zur Sprache bringt. Das theoretisch-scharfsinnige diagnostische Verfahren verführt aber möglicherweise zu einem dann nicht mehr analysierten Illusionismus in der Praxis. Zumindest muß ständig die Frage gestellt werden, ob neben den auf dieses Vorgehen gerichteten Erwartungen die ganze Mühseligkeit des praktischen Aufarbeitungsprozesses einkalkuliert ist, wenn es um eine effektive Seelsorge geht. Unter pastoralpsychologischem Aspekt ist damit zu rechnen, daß der wirklichen Annahme von bisher ungewohnten Interpretationsmöglichkeiten massive Ängste und Abwehrhaltungen der einzelnen Seelsorger gegenüberstehen. Es ist einzubeziehen, daß deren Auflösung wiederum von Erkenntnissen abhängig sein kann, die der ausschließlich theologisch vorgezeichneten Analyse nicht mehr ohne weiteres inhärent sein müssen. Ansonsten besteht Gefahr, letztlich bei aller guten Einsicht in einer Art unterschwellig lähmendem *Diagnostizismus* steckenzubleiben.

An dieser Stelle läßt sich *zusammenfassend* feststellen: Pastoralpsychologie will die vorhandenen seelsorgerlichen Haltungen, die sich im praktischen Vollzug und in Lehrtexten niederschlagen, unter besonderen Gesichtspunkten hinterfragen. Das sollte an verschiedenen Beispielen deutlich gemacht werden, ohne daß es dabei um eine breitere Entfaltung der einzelnen Konzepte oder aber um die vollständige Aufzählung aller Möglichkeiten gehen konnte. Der Pastoralpsychologe selbst entscheidet sich mit seinem Vorgehen noch nicht für den einen oder gegen den anderen theologischen Ansatz. Er will vielmehr deren jeweilige Vertreter im Umgang mit der eigenen Einstellung beweglicher machen. Er möchte sie veranlassen, bestimmte und für viele bisher nicht naheliegende Überlegungen in ihr seelsorgerliches Denken und Handeln einzubeziehen.

In der Folge dieses grundsätzlichen Vorhabens wird sich der Pastoralpsychologe allerdings wiederum bestimmten Rückfragen zu stellen haben: Könnte sich seine Methode, seelsorgerliche Vollzüge und theologische Reflexionen in ganz bestimmter Weise zu hinterfragen, nicht auch destruktiv auswirken und damit letztlich auf Kosten der Glaubenssubstanz gehen? Läßt sich der Vorteil seines Verfahrens tatsächlich von der subjektiven Einzelsituation abheben und als grundsätzliche Notwendigkeit im theologischen Raum evident machen?

II. *Die inhaltliche Zielsetzung der Pastoralpsychologie*

Gerade diese Fragen fordern den Pastoralpsychologen dazu auf, genau zu definieren, welche allgemeine Zielsetzung hinter seinem methodischen Vorgehen liegt, wie er es zunächst auf den Einzelfall und die einzelne Situation bezogen anwendet.

1. *Aufarbeitung emotionaler Komponenten des Denkens und Handelns:* Ausgegangen wird dabei von einer Voraussetzung, die aus dem empirischen Erfahrungsbereich stammt. Danach sind emotionale Einflüsse nach dem gegenwärtigen Erkenntnisstand in noch viel weitergehendem Maße zu Verhaltensweisen, Denkansätzen, intellektuellen Überlegungen und auch an Glaubensaussagen prägend beteiligt, als das bisher gesehen und angenommen wurde. Diese weitgehende Abhängigkeit aller rationalen Äußerungen von emotionaler Vorfindlichkeit wird im praktischen Vollzug des Umgehens der Menschen miteinander den daran Beteiligten kaum oder gar nicht bewußt. Zunächst muß das nicht unbedingt ein Nachteil sein, wenn die Absicht, den Gesprächspartner durch eine seelsorgerliche Maßnahme zu seiner Selbstverwirklichung zu verhelfen, spürbar gelingt! Der Hinweis auf die sogenannte charismatische Begabung vieler Seelsorger, die von aller psychologischen Reflexion betont Abstand nehmen und diese geradezu als hemmend empfinden, hat hier seinen Ansatzpunkt und seine Berechtigung. Problematisch wird diese Einstellung aber in dem Moment, wo in ihrer Folge nicht mehr wahrgenommen werden kann, daß sich bestimmte emotionale Faktoren nicht mehr förderlich, sondern im höchsten Maße hinderlich auswirken. Das rational wohl begründete Vorhaben des Seelsorgers wird dann von ihm gleichzeitig emotional verhindert. Ein fast tragisch zu nennender Tatbestand, weil sich an dieser Stelle und in diesem Kontext meist ein circulus vitiosus anschließt! Er umfaßt eifriges Bemühen, ständig neue Hoffnungen auf Gelingen der guten Absicht, ratlose Enttäuschung über den Mißerfolg oder aber Leugnung derselben, neues Bemühen usw., usw.

Da mühen sich z. B. zwei Pastorenkollegen an einer Kirche miteinander um die Intensivierung der Gemeindearbeit. Es finden technische Absprachen und auch Grundsatzgespräche statt. Zweifelsohne ist auf beiden Seiten der gute Wille für eine effektive Zusammenarbeit vorhanden. Diese erscheint außerdem durch eine Abmachung abgesichert, nach welcher man auftauchende Probleme sofort offen miteinander besprechen will. In der Tat ergeben sich nach kurzer Zeit Schwierigkeiten. Das Arbeitsergebnis entspricht nicht den Erwartungen, aber die mutmaßlichen Gründe dafür werden diskutiert und neue Anstrengungen unternommen. Trotz allem fehlt der Unternehmung je länger je mehr der Schwung! Die zwei Kollegen arbeiten zwar fleißig, aber immer lustloser weiter. Sie haben beide den Eindruck, daß alle Auseinandersetzungen mit der unbefriedigenden Situation sie zwar zusätzlich zu beschäftigen vermögen, aber letztlich nichts verändern. – Gerade mit dieser Feststellung möchte sich der Pastoralpsychologe nicht mehr abfinden. Wenn alles vernünftige Handeln grundsätzlich von unbemerkten emotionalen Faktoren *be*hindert oder sogar *ver*hindert werden kann, dann gilt es, diese zuerst namhaft zu machen, sie in der Folge in die Überlegungen einzubeziehen und damit als Störfaktoren zu beseitigen. So könnte es etwa sein, daß zwischen beiden Pastoren unausgesprochene Rivalitäts- bzw. Konkurrenzgefühle eine Rolle spielen. Es wäre denkbar, daß sich diese heimlich lähmend auf alle so vernünftig und sorgfältig geplanten Aktivitäten auswirken, aber dieser Tatbestand in der Diskussion und kritischen Auseinandersetzung als dem guten Willen widersprechend und damit als von vornherein „ausgeschlossen" gilt. Hinter einer solch folgenreichen Wahrnehmungsstörung in bezug auf uneingestandene Gefühle vermutet der Pastoralpsychologe unklare Ängste und Befürchtungen. Daß diese für die Betroffenen nicht ohne weiteres zugänglich sind, ist sicher kein Zufall, denn hier wird ein heikler und deshalb in der Regel abgewehrter Tatbestand angesprochen. Neben dem Versuch, dem Theologen die jeweilige Abhängigkeit von der individuell ausgebildeten und wirksamen Emotionalität zugänglicher zu machen, geht es deshalb in der Pastoralpsychologie um die gezielte Aufarbeitung verdeckter *Ängste.* Nicht eben zufällig haben *Oskar Pfister* und *Otto Haendler,* zwei Theologen, die früh zu den vollpsychotherapeutisch ausgebildeten Seelsorgern und damit zur Pioniergeneration gehörten, über die Angst im Hinblick auf Christentum und Glauben gearbeitet[6]. Zunächst einmal handelt es sich hierbei um eine Grundbefürchtung vieler Christen, die sich ganz allgemein hemmend in bezug auf die psychologische Durchschaubarkeit von Haltungen und Einsichten auswirkt. Diese Grundbefürchtung vieler Christen und vieler Seelsorger geht dahin, daß eine expansive und systematisch angestrebte Bewußtmachung der menschlichen Gesamtpsyche grundsätzlich eine Gefahr darstellt. Die immer weitergehende Aufhebung unbewußter Gefilde und deren Zuordnung zum bewußten „Ich" bedeutet danach gleichzeitig die *rückläufige Möglichkeit zu glauben.* Man vermutet also, daß allzu forcierte Bewußtseinserweiterung notwendig auf Kosten der Glaubensfähigkeit des Menschen gehen muß. Diese Angst bleibt gewöhnlich unausgesprochen. Sie wird nur als Abwehr gegen das sogenannte „ständige Psychologisieren" sichtbar, welches angeblich eine in unserer Zeit sowieso schon fortschreitende Dehumanisierung noch fördert. – Zweifelsohne liegt hier ein Kernpunkt der prinzipiellen Fragestellung um die Möglichkeiten und Grenzen der Pastoralpsychologie! Nicht umsonst ist eingangs auf die notwendige Reserve gegenüber einem kurzschlüssigen Psychologismus hingewiesen worden. Andererseits läßt sich aber sehr wohl vertreten, daß die psychologische Auseinandersetzung nicht jedenfalls zum Nachteil der Glaubensfähigkeit gereichen muß. Im Gegenteil: Gerade an dieser Stelle wird die eigentliche Aufgabe der Pastoralpsychologie deutlich! Um nicht in der allgemeinen Abwehrhaltung gegenüber den befürchteten Nachteilen für die Situation des Christen in der Welt steckenzubleiben, sollte die *individuelle* Aufarbeitung der persönlichen Zwiespältigkeiten durch den einzelnen Seelsorger erfolgen. Nur so läßt sich nämlich die Erfahrung machen, daß die hemmenden Befürchtungen keine positive Funktion haben, sondern sich auch im Glaubensbereich nur einengend auswirken können. Es geht also darum, den Ansatzpunkt der Pastoralpsychologie klar und eindeutig in der erweiterten Selbsterfahrung der eigenen Persönlichkeit mit deren unbewußten Ängsten und deren unbe-

[6] O. Pfister, Das Christentum und die Angst, Zürich 1944 und O. Haendler, Angst und Glaube, Berlin 1950.

wußten Wünschen zu sehen und von diesem ent-deckenden Erleben aus veränderte Fragestellungen im Hinblick auf ein zeitgemäßes Verhältnis von Anthropologie und Theologie zu erwarten. Kehrt man zu dem oben genannten Beispiel zurück, so heißt das praktisch: Es ist schon etwas gewonnen, wenn hinter der gut gemeinten, aber dennoch belasteten Zusammenarbeit zweier Pastoren an einer Kirche ein verborgenes Rivalitätsgefühl entdeckt wird. Aber es läßt sich noch mehr entdecken! Es lassen sich noch weitere nicht direkt erfahrbare Emotionen ins Bewußtsein heben! Da ist etwa vorstellbar, daß der eine Partner heimlich Angst vor jeder echten Konfrontation im Leistungsbereich hat, obwohl er das von seinem faktischen Können her gar nicht nötig hätte, und daß er sich deshalb den Vorschlägen des anderen stets zwiespältig anschließt. Da ist denkbar, daß der zweite Amtskollege ein Leben lang und eben auch in jeder Arbeitsgemeinschaft den „großen Bruder" spielen muß, weil er von Kind auf dieses Verhaltensschema als seine einzige Möglichkeit erfahren hat, sich durchzusetzen und anerkannt zu werden. Und da ist schließlich vorstellbar, daß sich mit einer Bewußtmachung und einer Objektivierung dieser subjektiven Gegebenheiten durch gezielte Selbsterfahrung ein veränderter Umgang mit den theologischen Prämissen der Beteiligten und mit den praktischen Problemen im seelsorgerlichen Bereich ergibt. Das pastoralpsychologische Vorgehen, das dieses Ziel erreichen will, hat damit auch im Hinblick auf Glaubensaussagen und daraus gefolgerten christlich reflektierten Verhaltensweisen keine unmittelbar theologisch zuordnende, sondern eine die verdeckten Möglichkeiten der Einzelpersönlichkeit erschließende Funktion. Das freilich hat Konsequenzen! Eine Fülle von schwierigen und damit anstrengenden emotionalen Auseinandersetzungen mit humanwissenschaftlichen Forschungsergebnissen schließt sich zwangsläufig an das intellektuelle Erfassen der Problematik an. Im gegebenen Rahmen soll das am Beispiel der Konfrontation mit den tiefenpsychologischen Grundeinsichten paradigmatisch angedeutet werden, wobei zu betonen ist, daß Pastoralpsychologie nicht grundsätzlich an diesen einen Sektor zeitgenössischer Psychologie gebunden ist.

a) Es geht z. B. um die emotionale Auseinandersetzung mit der Einsicht, daß psychische Abläufe in ganz anderer Weise und in viel weiterreichendem Maße determiniert sind als bisher vermutet werden konnte. Mit der wirklichen Annahme einer solchen Einsicht ist freilich auch im theologisch-reflektierenden Bereich ein erheblicher Aufwand verbunden. Aufgrund welcher erkennbaren Determinanten *lebt* oder *glaubt* oder *hofft* der individuelle Christ auf seine besondere Weise? Warum handelt der einzelne Mensch gegenüber seinen Mitmenschen so anerkannt gut oder so erkennbar böse? Die bisher gefundenen Antworten auf diese und ähnliche Fragen gelten plötzlich als „vorläufig" und müssen unter verändertem Vorzeichen neu gefunden werden.

b) Es geht z. B. um die emotionale Auseinandersetzung mit der Einsicht, daß das Individuum in seinem Verhalten und in seiner Theoriebildung weitgehend von unbewußten Motivationen gesteuert wird und daß deren besondere Ausprägung entscheidend von seiner frühkindlichen Entwicklung abhängig ist. Diese Vorgegebenheiten sind vom Erwachsenen, trotz allen heute möglichen intellektuellen Erfassens der Zusammenhänge, zu ihrem größeren Teil so, wie sie sind, zu akzeptieren. Sie erweisen sich nur in einzelnen Anteilen als therapeutisch revidierbar. Die Annahme dieser Einsicht ist deshalb so unbequem, weil dabei deutlich wird, wie stark die Wahrnehmungsfähigkeit sowohl im konkreten als auch im abstrakten Bereich von der jeweiligen Persönlichkeitsstruktur abhängig ist. Das wiederum kann für die Einschätzung und Zuordnung einer theologischen Aussage nicht ohne Bedeutung sein.

c) Es geht z. B. um die emotionale Auseinandersetzung mit der Einsicht, daß jeder zwischenmenschliche Kontakt von unkontrollierten Vorurteilen belastet sein kann. Diese stammen aus vergessenen oder verdrängten Erlebnissen und werden unbemerkt auf davon gänzlich unabhängige Begegnungen mit anderen Menschen übertragen. Die emotionale Annahme dieser Einsicht strengt insofern an, als sich in ihrer Folge zwischenmenschliche Bezüge als sehr viel komplizierter und in sich widerspruchsvoller erweisen als bisher angenommen wurde. Auch die christliche Begegnung macht hiervon keine Ausnahme.

d) Es geht z. B. um die emotionale Auseinandersetzung mit der Einsicht, daß individuelles Schicksal durch psychoanalytische (oder sonstige empirisch-psychologische) Methoden korrigierbar und damit letzten Endes auch manipulierbar geworden ist. Das geschieht in ganz bestimmten und noch relativ engen Grenzen, aber dennoch in bisher ungewohntem Maße. Die Annahme dieser Einsicht macht gefühlsmäßig so große Mühe, weil die damit verbundenen Möglichkeiten vom Nichtpsychologen oft nicht real eingeschätzt werden und diese Unklarheit stark verunsichern muß. Für den Theologen korrespondiert damit die Frage nach einem genügend fundierten Verantwortungsgefühl. Da hierbei eine befriedigende Antwort von einem umfassenden Verständnis des gesamten tiefenpsychologischen Ansatzes abhängt, bleibt diese Frage unter den gegebenen Umständen meistens offen. Als „offene Frage" aber verstärkt sie in affektiver Weise die Neigung zur Vorsicht und Distanz gegenüber den neuen humanwissenschaftlichen Erkenntnissen und Möglichkeiten.

Bezüglich der inhaltlichen Zielsetzung in der Pastoralpsychologie läßt sich danach *zusammenfassen:* Es geht darum, den Einzelnen im Hinblick auf sein Selbstverständnis, aber auch im Hinblick auf sein seelsorgerliches Verhalten und dessen theologischen Hintergrund die verdeckten emotionalen Motivationen und die unbewußt hemmenden Ängste möglichst weitgehend zugänglich und d. h. direkt erlebbar zu machen. Es liegt dabei in der Natur der Sache, daß dieses Ansinnen oft auf Abwehr und Ablehnung stößt, weil damit dem Einzelnen in der Regel gleichzeitig eine sehr anstrengende Auseinandersetzung im emotionalen Bereich zugemutet wird. Naheliegenderweise wirkt sich das besonders dort aus, wo Glaubensvorfindlichkeiten in diesen Prozeß einbezogen werden und auch in diesem Kontext die Konfrontation mit neuen anthropologischen Konzepten und psychologischen Erkenntnissen erfolgt. Die Pastoralpsychologie möchte jedoch gerade an dieser Stelle die Einsicht vermitteln, daß solch eine Konfrontation neue Perspektiven für den praktizierenden und reflektierenden Theologen eröffnen kann. –

Wie aber läßt sich dieses Programm wissenschaftstheoretisch als fester Bestandteil in die Theologie integrieren? Und wie kann parallel dazu die Zielsetzung der Pastoralpsychologie praktisch verwirklicht werden?

III. Die theologische Zuordnung der Pastoralpsychologie als gegenwärtige Aufgabe der Praktischen Theologie

Die beiden zuletzt gestellten Fragen beschäftigen eine Reihe von Theologen bzw. Pastoralpsychologen schon seit geraumer Zeit. Der so oft als desolat erlebte Zustand der real praktizierten Seelsorge in den Gemeinden hat zunächst immer wieder und immer mehr dazu geführt, daß unter rein pragmatischem Vorzeichen pastoralpsychologisch experimentiert wurde. Dabei sind im einzelnen sicher wertvolle Erfahrungen gesammelt worden. Je massiver aber gezielte Pastoralpsychologie in die Praxis der Kirche einfließt, umso weniger ist einer gediegenen theologischen Zuordnung und einer systematischen Ausbildung auf diesem Gebiet auszuweichen.

1. *Der theologisch-apologetische Zuordnungsversuch:* Die Grundlagen für diese Zuordnung sind gelegt. Im gegebenen Rahmen können freilich nur bestimmte Trends aufgewiesen bzw. Namen stellvertretend dafür genannt werden und dabei lediglich Hinweise auf wichtige Veröffentlichungen erfolgen. Eine Reihe grundsätzlicher Ausführungen und Stellungnahmen zum Thema psychologischer Methodik im kirchlichen Raum lassen sich zunächst gemeinsam als *theologisch-apologetischer* Zuordnungsversuch verstehen. Im deutschen Sprachraum, vorbereitet von der Leipziger Psychologin *Adelheid Rensch* und deren Buch „Das seelsorgerliche Gespräch"[7], wurde mit der späteren Übersetzung einer holländischen Veröffentlichung eine neue Stufe theologischer Besinnung und Bestimmung eingeleitet. 1968 erschien (in der Übersetzung von H.-Chr. Piper) das „Praktikum des seelsorgerlichen Gesprächs" von *H. Faber* und *E. van der Schoot*[8]. Interessant für den gegebenen Zusammenhang ist, daß hier eine aus empirischer Forschung und Erfahrung stammende Gesprächsmethodik – diejenige von *C. R. Rogers* – sehr direkt in den Kontext eines theologischen Anliegens gebracht wurde. Herausgehoben werden soll an dieser Stelle der folgende Einzelaspekt des Buches: Deutlich muß darin offensichtlich immer wieder der Verdacht abgewehrt werden, nicht eigentlich christlich und damit nicht eigentlich seelsorgerlich vorzugehen. Diese sich theologisch gleichsam ständig rechtfertigende Haltung ist alles andere als zufällig! Sie entspricht genau einem von der Situation und den Umständen her naheliegenden Umgang mit den theologischen Lesern. Es erscheint in dieser Phase als notwendig aufzuweisen, daß die neuen humanwissenschaftlichen Erkenntnisse einer theologischen Deutung von Mensch und Welt nicht widersprechen müssen. Es wird immer wieder nachgewiesen, daß das biblisch begründete System entsprechende Interpretationsmöglichkeiten bereits einschließt. Und es wird an entscheidenden Punkten sehr betont Wert auf genaue Abgrenzung zwischen Psychologie und Theologie gelegt. Damit ist auf die weit verbreitete und vor allem emotional noch nicht verarbeitete Spannung zwischen dem vorfindlichen theologischen Denken und der neuen Sicht im empirisch-anthropologischen Bereich bewußt eingegangen. – Auf dem atmosphärischen Hintergrund dieses Zustandes sind die theologischen Absicherungstendenzen vieler Ver-

---

[7] A. Rensch, Das seelsorgerliche Gespräch, Leipzig 1962.

[8] H. Faber/E. van der Schoot, Praktikum des seelsorgerlichen Gesprächs, Göttingen 1968.

öffentlichungen zum Thema Pastoralpsychologie zu verstehen. Als Ausdruck eines tiefsitzenden Mißtrauens gegenüber der Psychoanalyse wird etwa theologischerseits in auffallenden Wiederholungen vorgebracht, letztere habe keinen adäquaten *Schuldbegriff*. In der Aufarbeitung dieses zählebigen Vorwurfes bekommt dann eine so gründliche Untersuchung, wie die von *H. Harsch*[9], zu eben diesem Problem über ihren wissenschaftlichen Wert hinaus plötzlich eine wichtige zusätzliche Funktion. Sie hilft dem aufmerksamen Leser solche Zweifel zu objektivieren und ermutigt damit zum Wagnis neuer und ungewohnter Fragestellungen. – Auch *H. J. Thilo*[10] entspricht mit seiner „Beratenden Seelsorge" dieser theologisch-apologetischen Tendenz: Hier wird hilfreich und tiefenpsychologisch wohl fundiert über Wesen und Methodik der Gesprächsführung unterrichtet, und es werden ausgewählte Gesprächsprotokolle analysiert. Gleichzeitig bemüht sich der Verfasser mit deutlichem Engagement um den Nachweis, daß das pastoralpsychologische Handeln wirklich exegetisch abgesichert und damit theologisch legitimiert ist. Mit der theologischen Einleitung seiner umfassenden Anleitung zur Praxis der Kasualgespräche liegt Thilo damit auf der Linie einer Entwicklung, die einen vorläufigen Abschluß in dem gründlichen und die gegenwärtige Fragestellung außerordentlich diffizil umfassenden Buch „Seelsorge" von *R. Riess*[11] gefunden hat. Als Beispiel zu einer tragfähigen Seelsorgetheologie gedacht, drücken all diese Veröffentlichungen gleichzeitig die Tendenz aus, ein latentes Mißtrauen gegenüber den pastoralpsychologischen Ansätzen und gegenüber den diesen Ansätzen nachfolgenden Denkmodellen abbauen zu müssen.

2. *Der psychologisch-apologetische Zuordnungsversuch:* Es gibt daneben Pastoralpsychologen, die von ihrer umfassenden psychoanalytischen Vorbildung her eher geneigt sind, theologische Vorfindlichkeiten einer primär psychologischen Argumentation zu konfrontieren, um erst darauf hin zu einer neuen theologischen Verankerung des praktischen Handelns am Mitmenschen zu kommen. Dieses Vorgehen läßt sich als psychologisch-apologetischer Zuordnungsversuch der Pastoralpsychologie auffassen. Als dafür typische Veröffentlichungen lassen sich etwa *J. Scharfenbergs*[12] Buch über Freud und *D. Stollbergs*[13] Buch über die Beziehungen von Seelsorge und Gruppendynamik verstehen. – *Scharfenbergs* Stoßrichtung wird schon im Titel deutlich: Er will seine Abhandlungen über *Sigmund Freud* und dessen Religionskritik als eine Herausforderung für den christlichen Glauben verstanden wissen. Für den gegebenen Zusammenhang ist interessant, wie hier mit theologischem Anspruch und anhand von konkreten Reformvorschlägen von der Psychoanalyse her auf die seelsorgerliche Praxis zu argumentiert wird. – *Stollbergs* Buch über die „Seelsorge in der Gruppe" ist drei Jahre später erschienen. Es hat zwar ein von demjenigen Scharfenbergs unterschiedenes konkretes Anliegen, führt aber dieselbe Tendenz weiter. Der

[9] H. Harsch, Das Schuldproblem in Theologie und Tiefenpsychologie, Heidelberg 1965.

[10] H.-J. Thilo, Beratende Seelsorge, Göttingen 1971.

[11] R. Riess, Seelsorge, Göttingen 1973.

[12] J. Scharfenberg, Sigmund Freud und seine Religionskritik als Herausforderung für den christlichen Glauben, Göttingen 1968.

[13] D. Stollberg, Seelsorge durch die Gruppe, Göttingen ²1972.

Verfasser engagiert sich in dem Bemühen, der Kirche diejenigen Möglichkeiten zu eröffnen, die die moderne Gruppenpsychologie anbietet. Der sorgsam zusammengestellten Anleitung zur Gruppenpraxis in der Kirche geht nur eine relativ kurze Standort- und Begriffsbestimmung voraus. Das ebenfalls sehr kurze abschließende Kapitel „Zur theologischen Interpretation" wirkt dann fast wie ein Appendix. – Deutlich sollte sein, daß die hier aufgezeigte und an *Scharfenbergs* und *Stollbergs* Veröffentlichungen exemplifizierte Tendenz auf dem Hintergrund einer sich langsam verändernden Situation der Praktischen Theologie zu verstehen ist. Bücher wie die letztgenannten zeigen, daß das Bedürfnis nach empirienaher und dennoch theoretisch fundierter Pastoralpsychologie mit weniger Bedenken erlebt und vom theologischen Leser unmittelbarer akzeptiert werden kann. Unnötig zu betonen, daß hierbei die einzelnen „Phasen" nicht eindeutig voneinander abgehoben werden können. Gehört es doch gerade zur bleibenden Aufgabe des Pastoralpsychologen, den jeweiligen Erwartungshorizont und damit die Aufnahmemöglichkeiten derer, denen er etwas vermitteln möchte, klar in die Auseinandersetzung einzubeziehen.

3. *Die Frage nach der Ermöglichung eines persönlichkeitsentsprechenden Credos:* Beachtet man diese verschiedenen Tendenzen und sieht sie als Teil einer Gesamtentwicklung, so lassen sich hinsichtlich der theologischen Zuordnung der Pastoralpsychologie folgende Punkte hervorheben und zur Diskussion stellen:

a) Pastoralpsychologie ist und bleibt von ihrer Methode und von ihren Ergebnissen her empirische Psychologie. Sie wird auf Glaubensaussagen sowie auf die diesen Aussagen entsprechenden Einstellungen und Verhaltensweisen bezogen. Sie hat damit Phänomene zum Gegenstand ihrer Untersuchung, die traditioneller Weise ausschließlich theologisch bestimmt und unter diesem Vorzeichen systematisch erfaßt wurden. Dieses ungewohnte Vorgehen ist emotional nicht ohne Schwierigkeiten zu bewältigen! Es löst Abwehr aus, wenn eine empirische Betrachtungsweise sich nicht mehr auf theologische Adiaphora beschränkt, sondern auch das sogenannte „Eigentliche" des christlichen Glaubens erfaßt, sobald es gilt, gestörte oder problematische Lebensvorfindlichkeiten zu analysieren. Gerade diese Abwehr ist aber wiederum ein hervorragender Gegenstand pastoralpsychologischer Wirksamkeit. Das kann erst allmählich, dann aber umso eher akzeptiert werden, je deutlicher der Pastoralpsychologe aufweist, daß er unter zwar möglichst umfassendem, aber dennoch grundsätzlich begrenztem Aspekt ent-decken, zuordnen und die Probleme aufarbeiten möchte. Als eine bestimmte Möglichkeit des Erfassens und Erklärens menschlicher Erlebensformen und Konflikte unter anderen anthropologischen (bzw. theologischen) Zuordnungsmöglichkeiten ist der pastoralpsychologische Aspekt einer Situation grundsätzlich relativierbar! Das bedeutet: Er kann sich von den Umständen her als mehr oder weniger erforderlich erweisen, läßt sich aber jedenfalls weltanschaulich neutral in Gebrauch nehmen!

b) Gerade diese weltanschauliche Neutralität der Pastoralpsychologie wird theologischerseits immer wieder in Frage gestellt. Es besteht Gefahr, daß die Auseinandersetzung in lähmender Weise an diesen Punkt fixiert bleibt. Dieser unheilvollen Fixierung ist aber nicht nur durch immer weitere intellektuelle Differenzierung des Problems zu wehren. Ihr sollte vor allem durch verbreiterte emotionale Erfahrung im anthropologischen Bereich begegnet werden. Diese Erfahrung umfaßt dann gleichzeitig die Einsicht, daß der Prozeß der ständigen Bewußtseinserweiterung fortschreitet und daß Ängste und Befürchtungen, die bisher als unaufhebbar mit der menschlichen Existenz verbunden erlebt worden sind, je länger je deutlicher durchschaubar und therapeutisch angehbar werden. Das zwingt zu zusätzlichen Reflexionen! Die theologische Auffassung vom Menschen und ihr Proprium lassen sich nur dann wirklichkeitsnahe vertreten, wenn dadurch eine Partizipation an den Erkenntnissen und Möglichkeiten der gegenwärtigen empirischen Anthropologie nicht gleichzeitig ausgeschlossen wird. In diesem Sinne kann und soll Pastoralpsychologie als die *unserer Situation entsprechende Wahrnehmungshilfe* im Hinblick auf die anthropologische Wirklichkeit von der praxisbezogenen Theologie in Gebrauch genommen werden.

c) Wird der Pastoralpsychologie innerhalb der Praktischen Theologie diese allgemeine Funktion zugestanden, so erübrigen sich alle theologisierenden Interpretationen im Detail! Der den einen Theologen überzeugende biblische oder dogmatische Begründungsnachweis für ein bestimmtes pastoralpsychologisches Vorgehen bleibt ebenso nachweisbar wie regelmäßig in der emotionalen Abwehr des anderen Theologen stecken. Hier ist ein ständiger Wiederholungsmechanismus zu vermeiden! Es geht vielmehr jeweils einzeln, jeweils anders, jeweils neu darum, wieviel für alles statische Denken und Erleben unbequeme Wirklichkeitserfahrung sich der christliche Glaube selber zumutet. Hier hat die theologische Auseinandersetzung anzusetzen! Wenn diese Zumutung im Glaubensbereich nicht mehr nur als vereinzeltes Phänomen sondern als allgemeines Problem gesehen ist, so wird sie zum Nachdenken im Dienste eines christlichen Engagements, das die verändert und erweitert erlebte menschliche Wirklichkeit nicht nur traditioneller theologischer Begrifflichkeit zuordnet, sondern darüber hinaus immer neue Fragestellungen ermöglicht.

d) Die Entscheidung, die Pastoralpsychologie im Rahmen der Theologie funktional wirksam sein zu lassen, hängt freilich nicht zuletzt davon ab, ob die daraus resultierenden Folgen als eine notwendige Entwicklung wirklich bejaht werden. Als Konsequenz einer erweiterten Selbsterkenntnis wird zwangsläufig und fortschreitend wahrgenommen, daß es im Bereich christlichen Glaubens heute auf die Ermöglichung eines *persönlichkeitsentsprechenden Credos* ankommt. Die alte Angst vor dem drohenden Subjektivismus wird dabei umso eher aufzuarbeiten sein, je sachlich objektiver das emotionale Erleben in den theologischen Erkenntnisprozeß einbezogen ist. Es geht nicht darum, Subjektivismus zu züchten, sondern vorhandene aber oft noch gehinderte Individualität ernst zu nehmen! Je mehr sich christlicher Glaube angstfrei diese individuelle Ausprägung gestattet, umso weniger braucht er zu fürchten, daß die unaufhaltsame Bewußtseinserweiterung auf Kosten seines spezifischen Menschenbildes geschieht.

e) Schließlich ist ernst zu nehmen, daß bei so enger Verklammerung von emotionaler Erfahrung und kognitivem Erfassen der Probleme im seelsorgerlichen Bereich eben diese Erfahrung nicht dem Zufall überlassen, sondern organisiert werden sollte! Als geeignetes Mittel bietet sich für Theologen vor allem die systematisch betriebene Erfahrung der eigenen Emotionalität und deren Auswirkungen in Gruppen an. Die verschiedenen Möglichkeiten einer Auffassung von dem, was Gruppe sei, sollten dabei je länger je weniger gegeneinander ausgespielt werden. Es geht im gegebenen Zusammenhang nicht so sehr darum, einen sozialpsychologischen Gruppenbegriff gegen einen psychoanalytischen als jeweils effektiver oder sogar als alleingültig durchzusetzen. Es kommt vielmehr in jedem Fall darauf an, das Geschehen in einer Gruppe einem überschaubaren anthropologischen Modell zuordnen zu können. Erfahrungsberichte über entsprechende Unternehmungen und Experimente liegen für Gruppen mit Studenten (z. B. *Scharfenberg, Stollberg*)[14], mit Vikaren (z. B. *Sievers*)[15] und mit jungen Pastoren (z. B. *Faber*[16], *Verfasser*[17]) vor. Sie ermutigen zu einer kritisch reflektierten Fortführung und Erweiterung dieser Arbeit. Sie ist nach allem hier Gesagten eben nicht nur als eine praktische Übung im Sinne eines der theoretischen Einsicht nachgeordneten Trainings zu verstehen, sondern wesentlich an der theologischen bzw. seelsorgerlichen Theoriebildung beteiligt.

Hinsichtlich der theologischen Zuordnung der Pastoralpsychologie läßt sich somit *zusammenfassen:* In der Folge der (apologetisch vorgezeichneten) theologischen Grundlegungen geht der Trend dahin, Pastoralpsychologie als die unserer Situation entsprechende anthropologische Wahrnehmungsfunktion einer praxisbezogenen Theologie aufzufassen. Der Pastoralpsychologe möchte einen Entwicklungsprozeß fördern, der es möglich macht, das allgemeine christliche Credo unmittelbarer auf die individuelle Persönlichkeitsstruktur zu beziehen. Als notwendig für eine neue Problemsicht erweist sich dabei die Einrichtung von Selbsterfahrungsgruppen, weil diese dem über Theorie *und* Praxis nachdenkenden Theologen dazu verhelfen, das kognitive Element seiner Überlegungen und seines Handelns klarer auf das emotionale zu beziehen.

Schlußbemerkung: Jeder Versuch, moderne psychologische Erkenntnisse in die seelsorgerliche Theorie und Praxis einzubeziehen und diesen Vorgang theologisch zuzuordnen, ist von einer gehörigen Portion *Geduld* und *Beharrlichkeit* der an diesem Unternehmen Beteiligten abhängig. Diese Geduld und Beharrlichkeit sind notwendig, um jene Kurzschlüssigkeiten zu vermeiden, die das von der Situation her dringend anstehende kontinuierliche Gespräch zwischen den Disziplinen blockieren oder verhindern. Und solche Geduld und Beharrlichkeit sind Voraussetzung dafür, daß die Auseinandersetzung um die theologische Integration der Pastoralpsychologie nicht nur als theologisierender bzw. psychologisierender Denkakt, sondern als *Prozeß* des Erkennens erlebt werden kann. Geduld und Beharrlichkeit lassen sich nicht erzwingen! Aber sie lassen sich denen nahelegen, die von

---

[14] J. Scharfenberg, Selbsterfahrungsgruppen mit Theologiestudenten und D. Stollberg, Gruppendynamik im Dienst der Seelsorge, in: Wissenschaft und Praxis in Kirche und Gesellschaft 59/1970.

[15] E. F. Sievers, Selbsterfahrungsgruppen mit Theologen, in: Wege zum Menschen 21/1969 u. 22/1970.

[16] H. Faber, Eine ‚Balint-Gruppe' für Pastoren, in: Wege zum Menschen 20/1968.

[17] K. Winkler, Theologen erleben eine Selbsterfahrungsgruppe, in: Wissenschaft und Praxis in Kirche und Gesellschaft 59/1970.

verschiedenen Standorten aus dennoch gemeinsam darum bemüht sein wollen, die Probleme und Konflikte der Menschen von heute nicht nur zu registrieren, sondern wirklich zu erfassen und konsequent anzugehen.

PROBLEME DER PRAXIS

William E. Hulme

Pastoralpsychologische Aspekte des heiligen Abendmahles*

Die Fähigkeit zu feiern ist gegenwärtig wie selten zuvor gefragt. Es ist nicht zufällig, daß zu dieser Zeit auch im Raum der christlichen Gemeinde die eucharistische Funktion des Gottesdienstes vielfach neu entdeckt und in verschiedensten Formen erlebt wird. Der folgende Aufsatz, ein Ausschnitt aus „Pastoral Care Come of Age" (1970) von William E. Hulme, ist ein Hinweis, daß auch der Bereich des Gottesdienstes, insbesondere die Sakramente mit ihrer Symbolik, in das Blickfeld der Pastoralpsychologie zu rücken beginnt. Der Verfasser verbindet in seinem Essay unter anderem biblisch-lutherisches Erbe mit dem klinischen Erfahrungshintergrund, den er als namhafter amerikanischer Vertreter der Pastoralpsychologie nicht zuletzt durch zahlreiche Veröffentlichungen in die Praktische Theologie einzubringen vermag.

Die frohe Botschaft von der Versöhnung wird nicht nur, wie in der Predigt, durch Worte vermittelt, sondern auch durch ganzheitliches Ansprechen des Menschen. Das Abendmahl ist ein Zeichen der Versöhnung. Als solches ist es ein Mittel gegen Schuld und Entfremdung. Dieses Sakrament hat jedoch unter den Verzerrungen einer individualistischen Frömmigkeit gelitten. Die Kirchen, in denen das Sakrament eine bedeutende Rolle spielte, betonen mehr und mehr zwei Momente: entweder den Zuspruch der persönlichen Vergebung und der Gemeinschaft mit Gott oder die individuelle Annahme der heilig machenden Gnade. Diese beiden Schwerpunkte herrschen heute nicht mehr vor. An ihre Stelle rückte die soziale Bedeutung von Versöhnung und Gemeinschaft. Es ist nicht der einzelne, der etwas vom Herrn empfängt, es ist die Gemeinschaft der Gläubigen, und sie empfangen auch voneinander.

Diese Gemeinschaft, der Leib Christi, feiert ihr Verbundensein mit Christus, indem sie in, mit und unter den Elementen des Abendmahls den Leib und das Blut Christi empfängt. Wir sind Glieder sowohl in bezug auf das Haupt, als auch in bezug aufeinander. Wenn wir an dem einen Brot teilhaben, werden wir, die vielen, zu einem Leib. Versöhnung und Gemeinschaft sind nach dem Modell der Inkarnation zu verstehen. Als eine Verbindung von Elementen der Natur und der Erlösung führt das Sakrament die Einheit zwischen dem Göttlichen und dem Menschlichen in der Person Christi auf der kultischen Ebene fort.

1. *Die liturgische Erneuerung*

Seit mehreren Jahren erlebt die Kirche eine liturgische Erneuerung. Besonders bei der Jugend ist ein neues Interesse an der Kirche erwacht; sie experimentiert mit verschiedenen Gottesdienstformen. Dieses neue Inter-

* Aus dem Amerikanischen von Waldemar Pisarski.

esse und diese Kreativität kommen vor allem dem Abendmahl zugute. Als ein Ausdruck der Solidarität und der Gemeinschaft im Leben der Kirche erfreut es sich zunehmender Wertschätzung. Die Seelsorge bekommt mit der liturgischen Erneuerung ein anspruchsvolles Hilfsmittel. Da die psychologische Orientierung der Seelsorge eher wissenschaftlicher als kultischer Natur war, wurden die gemeinsamen heilenden Kräfte, die sowohl der Liturgie als auch der Seelsorge innewohnen, nicht immer erkannt. In ihrer Verantwortung gegenüber der Kirche muß die Seelsorge die liturgische Erneuerung für ihr heilendes Amt fruchtbar machen. Beide, Seelsorge und Liturgie, stellen priesterliche Funktionen dar, die sich gegenseitig ergänzen.

Heute liegt der Schwerpunkt der Kirchen im Leben der Gemeinschaft. Es hat schon früher solche Zeiten gegeben. Die letzte war die Zeit des „social gospel" in der ersten Hälfte dieses Jahrhunderts. Auch heute ist man an den sozialen Fragen interessiert, aber in bezug auf das gottesdienstliche Leben besteht ein deutlicher Unterschied zu jener Zeit. Die Zeit des „social gospel" stellte eine liberale, protestantische Bewegung dar, die dem Sakrament des Abendmahls und der Gottesdienstordnung oft keinerlei Bedeutung zumaß. Der Gottesdienst erhielt seine Prägung viel stärker von der Predigt als von den Sakramentsfeiern. Die Ziele jener Zeit waren idealistisch, die Mittel rational.

Im Gegensatz dazu ist das heutige Interesse an der sozialen Dimension des Lebens durch die ökumenische Bewegung beeinflußt worden, von katholischer Seite ebenso wie von protestantischer. Diese Bewegung wirkte sich auf die Predigt nicht belebend aus, im Gegenteil, die Predigt verliert zusehends an Bedeutung, vor allem im Protestantismus. „Starprediger" mit einer großen Hörerschaft erinnern eher an die Vergangenheit als an die Gegenwart. Unser Interesse gilt anderen als den verbalen Symbolen. Von Worten allzu oft enttäuscht, wenden wir uns dem sinnfällig wahrnehmbaren Symbol und dem gemeinschaftlichen Beisammensein zu. Die Handlung, das Drama dient der Kommunikation besser als die Predigt. Daher unser Interesse an der Liturgie.

Auch die moderne Seelsorgebewegung wurde von anderen als den verbalen Symbolen beeinflußt. Nicht die traditionell religiösen, sondern die *Freud*schen Symbole der oralen, analen und phallischen Entwicklungsphase übten eine große Faszination aus. Die religiösen Symbole standen für eine vermeintlich bedeutungslose Tradition, die die Seelsorgebewegung zu reformieren bestrebt war. Die neuen, tiefenpsychologischen Symbole erwiesen sich als lebendig, die alten, kirchlichen Symbole waren gestorben. Jetzt, da die liturgische Erneuerung einen frischen, schöpferischen Zugang zu den Symbolen der Kirche erschlossen hat, sind wir wieder in der Lage, deren Heilkraft zu erkennen. So schenkt die liturgische Erneuerung der Seelsorge eine neue Wertschätzung ihres eigenen religiösen Erbes.

Das Abendmahl trägt ein Element stetiger Erneuerung in sich. Im Gegensatz zur Taufe ist es ein wiederholbares Sakrament. Die wiederholte Teilnahme entspricht dem zyklischen Charakter des Lebens. Seinen Festen wohnt der Rhythmus eines immer wiederkehrenden Zyklus inne. *Freud* stellte diesen Zyklus vor allem im Blick auf den Todestrieb fest. Im Gegensatz dazu ist die immer wiederkehrende Teilnahme am Sakrament mit dem Lebenstrieb verbunden. Obwohl auch sie zyklischer Natur ist, repräsentiert sie doch eine Bewegung auf ein Ziel hin und nicht ein Verstecken vor der Niederlage.

Die anhaltende Wirkung des Sakraments bildet einen Gegensatz zu den unmittelbaren Begegnungen der Menschen untereinander, die oberflächlich und nicht von langer Dauer sind. Der Eindruck der Tiefe, den diese unmittelbaren Beziehungen hervorrufen, entsteht oft nur deswegen, weil Menschen ohne die üblichen Hemmungen verkehren. Das neu erwachte Interesse am Sakrament mag teilweise ein Ausgleich für unsere zwischenmenschliche Isolation im Zeitalter der Computer sein. Es stellt uns zeichenhaft ein Mittel gegen unsere Entfremdung, Entäußerung und die starken, aber oberflächlichen Bemühungen, miteinander zu kommunizieren, zur Verfügung.

Es entspräche der Beziehung von Seelsorge und Beratung zum Gesamtauftrag der Kirche, wenn die Seelsorge dieses neue Interesse am Sakrament aufnähme – nicht nur im Sinne einer theoretischen Grundlegung dieser Wechselbeziehung, sondern als ihr sichtbarer Ausdruck.

Die Beratungsarbeit ist nur dann für das Handeln der Kirche von Bedeutung, wenn sie als Teil des ganzen Auftrages gesehen wird. Die Seelsorge ist, wie *Eduard Thurneysen*[1] sagte, ein außerordentliches Werk, dessen Bedeutung für die Kirche von den ordentlichen Werken abhängt. Die Aufgabe der Seelsorge beginnt in einer Krisensituation, für die die ordentlichen Werke nicht ausreichen. Sie ist dann beendet, wenn die Not so weit gelindert ist, daß die ordentlichen Werke einsetzen können.

Die ordentlichen Werke – Predigt und Sakramentsverwaltung seien hier als Beispiel genannt – sind die, die dem zyklischen Rhythmus des Lebens folgen. Es sind nicht Funktionen angesichts einer Krise, sondern vielmehr ein Ausdruck des Lebens im Leib. Die Seelsorge als solche ist eine Aufgabe, die der Gemeinschaft, der Sendung und dem Gottesdienst dieses Leibes zugeordnet ist. Sie ist eine Funktion im Blick auf die Kirche – ihren Gottesdienst und ihre Sendung, ihr Wort und ihre Sakramente –, denn sie führt zum Glauben und zur Nachfolge. Der Pfarrer, der Seelsorge treibt, ist derselbe Pfarrer, der zur Sakramentsverwaltung beauftragt ist.

Dies soll nicht heißen, daß die Laien nicht seelsorgerlich tätig sein dürfen. Sie dürfen nicht nur, sie sind es ja auch, ja, sie müssen es sein. Die Not ist zu groß, als daß sie der verhältnismäßig kleinen Zahl derer, die ordiniert sind, anvertraut werden könnte. Zudem sprechen manche Menschen, die Hilfe brauchen, lieber mit Laien, weil der Pfarrer für sie eine Autoritätsperson ist, von der sie ein sehr negatives Bild haben. Aber auch wenn der Pfarrer die ganze Arbeit allein tun könnte, er würde damit das Bekenntnis der Kirche verleugnen. Der Leib Christi besteht aus voneinander abhängigen Gliedern, die in einer heilenden Gemeinschaft einander dienen. Das allgemeine Priestertum findet im allgemeinen Hirtentum der Gläubigen seine Entsprechung. In den meisten Kirchen kann auch der Laie predigen und bei der Verwaltung der Sakramente helfen. Die Ordination hat für die Seelsorge dieselbe Bedeutung wie für diese anderen Funktionen. Es geht nicht darum, den Laien auszuschließen, sondern zu beschreiben, was der Auftrag der Kirche beinhaltet.

---

[1] A Theology of Pastoral Care, Richmond 1962.

2. *Das vielseitige Symbol*

Als eine gemeinschaftliche Teilnahme am Essen und Trinken stellt das Abendmahl eine symbolische Handlung dar, die sich auf mehrere Seiten erstreckt. Das Essen vom Brot des Lebens ist ein *gemeinsames* Essen und daher ein Symbol für die Gemeinschaft einer Familie. Das Essen von dem einen Brot und das Trinken von dem einen Kelch stehen dafür, daß die Barrieren, die Gemeinschaft verhindern, entfernt sind. Das Mißtrauen, die Furcht, bloßgestellt zu werden, und die Furcht vor Zurückweisung werden durch die Darstellung einer Liebe, die keine Bedingungen kennt, weggenommen. Die entzweiende „Mauer der Absonderung" ist durch einen Akt der Sühne fortgeräumt worden. Wenn die Teilnehmer die Elemente dieser Sünde – seinen Leib und sein Blut – zu sich nehmen, dann versinnbildlicht dies die Heilung von dieser Trennung, wie sie von innen heraus zustande kommt. Das niedrige Selbstbild begegnet einer Liebe, die keine Bedingungen kennt. Der Teilnehmer ist gerechtfertigt, *so wie er ist.* Diese Annahme wird sowohl dem Leib in seiner Gesamtheit geschenkt als auch den einzelnen als den Gliedern dieses Leibes. Beide, der einzelne Gläubige und die Gemeinschaft der Gläubigen, sind aus Gnade durch den Glauben gerechtfertigt.

Die Teilhabe an dem, was als Leib und Blut des Herrn gilt, drückt die tiefste Erfahrung vertrauter Nähe und Gemeinschaft aus. In einer Stelle aus dem Johannesevangelium, die sich, wie viele meinen, auf das Abendmahl bezieht, sagt *Jesus*: „Wer mein Fleich ißt und mein Blut trinkt, bleibt in mir und ich in ihm" (Joh 6,56). Dieses Bildwort bezeichnet eine verinnerlichte Einheit: Sein Geist gibt unserem Geist Zeugnis, daß wir ihm gehören. Im Unterschied zu einer Herrschaft, die sich in einem äußeren Druck zeigt, bedeutet die Einheit mit Christus nicht Gleichförmigkeit. Es hat Zeiten gegeben, da das Sakrament mit einer bestimmten äußeren Form der Feier gleichgesetzt wurde. Ein Symbol für Einheit durch Gleichförmigkeit! Den Gewändern wurde der gleiche Rang zuerkannt wie dem Leib. Die Freiheit, die aus der Einheit kommt, ging durch eine äußere Gleichmacherei verloren. Da Symbole meist das vermitteln, wofür sie stehen, bedeutete dieser Verlust in Wahrheit einen Verlust am Evangelium.

Wenn Menschen durch Brot und Wein am Leib und Blut des Herrn teilhaben, dann symbolisiert dies die dynamische Verbindung des Transzendenten mit dem Immanenten. Diese anscheinend auseinanderstrebenden Dimensionen des göttlichen Wesens werden beim Sakrament in existentieller Spannung zusammengehalten, so wie das Ungreifbare durch das Greifbare empfangen wird. In einer neu erbauten Kirche lautet die Abendmahlsinschrift auf dem Altar nicht „Nehmet hin und esset", sondern „Schmecket und sehet". Die sinnfällige Erfahrung, auf der sich Wissen gründet, soll dabei betont werden. Man kann die Elemente schmecken und sehen. Sie sind ein Ausdruck der Schöpfung und damit ein Hinweis auf Gott. Der verborgene Gott wird in der geschaffenen Welt, die seiner Hände Werk ist, offenbar. Dieses Offenbarungsprinzip gipfelt in der Inkarnation. Der Sohn Gottes, eingeboren, aber nicht geschaffen, wird uns als Menschensohn, von einer Frau geboren, bekannt. Das Transzendente wird durch das Immanente vermittelt und bekannt.

Wenn wir dieses sakramentale Prinzip darstellen, dann wollen wir es nicht in zeitliche oder räumliche Kategorien fassen. Es soll nicht erklärt, sondern nur beschrieben werden. Wir können das Ereignis schildern, ohne die übliche Apologie zu geben. Das Sakrament des Abendmahls ist eine Feier des Leibes. Den Leib nicht wahrzunehmen, heißt nach *Paulus*, sich zum Gericht essen und trinken. Mit dem Wort „Leib" ist die Einheit mit Christus gemeint. „Das Brot, das wir brechen, ist es nicht Gemeinschaft mit dem Leibe Christi?" Es ist aber auch die Gemeinschaft *des* Leibes. Christus ist als das *Haupt* der Kirche nur in Verbindung mit den anderen *Gliedern* des Leibes zu erkennen. Man muß seinen Leib nicht nur im Brot, sondern auch in den Teilnehmern am Abendmahl wahrnehmen.

Die Einheit der Teilnehmer findet in dem gemeinsamen Kelch ihr Symbol, der sich trotz der hygienischen Vorsicht unserer Zeit in vielen Kirchen erhalten hat. Ebenso wird sie darin symbolisiert, daß wir von dem einen Brot essen. Wie das Brot für die vielen gebrochen wird, so sind die vielen wiederum ein Leib, denn sie haben an demselben Brot teil. Der Herr wird eingenommen und geteilt. Die Einheit gilt in bezug auf das Haupt und in bezug auf die Glieder des Leibes, auch wenn der Kommunikant als einzelnes Glied am Leibe teilnimmt.

Bei einem solchen phänomenologischen Ansatz kommt dem Symbol die Aufgabe zu, die Teilnahme an dem, was symbolisiert wird, zu bewirken. Durch das Symbol tritt man mit dem Wesen in Beziehung, denn das Symbol teilt das mit, was es symbolisiert. Die Mauern der Entfremdung brechen nieder, wenn aus Zuschauern Teilnehmer werden und aus einzelnen Glieder eines Leibes, die zusammengehören.

3. *Experimente mit der Form*

Der liturgischen Erneuerung geht es nicht einfach um eine neue Wertschätzung kultischer Traditionen, sie ist vielmehr bemüht, schöpferisch mit neuen Formen zu experimentieren. Das Abendmahl steht im Mittelpunkt dieser Versuche. Die Abendmahlsgäste, die in ihren Kirchen bisher auf den Bänken saßen oder am Altar standen oder knieten, um die Elemente zu empfangen, sitzen sich nun gegenüber an einem Tisch oder stehen in einem Kreis. Solcher zeitgemäßer Formen bedient man sich oft auf Freizeiten, bei denen es sowieso schon um Gemeinschaft und Ungezwungenheit geht. Anstatt im Sonntagsanzug kommen die Kommunikanten in Alltagskleidung; sie versammeln sich in einem wohnlich eingerichteten Raum, nicht im Kirchenraum. Die meisten dieser neuen Formen beziehen die Laien mehr als bisher in die Sakramentsverwaltung ein.

Bei all diesen Versuchen geht es darum, die horizontalen Linien im Sakrament zu betonen und die Laien am Auftrag der Kirche zu beteiligen. Die Teilnehmer drücken mit ihrer äußeren Haltung aus, daß die Glieder am Leib eine Gemeinschaft bilden. Die gewöhnlich konservative Amtskirche betrachtet diese Neuerungen mit einer zurückhaltenden Toleranz. Ein typisches Beispiel ist die Haltung des Vatikans gegenüber den Sakramentsfeiern der Katholiken in Holland. Ein weiteres Beispiel ist die zunehmende Zahl und die Vielfalt der Abendmahlsformen, die auf Verlangen der Studenten in theologischen Hochschulen gehalten werden. In meiner Hochschule wurden solche Feiern erst vor kurzer Zeit auf Wunsch der Studenten von der Fakultät zugelassen, und damals nur für besondere Gelegenheiten. Heute werden sie wöchentlich gehalten, wiederum auf Initiative der Studenten.

Die Versuche mit neuen Abendmahlsformen finden heute bei den unterschiedlichsten Gemeinden und bei allen möglichen Anlässen statt. Ich erinnere mich an eine Mitarbeiterrüstzeit einer großen, alten lutherischen Gemeinde in einer konservativen Stadt im Mittelwesten. Die Teilnehmer saßen um einen Tisch und reichten jeweils dem Nachbarn die Elemente. Bei Passionsgottesdiensten in der kleinen Kapelle einer Barackensiedlung außerhalb der Stadtgrenzen wurde das Sakrament wöchentlich gefeiert. Man nahm das tragbare Gestühl heraus, und die Menschen bildeten einen großen Kreis. Ein Gefühl der Gemeinschaft, das vorher nicht da war, entstand, als sie von dem einen Kelch tranken und von dem einen Brot aßen. In vielen Innenstadtgemeinden finden Abendmahlsfeiern in einem Wohnzimmer oder in einer Küche statt. Die protestantische Gemeinde in East Harlem ist ein Beispiel dafür. Man bringt das Abendmahl von den Kirchengebäuden zu den Wohnungen der Armen. Kürzlich nahm ich an einem Experimentiergottesdienst einer theologischen Hochschule teil. Die Studenten waren bisher einen festen, liturgischen Gottesdienstablauf gewöhnt. Diesmal schrieben sie selbst eine Liturgie und gruppierten sich zwanglos um den Altar. Nach dem Empfang der Elemente kam es zu einer Reaktion, die nicht geplant war. Die Studenten gingen spontan aufeinander zu und schüttelten sich die Hände – ein Ausdruck der Gemeinschaft. Die neuen Formen und Versuche mit dem Abendmahl erinnern an die *Agape*feiern der alten Kirche. Sie erinnern an die Feier der Einsetzung und an die Gemeinschaft beim Brotbrechen, von denen die Apostelgeschichte berichtet. Beim Essen und Trinken zeigte sich die Gemeinschaft der Kirche. Heute suchen die Menschen eine ähnliche Erfahrung, ob sie sich nun zu einer Tasse Kaffee, zu einem Glas Bier oder zu einem Essen treffen. Wenn unsere Sinne angesprochen werden, und wenn wir Gemeinschaft finden, dann erwacht in uns Freude am Leben. Beide Momente gehören zusammen. Beim Sakrament kann man Brot und Wein schmecken, der Leib der Glaubenden wird sichtbar. Die Feier richtet sich auf das Ganze, aber im Blick auf die einzelnen Teile. Die Menschen wissen sich in Gemeinschaft mit dem Schöpfer und zeigen ihre gemeinsame Freude an seiner Schöpfung.

Aber auch die tragische Dimension fehlt nicht. Brot und Wein sind sein Leib und sein Blut. Die Teilnehmer empfinden Zuversicht, aber sie haben keine Illusionen. Die Schöpfung steht unter dem Gericht. Sie bedarf der Erlösung. Aber das Kreuz des Gerichtes – sein Leib und sein Blut – ist auch das Kreuz der Erlösung. Sooft die Gläubigen von dem Brot essen und von dem Kelch trinken, verkünden sie den Tod des Herrn, bis er kommt. Die Feier des Abendmahls ist eine Bestätigung dafür, daß die Schöpfung erlöst worden ist. Dies ist die gute Nachricht! Der, der starb, ist auch auferstanden. Die gute Botschaft enthält jedoch auch eine Hoffnung. Die Erlösung ist nicht ein Ereignis in der Vergangenheit. Sie gilt für die Gegenwart und wartet auf ihre Vollendung in der Zukunft. Der Glaube ist eine Zuversicht für Dinge, auf die er hofft – die Gewißheit von etwas, was man nicht sehen kann. Der, der gestorben und auferstanden ist, ist auch der, der wiederkommen wird.

4. Das Mahl der Familie

Das Abendmahl wird in Form eines Familienmahles gefeiert. *Jesus* stiftete es im Kreis seiner Freunde, seiner Jünger, und zwar am Passahfest, dem Fest der Familien. Das Familienmahl kann zu einer Zeit tiefer Gemeinschaft werden, in der man Erlebnisse und Erfahrungen austauscht. „Ich möchte euch erzählen, wie ich diesen Tag verbrachte", sagt einer, und bald beginnen auch andere zu berichten. In Häusern, die diese Sitte noch pflegen, ist es auch eine Zeit der Andacht. Wo sich eine Familie zu Tisch setzt, besteht seit alters her die Gelegenheit, daß sich Menschen als eine Gemeinschaft am gemeinsamen Leben erfreuen.

Die gemeinsame Mahlzeit ist heute aus vielerlei Gründen gefährdet, nicht zuletzt deswegen, weil junge Menschen sich dagegen auflehnen. Die Jugendlichen wollen essen und dann aufstehen. Die Unterhaltung nach dem Essen erscheint ihnen als eine Zeitverschwendung. Ihre anderen Interessen sind ja in der Tat dadurch bedroht. Wenn noch ein Schlußgebet gesprochen werden soll, dann drängen die jungen Leute zur Eile, damit die Sache endlich vorüber ist.

Ein paar Jahre später kann es sein, daß dieselben jungen Leute diese Zeit der Familie zu schätzen lernen. Wenn junge Erwachsene ihre eigene Familie gründen, dann versuchen sie oft, die Bräuche der Familie, aus der sie kommen, wieder aufzunehmen. Es sind diese Bräuche, die den Erinnerungen einen Hauch von Wehmut geben. Trug die gemeinsame Mahlzeit zu jenem Gefühl der Geborgenheit bei, das man einst erlebte, dann empfindet man den Wunsch, diese Tradition zu übernehmen.

Die Tatsache, daß wir das Sakrament wieder höher schätzen, hängt auch damit zusammen, daß wir heute dem, was wir sehen, mehr trauen als dem, was wir hören. Ein Bischof aus Südafrika sagte kürzlich, daß er und seine Leute es wegen der repressiven Maßnahmen der Regierung lernen müßten, sich mehr auf die Augen zu verlassen als auf die Ohren. Dies ist zuverlässiger. Die apokalyptische Literatur, die unter den Juden und in der alten Christenheit in Zeiten der Verfolgung aufblühte, diente dem gleichen Zweck, nämlich sich zu schützen. Mit ihren Träumen und Visionen übermittelte diese Literatur denen, die von den Mächten des Bösen unterdrückt wurden, eine Botschaft der Hoffnung. Weil diese Botschaft in visionäre Symbole gehüllt war, stellte sie in gewissem Sinn einen Geheimkode dar. Das Buch *Daniel* im Alten Testament und die *Offenbarung* im Neuen Testament sind die beiden biblischen Beispiele apokalyptischer Literatur, beide in Zeiten schwerer Verfolgung geschrieben, um den Gläubigen Hoffnung zu geben.

Sehen bedeutet oft soviel wie *Verstehen*. Nachdem Hiob den sich offenbarenden Gott erlebt hatte, beschrieb er dies als *Sehen* im Gegensatz zum *Hören*: „Vom Hörensagen hatte ich von dir gehört, nun aber hat dich mein Auge gesehen" (Hiob, 42,5). Diese Erfahrung hat *Hiob* verändert. Sehen stellt eine sehr innige Möglichkeit des Wissens dar. Die Propheten des Alten Testamentes sprachen vom Wort Gottes oft als von etwas, das sie *sahen,* auch wenn man normalerweise das Hören mit dem *Wort* in Verbindung bringt. Wenn man Gott sprechen hört, dann hat dies die Wirkung des *Sehens.*

Die Predigt stößt heute auf ein immer geringeres Interesse, besonders unter Protestanten. Während eines homiletischen Kurses für katholische und protestantische Geistliche bemerkten die Katholiken, daß sie den Wert des Predigens höher einstuften, während ihn die Protestanten immer geringer einschätzten. Für viele Protestanten ist das Predigen zum bloßen Erzählen herabgesunken. Das Erzählen ist von allen Arten der Kommunikation die am wenigsten wirksame. Manche Pfarrer versuchen, ihren Unterricht und ihre Predigt mit visuellen Hilfen zu bereichern, in der Hoffnung, so mit dem Ohr auch das Auge ansprechen zu können. Aber das Sehen fordert mehr als ein paar visuelle Hilfen, die oft nur wie ein Anhängsel wirken. Sehen meint ein ganzheitliches Einbezogenwerden. Wenn wir Sehen und Hören gegenüberstellen, dann tauschen wir nicht einfach eine sinnliche Wahrnehmung gegen eine andere aus, sondern beschreiben die Verbindung aller Sinne zu einer Erfahrung des Wissens. Sehen meint also ein persönliches Betroffensein, ein Wissen aus Erfahrung. Es bedeutet ein Verstehen durch Wissen. Eine gute Predigt kann diese Art der Kommunikation bewirken. Solches Predigen setzt die aktive Teilnahme des Hörers in Gang, sein Engagement, und nicht etwa ein passives Aufnehmen. Aber in allzu vielen Fällen wird auf den Dialog verzichtet, die Predigt stumpft zur bloßen Erzählung ab. Das Hören führt nicht zum Betroffensein, sondern zur Apathie. Die Zeit, in der sich die Familie um einen Tisch setzt, kann auch zu einer Zeit der Erschütterung werden. Man bleibt sich fremd, wo man verbunden sein könnte. Die Kräfte mögen eher auf Zusammenstoß als auf Gemeinschaft gerichtet sein. Das eine schließt freilich das andere nicht aus. Menschen, die sich lieben, können sich manchmal auch hassen. Menschen, die sich mit einem Gefühl der Zuneigung begegnen, sprechen zuweilen voller Ärger miteinander. Dies gehört zur Natur unseres Zusammenlebens „nach dem Fall". Meinungsverschiedenheiten können wir nur dann verhindern, wenn wir die Gemeinschaft zugunsten einer friedlichen Harmonie aufgeben wollen. Dies ist der Preis, den manche in ihrem Familienleben zahlen, um nur jeden Streit zu vermeiden.

Diese dialektische Beziehung zwischen Gemeinschaft und Mißklang gibt es auch beim Abendmahl, dem Mahl der Familie. Wir müssen in der Tat für die älteste und ausführlichste Schilderung eines Streitfalles dankbar sein. Weil sich die Korinther bei Fragen des Abendmahls bitter befehdeten, fühlte sich *Paulus* veranlaßt, mit einem Brief einzugreifen. Es war zum Zusammenstoß zwischen denen gekommen, die etwas besaßen, und denen, die nichts besaßen. Aus der Agapefeier wurde ein Gezänk. In dieser Situation versuchte Paulus der Gemeinde beizustehen. Er sprach aus, was er schon einmal persönlich gesagt hatte, er sprach über den Ursprung und über die Bedeutung des Sakramentes (1. Kor. 11). Die ganze Angelegenheit ging ihm sehr nahe. „Im folgenden kann ich euch nicht loben ...", so begann er, und er endete: „Das übrige aber werde ich anordnen, wenn ich komme."

Auch die sexuelle Vereinigung zwischen Mann und Frau spielt für die Gemeinschaft der Familie eine wichtige Rolle. Diese Vereinigung hat für die eheliche Beziehung eine zeichenhafte Bedeutung. Die physische Vereinigung zweier Menschen, die „ein Fleisch" werden, ist ein Symbol für die Zusammengehörigkeit der Menschen auch auf allen anderen Ebenen. Die sexuelle Anziehung hängt offensichtlich mit der sinnlichen Befriedigung zusammen. Aber dies allein würde nicht genügen, um sie zu erklären. Die sinnliche Befriedigung hängt auf jeden Fall von der Qualität der zwischenmenschlichen Beziehung ab. Es ist diese zwischenmenschliche Beziehung, die — auf der erotischen Ebene — dem Sexuellen seine Bedeutung verleiht. Wenn diese Möglichkeit zur Gemeinschaft auf sexuellem Gebiet — oder durch irgendein anderes fühlbares Medium — zum Tragen kommt, dann zeitigt sie eine tiefe Wertschätzung für das Zusammenleben. Diese eucharistische Aufnahme der Gottesgabe der Gemeinschaft erhoffen wir von der Analogie mit der Familie.

5. *Das Abendmahl bei der Trauung*

Es ist zu hoffen, daß das Abendmahl, das eine so große Bedeutung für die Versöhnung und für die Gemeinschaft der Menschen hat, auch bei den Trauungen in der Kirche gefeiert wird. Die Brautmesse, wie sie auch oft genannt wird, ist in den Kirchen katholischen Glaubens seit langer Zeit üblich. Seit einiger Zeit nimmt diese Sitte auch bei den Protestanten zu.

Offensichtlich ist der familiäre Charakter des Sakramentes nicht von der biologischen Familie her gegeben. Und doch ist die Tatsache, daß das Volk Gottes eine Familie bildet, nicht ohne Beziehung zur biologischen Familie. Die Ortsgemeinde ist als Familie von der biologischen Familie abhängig. So hängt die religiöse Erziehung ganz offensichtlich von der Familie ab. Im Gegensatz zu anderen Lebewesen verbringt der Mensch ein Drittel oder ein Viertel seines Lebens damit, erwachsen zu werden. Während dieser langen Reifezeit ist die Familie oder eine entsprechende Gruppe unerläßlich für die Entwicklung des Kindes.

Hugh Misseldine hält in seiner Theorie der Persönlichkeitsentwicklung die Eltern-Kind-Beziehung für die prägende Beziehung im ganzen Leben. Das „innere Kind der Vergangenheit" begleitet uns nicht nur in der Gegenwart, es kann auch den größten Einfluß darauf haben, wie unsere eheliche Beziehung aussieht und welche Elternrolle wir spielen. Noch mehr, es ist die Beziehung dieses inneren Kindes der Vergangenheit zu seinem Vater und zu seiner Mutter, die uns für unsere späteren Probleme und Fehlhaltungen empfänglich macht. Nur wenn man fähig ist, sich von dieser Eltern-Kind-Beziehung der Vergangenheit zu befreien und gegenüber dem eigenen inneren Kind die Elternrolle zu übernehmen, ist man für das Erwachsenenalter reif. Auch wenn Misseldine den Einfluß der Eltern möglicherweise überschätzt und deswegen andere Einflüsse auf die Entwicklung des Kindes nicht genügend in Rechnung stellt, so bleibt doch ganz unbestreitbar die Tatsache, daß die Atmosphäre in einer Familie einen nachhaltigen Einfluß auf die Entwicklung des Kindes ausübt. Die Eltern oder die Menschen, die die Aufgabe der Eltern übernehmen, sind die ersten Religionslehrer des Kindes, ob sie wollen oder nicht. Seine ersten Eindrücke von Gott sind nach den Eindrücken von seinen Eltern geformt. *Fritz Künkel* drückt es so aus: „Wenn wir schlechte Eltern sind, dann lernt das Kind, daß Gott schlecht ist."[2] Die Familie ist damit die erste Gemeinde, der man angehört. Die Kirche und ihr Auftrag sind unweigerlich von der biologischen Familie abhängig. Neben einem ersten Eindruck von Gott bekommt das Kind hier eine erste Anschauung von Sex, von Liebe, und von sich selbst. Auch theologisch ist die Kirche von der biologischen Familie abhängig. *Freuds* Behauptung, daß die Religion eine Projektion des Vaterbildes ins Universelle sei, wird gewöhnlich als eine Erklärung dafür verstanden, wie der Mensch Gott erschaffen hat. Es könnte jedoch auch sein, wie *Edward V. Stein* ausführte, daß die ontologische Realität Gottes eine Voraussetzung für diese Projektion bildet[3]. Wenn Gott wie ein Vater ist, dann konnte er sich am besten dadurch offenbaren, daß er den Menschen biologisch an eine Familie band. Damit wäre er offen für solche Projektionen und so auch offen für die göttliche Offenbarung. Die biologische Familie gehört zum Personcharakter der christlichen Symbole. Die Tatsache, daß wir von Christus als dem Sohn sprechen, der seinem Vater gehorsam war, ist ein weiterer Ausdruck dieses ontologischen Grundbestandes. Das Abendmahl bei der Trauung betont die gemeinschaftliche Natur des Sakramentes in besonderer Weise. Die zwei, die getraut werden, werden ein Fleisch. Dieses Bild von einem Fleisch ist in Büchern des Alten und des Neuen Testamentes als Analogie – vielleicht die Analogie schlechthin – für die Beziehung zwischen Gott und seinem Volk gewählt. Der Bund zwischen Jahwe und Israel und der Bund zwischen Christus und der Gemeinde werden mit der Beziehung zwischen Mann und Frau verglichen. Diese Entsprechung, die Verbindung der Ehepartner und die Verbindung der Gemeinde zu Christus, bekommt beim hochzeitlichen Abendmahl ein helles Licht. Die Einladung an die anderen aus der versammelten Gemeinde, die sich zum gleichen Glauben bekennen, mit dem Brautpaar am Abendmahl teilzunehmen, bekräftigt die Tatsache, daß die kleinere Familie und die größere Familie aufeinander angewiesen sind und voneinander abhängen. Sie zeigt auch, daß diese Gemeinde nur ein winzig kleiner Punkt in Zeit und Raum des ganzen Volkes Gottes, der *Una Sancta*, ist. Die vielen, die teilnehmen, werden zu einem Leib. So muß auch die Ehe, die zwei Menschen miteinander eingehen, über sich hinausreichen in die gegenseitige Verbundenheit mit der größeren Gemeinschaft. Andernfalls wird sie verarmen, so, wie ein Mensch verarmt, der immer nur an sich denkt.

Bei der Trauung, und wo sonst das Abendmahl gefeiert wird, wird der Grund für die Einheit zwischen Christus und seiner Kirche zeichenhaft bekräftigt. Die Teilnehmer gehören nicht sich selbst, denn sie sind teuer erkauft worden, mit dem Leib und Blut des Herrn. In der Gewißheit, daß sie angenommen sind, können sie weitergeben, was sie empfangen haben. Sie können sich *verbinden*. Die Versöhnung, die im Sakrament geschenkt wird, hat eine erlösende Wirkung auf die Ehe. Das Gefühl, angenommen zu sein, von Gott, von sich selbst, vom Nächsten, gibt einem die nötige Festigkeit für das Wagnis der Gemeinschaft. Hier liegt die Grundlage für

---

[2] In Search of Maturity, New York 1951, 84.

[3] Guilt, Theory and Therapy, Philadelphia 1968, 193–195.

jene *Agape,* die einen vorbehaltlos – in guten wie in schlechten Tagen – für den Ehebund verpflichtet, auch wenn die Gefühle über diesen Bund unter den inneren oder äußeren Belastungen schwanken mögen. Man bekommt die Kraft für diese Bindung, die auch Krisen und Erschütterungen, wie sie in einer engen Gemeinschaft oft vorkommen, erträgt. Wenn sich zwei Menschen gegenseitig uneingeschränkt annehmen, dann kann aus den Spannungen, die die Gemeinschaft zunächst zerreißen, eine noch innigere Vertrautheit entstehen. Die wiederholte Feier des Sakramentes – manchmal auch in kritischen Zeiten – ist gut für unser Zusammenleben, sei es nun in der größeren Familie der Gemeinde oder in der biologischen Familie, die sich um die Ehe gruppiert.

Diese Bedeutung des Sakramentes für das Familienleben ist für den seelsorgerlichen Dienst von großer Wichtigkeit. Der Pfarrer, der den christlichen Sinn der Trauung deutlich zu machen hat, bekommt damit ein Hilfsmittel. Wort und Sakrament – und nicht Wort oder Sakrament – verkünden bei der Trauung die Gemeinschaft mit Gott. Die Teilnahme am Leib und Blut Christi bezeugt die Wahrheit, daß die Ehe, die eine Schöpfungsordnung darstellt, wie alles andere in der Schöpfung auch der Erlösung bedarf. Die gute Nachricht von der Erlösung kann man im Sakrament *sehen.* Die Barrieren, die der Gemeinschaft im Wege stehen, sind durch das Opfer des Kreuzes fortgeschafft. Die Gemeinschaft mit Gott, die durch dieses Opfer bewirkt wird, gleicht der Gemeinschaft zwischen Ehefrau und Ehemann. Wenn bei der Trauung das Abendmahl gefeiert wird, dann ist dies nicht nur ein sichtbarer Ausdruck für diese Entsprechung, es steht auch dafür, daß die Ehe auf den Bund Gottes mit seinem Volk gegründet wird. Wenn sich Mann und Frau der Kirche in ihrer Gemeinschaft mit Christus verbunden fühlen, dann werden sie von dieser Gemeinschaft die Kraft bekommen, eine starke gegenseitige Bindung zu entwickeln.

Gehört das Abendmahl zur Trauung, dann kann dies dem Pfarrer in der Seelsorge mit einem Paar, das vor der Hochzeit steht, helfen. Das Brautpaar weiß von der bevorstehenden Abendmahlsfeier, und der Pfarrer hat einen guten Anknüpfungspunkt, um auf die Bedeutung Christi und seiner Kirche für die Ehe hinzuweisen. Er kann aufzeigen, was die Versöhnung, die die Gemeinschaft Christi mit seiner Kirche beinhaltet, für die Menschen bedeutet, die sehr nahe zusammenleben. Das Brautpaar wird ihn aus eigenen Erfahrungen – Erfahrungen mit der Familie, Erfahrungen beim gegenseitigen Kennenlernen – verstehen können. Der Pfarrer erhält auch eine Hilfe für die weitere seelsorgerliche Begleitung der Ehepaare in seiner Gemeinde. Ist das Abendmahl ein fester Bestandteil der Trauhandlung, dann hat jedes Paar an einem „historischen" Punkt von seiner Bedeutung für das Zusammenleben erfahren. Dies ist eine augenfällige und anhaltende Erinnerung daran, daß das Leben in der Gemeinschaft der Kirche auf das Familienleben bezogen ist.

Von daher kann das Sakrament auch als ein seelsorgerliches Mittel bei Ehekrisen einen größeren Wert erhalten. Sollte die Seelsorge des Pfarrers zu einer Versöhnung führen, dann würde die gemeinsame Feier des Abendmahls diese Wiederversöhnung besiegeln. Wurde das Sakrament schon damals bei der Trauung gefeiert, dann bekommt es jetzt für die erneute Bestätigung dieser Bindung eine viel tiefere Bedeutung. In solchen Augenblicken der Versöhnung erhält dann die Feier des Mahles ein ganz besonderes Gewicht.

Wir brauchen eine Seelsorge, die sich, um ihren Auftrag besser zu erfüllen, die Hilfsmittel ihres eigenen Erbes zunutze macht. Allzu oft passiert es, daß sich die verschiedenen Spezialgebiete kirchlichen Dienstes gegenseitig ignorieren, mit dem Ergebnis, daß jedes innerlich verarmt. Die liturgische Erneuerung bietet der Seelsorge die Möglichkeit zu erkennen, daß sich die Geschichte in diesem Fall nicht wiederholen muß.

Hans-Christoph Piper

Perspektiven klinischer Seelsorge

Die Klinik entwickelt sich offensichtlich immer mehr zu einem Ort, an dem die Krisen von Menschen manifest werden. Seelsorge am kranken Menschen erhält von daher eine unerhörte Aktualität. Die Ausbildung klinischer Seelsorger steht deshalb exemplarisch für eine empirisch orientierte Schulung von Seelsorgern. Hans-Christoph Piper formuliert in seinem Aufsatz (1972) Perspektiven dieser Seelsorge. Dabei verdichten sich bei seinem Vorgehen sowohl theoretische Voraussetzungen wie vielseitige Praxiserfahrungen, die der Verfasser im Verlauf seiner Ausbildung in Holland und beim Aufbau des ersten klinischen Seelsorgezentrums in Hannover gesammelt hat.

Über klinische Seelsorge werden wir im folgenden nicht abgesehen von der klinischen Seelsorgeausbildung (Clinical Pastoral Education) sprechen können. Der Begriff der klinischen Seelsorge erhält für uns von dorther seine Füllung und seine speziellen Akzente. Dabei muß berücksichtigt werden, daß die Bezeichnung „klinisch" mehr meint als nur das Krankenhaus. Es wird damit weniger ein Ort als eine Methode umschrieben: Die Maßstäbe für die Seelsorge werden empirisch gewonnen, im jeweiligen Kontakt mit dem Menschen, der mich als Seelsorger (verbal oder nichtverbal) anspricht, wo immer er sich konkret befindet. Klinische Seelsorgeausbildung kann also sowohl in Krankenhäusern aller Art als auch in Gefängnissen und Beratungsstellen geschehen. Das Entscheidende ist, daß dabei in Gruppen und unter „Supervision" gearbeitet wird, d. h. unter ständiger Anleitung, das eigene Tun und Verhalten kritisch zu reflektieren. Im Zuge dieser Reflexion können sich Perspektiven eröffnen, die dem Seelsorger bis dahin in ihrer Bedeutung und Tragweite nicht bekannt waren. In diesem Sinn werden die Ausbildungsseminare zu Forschungsseminaren, die eine Bedeutung über den einzelnen Kurs hinaus für das Gewinnen derartiger Perspektiven haben und den Versuch einer Zusammenfassung von Erkenntnissen, die für die Teilnehmer wichtig geworden sind, rechtfertigen.

Die folgenden Ausführungen erfahren eine nicht unerhebliche Einschränkung einmal durch die Tatsache, daß die kurze Zeit, in der Erfahrungen gesammelt werden konnten, Perspektiven erst andeutungsweise erkennen läßt, zum anderen dadurch, daß der Erfahrungshorizont durch das Modell der klinischen Seelsorgeausbildung, mit dem der Verfasser arbeitet, eingegrenzt ist: das Ausbildungszentrum befindet sich in einem allgemeinen Krankenhaus[1].

---

[1] Zum Modell der klinischen Seelsorgeausbildung, aus dem die folgenden Erfahrungen stammen, vgl. H.-Ch. Piper, Ein Zentrum für Clinical Pastoral Training in Hannover, in: WPKG 1970, 419 ff., und: Klinische Seelsorgeausbildung, Berliner Hefte für evangelische Krankenseelsorge, Nr. 30, hrsg. v. Evang. Konsistorium Berlin-Brandenburg, Berlin ²1973.

Dennoch soll der Versuch gewagt werden, nach Perspektiven zu fragen, und zwar unter dem gewiß anspruchsvollen Gesichtspunkt: welche Erkenntnisse, die in den Ausbildungs- und Forschungsseminaren der klinischen Seelsorge gewonnen werden, sind — über die Krankenhausseelsorge hinaus — exemplarisch bedeutsam für die Seelsorge im weiteren und für die kirchliche Arbeit im weitesten Sinn? Kann die klinische Seelsorge einen Beitrag leisten für zukünftige Arbeitsweisen und Organisationsformen kirchlicher Praxis?

Wenn wir recht sehen, dann fällt von der klinischen Seelsorge her neues Licht auf vier Bereiche, die — wie sich zeigen wird — sehr eng miteinander verknüpft sind: auf die Gruppe, die Rolle des Seelsorgers, auf den Gesprächspartner und auf die Theologie.

1. Die Entdeckung der Gruppe

Ein erstes, ins Auge fallendes Ergebnis klinischer Seelsorgeausbildung für die Seelsorger und ihre Arbeit ist die Entdeckung der Gruppe. Zwar ist allen der Begriff der Bruderschaft geläufig, zwar mühen sich alle, einander Bruder und Schwester, Kollege und Mitarbeiter zu sein (ihr Kirchenverständnis trägt die Notwendigkeit von Gemeinschaft ja in sich): Aber daß sie die Bruderschaft in einer Gruppe *brauchen*, daß sie um ihrer Arbeit willen von ihr abhängig sind — das ist für sie eine neue Perspektive. Insofern können wir mit Fug und Recht von der Entdeckung der Gruppe sprechen.

Es geht dabei nicht nur vordergründig um das Problem der Kräfteökonomie, um Arbeitsteilung und -erleichterung, um Entwicklung und Einsatz individueller Gaben und Fähigkeiten (allein schon diese Gesichtspunkte wären Anlaß genug, gruppendynamische Erkenntnisse konsequent zu berücksichtigen): Es geht vielmehr um die Tatsache, daß der Seelsorger als Einzelner, isoliert, den Fragen und Problemen anderer sowie seinen eigenen Problemen ausgeliefert, gar nicht Seelsorge üben *kann*. Selber isoliert, kann er die Isolation eines anderen nicht durchbrechen. Selber isoliert, droht ihn die Problematik des anderen zu erdrücken oder gar zu verschlingen: Folglich muß er sich ihrer erwehren und distanziert sich von dem, der seine Nähe sucht. Oder umgekehrt: Selber mit Problematik belastet, sucht er diese in dem anderen zu entdecken, um sie auf diesem Umweg zu bewältigen. Hier bekommt er den anderen gar nicht zu Gesicht, sondern beschäftigt sich doch nur mit sich selbst. Dies sind Vorgänge, die ihm im Augenblick des Gesprächs keineswegs bewußt sind; umso gefährlicher sind sie, weil sie nun unkontrolliert das Geschehen bestimmen. Um der Seelsorge willen braucht der Seelsorger die Gruppe, in der er seine eigenen Probleme zur Sprache bringen kann, die ihm erlaubt, sein eigenes Unvermögen und seine Hilflosigkeit angesichts der Not und Angst anderer Menschen einzugestehen und die ihm hilft, seiner eigenen Rolle wieder gewiß zu werden.

Daß die klinische Seelsorge in diesem Sinne die Gruppe entdeckt hat, wird durch die Tatsache demonstriert, daß sich ehemalige Teilnehmer an den Seminaren spontan zu Gruppen zusammenschließen, in denen sie ihre Erfahrungen vertiefen und sich gegenseitig helfen, sie in ihrem jeweiligen Arbeitsfeld zu verwirklichen. Für die klinische Seelsorge in engerem Sinn (also für die Krankenhausseelsorge) kann gegenüber den Kirchenleitungen nicht laut genug die Forderung erhoben werden, die Krankenhausseelsorge so zu strukturieren, daß der in der Regel völlig isolierten Stellung des Krankenhauspfarrers ein Ende bereitet wird, indem er die Möglichkeit erhält, seine Seelsorge als Mitglied einer Gruppe zu üben. Freilich – mit organisatorischen Maßnahmen allein ist diesem Problem nicht beizukommen. Schwerer noch als die Strukturprobleme wiegt der Umstand, daß wir in der Regel gar nicht gruppenfähig sind. „Gruppenfähigkeit ist nicht eine Frage der Technik, sondern eine Frage der Kommunikation. Gruppenfähig wird man nicht durch intellektuelle Aneignung, sondern durch existentielle Eignung, eine Eignung, die keiner von Natur mitbringt, sondern die gewonnen wird, indem erhebliche Hindernisse der Kommunikabilität behoben werden. Gruppenfähig-Werden ist ein eminent geistlicher Vorgang. Es ist letztlich ein Bußgeschehen." Wenn der Magdeburger Bischof *G. Krusche*, von dem dieses Zitat stammt[2], die These aufstellt, daß die entscheidende Frage für den Pfarrer heute laute: „Wie werde ich gruppenfähig?" – dann weist diese Perspektive klinischer Seelsorge weit über sich hinaus. Der gruppendynamische Prozeß in der klinischen Seelsorgeausbildung ist die Hilfe, welche klinische Seelsorge dem Pfarrer auf dem Weg zur Gruppenfähigkeit anbieten kann. In sieben Thesen umreißt G. Krusche das, was er unter Gruppenfähigkeit versteht (und was also in einem gruppendynamischen Prozeß „gelernt" wird):

Ich werde gruppenfähig,

1. indem ich die anderen entdecke als die, die ich brauche;
2. indem ich die anderen entdecke als die, die mich brauchen;
3. wenn ich die anderen entdecke als die, mit denen zusammen ich gebraucht werde;
4. indem ich mich annehme, wie ich bin;
5. wenn ich die anderen annehme, wie sie sind;
6. wenn ich mich von den anderen in Frage stellen lasse;
7. indem ich als Pfarrer keine Sonderstellung beanspruche.

Entdeckung der Gruppe in diesem Zusammenhang ist die Erfahrung, wie Kirche als Leib Christi im Aufeinander-angewiesensein der einzelnen Glieder „leibt" und lebt. Diese Erfahrung ist für den Seelsorger so heilsam (in des Wortes „Heil" tiefster Bedeutung), wie sie notwendig ist. „Lebenswichtig scheint mir ein Gruppentraining für den Theologen auch deshalb zu sein, weil er ohne die Erfahrung der Annahme durch andere Menschen seinerseits den Nächsten nicht anzunehmen lernt und auf die Dauer zum unbarmherzigen, unmenschlichen Schriftgelehrten werden muß."[3]

2. *Die Entdeckung der Rolle des Seelsorgers*

Die Gruppenfähigkeit des Seelsorgers wird sich bewähren in seiner Teamfähigkeit, wobei hier mit dem Team eine Arbeitsgemeinschaft aus Mitglie-

---

[2] W. Krusche, Wie werden wir Pfarrer gruppenfähig?, in: Pastoralblätter, 1970, 569 ff. Die unten aufgeführten Thesen werden dort näher erläutert.

[3] M. Josuttis in einem Kommentar zu H.-Ch. Piper, Theologische Perspektiven und Erfahrungen im Clinical Pastoral Training, in: Wege zum Menschen 24/1972, 104. Die Bedeutung der Gruppe für die Predigtarbeit des Pfarrers zeige ich in meinem Aufsatz: Die Predigtanalyse in der Klinischen Seelsorgeausbildung, auf, in: Wege zum Menschen 25/1973, 355 ff.

dern verschiedener Disziplinen gemeint ist, die sich gemeinsam auf ein bestimmtes Ziel ausrichtet. Für den Bereich des Krankenhauses bedeutet das: die Fähigkeit zur Mitarbeit in einem medizinischen Team, das sich um den Patienten bemüht. Das Problem, das sich in dem Augenblick stellt, wo der Seelsorger in ein interdisziplinäres Team eintritt, ist die Frage nach seiner spezifischen Rolle.

In den klinischen Seelsorgekursen steht die Frage nach der Rolle des Seelsorgers im Mittelpunkt des Interesses. Dabei geht es nicht allein um die spezifische Rolle eines Krankenhauspfarrers im Unterschied etwa zu der des Gemeindepfarrers. Vielmehr ist es so, daß im Krankenhaus die Rolle des Pfarrers überhaupt auf dem Spiel steht; hier kommt seine Rollenproblematik und -unsicherheit lediglich verschärft zum Vorschein. Nur sehr äußerlich betrachtet, ist das Krankenhaus ein „Betrieb"; in Wirklichkeit haben wir ein „Gemeinwesen" vor uns, eine Gesellschaft für sich am Rande der Gesellschaft[4]. Diese begrenzte Gesellschaft spiegelt eine Reihe von Problemen des Gemeinwesens, in dem wir leben, in verschärfter Form wider: etwa das Problem der Gefährdung des Menschlichen im Menschen durch die sich immer mehr perfektionierende Technik, oder das Problem des Leistungsdrucks, der in dem Augenblick nur allzu schmerzhaft spürbar wird, wenn wir nichts mehr leisten können. Der Chirurg *H. Graf von Lehndorff* hat auf dem Münchener Chirurgenkongreß 1972 mit Nachdruck auf das Problem der „Humanitas im Krankenhaus" hingewiesen[5]. „Es geht nicht nur um die Bekämpfung der Trägheit des Herzens, des Egoismus und anderer dem Menschen innewohnender Neigungen. Sondern es geht in gleichem Maße um die Schaffung von Widerständen gegenüber einem Trend, der die gesamte industrialisierte und technisierte Arbeitswelt unserer Tage kennzeichnet und auch vor der Tür des Krankenzimmers nicht haltmacht."

Der Pfarrer wird also in einem Krankenhaus in besonderer Weise mit seiner Rolle, und das heißt zunächst einmal: mit seiner Rollenunsicherheit, mit der Frage nach seinem Platz und seiner Aufgabe in dieser komplizierten Gesellschaft konfrontiert. Es kann im Rahmen dieses Aufsatzes nicht darum gehen, die Rolle des Pfarrers in der modernen Gesellschaft zu skizzieren oder das Problem auch nur gebührend zu differenzieren. Hinzu kommt, daß die Rolle des Pfarrers nicht ein für allemal statisch festzulegen ist, sondern daß es dabei gerade auf eine große Flexibilität des Pfarrers ankommt. Wohl können wir wenigstens andeutungsweise feststellen, auf welchen Wegen es innerhalb klinischer Seelsorgekurse zu einer Rollenfindung kommt. Theologische Reflexion allein trägt dafür noch nicht viel aus. Seine Rolle findet man nur im Rollen*spiel*. Dort erprobt und lernt man sie. Dabei ist dies Spiel keine Ein-Mann-Show: Rolle ist immer auf Mitspieler hin angelegt. Das heißt, daß es dabei vor allem auf die Kommunikation mit den anderen Spielern ankommt, auf Abstimmung und Widerstand, auf das Zur-Geltung-Bringen der eigenen Rolle im Chor der Mitspieler. Man findet seine Rolle

---

[4] Vgl. J. J. Rohde, Probleme des Arztberufs im Krankenhaus, darin besonders unter II: Das Krankenhaus als soziologischer Gegenstand, in: A. Mitscherlich u. a. (Hrsg.), Der Kranke in der modernen Gesellschaft, Neue wissenschaftliche Bibliothek 22, Soziologie, Köln-Berlin 1967, 350 ff.

[5] H. Graf von Lehndorff, Humanitas im Krankenhaus, in: Süddeutsche Zeitung, Nr. 117 vom 24. 5. 1972, 26.

weder in einem Solo, das anderen das Mitspielen verwehrt, noch so, daß man sich anderen anpaßt, so daß man seine eigene Rollenidentität verliert.

In einem Krankenhaus kommen vor allem zwei Aspekte des Spiels zur Geltung: einmal das Zusammenspiel mit den übrigen Rollen, die sich um den Menschen sorgen (Ärzte, Schwestern), zum anderen das Zusammenspiel zwischen Pfarrer und Patient. Es gehört zu den entscheidenden Erfahrungen klinischer Seelsorge, daß der Pfarrer nicht durch eine möglichst sorgfältige *Abgrenzung* von den übrigen Rollen seine eigene findet. Man kann hier insofern von einer *neuen* Erfahrung reden, weil in der Regel tatsächlich die eigene (uneingestandene) Rollenunsicherheit dazu verführt, daß man sich von anderen Berufen abgrenzt und sein „Proprium" zu retten sucht. Zu seiner eigenen Rolle findet man nur im Zusammenspiel. Die Erfahrung im Krankenhaus lehrt (dies ist wiederum exemplarisch für die Situation auch außerhalb der Klinik), daß bestimmte Probleme, bei denen es um das Bewahren der Humanitas geht, gar nicht von *einem* Berufsstand isoliert zu lösen sind. So hat beispielsweise die intensive Beschäftigung mit der Frage der Begleitung Sterbender gezeigt, daß dieses Problem nur dann befriedigend gelöst werden kann, wenn Arzt, Schwester und Pfarrer optimal aufeinander „eingespielt" sind[6]. Wo das der Fall ist, erweist sich die Frage nach dem Proprium, nach der Abgrenzung gegenüber den anderen Berufen, als ein Scheinproblem. Der Pfarrer wird von den Menschen als Pfarrer in Anspruch genommen, der Arzt als Arzt, und die Schwester als Schwester. In diesem Zusammenspiel wird jeder seiner eigenen Rolle, die unverwechselbar ist, gewiß. Der Pfarrer wird aus seiner vielbeklagten isolierten Stellung in der Gesellschaft nur dann herauskommen, wenn er sich auf das Zusammenspiel mit anderen Berufen und Disziplinen einläßt, ohne Angst zu haben, daß er damit seine eigene Rolle verspielen könnte.

Es kommt dann aber auch auf das Zusammenspiel zwischen Seelsorger und Patient an. In den klinischen Seelsorgekursen wird danach gefragt, was sich in dem Gespräch auf beiden Seiten abspielt. Es kommt beispielsweise zum Vorschein, mit was für Erwartungen der Pfarrer in das Gespräch gegangen ist, und welche Erwartungen und Befürchtungen sein Erscheinen beim Patienten ausgelöst hat. Je kritischer der Pfarrer seine eigenen Erwartungen kontrolliert, desto schärfer wird sein Ohr für das, was ihm seitens des Patienten an Rollenerwartung entgegenkommt. Dabei häufen sich Beobachtungen, die den Schluß zulassen, daß der Pfarrer für den Gesprächspartner in der Tat eine bestimmte Rolle spielt. Sie läßt sich am besten mit Begriffen umschreiben, die der Religionsphänomenologie und der damit eng verwandten Religionspsychologie entnommen sind[7]: den Begriffen der Vergegenwärtigung und der Repräsentanz. Der Pfarrer vergegenwärtigt etwas, was wir – mit allem Vorbehalt – als „Gottesbild" bezeichnen können. Dies wird allerdings in den allerseltensten Fällen vom Patienten ausgesprochen, ja, es ist

[6] Das habe ich in meinem Aufsatz: Die Unfähigkeit zu sterben, zu zeigen versucht, in: Wege zum Menschen 24/1972, 15 ff.; vgl. dazu auch: H.-Ch. Piper/H. Zabel/P.-H. Grunow, Gespräche mit Sterbenden, Berliner Hefte für evangelische Krankenseelsorge, Nr. 33, hrsg. v. Evang. Konsistorium Berlin-Brandenburg, Berlin 1973.

[7] Als Beispiel aus einer Fülle von Literatur sei nur genannt: G. van der Leeuw, Einführung in die Phänomenologie der Religion, Darmstadt [2]1961, 107 ff.

ihm in der Regel nicht einmal bewußt. Aber die Gefühle der Ambivalenz, die der Kontakt mit dem Seelsorger im Patienten zum Schwingen bringt, weisen darauf hin: Sehnsucht nach Geborgenheit, Freiheit und Angenommenwerden auf der einen – und Furcht vor dem Abgewiesenwerden, vor Urteil und Gericht auf der anderen Seite. Auffallend häufig werden Schuldgefühle wach, und der Pfarrer bekommt eine Art „Bilanz" zu hören, in der das Soll durch das Unterstreichen des Habens nur mühsam verdeckt wird. Daß der Pfarrer „nur" Repräsentant ist und durch seine Gegenwart auf einen anderen hinweist, wird dort deutlich, wo das seelsorgerliche Gespräch unversehens übergeht in ein Gespräch des Patienten mit Gott, in welchem Augenblick der Pfarrer überflüssig wird: Er hat seine Rolle erfüllt. Ein schönes Beispiel dafür ist der in einem Training eingebrachte Bericht über das Gespräch mit einem etwa 65jährigen Mann, der einen Herzinfarkt hinter sich hatte[8]. Dieser Patient erzählt dem Seelsorger von einem Bekannten, der heftige Kritik an der Kirche geäußert habe und austreten wollte. Er fährt dann fort: „Es ist leicht, auf andere zu zeigen: Du bist schuldig. Und wenn eine Institution, die für sich in Anspruch nimmt, den Weg Christi zu gehen, Anlaß zu Kritik gibt, ist es nicht gut. Aber entscheidend ist es doch zu sehen, daß wir selber es sind. Erst müssen wir auf uns zeigen: Du bist schuldig. – Was für den einen ein bitteres Los ist, ist für den anderen ein Vorteil. Jedes Minus hat sein Plus. Die gehen Hand in Hand, nie ist das eine ohne das andere ..." Der Pfarrer sagt: „Sie haben viel nachgedacht, und Sie sehen die Dinge, wie sie sind." Darauf wieder der Patient: „Ich bin glücklich, daß ich allein sein kann." Er erzählt dann von einem schwer kranken Bettnachbarn, den man verlegt hat. „Nun bin ich allein und habe viel nachgedacht. Ich bin so dankbar, daß ich so viel besser dran bin als mein Bettnachbar. Und ich habe auf mein Leben zurückgeschaut. Ich sehe meine Fehler. Ein Jüngerer kann das noch nicht so. Ich spintisiere nicht: Ich habe einen ganz anderen Beruf, Bankkaufmann. Ich bin Zahlenmensch ... (atmet tief) ... Gott sei Dank, Herr ... (es folgen einige Worte, die der Seelsorger nicht versteht. Der Patient ist sehr bewegt, es kommen ihm Tränen) ... Ich schäme mich der Tränen nicht ... Wollen Sie mich bitte allein lassen?" Der Pfarrer: „Ja, gern (steht auf, gibt ihm die Hand). Seien Sie Gott befohlen!" Der Patient fragt: „Verstehen Sie mich?" Der Pfarrer verabschiedet sich: „Ja, ganz. Auf Wiedersehen."

Erst während der Gesprächsanalyse erkannte der Pfarrer, was für eine Rolle er hier gespielt hat. Der Patient, der von einem Pfarrer besucht wird, assoziiert „Kirche" und erinnert sich an ein Gespräch, das er mit einem Bekannten geführt hatte, der aus der Kirche austreten wollte. Von dem beliebten Thema „Kritik an der Kirche" (das dem Patienten ermöglicht, seine Aggressionen zu äußern, wobei er sich in der Regel der Kirche lediglich als Aufhänger bedient), lenkt der Patient selber (nicht etwa der Pfarrer!) sehr schnell das Gespräch auf die Krisis, in der er selber steht. Er tastet sich an etwas heran: Jedes Plus hat sein Minus ... er ist Zahlenmensch; und

[8] Alle aus den Kursen klinischer Seelsorgeausbildung stammenden Beispiele sind so verfremdet, daß eine etwaige Identifizierung ausgeschlossen ist. Sie werden z. T. ausführlicher in meiner Sammlung: Gesprächsanalysen, Göttingen 1973, besprochen.

allmählich wird immer deutlicher, daß er Bilanz zieht, und zwar die Bilanz seines Lebens. Dies aber tut er nicht vor dem Pfarrer, sondern vor dem, an den ihn der Pfarrer „erinnert". Der Pfarrer ist eine Symbolfigur. Als dem Patienten dies bewußt wird, entläßt er den Pfarrer. Der hat ja seine Aufgabe erfüllt.

Auffallend ist in diesem Gespräch, daß der Pfarrer selber gar nichts tut. Er hat zugehört. Er hat dabei vor allem das vermieden, was das Gespräch erheblich gestört hätte: Er hat nicht dazwischengeredet. Die Versuchung lag nahe, daß er selber zum Thema „Kritik an der Kirche" Stellung bezogen hätte. Dann wäre das Gespräch in eine Diskussion ausgeartet: Der Pfarrer wäre damit aus seiner Rolle gefallen. So aber hat er – zu seinem eigenen Erstaunen – etwas von seiner Rolle wahrgenommen. Der Patient hat sie ihm zurückgespiegelt.

Es könnte sein – und die Erfahrungen in der klinischen Seelsorge bestätigen dies in zunehmendem Maße –, daß der Pfarrer für den Menschen unserer Tage eine sehr viel gefülltere, hintergründige Rolle spielt, als beiden – dem Pfarrer wie seinem Gesprächspartner – bewußt ist. Immer wieder entdecken wir, wie in dem anderen durch die Anwesenheit des Seelsorgers Gefühle der Sehnsucht nach Geborgenheit, Angenommen-sein, nach Gnade geweckt werden, und zugleich auf der anderen Seite Furcht vor der Verwerfung, vor dem Urteil und dem Gericht. Das erinnert unmittelbar an die Spannung von Evangelium und Gesetz und provoziert die Frage, wie der Pfarrer seinem Gesprächspartner die befreiende Botschaft von der Rechtfertigung des Sünders aus Gnade vernehmbar machen kann – ein Problem, das im Mittelpunkt jedes Seelsorgekurses steht.

Eine weitere Erfahrung ist in diesem Zusammenhang noch wichtig. Sie wurde in einer ganzen Reihe von Gesprächen mit Menschen gewonnen, die aus der Kirche ausgetreten sind. Sie zeigen übereinstimmend, daß die Begegnung von Pfarrer und Mitmensch in einer Klinik nicht so belastet von der *Institution* Kirche ist, wie außerhalb der Klinik. Die Begegnung mit dem Pfarrer verläuft im Normalfall ja in bestimmten vorgeprägten Bahnen, etwa beim Kirchgang, bei der Anmeldung von Taufen und Trauungen, oder wenn der Pfarrer aus irgendeinem Anlaß einen Hausbesuch macht. Immer ist es irgendein Anlaß, eine Absicht, die den Kontakt zwischen Pfarrer und Gemeindeglied herbeiführt, und zwar ein institutionell geprägter Anlaß: Das Gemeindeglied will bestimmte Dinge vom Pfarrer (eine Taufe, eine Beerdigung, finanzielle Unterstützung), und der Pfarrer erwartet bestimmte Dinge von seinem Gemeindeglied (Mitarbeit in einem Kreis, Gottesdienstbesuch, finanzielle Beiträge). Wie sehr der Umgang Pfarrer – Gemeindeglied institutionell geprägt ist, sehen wir daran, daß für einen aus der Kirche Ausgetretenen die Chance einer unbefangenen Begegnung mit dem Pfarrer kaum gegeben ist. *Wenn* es doch einmal zufällig zu einem Gespräch kommt, dann steht die Institution gleichsam dazwischen: Der Mensch, der nicht Mitglied der Kirche ist, will ja nichts mehr vom Pfarrer, und umgekehrt kann der Pfarrer nichts mehr von ihm wollen.

Offensichtlich ist die Begegnung Pfarrer – Mitmensch in einem Krankenhaus viel weniger von der Institution Kirche her bestimmt. Hört der Seelsorger einem Patienten, der aus der Kirche ausgetreten ist, gut zu und verfällt er nicht in den Fehler, Gott, die Kirche und sich selber zu rechtfertigen (wodurch nur ein Streitgespräch ausgelöst würde), dann entdeckt er *in der Regel* unter der Ablehnung der Institution Kirche eine – sehr vorläufig ausgedrückt – religiöse Sehnsucht[9].

So schickte ein etwa 35jähriger Patient den Seelsorger, der sich ihm vorstellte, zunächst fort mit den Worten: „Gehen Sie zu dem jungen Mann" (zeigt auf einen Mitpatienten), und während sich der Seelsorger diesem zuwendet, fügt er mit leiserer Stimme hinzu: „Ich bin aus der Kirche ausgetreten." Der Pfarrer hört darin ein Signal, und als der Bettnachbar ihm zu erkennen gibt, daß er selber kein Gespräch wünsche („ich bin katholisch"), wendet er sich wieder dem ersten Patienten zu: „Sie sind aus der Kirche ausgetreten?" Er hört sich dann ruhig die Rechtfertigungsversuche des Patienten an (Kirchensteuer), ohne mit Erklärungen oder Vorwürfen einzugreifen. Dadurch gibt er dem Patienten die Möglichkeit, von den Dingen weiterzureden, die ihn bewegen: seine Auflehnung gegen die Institution Kirche, die Zwang ausübe – im selben Atemzug berichtet er von dem Zwang seiner Eltern, unter dem er gelitten habe. Und als der Pfarrer ihm auch hier ruhig folgt, ohne Partei für die Kirche oder für die Eltern zu ergreifen, sagt der Patient den Satz: „Ja, wir wollten ja nicht austreten. Aber dann kam alles so. Vielleicht tritt meine Tochter wieder in die Kirche ein, ich meine, wenn sie heiratet." Hier spricht er von seiner eigenen Sehnsucht, die er auf seine Tochter projiziert. Er selber hatte sich nicht kirchlich trauen lassen: Es soll gleichsam durch die Trauung seiner Tochter nachgeholt werden.

Dies Gespräch ist keineswegs ein Einzelfall. Es ist ein Beispiel für etwas, was wir in dem Gemeinwesen Krankenhaus, in dem die Kirche weniger institutionell als funktional vertreten ist, beobachten. Der Kontakt zu denjenigen, die die Institution Kirche verlassen haben, verläuft überraschend unbefangen oder sogar positiv. Sofern der Seelsorger nicht aus seiner Rolle fällt, indem er aggressiv reagiert und sich (indem er sich mit der Institution als solcher identifiziert) verteidigt, wird er die Erwartungen und die Sehnsucht vernehmen, die unter der Ablehnung der Institution verborgen liegen. Diese zu hören und weiterzusagen, ist ein wichtiger Dienst, den die klinische Seelsorge der Kirche als ganzer erweisen kann[10].

3. *Die Entdeckung des anderen*

Die schmerzhafteste Entdeckung in einem Kurs klinischer Seelsorgeausbildung ist die Erfahrung der eigenen Unfähigkeit zuzuhören. Diese Erfah-

---

[9] Ähnliche Beobachtungen lassen sich an den Träumen kirchenferner Menschen von der Kirche machen, vgl. H. Barz, Träume von der Kirche, in: Was weiß man von den Träumen?, hrsg. von H. J. Schultz, Stuttgart-Berlin 1972, 112 f.

[10] Luc Vranckx hat der Spannung zwischen Funktion und Struktur (Institution) im menschlichen Leben eine Studie gewidmet und darauf hingewiesen, daß sich im Augenblick eine allgemeine Hinwendung zum Funktionalen vollzieht, der die Seelsorge große Beachtung schenken sollte: „Wir müssen uns die Sehnsucht des Menschen, einmal das Sachliche in seinem Leben auszuklammern, damit er als Mensch anerkannt wird, ständig vor Augen halten" (Soziologie der Seelsorge, Limburg 1965, 105). Die Erfahrungen in der klinischen Seelsorge können dies nur unterstreichen.

rung ist so allgemein und wird ohne jede Ausnahme von allen Kursteilnehmern gemacht, daß eine Verallgemeinerung auf die gesamte kirchliche Seelsorge erlaubt ist: Wir sind von Natur aus unfähig, zuzuhören und zu verstehen. Bis weit über die Mitte eines Trainings hinaus wird am Schluß jeder Gesprächsanalyse festgestellt: Dies und jenes, was der Patient gesagt hat, haben wir nicht verstanden, haben wir mißverstanden, haben wir überhört, haben wir nicht hören wollen. Und in ungezählten Gesprächen gibt es mehr oder weniger deutliche Signale seitens des Patienten, daß er enttäuscht ist und daß er sich unverstanden fühlt. Diese Entdeckung ist so schmerzhaft wie sie alarmierend sein muß. Unser Ohr ist nicht offen, sondern es ist gebunden an ein für uns spezifisches Bezugssystem, es ist gefangen in einem für uns gültigen, aber gerade darum begrenzten Wertsystem. Wir hören, was wir hören *möchten,* wir verstehen unseren Gesprächspartner so, wie wir ihn verstehen *wollen,* wir ordnen ihn in unsere Welt ein und sehen ihn dort, wo wir ihn sehen *möchten.* Und da dies in den seltensten Fällen in Einklang miteinander ist, da es also praktisch nicht vorkommt, daß der Gesprächspartner unseren Vorstellungen entspricht und in unser Bezugs- und Wertsystem hineinpaßt – darum ist unser Hören laufend irritiert. Unsere eigene Ausgangsbasis ist dadurch in Frage gestellt, und wir sind folglich gezwungen, uns mit uns selber zu beschäftigen und unsere eigene Basis zu stützen. So müssen wir uns, die Kirche und Gott, unsere Dogmatik und unsere Existenzberechtigung verteidigen. So hören wir an unserem Gesprächspartner *vorbei.* Wir bekommen ihn nicht zu Gesicht, wie er ist, nämlich in jedem Fall *anders* als wir selbst. Das Anderssein des anderen ist für uns eine Zumutung, der wir in der Regel nicht gewachsen sind. So kann man davon reden, daß klinische Seelsorge, vor allem in der Form der klinischen Seelsorgeausbildung, zur Entdeckung des anderen in seinem Anderssein führt.

Ein zweiter Umstand erschwert das Hören und Verstehen, und der liegt in einer zunehmenden Diskrepanz von *Sprache* und *Verstehen.* Vieles weist darauf hin, daß sich unser Verstehen – im Zuge der Technisierung und Rationalisierung unserer Welt – allmählich gleichsam verengt, so daß wir die Sprache in ihren *verschiedenen Dimensionen* nicht mehr vernehmen. Unser Ohr hört auf der rationalen und technischen Ebene, wo alles erklärbar und machbar ist. Es ist gegenüber den Tiefenaspekten der Sprache, gegenüber den Zwischentönen und den Symbolen, die auf das Unerklärliche und Nichtmachbare hinweisen, abgestumpft. Es ist wie mit dem Abnehmen der akustischen Hörfähigkeit des Ohres: Zuerst werden die Ober- und Untertöne nicht mehr vernommen. Aber damit werden auch bestimmte Signale überhört. Das Komplizierte dabei ist, daß es auch dem Redenden selber nicht (mehr) bewußt ist, was die Ober- und Untertöne bedeuten: Er ist darauf angewiesen, daß ein anderer sie versteht und ihm zu erkennen gibt, daß er sie verstanden hat.

Ein Patient, der auf eine Operation wartet, sagt in einem Gespräch zu dem Pfarrer: „Ich warte schon so lange, und jeder Tag kostet Geld. Finanziell geht es mir ganz gut. (Er zieht nervös an seiner Zigarette.) Aber Zeit ist Geld. So sagt man doch ... Ja, das mit der Ehe (er hatte von einer geplanten Eheschließung mit einer Spanierin gesprochen, zugleich aber zu erkennen gegeben, daß es damit nicht eile). Vielleicht gehe ich nach Spanien.

Als Bauingenieur verdient man da ganz gut. Man braucht nur die Hälfte auszugeben, wenn man die Preise mit Deutschland vergleicht. Und man ist unabhängig, selbständig. Hier arbeitet man doch nur für andere." Der Pfarrer fragt nach: „Sie wollen nach Spanien?" Die Antwort lautet: „Ja, nach Teneriffa. Bungalows bauen. Aber vorläufig wird das nichts . . ."

Auffallend ist, daß der Patient sich Sorgen um sein Geld macht, obgleich er im selben Atemzug sagt, daß es ihm finanziell gut geht. Ebenso läßt aufmerken, daß er von Plänen, nach Spanien zu gehen, spricht, und als der Pfarrer nachfragt: „Sie wollen nach Spanien?" sein Ziel nach Teneriffa verlegt und zugleich seine Pläne halb zurücknimmt: „Aber vorläufig wird das ja nichts." Dies ist angesichts der unmittelbaren Lebensbedrohung durch die Operation, deren sich der Patient sehr wohl bewußt ist, merkwürdig. Es legt sich die Vermutung nahe, daß er mit diesen Worten etwas anderes, Hintergründiges zum Ausdruck bringen will, etwas, was sich unmittelbar nur sehr schwer in Worte fassen läßt: nämlich seine unmittelbare Bedrohung an der Grenze des Lebens, im Schatten des Todes. Der „Wert" des Geldes liegt nämlich nicht nur in seinem Kurswert, sondern — ebensosehr, wenn nicht noch mehr — in seinem Symbolcharakter. Mit der „Zeit" ist hier die noch zur Verfügung stehende Zeit gemeint: Sie ist „teuer", weil sie knapp geworden ist. Daß mit Spanien etwas anderes gemeint ist als ein geographisch genau abgegrenztes Gebiet, wird dadurch sehr wahrscheinlich gemacht, daß der Patient sein Ziel noch viel weiter hinaus verlegt („Teneriffa"), als der Pfarrer im geographischen Sinn nachfragt. Er möchte dorthin, wo das Leben nicht mehr (so) bedroht ist, wo man nicht mehr so total abhängig ist, wie der schwerkranke Patient im Krankenhaus.

Daß hier in der Tat symbolisch gesprochen wird, wird durch die Auswertung des Materials bekräftigt, das in den Kursen der klinischen Seelsorgeausbildung zusammengetragen wird. An dieser Stelle werden diese Kurse zu Forschungsseminaren. Wir entdecken nämlich auffallende Stereotypen in den Gesprächen; die Übereinstimmung in bestimmten, sich in immer neuen Variationen wiederholenden Bildern kann nicht zufällig sein. Die Wiederholungen und das sorgfältige Hören auf die Zwischentöne sowie die Auswertung im Zusammenhang des Kontextes lassen Rückschlüsse zu. Angst vor der Geldentwertung oder vor dem nicht mehr lange hinreichenden Geld ist sehr oft die Angst, daß „es" nicht mehr sehr lange dauert. Das Motiv der Reise in ein Land, wo man nicht mehr so bedroht und unfrei ist, findet sich fast regelmäßig bei Menschen, die mit der Frage des eigenen Sterbens beschäftigt sind.

An dieser Stelle müssen wir das Hören wieder ganz neu lernen. Unsere Sprache ist mehrdimensional; das wird nirgendwo anders so deutlich wie in Grenzsituationen, wo die „normale", technische und rationale Sprache eine „dritte Dimension" erhält, die den Raum der Hoffnung (Reisemotiv) und die Bedrängung der Angst (Teuerung) zum Ausdruck bringt.

Der Hinweis auf die symbolische Dimension der Sprache sollte nur unterstreichen, daß Zuhören eine Kunst ist, die in der Regel erst in einem langen Lernprozeß eingeübt werden muß. „Ja, man kommt allmählich darauf, daß gutes Zuhörenkönnen eine größere Kunst ist als gutes Redenkönnen. Man hat immer noch eigentlich ‚gut reden', wenn man redet, aber mit dem guten Zuhören hat es eine besondere Bewandtnis."[11] Eine Kirche, die sich vornehmlich um das rechte Reden gemüht und es eingeübt hat, wird an dieser Stelle hinzulernen müssen. Das recte und pure docere schließt das recte und pure audire mit ein. Das eine ist nicht ohne das andere. Das rechte und lautere Hören *ist* nämlich ein Teil des Evangeliums: Es verkündigt die vorbehaltlose Annahme des Menschen durch Gott, und das heißt: die Annahme des Menschen, der *anders* ist als man selbst bzw. als man selbst zu sein wünscht, der zweifelt, sich auflehnt, der sich abweisend verhält und den zehn Geboten nicht entspricht. Der Ärger jenes Menschen über das Fest, das der Vater seinem „verlorenen Bruder" bereitet, der so ganz anders ist als er selber, und der sich auch ganz gewiß anders verhalten hatte, als sein Vater es gewünscht hätte, steckt tief in uns allen. Er ist die tiefste Wurzel unserer Unfähigkeit zuzuhören.

Die „Client-Centered Therapy"[12] des amerikanischen Therapeuten *C. R. Rogers* ist in der klinischen Seelsorge die hohe Schule des Zuhörens. Ohne daß wir alle Grundsätze und Voraussetzungen Rogers' übernehmen müßten, leitet er uns doch an, sich zu prüfen, welches unsere Haltung angesichts unseres Gesprächspartners ist. Ist unser Gesprächsbeitrag bestimmt von der – im tiefsten Sinne evangelischen – Haltung des Annehmens, des Anteilnehmens, von der Bereitschaft, zwei Meilen mitzugehen, wo der andere einem eine Meile abnötigt (Mt. 5, 41); lassen wir uns auf unseren Gesprächspartner und *dessen* Problematik ein – oder versuchen wir, ihm seine Probleme auszureden, ihn zu beschwichtigen, zu belehren, ihm *unseren* Weg aufzunötigen? Bringen wir es fertig, ihn in seinem Anderssein zu akzeptieren und zu lieben? Die für einen Theologen aufregende These Rogers' lautet, daß in diesem, dem anderen zugewandten Hören Heil und Heilung geschieht.

In einem denkwürdigen Gespräch stellte *C. R. Rogers Martin Buber* die Frage, auf welchem Wege Buber zu seiner tiefen Kenntnis des Menschen und der Kommunikation zwischen Menschen gekommen sei. Der Gefragte erzählte darauf, daß er vor dem Ersten Weltkrieg bei *Wundt, Mandel* und *Bleuler* Psychiatrie, namentlich klinische Psychiatrie, studiert habe. Dabei sei es ihm um das Problem der Kommunikation gegangen, um die Herstellung einer wirklichen Beziehung („a real relation") zwischen sogenannten gesunden und sogenannten pathologischen Menschen. Sein Anliegen sei dabei gewesen, nicht nur nach Möglichkeit in dem andern etwas zu verändern, sondern sich in dieser Begegnung auch selber durch den andern ändern zu lassen. „I felt I had not the right to want to change another if I am not open to be changed by him as far as it is legitimate ... I *cannot* be so to say above him and say ,No! I'm out of the play. *You* are mad'."[13]

---

[11] B. Welte, Vom rechten Hören, in: Gespräch ohne Partner, hrsg. v. K. Hemmerle, Das pädagogische Gespräch, Aktuelle Veröffentlichungen des Willmann-Instituts Freiburg-München-Wien, Freiburg/Basel/Wien 1960, 14.

[12] C. R. Rogers, Client-Centered Therapy, Boston 1951. In diesem Sinne haben H. Faber und E. van der Schoot versucht, Rogers' Ansatz für die Seelsorge fruchtbar zu machen, in: Praktikum des seelsorgerlichen Gesprächs, Göttingen ^{4}1972.

[13] Die Nachschrift dieses faszinierenden „Dialogue between Martin Buber and

Es ist nicht zu übersehen und ganz gewiß nicht nur eine zufällige Übereinstimmung, daß auch die klinische Seelsorgebewegung ihren Ursprung in der psychiatrischen Klinik hat. Im Jahre 1925 legte *Anton Theophilus Boisen* als Klinikpfarrer in Worchester (USA) mit vier Theologiestudenten den Grundstein dafür.

Diese Zusammenhänge zeigen den Sitz der klinischen Seelsorge im Leben der Kirche auf. In der klinischen Seelsorge werden wir in besonderem Maße auf das Anderssein des anderen aufmerksam und üben im Rahmen der Seelsorge die Kommunikation mit ihm ein.

4. Verkündigung als Prozeß

Die andere Seite der Entdeckung, wie schlecht man selber zuhört, ist die Erfahrung, wie wenig die Versuche des Seelsorgers, eine helfende Antwort auf die den Patienten bedrängenden Fragen zu geben, von diesem angenommen werden. In den meisten Gesprächen kann es der Patient nur mühsam verbergen, daß er von der Antwort des Pfarrers enttäuscht ist und daß er sie für sich persönlich nicht annehmen kann. Wenn er es nicht offener sagt, dann nur deshalb, weil er nicht will, daß der Seelsorger sich von ihm abwendet.

Wir sind geneigt, die Säkularisation unserer Zeit, die Entkirchlichung unseres Volkes, den Unglauben und die Verstocktheit des Menschen für diese mangelnde Aufnahmebereitschaft im Blick auf theologische Antworten, biblische Zitate und Gesangbuchverse verantwortlich zu machen. Daraus entsteht dann Resignation angesichts der Vergeblichkeit der eigenen Bemühungen oder aber versteckte (für den Patienten aber gleichwohl spürbare) Aggression. Das sieht konkret so aus, daß wir entweder an einem Krankenbett selber nichts mehr zu sagen wagen, oder daß wir prinzipiell jedem ein „geistliches Wort" dalassen, ohne uns darum zu kümmern, was der andere damit anfängt.

Vielleicht gibt es aus diesem Dilemma nur den Ausweg, daß wir uns kritisch fragen, ob es auch in uns selbst Ursachen für die Wirkungslosigkeit unserer Seelsorge gibt, ob unsere eigene Haltung das Verstehen und Annehmen der biblischen Botschaft vielleicht hemmt und hindert. Lassen wir in diesem Zusammenhang eine Patientin zu Wort kommen, die offenbar viele Erfahrungen mit Pfarrern gesammelt hat. Das Zitat stammt aus einem Gesprächsprotokoll: „Die Pastoren sagen ein Bibelwort – und dabei haben sie noch gar nicht zugehört, was man auf dem Herzen hat. Dann kann man das Bibelwort gar nicht hören. Wenn Sie alle die Patienten hier auf der Station einzeln sprechen könnten – was glauben Sie, was Ihnen da alles erzählt würde! Erst wenn einer alles erzählt hat, dann dürfen Sie Ihr Bibelwort sagen!"

Das heißt: Der Seelsorger gibt seine Antwort in der Regel zu früh. Sie kann deshalb nicht angenommen werden. Vielmehr wirkt sie irritierend: Sie stopft dem Gesprächspartner ja den Mund. Aber es ist überhaupt die Frage, ob ein seelsorgerliches Gespräch sinnvoll und hilfreich ist, wenn der

Carl Rogers" findet sich in der Zeitschrift Psychologia, An international Journal of Psychology in the Orient III, Kyoto (Japan) 1960, 208–221.

Seelsorger in ihm die Rolle dessen spielt, der auf Fragen, Zweifel und Klagen *Antworten* gibt, jedenfalls sofern es sich um fertige Antworten handelt, die dem Seelsorger jederzeit zur Verfügung stehen, die er immer griffbereit hat und nur den jeweiligen Fällen entsprechend variieren muß. Gleicht er dann nicht dem Igel in dem bekannten Märchen, der dem sich abhetzenden Hasen immer schon entgegenruft: „Ich bin schon da"? Dabei ist er selber gar nicht am Ziel. Es ist ein anderer dort, während er selber sich gar nicht von seinem Ausgangspunkt gerührt hat. Er selber blieb „out of the play". Derjenige aber, der in sich eine bestimmte Problematik klären möchte, der eine ihn bedrängende Situation bewältigen muß, braucht jemanden, der ihn auf dem Wege zu der Klärung ein Stück weit *begleitet,* der sich auf ihn einläßt, ihn in seiner Problematik versteht und annimmt. Er lehnt eine ihm angebotene, fertige Antwort ab, weil er damit im Grunde alleine gelassen wird. Vielmehr hat er jemanden nötig, der ihn auf der Suche nach einer *eigenen* Antwort begleitet. Der Seelsorger darf sich hier nicht durch Fragen, die vordergründig an ihn gerichtet sind, täuschen lassen. Fragt ein Patient: „Nun sagen Sie mir doch, warum muß ich so leiden?" und versucht der Seelsorger darauf, ihn in die Gedankengänge der Theodizee einzuweihen — so erlebt er in der Regel, daß der Patient dies nicht akzeptiert. Antwortet der Seelsorger aber: *„Sie fragen sich,* womit Sie das verdient haben?" so merkt er in der Tat, daß dies den Nagel auf den Kopf trifft: Der Patient fragt sich selbst, er ist in einem Gespräch mit sich selbst und wollte gar keine direkte Antwort des Pfarrers! Der Patient hatte in diesem Augenblick noch gar nicht „alles erzählt". Es war eine Frage mitten in einem Verarbeitungsprozeß, der an dieser Stelle noch gar keine Antwort vertrug.

Auf diesem Weg läßt sich der Seelsorger auf die Problematik des anderen, auf seine Zweifel und Fragen ein. Er „macht sich mit dem anderen auf den Weg, gehorsam wie Abraham, als er aus Ur auszog, ohne zu wissen, wo er ankommen würde"[14]. Auf diesem Weg geschieht ein theologischer Prozeß. Wo sich in einem seelsorgerischen Kontakt ein derartiger Prozeß entwickelt, werden wir oft an die Psalmen, namentlich die Klagepsalmen des Alten Testaments oder an die Reden Hiobs erinnert[15]. Wir bekommen Klagen zu hören und Aggressionen. Eine eigenartige Parallele ist, daß auch die „Feinde" der Psalmen in derartigen Gesprächen wieder auftauchen, und zwar in der Gestalt der „meisten Menschen", der „jungen Leute mit den langen Haaren" oder einfach der „anderen". Dabei weisen diese „Feinde" regelmäßig auf das Feindliche und Bedrohliche in einem selbst hin. So sagte in einem Gespräch der Patient: „Die Leute hier haben oft so schreckliche Angst. Ich hätte ja keine Angst. Auch vor dem Sterben nicht. Nein. Man muß das Leben loslassen können. Ich könnte das ganz gut ... (einige

---

[14] W. Zijlstra, Seelsorge-Training, München-Mainz 1972, 37.

[15] Es muß in diesem Zusammenhang nachdenklich stimmen, daß kein Geringerer als I. Kant in seiner Ablehnung der Gottesbeweise im Rahmen des Theodizeeproblems sich ausführlich auf das Buch Hiob beruft, vgl. seinen Aufsatz: Über das Mißlingen aller philosophischen Versuche in der Theodizee, nachgedruckt, in: I. Kant, Was ist Aufklärung? Aufsätze zur Geschichte und Philosophie, hrsg. v. J. Zehbe, Göttingen 1967, 77 ff.

Sätze später:) Aber die meisten Leute haben ja so schreckliche Angst." Es ist nicht zu überhören („ich *hätte* . . . ich *könnte* . . ."), daß der Patient hier von sich selber spricht. Er bekämpft seine eigene Angst, die er bei sich selber nicht zulassen will, indem er sie auf die „meisten Leute" projiziert. In demselben Gespräch drückt er auch seine Schwierigkeiten mit dem Glauben aus: „Das ist so eine Sache mit dem Glauben." Der Pfarrer meint, ihm mit dem Hinweis auf das Gebet helfen zu können. Als er glaubt, sein Ziel erreicht zu haben, sagt er: „Das Gebet hilft Ihnen also." Darauf erwidert der Patient: „Ja natürlich. Aber die meisten Leute gehen ja nicht mehr zur Kirche oder zum Gottesdienst!" Und dann spricht er weiter sehr aggressiv über diese „meisten Leute". Auch hier spricht der Patient wieder über sich selber, von seinem eigenen Unglauben, der ihn (zumal in der Gegenwart des Pfarrers) so bedroht, daß er ihn in den „meisten Leuten" bekämpft.

Aber auch das andere, was in den Klagepsalmen geschieht, kann in derartigen Gesprächen beobachtet werden: Das Gespräch geht von selbst über in ein Gebet (oft lenkt der Patient das Gespräch selber so); ein Stück Hoffnung wird geboren und Gottes Treue gepriesen. Ein schönes Beispiel dafür ist ein Gespräch, das seitens der Patientin sehr ablehnend und aggressiv begonnen wird. Als die Seelsorgerin sich vorstellt und sie fragt: „Darf ich Sie besuchen?" antwortet sie abweisend. „Ja, tun Sie man. Aber eigentlich paßt es mir gar nicht. Ich bin nicht gut dran heute. Ich kann heute gar nichts behalten, was Sie mir sagen wollen. Haben Sie nicht jemand anders, den Sie sich heute vornehmen können?" Die Seelsorgerin sagt ruhig: „Wissen Sie, ich setze mich nur mal ein bißchen ganz ruhig zu Ihnen, wenn Sie mögen. Sonst gehe ich weiter." Darauf die Patientin: „Ach ja, dann ist es gut, dann bleiben Sie man. Dann kann ich Ihnen ja erzählen, wie das gestern war." Nun folgt ein Bericht über den gestrigen Krankheitstag, wo sie infolge einer Spritze die Besuchszeit verschlief und den Besuch ihrer Kinder nicht wahrgenommen hat. Die Pastorin: „Das kann ich mir vorstellen, daß Sie darüber traurig sind." Die Patientin nickt, zerrt heftig an ihrem Aufrichtegurt und sagt dann unvermittelt und sehr aggressiv: „Unserm Herrgott kann ich eigentlich nicht wirklich danken, daß ich noch lebe. Ich möchte so gern sterben. Wenn ich man schon auf dem Friedhof läge. Da hätte ich meine Ruhe. Dann kommen sie und kümmern sich um einen – oder auch nicht. Das muß man dann so hinnehmen, wie es ist . . ." Die Seelsorgerin widersteht an dieser Stelle der Versuchung einzugreifen. So konnte die Patientin weiterreden: Sie hatte in der Tat noch nicht alles gesagt, was sie auf dem Herzen hatte. Sie erzählt jetzt, ruhiger werdend, ihre Krankheitsgeschichte und sagt dann plötzlich: „Sehen Sie, nun weiß ich wieder alles, alles ist mir wieder eingefallen . . . (fast triumphierend; dann fährt sie mit einem etwas verschämten Lächeln fort:) So ist das dann mit Gott ja doch nicht, daß er einen im Stich läßt, daß er mich ganz verlassen hat, das stimmt nicht. Er hilft mir immer wieder zurecht. Ich habe auch viel Schönes gehabt. Sicher." Die Seelsorgerin liest ihr nun ein Gebet vor und übergibt ihr eine Karte, auf der dies Gebet steht. Die Patientin reagiert: „O wie ist das wahr, wie ist das wahr . . ."

Hier ist der Seelsorger Zeuge eines Prozesses geworden, in dem es um das Verhältnis dieses Menschen zu Gott geht. Nur scheinbar hat der Seelsorger nichts dazu beigetragen. Entscheidend ist gewesen, daß er an der

Stelle, wo die Patientin so aggressiv wurde, nicht mit Beschwichtigungen und Argumenten eingegriffen hat. Er wäre damit aus seiner Rolle gefallen, und der Weg zu der Erkenntnis, daß Gott treu ist, wäre für die Patientin aller Wahrscheinlichkeit nach blockiert gewesen. Positiv hat der Seelsorger durch seine Haltung der Patientin verkündigt, daß Gott sie als Klagende und Hadernde annimmt und ihr Gott bleibt. Eben dies kann die Patientin am Schluß des Gesprächs mit ihren eigenen Worten sagen.

Der Patient ist nicht der im Blick auf Glaube, Liebe und Hoffnung Minderbemittelte, der Seelsorger nicht derjenige, der bei einem anderen ein Defizit aufzufüllen hätte. In einem Krankenhaus ist der Pfarrer der einzige, der sich von Berufs wegen um den Patienten kümmert, ohne daß dieser dadurch in eine wie auch immer geartete Abhängigkeit von ihm geraten müßte. Sie sind Gesprächs*partner*. Der Patient kann sogar zum Lehrer für den Pfarrer werden, in der Art und Weise, wie er sein Leid bewältigt.

Läßt sich der Seelsorger auf diese dialogische Art und Weise der Verkündigung ein, dann kann das nicht ohne Auswirkungen auf sein ganzes theologisches Denken bleiben. Es wird weniger in der Abgeschiedenheit seiner Studierstube als am Krankenbett geprägt. Die Theologie muß sich in der klinischen Seelsorge ständig dem Fragen und Zweifeln, dem Hadern und Klagen aussetzen, sie muß sich im Dialog bewähren. Das wird den Seelsorger nicht zu gänzlich neuen theologischen Erkenntnissen führen. Wohl aber bekommt er ein neues Verhältnis zu seiner Theologie. Es läßt sich vielleicht mit den Worten des Levi Jizchak aus *Bubers* Erzählungen der Chassidim ausdrücken:

„Als Levi Jizchak von seiner ersten Fahrt zu Rabbi Schmelke von Nikolsburg, die er gegen den Willen seines Schwiegervaters unternommen hatte, zu diesem heimkehrte, herrschte er ihn an: ‚Nun, was hast du schon bei ihm erlernt?!' ‚Ich habe erlernt', antwortete Levi Jizchak, ‚daß es einen Schöpfer der Welt gibt.' Der Alte rief einen Diener herbei und fragte den: ‚Ist es dir bekannt, daß es einen Schöpfer der Welt gibt?' ‚Ja', sagte der Diener, Freilich', rief Levi Jizchak, ‚alle sagen es, aber erlernen sie es auch?' "[16]

---

[16] M. Buber, Die Erzählungen der Chassidim, Zürich 1949, 331 f.

Fritz Riemann

Die Persönlichkeit des Predigers aus tiefenpsychologischer Sicht

Jeder Prediger geht als Person – gewollt oder ungewollt – in den Prozeß der Predigt ein. Vorbereitung und Verlauf der Predigt geschehen nicht unabhängig von persönlichen Voraussetzungen. Fritz Riemann untersucht in der vorliegenden Abhandlung (1972) erstmals ausführlich tiefenpsychologische Voraussetzungen von Predigern. Dabei wird deutlich, daß der Persönlichkeit von Fritz Riemann, einem Pionier der Psychotherapie in Deutschland, ein Reichtum tiefenpsychologischer Erkenntnis und therapeutischer Einsicht innewohnt, der hier wie in allen seinen Arbeiten – beispielsweise auch in „Grundformen der Angst" – zum Ausdruck kommt.

Jede Lehre, auch wenn sie in sich noch so geschlossen sein mag, wird abgewandelt durch ihren Interpreten. Dieser unterliegt individuellen Gesetzen, die ihn das zu Lehrende verschieden auslegen und vermitteln lassen. Aus solchen individuellen Persönlichkeitsvarianten erklären sich die Verschiedenheiten der Interpretation, die einerseits Farbigkeit, Lebendigkeit und Vielseitigkeit der Aspekte mit sich bringen, anderseits zu Widersprüchlichkeiten in der Auffassung, zu Streitigkeiten darüber, wer die „richtige" Lehre vertritt, bis zu reformerischen Abwandlungen oder radikalen Neuerungen führen können.

Das ist auf allen Gebieten der Fall, selbst in der naturwissenschaftlichen Forschung, wo diese individuellen Verschiedenheiten in der Beurteilung und Deutung eines Phänomens als „persönliche Gleichung" bekannt sind. Natürlich spielt die Persönlichkeit des Interpreten dann eine besonders große Rolle, wenn es um Sachen des Glaubens, der Ethik, der Sinngebung und um Dinge geht, die an sich einen breiteren Spielraum für die Deutung offenlassen, weil sie keine objektiven Fakten betreffen, sondern vom subjektiven Erleben, von persönlichen Wunsch- oder Angstvorstellungen, Überzeugungen oder Bedürfnissen abhängen.

In merkwürdiger Gesetzmäßigkeit lassen sich dabei immer wieder vier Einstellungen unterscheiden, die wir aus angeborenen Anlagen und/oder erworbenen Haltungen entstanden vermuten können (vier Temperamente der Alten, vier Elemente der Astrologie, vier Denkformen bei *E. Wechßler*, vier Funktionen bei *C. G. Jung*, vier Neuroseformen und Persönlichkeitsstrukturen in der Psychoanalyse). Das läßt eine Gesetzmäßigkeit vermuten, für die wir heute noch keine befriedigende Erklärung haben. Unabhängig vom Wandel der Zeiten, vom Zeitgeist, von sozialen, völkischen, rassischen oder sonstigen Bedingungen – die lediglich Verschiedenheiten in der Prävalenz oder Häufigkeit einer der vier Grundeinstellungen bedingen können – finden wir sie im Geistesleben auf allen Gebieten.

Mit diesen Grundeinstellungen erfassen wir jeweils Teilaspekte des Lebens und der Welt, die, wie beim Vierfarbendruck, erst zusammen sich der Ganzheit, der „Wahrheit" nähern, die sich also ergänzen sollten, anstatt sich zu bekämpfen mit dem Anspruch auf alleinige Gültigkeit nur eines der vier Aspekte.

Eine Erklärungsmöglichkeit für diese Vierheit ist die tiefenpsychologisch-genetische oder biographische, nach welcher vier Persönlichkeitsstrukturen – mit ihren extremen Ausformungen in den vier großen Neurosen – entstehen, je nachdem wie ein Mensch die vier Stufen der frühkindlichen Entwicklung durchlaufen hat. Ohne damit sagen zu wollen, daß diese Zusammenhänge die einzigen seien, wissen wir doch heute, daß schicksalhafte Fixierung an eine dieser Entwicklungsphasen, ihre Überbetonung oder ihr weitgehender Ausfall, im Sinne einer Prägung und als persönlichkeitsstrukturierend zu verstehen sind. Dieser genetisch-biographische Aspekt soll uns hier beschäftigen, wenn wir nun die Persönlichkeit des Predigers in tiefenpsychologischer Perspektive betrachten. Ich beginne jeweils mit der Skizzierung der einzelnen frühkindlichen Phase, schildere ihre Auswirkung auf die Persönlichkeitsentwicklung und versuche, das so Erarbeitete auf den Prediger anzuwenden. Dabei soll auch der Aspekt gestreift werden, wodurch die beschriebenen Predigertypen ecclesiogene Neurosen setzen können.

Vorweg sei noch gesagt, daß in den Entwicklungsphasen des Kindes von der Geburt bis etwa zum sechsten Lebensjahr jeweils bestimmte phasenspezifische Entwicklungsschritte zu vollziehen sind, deren Gelingen oder Mißlingen für die weitere Persönlichkeitsentfaltung fundamental wichtig ist. Wie weit dabei jeweils Erbanlagen oder sonstige Faktoren eine zusätzliche Rolle spielen, soll hier außer acht gelassen werden. Die Phasen sind als nicht scharf voneinander abgegrenzt zu verstehen; sie gehen fließend ineinander über, und das in ihnen Gelernte färbt jeweils die nachfolgende Phase mit. Der phasenspezifische Entwicklungsimpuls bleibt durch das ganze Leben bestehen, weil es sich dabei um etwas allgemein Menschliches handelt; er ist aber in der ihm zugeordneten Phase dominant und erhält in ihr seine Erstformung, wird in der weiteren Entwicklung nur immer mehr ausdifferenziert.

Alle seelsorgerische Tätigkeit spielt sich ab zwischen einem Seelsorger und einem oder mehreren Hilfe, Trost oder Führung Suchenden. Die Wirkung des Predigers hängt unter anderem sehr wesentlich davon ab, ob und wie tief er sein Gegenüber versteht, sich in es einfühlen, es „erreichen" kann. Jeder, der auf einem ähnlichen Gebiet tätig ist, weiß, wie verschieden Menschen angesprochen werden wollen, je nachdem, was ihnen „fehlt", welche Hilfe sie brauchen. Denn auch die Hilfesuchenden gehören in verschiedener Akzentuierung zu diesen vier Persönlichkeitsstrukturen. Die Persönlichkeit des Predigers steht also immer verschiedenen Fremdstrukturen gegenüber; so wenig es „den" Prediger als gleichartige Persönlichkeit gibt, so wenig gibt es „den" Christen oder „den" Atheisten.

Der schizoide Mensch und die Erkenntnis

Das nachgeburtliche Leben beginnt mit der sensorischen Phase, die bis etwa zum dritten Lebensmonat andauert. In ihr ist das Kind noch ohne menschliche Bindung; es erlebt die Welt über die Sinne, noch ganz weltoffen, zugleich aber noch völlig hilflos und ausgeliefert. Seine jeweilige Bedürfnis- und Triebbefindlichkeit, als Lust oder Unlust erlebt, entscheidet über seine Einstellung zur menschlichen Umgebung, zur Welt überhaupt. Da seine Bedürfnisse hier üblicherweise regelmäßig erfüllt werden, und es Ich und Du noch nicht unterscheiden kann, ist ihm seine Abhängigkeit nicht bewußt. Not und Mangelerlebnisse werden hier als existenziell bedrohend erlebt. Das phasenspezifische Entwicklungsziel der Frühstzeit ist die allmählich zu erkennende Polarisierung von Ich und Nicht-Ich, von innen und außen, sowie die Koordinierung des Eigenrhythmus mit dem der Welt, in der Anpassung von Wachen und Schlafen an Tag und Nacht.

Aus dieser Phase stammt das erste erkennende sich Orientieren in der Welt. Sie spiegelt den Menschen in der Polarität zum Weltganzen, die Einsamkeit des Individuums, die „schlechthinnige Abhängigkeit" oder, wie es die moderne Philosophie gern ausdrückt, sein „Geworfensein".

Störungen der Entwicklung in dieser Phase lassen dieses Lebensgefühl überwertig werden. Die Störungsmöglichkeiten liegen in den beiden Extremen von Reizüberflutung und Reizmangel. Im ersten Fall wird das Kind die Welt als bedrohlich, überrennend, in sein Eigensein einbrechend erleben, und es entwickelt eine mißtrauische Distanz zu ihr, ein sich-auf-sich-selbst-Zurückziehen als Schutzhaltung. Im zweiten Falle werden seine mitgebrachten Anlagen und Instinktbereitschaften, wird seine reaktive Antwortbereitschaft zu wenig angesprochen; die Welt bleibt ihm fern, fremd und leer, das Kind wird auf sich selbst zurückgeworfen und autistisch. In beiden Fällen — dem der Überfremdung und der Isolierung — erlebt das Kind frühe Ungeborgenheit und kann sich nicht vertrauend der Welt öffnen.

Auf der Basis solcher Frühstörungen und der Fixierung an die sensorische Phase entwickeln sich schizoide Persönlichkeiten verschiedenen Schweregrades. Ihr Grundproblem ist die innere Einsamkeit, ihr Lebensgrundgefühl die mitmenschliche Ungeborgenheit. Da sie aus ihren Früherfahrungen die Zuwendung zur Welt als gefährlich und bedrohlich — weil überrennend — oder als enttäuschend — weil ohne Echo, ohne „feedback" — erlebt haben, entwickeln sie ein tiefes Mißtrauen und ein Bedürfnis nach schützender Distanz. Deshalb können sie sich schwer in Gefühlsbeziehungen einlassen; sie wagen keine sich öffnende Hingabe oder Bindung, die sie sich nur als Abhängigkeit und Ausgeliefertsein vorstellen können. Sie versuchen daher, autark zu werden, niemanden zu brauchen, auf niemanden angewiesen zu sein. Ihre Ungeborgenheit in der mitmenschlichen Welt, ihre mangelnde Vertrautheit mit anderen Menschen, suchen sie durch Intuition und Erkenntnis auszugleichen, und entwickeln so die für sie typische intellektuelle Frühreife bei emotionaler Unreife. Sie wollen das Leben erkennend, abstrakt-theoretisch begreifen und bewältigen.

Der schizoide Mensch fühlt sich also allein in der Welt; sein Lebensgrundgefühl ist die Einsamkeit des Individuums, die er nun verschieden verarbeiten kann. Die Sehnsucht, aus seiner Isolierung herauszufinden, kann ihn über die Erkenntnis zu einem Aufgehobensein in überpersönlichen Zusammenhängen führen. Er kann aber auch die Isolierung *wollen* und dann in einen solipsistischen Autismus verfallen, sein Einmaligkeitsbewußtsein kultivieren und in einsamer Selbstvergottung und Menschenverachtung enden.

Der Prediger mit vorwiegend dieser Persönlichkeitsstruktur wird folgende Merkmale aufweisen: Durch seine mitmenschliche Unbezogenheit hat er zu wenig Einfühlung in andere. Dadurch kann er die Wirkung seiner Worte nicht richtig einschätzen und – bewußt oder ungewollt – schockierend wirken. Er kann tief irritieren, die Toleranzgrenzen der anderen zu wenig beachten, verletzt daher leicht ihre Gefühle und hält sie für sentimental; er geißelt schonungslos alles, was ihm als Schwäche oder Naivität erscheint. So ist er als Prediger oft unbequem, weil er Probleme des Glaubens und der menschlichen Existenz eher aufreißt als mildert, nichts beschönigend und den Menschen auf sich selbst zurückwerfend, ihn so verunsichernd. Er verspricht keine Geborgenheit; Mitleid verachtet er; es geht von ihm eine kühle Distanz aus, die andere in Distanz hält. Aus seiner mitmenschlichen Unbezogenheit heraus kann er wenig emotionale Zuwendung geben und auslösen; dafür fördert er Kritik und Eigenständigkeit des Denkens, furchtlose Erkenntnis ohne Rücksicht auf Traditionen – die Lebenshaltung, durch die er sich selbst am meisten geholfen hat. Für ihn ist die Erkenntnis der Wahrheit der Weg zu Gott.

Auf dieser Linie finden wir recht verschiedene Persönlichkeiten des Predigers. Auf der Seite autistisch-narzißtischer Ichbetonung sowohl weltfremde Idealisten, sektiererische Heilsbringer, Weltverbesserer und „Religionsstifter", utopische Propheten bis zum religiösen Wahn, als auch radikale Neuerer und Sektenbegründer, also alle hier möglichen Formen des Außenseitertums, womit die meist neurotischen Erscheinungsformen dieses Typus umrissen sind.

Anderseits finden wir hier Persönlichkeiten, die aus ihrer Ungebundenheit, Unabhängigkeit und Erkenntniskraft zu großer innerer Freiheit gelangen können. Sie sind furchtloser und brauchen daher weniger Rücksichten zu nehmen, als Gebundenere und Abhängigere, denen eine kollektive Zugehörigkeit wichtiger ist. Sie ertragen es, alleinzustehen und angefeindet zu werden, stehen mutig zu ihren Überzeugungen und vertreten auch unkonventionelle und eventuell kirchenfeindliche Ansichten, wenn sie sie für wahr halten. Sie sind oft die Freidenker, die in bestimmten Zeiten als Ketzer angesehen werden, nicht bereit, Dinge anzunehmen und zu glauben, nur weil sie ehrwürdiger Tradition entstammen oder gefordert werden. So sind sie oft Initiatoren neuer, historisch fälliger Entwicklungen, sind nahe am „Puls der Zeit", Gegner sowohl aller sentimentalen und unechten Frömmelei, wie erstarrter und sinnleer gewordener Riten und Bräuche. Sie haben oft kühne neue Konzepte, kommen damit bei ihnen gleichgearteten Gemeindegliedern an, während sie von strukturfremden eher abgelehnt und gefürchtet werden.

Sie haben eine besondere Empfindlichkeit für das Echte, für den tragischen Aspekt der menschlichen Existenz. Als Leitmotiv könnte für sie der Satz „Hilf dir selbst, so hilft dir Gott" gelten. Sie stoßen in Denken und Predigen oft zu den „letzten Dingen" vor, sind daher schwer im Rahmen einer bestimmten Konfession zu halten, die sie nur als Facette der religiösen Wirklichkeit sehen.

Sie sind die Pfarrer, die leicht ihrer Konfession oder Kirche gefährlich werden können, weil sie nicht bereit sind, Mängel und Unzulänglichkeiten ohne Kritik hinzunehmen, weil ihnen Erkenntnis über Glauben geht, und weil sie mehr auf der Seite der Entwicklung als der der Tradition stehen. Anderseits verdankt ihnen die Kirche oft entscheidende neue Formulierungen religiöser Inhalte, die die Gesamtentwicklung und Wandlung innerhalb einer Generation oder Zeit mit einbeziehen.

Gott ist für sie der schöpferische Urgrund des Seins. Deshalb sind sie auch anderen Religionen gegenüber tolerant und achten sie, wenn sie das gleiche Prinzip verehren, wenn auch unter verschiedenem Namen. Der nach Erkenntnis strebende Mensch zählt religiös allein für sie, welchen Glauben er auch haben mag. Religionen und Institutionen sind für sie verschiedene Wege und Ausdrucksformen für den letztlich gleichen Urgrund. So vertreten sie ökumenische Einstellungen. Religion und Kirche sollen letztlich der Humanität dienen, sind Rückbesinnung des Menschen auf sich selbst, als Möglichkeit zu einer Humanität, die den Menschen verantwortlich auf sich selbst stellt.

Ecclesiogene Schädigungen können die neurotischen Vertreter dieses Typus am häufigsten dadurch setzen, daß sie durch zu subjektive und utopische Vorstellungen bzw. Forderungen die Gläubigen überfordern, sie zu Schritten veranlassen, denen diese nicht gewachsen sind, wie es ja oft bei Sekten vorkommt. Aber auch der reife Vertreter dieses Typus ist vielen gefährlich, weil er zuviel an Eigenständigkeit zumuten, den Gläubigen gewisse Geborgenheiten nehmen kann, die sie brauchen oder zu brauchen glauben; so werden vor allem kindlich Glaubende durch sie beunruhigt; sie können aber oft auch der Kirche und ihren Institutionen unbequem werden.

Sie selbst können als Mönch oder Eremit leben und aus der inneren Einsamkeit zu jenem All-eins-Sein hinfinden, in dem sie sich als mikrokosmischen Spiegel des Makrokosmos erleben; ihre Frömmigkeit ist untrennbar verbunden mit der Ehrfurcht vor der Schöpfung.

Der depressive Mensch und die Liebe

Die folgende orale Phase, die etwa das weitere erste Lebensjahr ausfüllt, hat zum phasenspezifischen Ziel die Polarisation Ich – Du, erlebt an der emotionalen Bindung an *einen* Menschen, üblicherweise an die Mutter, die hier zum Erlebnismittelpunkt für das Kind wird. In einer geglückten Mutterbeziehung kann das Kind Hoffnung, Einfühlung und liebende Zuwendung entwickeln, aus erfahrener liebender Zuwendung. Das Kind nimmt seine Eindrücke und Erlebnisse zum Aufbau seiner Innenwelt in sich hinein. Wie alle Ersterfahrungen sind auch die ersten Eindrücke vom Menschlichen, von einem Menschen, besonders tief prägend. Das wird noch unterstützt durch das lange Angewiesensein des Kindes auf die Mutter, das ihr eine solche schicksalhafte Bedeutung gibt. Je nachdem, ob das Kind eine „gute" oder eine „böse" Mutter in sich aufnimmt, fühlt es sich in der Tiefe als liebenswert oder hassenswert, und kann im schlimmsten Fall allein schon sein Dasein als Schuld empfinden, wie das nicht selten bei Kindern zu finden ist, die von früh an die Ablehnung der Mutter spürten, etwa weil sie unerwünscht waren.

Aus dieser Phase stammt unser Wunsch nach naher und vertrauter Bindung an *einen* Menschen. Sie spiegelt den Menschen in seinem Entworfensein auf einen Partner. Die Störungsmöglichkeiten dieser Phase liegen in den Extremen von Verwöhnung oder Versagung. In beiden Fällen kommt es zu überwertiger Bindung oder Fixierung an die Mutter. Bei der Verwöhnung, weil die Mutter das Kind für ihr eigenes Leben braucht, von *ihm* geliebt *werden* will. Sie hält es daher klein und in der Abhängigkeit, damit es sie nicht verläßt und sie immer braucht. Bei jedem natürlichen Entwicklungsschritt bekommt das Kind dann Schuldgefühle, weil die Mutter darauf so reagiert, als täte es ihr damit etwas an. Weil die Schuldgefühle und der drohende Liebesentzug für das Kind unerträglich sind, verzichtet es lieber auf seine Entwicklung der Mutter zuliebe.

Bei der Versagung kann das Kind die Mutter nicht loslassen, weil es nie ausreichend von ihr gesättigt wurde, im engen wie im weitesten Wortsinn; wenn es nicht resigniert, bleibt es an die Mutter fixiert in der Hoffnung, vielleicht doch noch ihre Liebe zu erringen und bringt dafür alle erdenklichen Opfer. Die hier nun bewußt erlebte und auf die Mutter bezogene Abhängigkeit führt zu der überwertigen Trennungs- und Verlustangst, die das zentrale Problem der depressiven Persönlichkeiten ist. Aus dieser Angst und aus ihrer Schuldgefühlsbereitschaft wagen sie es nicht, eigenständig zu werden, und opfern lieber ihr Eigensein, als das Verlassenwerden und die Einsamkeit zu riskieren, oder aber schuldig zu werden. Kann diese Phase einerseits wichtigste und im besten Sinne menschliche Eigenschaften in der Erstform entstehen lassen, kann sie anderseits durch das Mißbrauchen der kindlichen Abhängigkeit schwerste Schädigungen setzen.

Depressive Persönlichkeiten suchen und brauchen immer einen Partner, mit dem sie größtmögliche Nähe anstreben, da sie allein nicht lebensfähig zu sein glauben. Um eine bestehende Beziehung nicht zu gefährden, versuchen sie, die Erwartungen des Partners zu erfüllen, sind überbereit zur Anpassung und bleiben oft lange naiv und kindlich, weil sie „das Böse" in sich und im andern nicht sehen wollen, denn das würde ihre Geborgenheitssehnsucht bedrohen. Sie brauchen einen Partner, um ihn lieben und von ihm geliebt werden zu können; aus der Liebe zu fallen, ist für sie das schlimmste, und sie möchten auch deshalb nicht schuldig werden – lieber leiden sie. An der Mutter-Kind-Beziehung entwickelt sich also die Frühform unserer Liebesfähigkeit; sie formt das Urbild unserer Du-Beziehung und bleibt in uns erhalten als die Sehnsucht nach dem Wiederfinden der hier einmal erlebten Geborgenheit in einem Menschen.

Der Prediger mit überwiegend dieser Persönlichkeitsstruktur ist oft der geborene Seelsorger, einfühlend, mitleidig, hilfsbereit, tröstend und aufrichtend. Er identifiziert sich mit dem anderen, setzt sich mit persönlichen Opfern ein, sucht die persönliche Beziehung zum Ratsuchenden, diesen oft zu sehr an sich bindend durch den Wunsch, von ihm gebraucht zu werden. Die Gemeinde ist ihm eine Familie, die er gleichsam mütterlich betreut.

Hier findet man den Pfarrer, der durch seine Person, Haltung und Lebensweise überzeugt, der verehrt und geliebt wird. Er versteht es, Hoffnung zu erwecken, an die Vergebung und Erlösung glauben zu lassen und lebt seinen Glauben in tätiger Hilfe. Glaube ist für ihn Gnade, deren man sich aber würdig machen kann. Er ist verständnisvoll gegenüber aller menschlichen Not und allem Leid, vielleicht zu bereit, diese als unumgänglich zu sehen oder unter der Vorstellung, daß Gott den züchtigt, den er liebt. So neigt er oft zu einer Leidensideologie, betont die Leidensbereitschaft und sieht die Leidüberwindung zu sehr nur in der Selbstaufgabe. Das Böse im Menschen ist für ihn nur Irrtum; für ihn ist der Mensch primär gut, nur irregeleitet, und er ist überzeugt von der Gotteskindschaft des Menschen. Er glaubt an einen persönlichen Gott, der Liebe ist. Irren ist menschlich, Sünden sind daher verzeihlich und können vergeben werden, und ihm ist die Reue die wichtigste Form der Selbstbesinnung. Der Weg zu Gott geht für ihn über die Liebe.

Wir finden auf dieser Linie den Prediger mit echter Demut, Lebensfrömmigkeit und caritativer Nächstenliebe. Die Selbstaufgabe kann hier zur Selbstvergessenheit führen und der Glaube entstehen, der „Berge versetzt", der überzeugt, weil er gelebt, nicht nur gelehrt wird. In opferfreudiger Selbsthingabe versucht er mystisch mit Gott eins zu werden – unbewußt wohl die frühe Union mit der Mutter wiedersuchend.

Dieser Typus des Pfarrers ist oft der homo religiosus aus Anlage. Sein Bedürfnis zu helfen, läßt ihn oft gleichsam therapeutische Haltungen einnehmen; er wird sich auch mit Psychotherapie tiefer beschäftigen, wenn er erkennt, daß hier helfende mitmenschliche Möglichkeiten vorliegen, die seine geistlichen Mittel vertiefen und erweitern können. Konnten wir vom schizoiden Pfarrer sagen, für ihn sei Gott als der schöpferische Urgrund des Seins überall im Seienden, so würde man vom depressiven sagen können, Gott sei in ihm oder er sei in Gott. Er sucht den „persönlichen Gott", das Göttliche, zu dem er eine persönliche Beziehung haben kann.

Die neurotischen Vertreter depressiver Persönlichkeitsstrukturen unter Pfarrern sind einmal die kindlich Gläubigen, die die Welt und den Menschen verharmlosen, um den Konflikt zu vermeiden, den „lieben Gott" in Frage stellen zu müssen. Sie sind bestenfalls mehr Tröster, als daß sie die Eigenverantwortung des Gläubigen ansprechen, erwecken dadurch oft falsche Hoffnungen in ihm. Sie suchen zu wenig nach positiven Möglichkeiten, menschliches Elend zu mildern und zu mindern, sie erschöpfen sich oft im Mitklagen und in einem Mitgefühl, das den anderen zum Kinde macht. Überhaupt halten sie leicht die schöpferische Distanz nicht ein, kommen dem anderen zu nahe, weil sie selbst zuviel Nähe brauchen.

Ein anderer auf der neurotischen Linie zu findender Typus ist der der falschen Demut, hinter der sich eine masochistisch-leidsüchtige Neigung zur Selbsterniedrigung verbirgt, die er womöglich als besonders gottgefällig ansieht. Auf solcher Basis können die Märtyrer entstehen, für die das Märtyrertum eine Form der Selbstbefriedigung und Selbsterlösung, oder der Leidensbejahung aus Leidensgenuß, bis zur Christusidentifikation bedeutet.

Prediger dieses Typus können beim Gläubigen ecclesiogene Neurosen dadurch setzen, daß sie – aus eigener Angst und Unsicherheit – es schon als Vermessenheit auffassen, wenn der Gläubige Bedenken, Zweifel oder Kritik an kirchlichen Institutionen oder gar an Gott hat. Das erscheint ihnen als Blasphemie; sie drohen dann nicht, wie der gleich zu besprechende

Angst: wenn gläubige Kritik oder Zweifel an kirchl. Institutionen oder Gott hat zwanghafte Typus, mit Strafen; aber sie erwecken im Gläubigen den Eindruck, daß er sich so die Liebe Gottes verscherze. Da sie aus dem Dilemma, die Realität des menschlichen Lebens mit der Güte Gottes in Einklang zu bringen, nicht herausfinden, bleibt ihnen dann nichts weiter übrig, als überall den Willen Gottes zu sehen, was dann den Gläubigen so leicht in die gleichsam masochistische oder unmündige Haltung zwingt, alles ungefragt auf sich zu nehmen und noch dankbar dafür sein zu sollen, da es letztlich von Got gut gemeint sei, auch wenn man es nicht erkennen kann. Er erweckt weiterhin jene Hoffnungen auf das Jenseits und die Wiedergutmachung dort, die oft so wenig Impulse übriglassen, sich darum zu bemühen, schon auf Erden eine Besserung anzustreben – das wäre ja schon gegen Gottes Absicht gehandelt, die man mit Ergebung auf sich zu nehmen hat. So kann er sein Gegenüber überfordern im Hinnehmen von „gottgewolltem" Leid oder im Suchen nach eigenem Verschulden bei „Leiden und Prüfungen". Sie weisen ihr Gegenüber mitunter zu früh auf Gott, überbewerten den Opfergedanken. Manche Formen des Marienkultes lassen die nicht gelöste Mutterbindung oft noch deutlich erkennen.

War die Motivierung, Pfarrer zu werden, beim schizoiden Menschen oft die Sehnsucht, zu einer Gemeinschaft (Männergemeinschaft) zu gehören, die Geborgenheit gibt, ohne nahe mitmenschliche Beziehungen zu fordern, wie es etwa in Klöstern möglich ist, so ist für den depressiven die Berufswahl oft aus einer Sehnsucht nach Aufgehobensein im Schoß der „Mutter Kirche" zu verstehen, oft auch aus seiner Bereitschaft zum Selbstopfer. Häufig allerdings werden depressive Menschen von der Familie zum Priester bestimmt und lassen sich dazu bestimmen, nicht selten auch, weil sie dann eine neue „Mutter haben", die für sie sorgt, da sie oft für den Lebenskampf zu weich sind.

Der zwanghafte Mensch und das Gesetz

Nach der Phase der größten Abhängigkeit setzt um das zweite bis fünfte Lebensjahr die anale Phase mit wachsender Eigenständigkeit ein. Das Kind lernt hier zunehmend die Beherrschung seines Körpers und der Sprache, hat also viel mehr Möglichkeiten, sich verständlich zu machen und mit der Welt etwas zu tun, als in den Vorphasen. Im Erlernen der neuen Fähigkeiten erlebt das Kind sein Können, im Durchsetzen seines Wollens seine Macht. Zugleich ergibt sich für das Kind erstmals die Möglichkeit, aus den Reaktionen der Erwachsenen auf sein Verhalten, sich als gut oder böse zu erleben. Heißt der hier fällige Entwicklungsschritt Ablösung von der früheren Bindung und Abhängigkeit und wachsende Selbständigkeit, hängt sein Gelingen doch immer noch entscheidend von den Eltern ab, ob sie nämlich diese Entwicklung annehmen und unterstützen, oder einschränken und verbieten.

Dementsprechend liegen die Störungsmöglichkeiten dieser Phase in den elterlichen Verhaltensweisen gegenüber dem Eigenwillen des Kindes, und sie werden verschieden aussehen, je nachdem ob hier eine harte oder weiche Erziehung auf ein vital starkes oder vital schwaches Kind trifft bzw. ob die hier von den Eltern gestellten Forderungen altersangemessen oder zu früh erfolgen. Treffen bei Eltern und Kind vital starke Naturen aufeinander, kommt es zum Machtkampf zwischen ihnen, beim Kind zu trotziger Opposition und Eigensinn bis zur Auflehnung um jeden Preis. Bei zu früher Dressur zum Gehorsam und/oder einem vital schwachen Kind entsteht dagegen bei diesem sich anpassende Nachgiebigkeit aus Strafangst, mit der späteren Folge von Unselbständigkeit und Autoritätsgläubigkeit oder den Extremformen von Gehorsam bis zur Rückgratlosigkeit.

In dieser Phase entwickelt sich also – erstmals konstelliert an der Sauberkeitserziehung – die gesunde oder gestörte Beziehung zur Autorität; die hier gelernten Verhaltensweisen spiegeln in oft grotesker Form die Erziehungsmethoden der Eltern wider. Die Störungen der Phase liegen vor allem in zu früher Forderung von Sauberkeit, Ordnung, Selbstbeherrschung und Gehorsam, wodurch die natürliche Spontaneität des Kindes gedrosselt wird. Das kann geschehen durch Unduldsamkeit gegenüber der Motorik, der Affektivität und den aggressiven Impulsen des Kindes, die hier phasenspezifisch fällig sind als Vorformen seines Eigenständiger-Werdens. Oder aber es kommt im Gegenteil durch laxe Gleichgültigkeit und völliges Gewährenlassen, ohne das Setzen gesunder Grenzen und Ordnungen, beim Kinde zu respektloser Willkür bis zum Anarchismus.

Verständnisvolles Verhalten der Eltern gegenüber den hier beim Kinde fälligen Entwicklungsschritten, z. B. Lenkung durch Erklären statt Strafen, ermöglichen dem Kind die Entwicklung einer gesunden Selbstbehauptung mit Verantwortungsbewußtsein und Gehorsam aus Einsicht. Auf der Basis der in dieser Phase gestörten Entwicklung entstehen die zwanghaften Persönlichkeiten, deren Grundkonflikt sich in die Formel „darf ich oder darf ich nicht" zusammenfassen läßt. Daraus erwächst jenes zögernde Zweifeln, das an der Wurzel aller zwanghaften Entwicklungen steht, und das jede Spontaneität und Ursprünglichkeit, jeden lebendigen Impuls unterdrücken läßt aus Angst vor Strafe und Liebesverlust. Da die unterdrückten lebendigen Impulse sich natürlich nie völlig unterdrücken lassen, sondern immer wieder – und durch Stauung stärker – auftauchen, müssen sie auch immer stärker abgesichert werden – dazu dienen dann die zwanghaften Verhaltensweisen, vom erwähnten Zweifeln und Zögern über Reaktionsbildungen bis zu den eigentlichen Zwangssymptomen.

Angst vor Strafe + Liebesverlust

Diese Phase prägt also in der Erstform unser Verhältnis zur Autorität, zu Gehorsam und Freiheit. Der Prediger mit vorwiegend dieser Persönlichkeitsstruktur in gesundem Rahmen neigt (als Hauptcharakteristikum) dazu, sich als Hüter der Tradition zu sehen. Die Überlieferung und sein Amt sind ihm verpflichtend, bedeuten Verantwortung. Die ihm als angemessen erscheinende Einstellung zu Amt und Funktion ist eine dienende. Im Bewußtsein seiner Verantwortung ist er bestrebt, Vorbild zu sein. Gemäß der damit verbundenen Strenge gegen sich selbst, betont er auch in der Predigt den Forderungscharakter der Lehre, das „du sollst". Daraus können leicht Überforderungen werden, wenn er die menschliche Natur zu wenig kennt oder beachtet. Seine Predigten sind durchdacht, thematisch klar und gründlich durchgeführt, wie er auch sonst in seiner Amtsführung verläßlich ist; Tiefe des Denkens und Glaubens sind seine Vorzüge.

Prediger: Hüter der Tradition

Gott ist dem guten Vertreter dieses Typus die göttliche Ordnung, das Gesetz und das moralische Prinzip, etwas objektiv Gültiges und die Zeiten

Überdauerndes, für dessen Dauer er mit zu sorgen hat: Er hat Garant dafür zu sein, daß alles beim alten und die Reinheit der Lehre gewahrt bleibt. Daher hat er eine Neigung zum Absoluten; er ist der Dogmatiker unter den Pfarrern.

Man kann sich vorstellen, daß die Grenze zu den neurotischen Vertretern dieser Linie recht schmal ist. Dann neigt man zu orthodoxen, autoritären und intoleranten Verhaltensweisen, die zum großen Teil als Selbstschutz zu verstehen sind: Denn es gehört menschliche Größe dazu, anderen das zuzugestehen, was man sich selbst verbieten muß, z. B. die Sexualität. So ist es dieser Typus, der immer wieder vor dem Bösen, dem Verführer und Versucher warnt und gegen ihn ankämpft, in sich und im anderen. Er spricht die Strafangst an, fordert Buße und Sühne, predigt vom Jüngsten Gericht mehr als daß er Vergebung zuspricht. Er erweckt in seinen Gemeindegliedern die Vorstellung, daß Gebote und Verbote prinzipiell und absolut eingehalten werden könnten, ja sollten, so daß manch einer aus den Schuldgefühlen gar nicht herauskommt und der Pfarrer bzw. die Kirche ihn damit in der Hand haben.

Hier läßt sich die gefährliche Verbindung von Religion bzw. Kirche mit Macht erkennen. Durch das Erwecken von Schuldgefühlen bekommt der Pfarrer auch Macht über den (allerdings vorwiegend naiven und depressiven) Gläubigen, der, um versöhnt zu werden, mit der Vergebung auf ihn angewiesen ist. Vor allem einfache und autoritär aufgezogene Gemüter werden so abhängig gehalten, während kritischere und freiere gerade in dieser Verquickung von Religion mit Macht und in dem Mißbrauch der Macht zur Kirchen- bzw. Glaubensfeindlichkeit gebracht werden können. Dieser Typus überbewertet die Tradition, die Riten, Zeremoniells und Formalitäten; er beharrt auf dem Buchstaben und dem genauen Einhalten kirchlicher Vorschriften — ihm ist wichtiger, daß man in der Gemeinde regelmäßig zur Kirche geht, als die Echtheit der Einstellung dazu. Er hat Angst vor allen Neuerungen und Wandlungen, die er aus der Vorstellung heraus bekämpft, daß man nur irgendwo etwas lockerer zu lassen brauche, um sofort das Chaos zu konstellieren. Darin spiegelt sich sowohl seine Angst vor dem Unterdrückten in ihm selbst, als auch die Sorge um eine mögliche Machtminderung.

Dieser Typus kann in höchstem Maße ecclesiogene Neurosen auslösen. Er behandelt die Gläubigen wie unmündige Kinder, die mit Geboten und Verboten erzogen werden müssen, mit Strafe und Belohnung. Schon der leiseste Zweifel am Glauben ist Sünde, schlechte Gedanken ebenfalls, so daß er einen Perfektionismus vertritt, der unerfüllbar ist und seine Gemeindeglieder sich immerwährend als Sünder erleben läßt. Im Ablaß ist seinerzeit die Verquickung von Religion mit Macht besonders kraß zum Ausdruck gekommen.

Der Schritt ist dann oft nicht mehr weit zu jenen zwangsneurotischen Pfarrern, die ihr Amt zu einer Machtposition ausbauen, die in extremen Fällen sich mit einem Sadismus verbinden kann, der, wie etwa bei der Inquisition, unter dem Schein, für den Glauben zu kämpfen, neurotische Triebe auslebt. So hat bis in die Gegenwart der kirchliche Kampf gegen die Sexualität sich auf viele junge Menschen verheerend ausgewirkt, und die verdrängte eigene Sexualität hat bei den Pfarrern dieses Typs zu vielerlei neurotischen Symptomen und gefährlichen Verhaltensweisen geführt.

Hier finden wir den Typus des Pfarrers, der sich am stärksten für die Macht der Kirche einsetzt, und der heute, in dem langsamen Prozeß der Gläubigen zu größerer Mündigkeit, den die Fortschritte der Naturwissenschaften und der Psychologie mit sich gebracht haben, wohl am schärfsten bekämpft wird. Er ist auch der Intolerante anderen Glaubensformen gegenüber und kann der Missionar sein, dem es um die Ausweitung der Macht seiner Kirche geht, aber auch der, der aus Überzeugung missioniert.

Er vertritt die Orthodoxie und wir finden hier auch Fanatiker und Asketen. Unter den letzteren gibt es zwei Formen des Asketen: sowohl den, welcher durch einfaches Leben, Meditation und strenge Einhaltung entsprechender Regeln die Selbstvertiefung anstrebt, als auch den mit sadomasochistischen Zügen, mit der Tendenz zur Selbstkasteiung und Selbstbestrafung, Selbstquälerei aller Art, für den also eine bestimmte Methode wichtiger geworden ist als das Ziel, der im Technisch-Formalistischen steckenbleibt.

Die geschilderten zwanghaften Persönlichkeitsstrukturen spiegeln alle in irgendeiner Weise die Strenge gegen sich selbst und damit ein Stück ihrer Biographie. Die Strenge ihrer Glaubensforderung ist immer auch zugleich Selbstschutz, mag sie noch so klug mit „Begründungen" rationalisiert werden. Ist vielen hier der Glaube eine immer neu zu vollziehende Tat der Klärung, Festigung und Vertiefung, werden sich die schwachen Vertreter dieser Linie durch Absolutheitsforderungen vor Glaubenszweifeln schützen, die die Schwäche ihrer inneren Situation spiegeln. Dazwischen können die tragischen Zweifler und Suchenden liegen, die aufkommende Zweifel durch verstärkte Strenge gegen sich und andere in einem hoffnungslosen circulus vitiosus zu bekämpfen versuchen. Psychologisch gesehen kann man sagen, daß der depressive Typus meist mutterbetont ist, während beim zwanghaften Typus das Väterliche eine größere Rolle in der Entwicklung gespielt zu haben pflegt. Psychoanalytisch ausgedrückt, hat dieser Typus ein zu strenges Über-Ich erworben, das ihn zum schablonenhaften Einhalten von Vorschriften zwingt. In der Predigt pflegt das darin zum Ausdruck zu kommen, daß im Inventar seiner Worte und Begriffe Über-Ichhaftes überwiegt, also etwa das Sollen und Müssen, das Nicht-Dürfen, die Strafandrohung und dergleichen.

Im positivem Sinne können wir hier aber auch Pfarrer von großem Format finden, die das Amt auf sich nehmen unter Zurückstellung der eigenen Person, die daran zu überpersönlicher Größe und Würde wachsen können. Sie umweht oft ein Hauch großer menschlicher Reife; bei aller Strenge und Unbestechlichkeit zeigen sie doch eine Milde und ein menschliches Verständnis dem einzelnen gegenüber, so daß ihnen jene Mischung aus Respekt und liebender Verehrung entgegengebracht werden kann, wie einer echten Vaterpersönlichkeit. Sie eignen sich für hohe, verantwortliche Ämter und erfüllen für den Gläubigen die Sehnsucht nach einem überzeugenden Vorbild menschlicher Größe. Das Zerrbild davon ist der Typus, der das alles nur mit Taktik und formal zu erreichen versucht.

Die Motivierung zum Predigerberuf ist hier häufig die Vorstellung der Macht, die damit verbunden ist oder, seltener, jenes dienende Auf-sich-Nehmen eines Amtes; häufig ist es auch hier der ehrgeizige Wunsch der Familie, der die Berufswahl bestimmt und der gehorsam auf sich genommen wird.

Der hysterische Mensch und die Freiheit

In der letzten – phallischen – Phase der frühkindlichen Entwicklung – das fünfte bis sechste Lebensjahr umfassend – geht es um das Hineinwachsen des Kindes in seine Geschlechtsrolle und in die Identität mit sich selbst; zugleich soll es hier mehr und mehr aus der bisherigen magischen Wunschwelt herauswachsen zugunsten der Realität. Um diesen Schritt vollziehen zu können, braucht das Kind Vorbilder; für den tastenden Zukunftsentwurf seines Eigenseins richtet es sich zunächst identifizierend nach den vorgelebten Leitbildern aus, es „möchte werden wie". Daher ist es hier für seine Entwicklung von größter Wichtigkeit, was die Eltern ihm an Identifikationsmöglichkeiten anbieten, was sie ihm vorleben. So kann es über die Identifikation allmählich in sich selbst hineinwachsen und die Erfahrungen erwerben, die es braucht, um mit der Welt umgehen zu können, die Identität mit sich selbst zu finden.

Aus dieser Phase stammt unser Bedürfnis, als Gesamtperson angenommen zu werden und uns als Wert zu erleben, die Sicherheit des Selbstwertgefühles, das Ja zu uns selbst sowohl als Geschlechtsperson wie als Individuum. Das Kind soll sich hier als liebenswert, und auch die Liebe, die es selbst zu geben hat, als Wert erleben können.

Störungen in dieser Phase kommen zustande durch schillernde, unverläßliche oder unreife elterliche Vorbilder, die dem Kind keine Sicherheit geben, keine klare Linie für seine Selbstfindung. Wenn es sich als Geschlechtsperson oder als Gesamtperson nicht angenommen fühlt, resultieren daraus Minderwertigkeitsgefühle oder Rachetendenzen, die die spätere Einstellung zur Gemeinschaft oder zum Partner erschwerend vorformen. Findet es keine reizvollen Vorbilder, bleibt es in seiner Entwicklung in der befriedigenderen magischen Wunsch- und Phantasiewelt stehen und versucht, weiterhin unverantwortliches Kind zu bleiben. Oft ist es auch so, daß das Kind von der Familie in Haltungen und Rollen gedrängt wird, etwa Wunschvorstellungen der Eltern leben muß, die entweder ihm nicht gemäß sind oder nur intrafamiliär tragen, draußen in der Welt dann plötzlich versagen, weil sie nur auf ein bestimmtes Familienmilieu zugeschnitten waren.

Auf der Basis solcher Entwicklungsstörungen entsteht die hysterische Persönlichkeit. Ihr Grundproblem ist das unsichere Selbstwertgefühl, das je nach der Genese zwischen Minderwertigkeitsgefühlen und Selbstüberschätzung (oder von einem Extrem ins andere fallend) schwankt. Aus der mangelnden Identität mit sich selbst kommt es zu bleibender Unsicherheit über den eigenen Wert und über das, was man sein möchte (Leitbildunsicherheit), und daraus ergibt sich der Grundkonflikt des hysterischen Menschen: das Problem von Schein und Sein, das Problem der Echtheit. Da es zuwenig oder zuviel bejaht wurde, versucht das Kind wenigstens zum Schein das zu sein, was man von ihm erwartet, und spielt so immerwährend die Rolle, in der es von der Umwelt bestätigt wird. Oder es läßt sich von der familiären Bewunderung tragen und spielt die Rolle dessen, der es vielleicht einmal sein könnte, gleichsam hochstaplerisch. In beiden Fällen kommt es zu dem für Hysteriker charakteristischen Rollenspiel, zum ausprobierenden Suchen nach einer befriedigenden Rolle, die doch nie wirklich befriedigen kann, weil es nicht das Eigenwesen ist, was man so lebt. Dahinter bleibt deshalb die tiefe Unsicherheit über sich selbst weiter bestehen. Man entwickelt so ein augenblicks-, situations- oder personenbezogenes Ich ohne Kontinuität und bleibt unverbindlich in der Angst vor allem Endgültigen und Verpflichtenden stehen. Man relativiert alles, läßt sich immer ein Hintertürchen offen, und das ganze Leben kann ein Schauspielen werden.

So bleibt der hysterische Mensch entweder in der Identifikation mit einer erlernten Rolle oder in der Identifikation mit oder der Opposition gegen eine frühe Bezugsperson stecken. Er überträgt dann die an dieser erworbenen Haltungen auf neue Menschen, wiederholt an ihnen die erlernten patterns des Verhaltens und versucht, die in der Familie erprobte Rolle – etwa eine Starrolle – auch draußen weiter zu spielen. Dort trägt sie dann meist nicht mehr, wird von der neuen Umwelt nicht angenommen, weil sie nicht wirklich fundiert ist. So bleibt er letztlich immer mehr mit einer familiären, sozialen oder gesellschaftlichen Rolle identifiziert, als mit sich selbst; das daraus resultierende Unechtheits- oder Minderwertigkeitsgefühl wird durch betontes bis überwertiges Geltungsstreben auszugleichen versucht.

Der Prediger mit vorwiegend dieser Persönlichkeitsstruktur kann in der Predigt mitreißen, begeistern, beschwingen und erheben; er hat oft etwas Suggestives, Pathetisches, mit deutlichem Selbstgenuß im Reden. Ihm ist die Wirkung, besonders seine persönliche Wirkung, oft wichtiger als das Inhaltliche, und er kann auch Dinge überzeugend vertreten, an die er selbst nicht glaubt – wenn sie nur wirkungsvoll darzustellen sind, ihn zur Geltung bringen und ihm die Chance zu glänzen bieten. Er opfert also Sinn und Wert der Predigt leicht der Wirkung, die er erreichen will, und zieht oft eine ausgesprochene „Schau" ab. Er hat überhaupt schauspielerische Fähigkeiten und keine sehr festgelegte Richtung und Auffassung, er „kann" so und auch anders. Dadurch wirkt er farbig und interessant; er erreicht die Hörer, versteht sie zu packen, zu fesseln, zu erschüttern, ist stark im Improvisieren, dabei abhängig von seinen Stimmungen. Er ist oft der ausgezeichnete Redner, für den die Gemeinde schwärmt und von dessen Predigten man sich erzählt.

Wir finden hier aber auch die Startypen, die zu eingenommen von sich selbst und zu sehr auf ihre Wirkung bedacht sind, als daß sie echt einfühlend und mitfühlend dem Hörer gegenüber sein könnten. Sie neigen zum Pathos und Imponiergehabe und haben damit Erfolg bei denen, die sich gern imponieren lassen. Sie fühlen sich – auch darin eine Rolle einnehmend – als Repräsentanten ihres Amtes oder ihrer Funktion, legen daher Wert auf alles Zeremonielle; aber weniger deshalb, um die Tradition zu wahren, wie der zwanghafte Typus, sondern um sich persönlich mit Glanz zu umgeben, der ihrem Narzißmus schmeichelt.

Andere Vertreter dieses Typus sind die Schwärmer, Führer und Verführer, manchmal auch die Neuerer, Initiatoren und die Missionare aus Abenteuerlust. Ihnen wird die „persona", wie *C. G. Jung* sie genannt hat, die Maske, für die ja kirchliche Ämter und Funktionen reichlich Möglichkeiten bieten, leicht zu wichtig, worin sich das erwähnte Schein-Sein-Problem spiegelt.

Je nach seinem Format kann dieser Typus für viele zum Leitbild werden und seinerseits zur Identifikation anreizen. Er predigt von der Freiheit des Christenmenschen, von Hoffnung, Verheißung, Daseinsfreude und Lebensbejahung, und ist selbst den Freuden des Daseins nicht abgeneigt. Er vermeidet die düsteren Aspekte, die der zwanghafte Mensch so überbetont – es sei denn, daß er sie um der Wirkung willen dramatisierend benutzt.

Aber er kann auch der Schwärmer und Wirrkopf sein, der mehr Verführer als Führer ist, und die unerfreulichsten Vertreter dieses Typus sind die Heuchler und Blender, die salbungsvollen Schwätzer und eitlen Poseure. Auch diese können zu allgemeiner Kirchenfeindlichkeit beitragen, weil bei ihnen Schein und Sein zu weit auseinanderklaffen und zu wenig Vorbildlichkeit vorhanden ist, die man nun einmal von Menschen erwartet, die soviel Einfluß auf andere haben. Neigt der zwanghafte Typus leicht zu einer starren Buchstabenmoral, kann der hysterische Typus eine lebensnähere und dem Menschen gerechter werdende Ethik vertreten oder aber scheinheilig eine unverbindlich-biegsame Zweckmoral für den jeweiligen Augenblick. Dadurch und durch seine Unechtheit und die Widersprüchlichkeit zwischen Amtspersona und Lebensführung, vor allem, wenn er dabei gleichzeitig den Anspruch, Stellvertreter Gottes auf Erden zu sein, stellt, kann er den Hörer in Zweifel stürzen, die seine Glaubensbereitschaft erschüttern und zu Krisen führen, die vielleicht weniger Neurosen setzen, aber die Abwendung von der Kirche bewirken.

Die Motivierung zum Beruf des Pfarrers kommt bei ihm häufig aus Geltungsbedürfnis. Ihn reizt aus narzißtischen Gründen der Glanz und die Möglichkeit, seiner Person über das Amt eine Würde und Bedeutung zu geben, die er aus sich allein nicht hat. Dementsprechend wird dieser Typus in Zeiten allgemeiner und selbstverständlicher Anerkennung und Hochschätzung der Kirche und ihrer Vertreter häufiger diesen Beruf ergreifen als in ihren Krisenzeiten. Oft kommt er sich aber auch ausgesprochen als Berufener und Auserwählter vor, wobei er nicht selten in der neuen Funktion unbewußt eine alte, familiär erworbene Rolle weiterspielt; die Echtheit der Motivation wird dann den Maßstab für die wirkliche oder nur angemaßte Berufung abgeben. –

Wie eingangs schon angedeutet, scheint es vier prinzipielle Einstellungen zum Religiösen zu geben. Hier wurde deren möglicher Zusammenhang mit frühkindlichen Schicksalen und Prägungen aufgezeigt. Aber wahrscheinlich sind es darüber hinaus überhaupt vier Möglichkeiten religiösen Erlebens, vier Komponenten, die erst zusammen unser religiöses Erleben ausmachen und die mit unserer Existenz gegeben sind; sie entstammen wohl Grundbedürfnissen unseres Menschseins, die zu unserer Natur gehören und in uns allen angelegt sind:

Wir haben das Bedürfnis nach Erkenntnis unserer selbst und der Welt; wir erleben uns als Teil des Weltganzen, erkennen die Entsprechung zwischen Makro- und Mikrokosmos, und können im Begreifen gültiger Gesetzmäßigkeiten die trennenden Grenzen unserer Individualität wieder ausweiten in die ursprüngliche Ununterschiedenheit von Ich und Nicht-Ich – der Weg der Metaphysik.

Wir haben weiter das Bedürfnis nach Aufgehobensein in einem Überpersönlichen, von dem wir uns abhängig fühlen und von dem wir beschützt und geliebt werden möchten. Liebende Hinwendung zu und Hingabe unseres Ichs an eine höhere Macht, mit der Sehnsucht nach Einswerden mit ihr, ist der Weg der Mystik.

Unsere Sehnsucht nach etwas zeitlos Gültigem, dem Wandel der Zeiten Enthobenen, läßt uns nach einem höheren Willen suchen, der unser Zweifeln aufhebt und uns unser Schicksal als gottgewollt auf uns nehmen läßt, im Sinne des „Dein Wille geschehe". Hierin gründet die religiös fundierte Ethik.

Und schließlich haben wir die Sehnsucht nach freier Selbstentfaltung und Selbstverwirklichung in immer neuer lebendiger Wandlung. Diese Möglichkeit grenzüberschreitender Fortentwicklung weckt in uns die Sehnsucht nach geahnten höheren Daseinsformen – der Weg der Transzendenz.

In einer Zeit der Krise der Kirche und des christlichen Glaubens, wie in der Gegenwart, erscheint es als besonders wichtig, daß die Prediger alle vier Elemente religiösen Erlebens anzusprechen verstehen. Das Bedürfnis nach Erkenntnis ist heute bei vielen stärker als früher, angeregt durch die Fortschritte der Naturwissenschaften und der Psychologie. Der Prediger sollte die neuen Erkenntnisse einbeziehen und nicht mehr einen unreflektierten Glauben fordern, zu dem viele sich heute nicht mehr fähig fühlen.

Anstatt Gottes Liebe zu predigen, sollte durch die Kirche mehr tätige Liebe bewiesen und durch ihre Vertreter vorgelebt werden. In Zusammenarbeit mit der Psychotherapie können die seelsorgerischen Möglichkeiten ausgebaut werden. Selbsterfahrungen in Einzel- und Gruppentherapie können dem Prediger hilfreich sein, eigene neurotische Verhaltensweisen zu erkennen und abzulegen, ihn aber auch besser erkennen lassen, wenn Gemeindeglieder in ihren Konflikten einer Psychotherapie bedürfen und nicht nur auf religiösem Wege zu heilen sind.

Die Macht, die die Kirche durch ihre weltweite Institutionalisierung besitzt, sollte humanen Aufgaben anstatt ihrer Machterhaltung oder Machterweiterung dienen. Sie hat dadurch Wirkungsmöglichkeiten, wie sie keine andere Institution besitzt. Hier liegt für sie eine Fülle von Aufgaben, die ich wohl nicht aufzuzählen brauche, von deren Erfüllung aber das Weiterbestehen der Kirche wesentlich abhängen dürfte.

Das Erkennen seiner Persönlichkeitsstruktur mit ihren Chancen und Gefahren und ihrer Rückwirkung auf die Gemeinde sollte für den Prediger heute ein echtes Anliegen sein. Es könnte ihm dazu verhelfen, daß er sich der Grenzen seiner Persönlichkeit bewußter wird und ihn davor bewahren, seine persönliche Einstellung als die allein gültige zu sehen und sie auch von anderen zu fordern.

Richard Riess

Zur Seelsorge an Schülern

Die seelsorgerliche Dimension zieht sich diagonal durch den gesamten Dienst der Kirche. Sichtbar wird das unter anderem auch im Rahmen der säkularen Schule. Richard Riess möchte in dem vorliegenden Aufsatz (1973) aufzeigen, daß Seelsorge an Schülern im Rahmen des Religionsunterrichtes neben der pädagogischen Zielsetzung zunehmend an Relevanz gewinnt. Dabei kann auch diese Analyse deutlich machen, daß der Verfasser in seiner Arbeit klinisch-therapeutisches, tiefenpsychologisches und theologisches Interesse zu verknüpfen versucht.

I. Analysen

„Der Arzt hat das Kind dem Tod entrissen. Aufgabe des Erziehers ist es, das Kind leben zu lassen und ihm zu dem Recht zu verhelfen, Kind zu sein" *(Korczak)*[1].

Das Recht des Kindes, ein Kind zu sein, wird heute weithin wie selbstverständlich wahrgenommen. Anders als im Mittelalter, wo Kinder in der Malerei als Miniaturausgaben von Erwachsenen erscheinen, werden dem Kind unserer Zeit Eigendasein und Eigenentwicklung zuerkannt. Anders als im Mittelalter hat in der gegenwärtigen Anthropologie des Kindes eine biblische Grundannahme Gestalt gewonnen: Die Rechtfertigung des Gottlosen schließt auch das Recht des Kindes in sich, ein Kind zu sein.

Anthropologie und Alltag klaffen freilich auffallend auseinander. Das Industriezeitalter kann sich scheinbar die Idylle einer zweckfreien, spielerischen Entwicklung kaum leisten. Aus dem Recht, ein Kind zu sein, wird allzuoft der Anspruch, möglichst schnell Erwachsener zu werden. Gerade unsere Gesellschaft mit ihren Leitmotiven von Lernen und Leistung weiß sich weithin dem „Gesetz der Werke" verpflichtet. Kritische Beobachter der Bildungsreform geben deshalb auch im Blick auf vorliegende Bildungsprogramme zu bedenken: „Es ist darin sehr viel, zu viel, vom Zwang die Rede, dem wir unterworfen sind, vom Zwang zum lebenslangen Lernen — falls wir oben bleiben, vorne bleiben, mitkommen wollen mit dem Zug der Zeit ... Was für ein Ziel wird angegeben ... — wenn schon die Vorschulerziehung mit der Begründung gefordert wird, hier werde das Kind auf altersadäquate Art schneller und besser auf die Anforderungen vorbereitet, die es in der Schule erwarten?" *(Hähnle)*[2].

Der Zug der Zeit ist für uns freilich abgefahren. Wir können nicht willkürlich aussteigen und zu Rousseau oder in die Romantik zurückkehren. Wohl aber können wir — das legen die Einwände nahe — Einfluß darauf nehmen, in welche Richtung es geht. Um das im Rahmen unseres Themas

---

[1] J. Korczak, Das Recht des Kindes auf Achtung, Göttingen 1972, 35.

[2] W. Hähnle, Lebenslänglich lernen, in: Radius, 1970, H. 3, 40.

zu erörtern, gilt es, einige *Gesichtspunkte zu Entwicklungen der Gegenwart* vorauszuschicken.

Veränderungen der Volkskirche seit dem Ende des letzten Krieges haben innerhalb kirchlicher Kreise einige Verwirrung verursacht. Austritte aus der Kirche oder Abmeldungen vom Religionsunterricht sind nicht selten als Alarmzeichen eines unaufhaltsamen Abstiegs gewertet worden. Inzwischen kann man sie auch anders interpretieren: als Anzeichen einer neuen Ausgangslage. Das verbreitete distanzierte Verhältnis zur Institution Kirche wird verständlicher, sieht man die Verflechtung von individuellen, institutionellen und interkulturellen Veränderungen. Der kosmopolitische Konnex von Politik, Technologie, Wirtschaft und Wissenschaft und seine ständige Störanfälligkeit stellt einen Verweisungszusammenhang dar, dem der Einzelne in seiner äußeren Existenz ausgeliefert ist. Äußere und innere Orientierung aber wirken sich wechselseitig aus. Der sogenannte außengeleitete Mensch ist Ausdruck einer vorherrschenden Attitüde: Mit seiner Ausrichtung auf Anerkennung und Anpassung, Konformität und Konsum, Produktion und Prosperität repräsentiert er Rivalisierungsmuster und Rollenspiele eines soziokulturellen Raumes, in welchem die Identitätsfindung des Einzelnen eher von der Außenwelt als von der Innenwelt erwartet wird. Die extravertierten Züge, die Zwänge zur Öffnung und zur Öffentlichkeit verführen den Einzelnen zwar zu vielfacher „Objektbeziehung", verhindern jedoch oftmals aufgrund ihrer Oberflächlichkeit eine echte Begegnung. Eine Institution wie die Kirche, der es weit mehr um intensive Kommunikation als um isolierte Kontakte zu tun ist, verliert an Interesse, weil viele im Alltag genug an Öffentlichkeit haben. Die Extraversion des Einzelnen in einer expansiven Gesellschaft wird jedoch zunehmend von einer Erscheinung begleitet, welche zunächst wie ein Widerspruch wirkt: der Sehnsucht nach Geborgenheit und der Suche nach emotionaler Sicherheit. Das weiß nicht zuletzt die Werbung für sich zu nutzen, wenn sie fortwährend Assoziationen aufruft wie „Freizeit", „Glück", „Hautnähe", „Spiel" oder „Zärtlichkeit". Der Rückzug von der äußeren auf die innere Realität, von kirchlicher Institution auf informelle Religiosität bleibt freilich nicht befremdlich, bezieht man in die Überlegungen ein, daß Grundvorgänge bei Einzelnen, Gruppen oder in der Gesellschaft dem Gesetz der Ambivalenz unterliegen. Der zunehmende Narzißmus und die bislang vorherrschende Notwendigkeit zur Objektbeziehung bilden einen Gesamtzusammenhang, der sich im Normalfall an einem ontogenetisch-ökonomischen Gleichgewicht orientiert[3]. Eine neutrale Neueinschätzung psychischer Prozesse wie Narzißmus oder Regression wird auch die Phänomene einer privatisierten Religion und einer distanzierten Kirchlichkeit zugänglicher machen können. Es ist zu vermuten, daß auch der Religionsunterricht – wie die heutige Schule überhaupt – von solchen soziokulturellen Reflexen nicht unberührt bleibt.

Veränderungen im kosmopolitisch-kulturellen Kontext und im Verhältnis zur Institution Kirche bilden somit den Rahmen, in dem sich die vieldiskutierte Krise des Religionsunterrichts vollzieht. Es ist aber genau genom-

---

[3] Zur Definition und Diskussion von „Narzißmus" vgl. J. Laplanche/J.-B. Pontalis, Das Vokabular der Psychoanalyse, Frankfurt 1972, 317 ff.

men ein ganzes *Problemfeld,* das den gegenwärtigen Religionsunterricht umgibt:

– Bildungsplanung und Bildungspolitik von Bund und Ländern, welche – und soweit sie – gegenüber der drohenden „Bildungskatastrophe" *(Georg Picht)* in Gang gekommen sind;
– Schulreform, Schultheorie und Systemkritik der Schule;
– der ungeklärte Status des Religionsunterrichts im Zuge der Schulreform;
– die unklare gesellschaftliche und rechtliche Stellung des Religionsunterrichts;
– die Veränderungen des Religionsunterrichts aufgrund der Curriculumrevision;
– das kontroverse Selbstverständnis des Religionsunterrichts im Spektrum zwischen Evangelischer Unterweisung und Religionskritik;
– die Beurteilung des Religionsunterrichts in der Sicht der Schüler;
– die Rollenunsicherheit von Religionslehrern.

Der säkulare Kontext, in dem sich Kirche vorfindet, ist der Schauplatz von Veränderungen, die sich an den verschiedenen kirchlichen Funktionen vollziehen. Es ist deswegen nicht verwunderlich, eine *Parallelität von Problemen* auf dem poimenischen und religionspädagogischen Feld feststellen zu können, zumal beide Funktionsbereiche von gleichlaufenden Prozessen geprägt worden sind, wie beispielsweise

– der Wirkung der Theologie von *Paul Tillich,*
– der Wiederaufnahme des Religionsbegriffes,
– der anthropologischen Wende und der Begegnung mit den empirisch-kritischen Wissenschaften.

So lassen sich folgende vergleichbare Vorgänge festhalten:

	Poimenik	*Religionspädagogik*
Entwicklung	von der kerygmatischen zur partnerzentrierten Seelsorge	vom kerygmatischen zum schülerorientierten Unterricht
Nachbarwissenschaften	Dialogisches Verhältnis zu den klinisch-therapeutischen Disziplinen	Dialogisches Verhältnis zu den Erfahrungswissenschaften
Identität	Problematik des Proprium: etwa Kirche in der Klinik vs. Integration in den klinischen Kontext	Problematik des Proprium: Kirche in der Schule vs. Religionsunterricht als Curriculumelement
Kommunikation	vom Einwegmodus zum partnerzentrierten Gespräch und zur Gruppenberatung Bedeutung der Person des Seelsorgers für den seelsorgerlichen Prozeß	vom Frontalunterricht zur Gruppenpädagogik Bedeutung der Lehrerpersönlichkeit für den Unterrichtsvollzug

II. Anthropologien

Auch der Vollzug der Seelsorge an Schülern ist eng verbunden mit einem bestimmten Vorverständnis: zum einen mit dem Selbstverständnis des Seelsorgers, seiner Motivation und Intention; zum anderen mit dem anthropologischen Ansatz, mit dem der Seelsorger den Schüler sieht. Sehr verschieden und sehr vielschichtig ist sicherlich die Variabilität solcher Ansätze: eine ganze Anthologie von Anthropologien. Wir beschränken uns hier darauf, zwei elementare Beispiele zu bringen.

1. Das Eikon-Modell

Der Grundgedanke der Gottesebenbildlichkeit zieht sich durch die ganze Geschichte des jüdisch-christlichen Glaubens. Er ist auch an der abendländischen Geistesgeschichte nicht spurlos vorbeigegangen. Selbst säkulare Vorstellungen von der „Gleichheit" oder der „Würde" des Menschen wären ohne die Auswirkungen dieser anthropologischen Aussage nur schwer verstehbar. Wie verschieden auch die exegetischen oder religionsgeschichtlichen Versuche gewesen sein mögen, die geheimnisvolle Formulierung von Gen. 1 zu füllen, so ist doch eine Grunderkenntnis festzuhalten: „Sie (sc. die Gottesebenbildlichkeit) besteht nicht in irgendetwas, was der Mensch ist oder tut. Sie besteht, indem der Mensch selber und als solcher als Gottes Geschöpf besteht. Er wäre nicht Mensch, wenn er nicht Gottes Ebenbild wäre. Er ist Gottes Ebenbild, indem er Mensch ist" *(Karl Barth)*[4]. In der Sicht des ersten Schöpfungsberichtes steht der Mensch in engster Beziehung zu Gott. Er ist Gottes Geschöpf von Anfang an. Er ist das Gegenüber Gottes, dem er sich verdankt und dem er sich verantwortet. Was die Priesterschrift mit „Bild" umschreibt, läßt sich heute mit Begriffen wie „Partnerschaft" oder „Personalität" zum Ausdruck bringen. Die Kommunikation mit einem Gegenüber wird zu einem Kennzeichen für die grundsätzliche Weltoffenheit des Menschen. Ansprechbarkeit und Angewiesenheit, aber auch Fähigkeit zu Distanz und Freiheit sind Attribute der Humanität. Die ursprunghafte Kommunikation mit einem Gegenüber, das „größer ist als er selbst" *(Boisen)*, macht die Sonderstellung des Menschen im Kosmos aus. „Die Dinge und Tiere sind, was sie sind. Der Mensch aber ist ein Spiegel dessen, was er über alle Dinge fürchtet und liebt. Er kann ein Spiegel seiner leiblichen Interessen sein, ein Spiegel seiner Gesellschaft, ein Spiegel seiner eigenen Werke und sozialen Rollen, immer aber ist er ein Spiegel dessen, was er liebt und fürchtet. Das macht seine exzentrische Position aus" *(Moltmann)*[5]. Das Wissen um ein – wie auch immer wahrgenommenes – Gegenüber, das Wahrhaben eines „extra nos" gehört zur Genesis und Grundbefindlichkeit des Menschen.

Wenn der Mensch von seinem Ursprung an ein geschichtliches Wesen ist, dann haben auch seine personalen Beziehungen, seine Begriffe und seine Bilder eine bestimmte Geschichte. Dann ist auch sein Glaube stets dem Wandel und dem Wachstum unterworfen. Die Vorstellungen über

---

[4] K. Barth, Die kirchliche Dogmatik III, 1, 206 f.

[5] J. Moltmann, Mensch, Stuttgart 1971, 157.

Gott und das Verhältnis zu ihm fallen freilich nicht vom Himmel. Sie werden durch menschliche Bezugspersonen vermittelt. Grundlegend ist dabei nicht nur der Inhalt. Grundlegend ist auch die Tönung, in welcher Tradition geschieht. Der werdende Glaube kann sich vorerst nur an das halten, was er sieht und was er spürt. Wird etwa ein überstrenger Vater erlebt, so wird auch die Vorstellung von Gott als Vater von überstrengen Zügen gezeichnet sein. Ein Beispiel dafür ist die Biografie *Luthers*, wie *Erik Erikson* sie deutet[6]. Persönlichkeitsstruktur und Verhaltensstil von Eltern und Erziehern werden demnach für jeden jungen Menschen zu wichtigen Elementen der Geschichte seines Glaubens. Dieser Vorgang vollzieht sich vor allem auf dem Wege unbewußter Identifizierung. Indem das Kind sich mit seinen Intimpartnern identifiziert, nimmt es ihre „imagines" in sich auf. Vaterbild und Mutterbild werden somit zu Mustern, welche das Grundgefühl des Glaubens und das werdende Gottesbild weitgehend bestimmen. „Die Bedeutung der Identifizierung für das Glaubensleben" *(Beets)*[7] ist buchstäblich grund-legend. „Alle empirischen Beobachtungen haben bestätigt, daß der Einfluß der Eltern beim Entstehen der religiösen Einstellungen den entscheidendsten Faktor darstellt... Denn es (sc. das Kind) hat ein vitales Bedürfnis, in einer wohlgeschaffenen, glücklichen, zuversichtlichen und stabilen Welt zu leben. In seinem Erleben verbindet sich das Heilige mit einer Perspektive lebendigen Wachstums. Familie und Religion bieten ihm gemeinsam die Wirklichkeit, die es sich wünscht. Ein Kind, das nicht an die religiöse Welt seiner Familie glauben kann, ist zu schweren Störungen seines Gemütslebens verurteilt" *(Vergote)*[8].

Zum Glück geht aber das Gottesbild, das im Kind entsteht, nicht gänzlich in seinen Elternbildern auf. Denn nur sehr selten ist das Haus der Eltern eine heile Welt. Als ein umfassendes Symbol übersteigt das Gottesbild denn auch die gesamte Erfahrung, die ein Kind mit Eltern und Erziehern macht. Es greift über sie hinaus als ein komplexes Gefühl von Aufgehobensein und Angst, Einheit und Ehrfurcht, Güte und Gerechtigkeit, Schutzbedürfnis und Strafinstanz, Urvertrauen und Urmißtrauen[9]. Man wird nicht fehlgehen, beim Schüler des Primarbereichs ein frei flottierendes Gefühl vorauszusetzen, welches weitgehend diffus und noch wenig differenziert ist. An dieser Stelle wird denn auch ein Argument verständlich, wie es etwa *Theodor Wilhelm* noch vertreten hat: Sinn des Religionsunterrichts der Schule sei es, „die Welt als religiöse Vorstellung zu denken und diese religiöse Vorstellungswelt kritisch zu ordnen und mit profanen Weltbildern zu kontrastieren"[10]. Danach kann unter pädagogischem wie unter theologischem Gesichtspunkt die Klärung der religiösen Vorstellungswelt, vor allem des Gottesbildes, zu einer Kardinalfrage des schulischen Religionsunterrichts

---

[6] E. H. Erikson, Der junge Mann Luther, München 1964.

[7] N. Beets, Die Bedeutung der Identifizierung für das Glaubensleben, in: Theologia Practica 3/1968, 79 ff. Vgl. auch den Zusammenhang zwischen dem Gottvertrauen des erwachsenen Menschen und dem Grundvertrauen des Kindes zu seiner Mutter bei Pestalozzi, s. dazu H. Zahrnt, Wozu ist das Christentum gut?, München 1972, 190 f.

[8] A. Vergote, Religionspsychologie, Olten und Freiburg 1970, 356 f.

[9] Vgl. Vergote, aaO., 355 ff.

[10] Th. Wilhelm, Theorie der Schule, Stuttgart ²1969, 331.

werden. Zu der „Anarchie des Herzens" – wie sie Wilhelm apostrophiert – gehören in der Tat auch jene Aspekte im Gottesbild, welche die Allgegenwart, Allmacht oder Allwissenheit überwertig betonen und welche oftmals den Abbau frühkindlicher Überich-Ängste behindern. Anliegen des Religionsunterrichts soll es aber sein, den Schüler pädagogisch und seelsorgerlich zu begleiten auf seinem Weg vom „Gottesbild der Schöpfung" zum „Gottesbild der Erlösung" *(Prenter)*, von dem Gott des Zornes, den ich als verborgen und vieldeutig erlebe (deus absconditus), zu dem Gott der Zuwendung (deus revelatus), der mir in der Begegnung mit der Botschaft Jesu Christi – als des exemplarischen Bildes Gottes – zur eindeutigen Wirklichkeit wird und mich dazu befreit, mich selbst so anzunehmen, wie ich bin. Der pädagogische Prozeß des schulischen Religionsunterrichts kann dazu beitragen, durch Rückbindung an Texte und Tradition und durch Auseinandersetzung mit gegenwärtiger Realität auf dem Wege kognitiver und emotionaler Klärung diffuse Gottesbilder und destruktive Götzenbilder zu entmythologisieren und damit Schüler zu entängstigen. Gehen wir grundsätzlich von dem Gesamtzusammenhang von Theologie und Anthropologie, von der Gottesvorstellung und dem Selbstverständnis des Menschen aus, so gewinnt das alttestamentliche Bilderverbot auch für uns wieder eine aktuelle Bedeutung. Nicht allein um Gottes willen, sondern gerade der Menschlichkeit wegen ist es dem Menschen geboten, sich seiner selbsterschaffenen Ideologien und Idolatrien bewußt zu werden. Denn immer wieder läuft der Mensch Gefahr, sich selbst an die Hierarchie seiner Werte zu hängen, Aspekte seiner Welt absolutzusetzen und sich gegen „das ganz Andere" *(Horkheimer)* abzuschirmen. Die Prozesse bei Neurotikern wie die Potenzphantasien von sogenannten Normalen, der Perfektionismus der Industriegesellschaft wie die totalitäre Prinzipienhaftigkeit politischer Ideologien sind Symbole geschlossener Systeme. Die Welt des gekreuzigten Gottes aber ist eine offene Welt, in welcher das Gesetz der Stärke und der Superlative überwunden ist, jene permanente Versuchung „to play God". Denn „indem er (sc. Gott) selbst schwach, ohnmächtig, verwundbar und sterblich wird, befreit er Menschen von der Sucht nach mächtigen Idolen und schützenden Zwängen und macht sie bereit, ihre Menschlichkeit, ihre Freiheit und ihre Sterblichkeit anzunehmen" *(Moltmann)*[11].

Das *Eikon-Modell*, das sei zusammenfassend gesagt, leistet einen *doppelten Dienst:*

Es nimmt zum einen den anthropologischen Ansatz auf, von dem unsere abendländische Geistesgeschichte ausgegangen ist und von dem grundlegende Axiome des modernen Menschenbildes wie Partnerschaft und Personalität abzuleiten sind.

Zum anderen beschreibt es einen psychologisch sinnvollen Prozeß: Die geschichtliche Entstehung und Entwicklung von Gottesbildern im Menschen als Grundmuster („patterns") der Erfahrung mit Gott. Daß Theologie und Anthropologie einen Gesamtzusammenhang bilden, zeigt sich nicht zuletzt auch daran, daß die – wie auch immer gearteten – Gottesbilder psychologisch vermittelt werden. Daß sie auch pädagogisch verarbeitet und verantwortet

[11] J. Moltmann, Der gekreuzigte Gott, München 1972, 279.

werden können, ist die Sicht einer spezifischen Schultheorie. Daß sie schließlich – unter theologischem Gesichtspunkt – zu verändern sind, gehört zur Geschichte eines Glaubens, der sich christologisch begründet.

2. *Das Exodus-Modell*

Die Erfahrung des Exodus gehört gleicherweise zu den Grundvorgängen menschlichen Lebens. Mit diesem Geschehen ist sogar ein Muster der Geschichtsbetrachtung entstanden. Gegenüber dem Verständnis zirkulären Zeitverlaufs erscheint hier Geschichte als zielgerichteter, linearer Prozeß. Vom Pentateuch bis zur Philosophie von *Ernst Bloch* sind Aufbruch und Auszug aus hiesigen Verhältnissen geradezu als archetypischer Ausdruck für das humane Verlangen nach Freiheit und Veränderung gedeutet worden. „Wie Gott den Abraham aus alten Mythen, Kulten und Ideologien seiner Umwelt herausrief und ihn zum Exodus veranlaßte, wie Gott Mose und sein Volk aus der Sklaverei befreite und in die Wüste führte, so ist auch heute dem Menschen von Gott geboten, aus allen Verfestigungen und Traditionen und Ideologien auszubrechen und in immer neuer Erfindung und Einübung zu leben" *(Müller-Schwefe)*[12]. Die Erfahrung des Exodus ist freilich nicht mehr nur ein Ereignis am Wendepunkt einer Epoche. Sie ist mittlerweile auch zu einem Motiv geworden für eine Gesellschaft, deren Mobilität nahezu alle Lebensbereiche erfaßt. Sie ist zum andern zu einem psychologischen Modell geworden für ein Menschenbild, demzufolge sich die menschliche Person durch die Phasen des Lebens hindurch in einem ständigen Prozeß befindet. Ein anschauliches Paradigma für Aufbruch und Auszug ist insbesondere die Phase der *Adoleszenz*. Zweifellos stellt dieses Stadium auch heute eine entscheidende Stufe des menschlichen Lebenslaufes dar. Das zeigt sich vor allem an dem Vorgang der Ablösung, der sich in den verschiedensten Bereichen vollzieht:

- im biologischen durch physiologisch-sexuelle Reifungsprozesse;
- im psychischen durch die Identitätskrise;
- im sozialen durch die aggressiv oder regressiv geleitete Protestbewegung;
- im religiösen durch den Bruch mit den überlieferten Frömmigkeitsformen.

Es ist demnach ein vielschichtiger Vorgang, der primäre und sekundäre Bezugsgruppen betrifft, die Familie, die Generationenfolge und auch jene Gemeinschaften, welche vormals in autoritativer Weise für überlieferte Werte standen. Mit der Ablösung vom „Haus der Kindheit" *(Kaschnitz)* aber setzt der Adoleszent seine Schritte in ein neues Land und für sein eigenes Leben muß er sich jetzt elementaren Fragen stellen: „Was läßt sich an richtigen Erfahrungen aus meiner Vergangenheit anwenden und behält Gültigkeit für Gegenwart und Zukunft? Was muß ich aufgeben, um eine Identität hier und heute zu finden, die meine Frage beantwortet: Wer bin ich? Was muß ich neu finden und erlernen, um die Zukunft bewältigen zu können?" *(Brocher)*[13] Wie es auch die Forschungen von *Erik Erikson* belegen[14], befindet sich der Jugendliche in diesem Stadium

[12] H.-R. Müller-Schwefe, Unter der Tyrannei von Kritik und Theorie, in: Ev. Kommentare 5/1972, 466.

[13] T. Brocher, Aufstand gegen die Tradition, Stuttgart 1972, 33.

[14] E. H. Erikson, Jugend und Krise, Stuttgart 1970 u. a.

auf der Suche nach einem Gefühl der Gleichheit, der Identität, der Kontinuität. Denn die Gefahr dieser Phase ist die Verwirrung und der Verlust eines eindeutigen Bildes, welches der Jugendliche selbst und welches andere von ihm haben. Auf der Suche nach ihm sind junge Menschen ständig dabei, ihre diffusen Ich-Bilder auf andere zu entwerfen, um sich selbst in der Spiegelung zu finden. Oder sie sind – einem anderen Bild zufolge – damit beschäftigt, den Menschen hinter seiner Maske ausfindig zu machen. „Als ich eben darüber nachdachte – schreibt ein Sechzehnjähriger –, womit das alles zusammenhängt, kam ich auf ein Wort: Maske, einfach Maske. Wenn ich von Fastnacht und Kriminalistik absehe, sagt mir das Wort alles – und doch gar nichts, denn ich kann eben nicht einfach hinter die Masken gucken, die ich zu Hause, vor meinem Meister und in der Gruppe aufhabe. Ich kam darauf, daß ich bei dem, was ich hier schreibe, immer versuche, hinter meine Maske zu gucken. Aber dazu müßte man ein Licht haben, das hinter die Masken leuchtet. Die Masken sind gut zu sehen, aber der, der die Masken aufhat, den sehe ich eben nicht."[15] Auch auf der Suche nach Selbstgleichheit und Selbstgewißheit geht es um das Eikon-Motiv: Wer bin ich? Wer ist mein Gegenüber? Welches Bild haben die anderen von mir? Es ist dabei eine ungeheure Ambivalenz am Werk: Einerseits suchen junge Menschen dieser Stufe die Ablösung von Autoritäten. Andererseits aber halten sie Ausschau nach autoritativen, glaubwürdigen Vorbildern. „Ich bin wie eine Bühne – schreibt denn auch der Sechzehnjährige –, auf der zwei Helden miteinander kämpfen."[16]

Der junge Mensch – und nicht nur er – möchte genauer wissen, was eigentlich gespielt wird. Zugleich aber braucht er in seinem Spielraum den Abstand und die Auseinandersetzung. Erziehung zur Kritik gegenüber den gesellschaftlichen Zuständen ist denn auch das erklärte Ziel von zeitgenössischen Entwürfen der Pädagogik. „Erziehung und Emanzipation" *(Mollenhauer)* werden zu Entsprechungen. Der *Einfluß des Emanzipationsmotivs* – aus der erziehungs- und der sozialwissenschaftlichen Diskussion unserer Tage nicht mehr zu tilgen – macht sich denn auch in den Empfehlungen des Deutschen Bildungsrates bemerkbar: „Das umfassende Ziel der Bildung ist die Fähigkeit des einzelnen zu individuellem und gesellschaftlichem Leben, verstanden als seine Fähigkeit, die Freiheit und die Freiheiten zu verwirklichen, die ihm die Verfassung gewährt und auferlegt."[17] Sinn einer „Schule für alle" muß es sein, durch den Ausbau der Chancengleichheit und ein breites Angebot von Curricula Menschen zur Mündigkeit, Mitbestimmung und Mitwirkung in der modernen Gesellschaft heranzubilden.

Gewinnen im Zuge der Säkularisierung und gegenüber den Zwängen von Systemen die Ziele der Selbstbestimmung und Selbständigkeit einen lebenswichtigen Stellenwert, so können vor allem solche pädagogischen und schultheoretischen Ansätze unsere Aufmerksamkeit finden, welche bei ihrer Anleitung zur Selbstverwirklichung die Absolutsetzung rationaler Aspekte

---

[15] Zitiert bei H. Kentler, Lebensprobleme junger Menschen, in: Wege zum Menschen 15/1963, 311.

[16] Zitiert bei Kentler, aaO., 308.

[17] Deutscher Bildungsrat, Strukturplan für das Bildungswesen, Stuttgart [4]1972, 29.

des Menschenbildes vermeiden. So beschreibt beispielsweise *Hartmut von Hentig* die Rolle des Religionsunterrichts als den notwendigen und unersetzbaren Versuch, auf das Irrationale einzugehen, auf Grundfragen, welche durch Wissenschaften nicht abzudecken sind, wie etwa: „Warum bin ich in der Welt und nicht nicht? Warum bin ich? Warum und durch was ist die Welt? Warum ist sie nicht gut? Warum hat das Recht so oft keine Macht? Was und wer ist böse – was und wer ist gut? Wo führt das alles hin? Kann ich geliebt werden?"[18] Von Hentigs pädagogische Lernziele beinhalten ein geradezu seelsorgerliches Leitmotiv: „Der Schüler muß erfahren, daß die Irrationalität seiner Anschauungen und Gefühle ernst genommen wird – und zwar, weil sie es verdient, nicht weil es ‚pädagogisch' ist. Er muß sich der ihn auch weiterhin begleitenden Irrationalität bewußt bleiben und sie bejahen dürfen, solange sie der Vernunft nicht unmittelbar widerspricht. Er muß lernen, daß die Gewißheiten der Religion an Vorstellungsweisen gebunden sind, die die Vernunft nicht außer Kraft setzen, sondern die Vernunft nur auf einer anderen Ebene beanspruchen als in der Kunst oder in den menschlichen Beziehungen, wie sie die Tiefenpsychologie paraphrasiert."[19]

Die eigene Suchbewegung des Schülers ist für die Selbstfindung und Selbstvergewisserung unersetzbar, ein als emanzipatorische Erziehung verstandener Bildungsvorgang unerläßlich. Kants Auffassung der Aufklärung als „Ausgang des Menschen aus seiner selbstverschuldeten Unmündigkeit" und die marxistische Geschichtsdeutung und Gesellschaftskritik haben in aller Welt umwälzende Auswirkungen heraufgeführt. Wir können diesen aufklärerischen Impetus nicht ignorieren. Wir können ihn vielmehr als einen Impuls verstehen, der die alttestamentliche Erfahrung des Exodus wachhält. Er übernimmt damit die Funktion einer Fremdprophetie, die an die eigenen Grundlagen des Glaubens erinnert. Umgekehrt aber nimmt auch der Glaube ein prophetisches Interesse wahr, wenn er vor Ideologisierung warnt. Emanzipation käme zu einem unheilvollen Ende, würde etwa der einzelne Mensch seine Menschlichkeit über der mehr oder weniger gewaltsamen Verwirklichung einer Gesellschaftstheorie verlieren. Gruppendynamische wie gesellschaftspolitische Prozesse laufen – wenn prätentiös gehandhabt – immer Gefahr, den Einzelnen um einer vermeintlich höheren Idee willen zu vergewaltigen. Die Subjektivität des Menschen geht nicht auf in seiner Solidarität. Sie geht aber ein auf die Suche nach sich selbst und auf die Suche nach Sinn. Moderne Marxisten wie *Machoveč, Garaudy* oder *Gardavský* haben nicht umsonst die „Kategorie des Einzelnen" *(Kierkegaard)* wieder ins Gespräch gebracht. Wir möchten die Euphorie der Emanzipation nicht mitvollziehen, wo sie um ihrer selbst willen betrieben wird. Man kann sich bei manchen Konzeptionen des Eindrucks kaum erwehren, daß beispielsweise der Kritik bewußt oder unbewußt geradezu heilsgeschichtliche Qualitäten zugebilligt werden. Es kann dann sehr wohl von dem Gott die Rede sein, der aufruft, die Zelte abzubrechen. Von dem Gott aber, der sein Zelt bei den Menschen aufschlägt, können wir nichts mehr vernehmen. Längst aber ist es – meint auch Müller-Schwefe in anderem

[18] H. von Hentig, Systemzwang und Selbstbestimmung, Stuttgart ^{3}1970, 102.
[19] von Hentig, aaO., 103.

Zusammenhang – an der Zeit, „dem aufbrechenden Menschen, der in einem ununterbrochenen Lernprozeß die Zelte immer wieder abreißt und in seinem Beruf wie in seiner Gesellschaft in unablässiger Positionsänderung lebt, zu bezeugen, daß alles daran liegt, daß Gott mitzieht, wenn nicht aus dem Menschen ein Ahasver werden soll, der nirgends mehr zu Hause ist, sich dann entweder aus Opportunität konformistisch verhält oder alle Kraft zur Selbstverwirklichung benutzt, oder auch ausschert aus dem Zug und in der Wüste verkommt. Angesichts des Entfremdungs- und Verunsicherungsprozesses der modernen Bildungsgesellschaft hat die Kirche primär die Aufgabe zu verkündigen, daß Gott mit uns zieht"[20].

Das *Exodus-Modell,* das sei zusammenfassend gesagt, leistet einen *doppelten Dienst:*

Es leitet dazu an, die Geschichte und das Leben des Menschen dynamisch zu deuten, als fortwährenden Abbruch des Alten und Aufbruch zu Neuem. Die Erfahrung des alttestamentlichen Gottesvolkes hat bis in unsere neuzeitliche Gesellschaft hinein nichts an Gültigkeit eingebüßt. In unserer Gegenwart vollzieht sich auf nahezu allen Gebieten eine Befreiungsbewegung von unabsehbarer Bedeutung. So zielt beispielsweise eine als emanzipatorisch begriffene Erziehung auf das Bild und auf die Bildung des mündigen Menschen, der sich nicht den ihn beherrschenden Bedingungen unterwirft, sondern ihnen kritisch gegenübertritt und ihnen gegenüber seine Grundrechte geltend macht. Das Exodus-Modell, eine Analogie zum aufklärerischen Emanzipationsmotiv, teilt die Tendenz zum Auszug aus Unmündigkeit und Unterdrückung und nimmt damit „die Freiheit eines Christenmenschen" wahr.

Das Exodus-Modell vermag zum anderen eine ideologiekritische Funktion gegenüber der Emanzipationsbewegung auszuüben. Aspekte wie Distanz, Kritik, Zweifel sind nicht absolutzusetzen. Als Hypostasen gehen sie immer auf Kosten der Humanität des Menschen. Der junge Mensch aber – beispielhaft dafür ist der Adoleszent – bedarf in gleichem Maße der Erfahrung von Nähe, Übereinstimmung und Vertrauen. Kritik und Kommunikation bedingen sich gegenseitig. So elementar für die Ich-Entwicklung die Erfahrung ist, sich von anderen absetzen und allein sein zu können, so elementar ist für seine Identitätsfindung auch die Erfahrung, in einem Kontinuum und in Kommunikation-mit-einem-Anderen zu leben, der ihm auch im Falle des Zweifels seine Zuwendung nicht aufkündigt. In aller Rollenunsicherheit bedarf der junge Mensch der „Rechtfertigung des Zweifelnden" *(Tillich).*

III. Alternativen

Ob Ordnung religiöser Vorstellungen oder Einübung emanzipatorischen Verhaltens, ob Auslegung von Texten oder Deutung gegenwärtigen Daseins – man wird bei jeder Konzeption von Religionsunterricht die Komplexität berücksichtigen müssen, die auch die pädagogische Kommunikation bestimmt. Sicherlich werden bei einer *mehrdimensionalen Sicht des Religions-*

---

[20] H.-R. Müller-Schwefe, aaO., 466.

unterrichts der pädagogische Akt und „die pädagogische Atmosphäre" *(Bollnow)* nichts an Bedeutung einbüßen. Sicherlich wird im Unterschied zur Seelsorge für den Unterrichtsvollzug die Information im weitesten Sinne wichtig bleiben. Im Vergleich zu der Vorrangigkeit von Information aber, die beispielsweise noch am Verkündigungsbegriff der Evangelischen Unterweisung zu belegen ist, gewinnen im religionspädagogischen Gespräch der Gegenwart auch andere Aspekte an Gewicht. So hat *Dieter Stoodt* unter dem Einfluß der Sozialwissenschaften den Stellenwert herausgearbeitet, den die symbolische Interaktion neben der Information für den Religionsunterricht hat. In Stoodts Entwurf hat auch die ehedem nicht selten vorzufindende Verkennung oder Verleugnung der Emotionalität in der evangelischen Religionspädagogik ein Ende gefunden. „Die Gefühle dürfen nicht länger heimatlos bleiben oder gar diffamiert werden. Vielmehr muß die Schule und insbesondere der Religionsunterricht lehren, wie sich Gefühle entfalten, kontrollieren und entwickeln lassen ... Emotionen werden gefährlich, wenn sie in einen abstrakten Gegensatz zur Vernunft gestellt, statt ihr zugeordnet werden."[21]

Mit dieser Stellungnahme befindet sich Stoodt in grundsätzlicher Übereinstimmung mit der Curriculum-Theorie. Ähnlich ist auch der Raster zu

Bedürfnisse und Interessen der Heranwachsenden

Leitende Intention des Religionsunterrichts unter den Aspekten von Theologie und anderer Humanwissenschaften			
	kognitiv	affektiv	sozialtherapeutisch
individueller Bereich	Die Frage nach dem eigenen Ich, seiner Bestimmung, seiner Zukunft, seiner Begrenztheit stellen	Das Bewußtsein eigener Werthaltungen und die sachliche Distanz für den Umgang mit Konflikten gewinnen	Hilfe bei der Bewältigung der eigenen Konflikte, Zwänge und Ängste erfahren; vorenthaltene Anerkennung vermittelt bekommen
interpersonaler Bereich	Die Frage nach den zwischenmenschlichen Bezügen und den Kriterien für soziales Verhalten stellen	Das Bewußtsein für die Werthaltungen anderer Menschen und Toleranz im Umgang mit ihnen gewinnen	In der Kontakt- und Kommunikationsfähigkeit gegenüber anderen gestärkt werden
gesellschaftlicher Bereich	Die Frage nach den gesellschaftlichen Bezügen des Menschen stellen und Urteils- und Kritikfähigkeit gegenüber den Wert- und Normvorstellungen der Gesellschaft entwickeln	Die Fähigkeit zur engagierten Mitwirkung an Aufgaben und Zielen der Gesellschaft gewinnen (Aktionsfähigkeit; Handeln als Kritik)	Erfahrungen verminderten Leistungs- und Anpassungszwanges und gemeinsamer Problemlösungen gewinnen

Erfordernisse und Perspektiven der Gesellschaft

[21] D. Stoodt, Information und Interaktion, in: K. Wegenast (Hrsg.), Religionsunterricht – wohin?, Gütersloh 1971, 307 f.

beurteilen, mit dem beispielsweise *Peter Biehl* die Ziele des Religionsunterrichts zu erfassen sucht. Er dokumentiert zugleich die Differenzierung, die für die neuere religionspädagogische Diskussion bezeichnend ist[22] (s. S. 177).

Die *reflektierte Ausweitung des religionspädagogischen Ansatzes vom kognitiven zum kommunikativen und sozialtherapeutischen Aspekt* ist vor allem den Anregungen der Human- und der Sozialwissenschaften zu verdanken. In ihr kommt auch das seelsorgerliche Anliegen zum Ausdruck, das mit dem religionspädagogischen Ansatz engstens verbunden ist. Es ist deshalb kaum zufällig, daß der *poimenische Aspekt* seit einiger Zeit auch in religionspädagogischen Abhandlungen Aufnahme gefunden hat und unter folgenden Formulierungen ausgeführt wird:

- „Geleit im Unterricht" *(Werner Jentsch)*[23],
- „Religionsunterricht als ‚Seelsorge'" *(Robert Leuenberger)*[24],
- „Der Schüler als Mitmensch des Religionslehrers in einer pluralistischen Gesellschaft" *(Walter Neidhart)*[25],
- „Bewußtseinsbildung im Unterricht" *(Hartmut Jetter)*[26].

Die sozialwissenschaftlich nahegelegte und seelsorgerlich angelegte Entwicklung entspricht durchaus den Erwartungen und Einstellungen von Schülern gegenüber dem gegenwärtigen Religionsunterricht. Die Mehrheit von Schülern – ergab eine Münchener Untersuchung – erhofft sich vom Religionslehrer Lebenshilfe. „60,6 % der Teilnehmer am Religionsunterricht möchten, daß der Religionslehrer eine Art Vertrauensperson sei, und 60,9 % wünschen, daß er mit ihnen über alle wichtigen Probleme ihres Lebens rede ... Diese Befunde sind deshalb besonders wichtig, weil hier einer der Ansatzpunkte für eine Neugestaltung des Religionsunterrichts zu erkennen ist" *(Norbert Havers)*[27]. Äußere Anstöße, eigener Ansatz und aktuelle Anknüpfungschancen lassen es als empfehlenswert erscheinen, die Aufgabe einer Seelsorge an Schülern noch stärker als bisher ins Spiel zu bringen. *Drei Alternativen* stehen uns dabei vor Augen – als Ergänzung freilich, nicht als Gegensatz[28].

---

22 P. Biehl, Zur Funktion der Theologie in einem themenorientierten Religionsunterricht, in: H.-B. Kaufmann, Streit um den problemorientierten Unterricht, Frankfurt am Main 1973, 73.

23 W. Jentsch, in: Wege zum Menschen 19/1967, 268 ff.

24 R. Leuenberger, in: G. Otto/H. Stock (Hrsg.), Schule und Kirche vor den Aufgaben der Erziehung, Sonderheft der Theologia Practica 3/1968, 96 ff.

25 W. Neidhart, in: Der Ev. Erzieher 21/1969, 9 ff.

26 H. Jetter, in: Wege zum Menschen 22/1970, 299 ff.

27 N. Havers, Der Religionsunterricht – Analyse eines unbeliebten Fachs, München 1972, 114 f.

28 Es läge nahe, die Aufgabe einer Seelsorge an Schülern unter dem Aspekt *„therapeutischer Unterricht"* abzuhandeln – einem Aspekt, der gegenwärtig allenthalben ins Gespräch gekommen ist. Wir verzichten jedoch bewußt darauf, einen dermaßen belasteten Begriff in unsere Abhandlung aufzunehmen und damit auch unsererseits das Mißverständnis auszubauen, als könne der Religionsunterricht mit seiner schmalen Stundenbasis und unter den gegenwärtigen personellen Voraussetzungen auch nur entfernt einlösen, was mit dem Begriff „therapeutisch" an Erwartungen geweckt wird.

1. Themenorientierter Unterricht

Krise und Kritik des herkömmlichen Religionsunterrichts sind häufig durch seine Kopflastigkeit hervorgerufen worden. Gewiß gehen Argumente dieser Art in manchen Fällen fehl. Gewiß artikuliert sich in solchen Anklagen mitunter auch ein allgemeines Unbehagen an der Schule und an Autoritäten überhaupt. Gleichwohl wird man den sachlichen Gehalt solcher Argumente nicht leugnen können:

- die langanhaltende Vorherrschaft von Lehrplan und Lehrstoff,
- den Vorrang von Text und Tradition,
- die verbreitete Unsitte, eine Überfülle von Lernstoff anzubieten und aufzugeben.

Eine Reihe von Ereignissen hat freilich seit einiger Zeit die Einseitigkeit des stofforientierten Religionsunterrichts erschüttert. So hat etwa *Hans-Bernhard Kaufmann* in einer seiner programmatischen Thesen zur Diskussion um eine zeitgemäße Didaktik des Religionsunterrichts deutlich gemacht: „Die traditionelle Mittelpunktstellung der Bibel als *Gegenstand und Stoff des Religionsunterrichtes* ist ein Selbstmißverständnis und weder theologisch noch didaktisch gerechtfertigt. Die reformatorische *Bedeutung* der Bibel für die Kirche und den Glauben soll damit keineswegs in Frage gestellt, sondern im Gegenteil neu hervorgehoben werden."[29] Zum anderen hat die Curriculumrevision neben den Grunddeterminanten „Gesellschaft" und „Kultur (oder Wissenschaft)" gerade auch die Bedeutung der Determinanten „Jugendlicher" ins Blickfeld gerückt. Gegenüber dem „didaktischen Materialismus von Lehrplänen" *(Herbert Schultze)*[30] ist der Curriculumforschung zufolge der Schüler als Subjekt zu sehen und an der Bestimmung von Lernzielen und Lerninhalten zu beteiligen. Mitbestimmung und Motivierung bedingen sich. „Je kompakter religiös qualifiziertes Wissen – folgert *Karl Ernst Nipkow* – von außen an den jungen Menschen herangebracht und ihm zur Übernahme zugemutet und je weniger die religiösen Fragen im Leben des Jugendlichen selbst aufgesucht werden und er selbst an dem Prozeß seiner persönlichen religiösen Identitätssuche beteiligt wird, desto abweisender verhält sich der Heranwachsende später rückblickend gegenüber solchen Prägeprozessen."[31]

Kritik des traditionsgeleiteten Konzeptes, theologische Reflexion über die Bedeutung der Bibel im schulischen Religionsunterricht und Curriculumrevision haben es mit sich gebracht, daß sich die Religionspädagogik der Gegenwart vornehmlich um zwei Gegenstände bemüht: die Auslegung von Text und Tradition und die Arbeit an Themen aus der Wirklichkeit des Schülers. Wie immer man den zweiten didaktischen Grundtypus bezeichnen mag: „Religionsunterricht nach dem ‚Kontextmodell'" *(Karl Ernst Nipkow)*, „problemorientierter Unterricht" *(Hans-Bernhard Kaufmann)*, „thematisch-problemorientierter Religionsunterricht" *(Helmut Angermeyer)* oder „Unter-

[29] H.-B. Kaufmann, Muß die Bibel im Mittelpunkt des Religionsunterrichtes stehen?, in: G. Otto/H. Stock, aaO., 79.

[30] H. Schultze, Religion im Unterricht, Weinheim 1970, 115.

[31] K. E. Nipkow, Curriculumforschung und Religionsunterricht, in: ders., Schule und Religionsunterricht im Wandel, Heidelberg-Düsseldorf 1971, 201.

richt über Lebensfragen" *(Günter Stachel)* – es wird dabei stets darauf ankommen, den traditionsorientierten und den themenorientierten Grundtypus nicht alternativ gegeneinander auszuspielen, sondern aufeinander zu beziehen. Denn zwischen biblisch-geschichtlicher und säkular-situativer Wirklichkeit besteht eine Wechselbeziehung – eine These, der sich vor allem die Theologie von *Paul Tillich* verpflichtet wußte. Deshalb wäre es falsch zu fordern: Themen statt Texte. Es wäre aber ebenso falsch zu fordern: Texte statt Themen. „Der Bezug auf die Lebenswirklichkeit, auf das Selbstverständnis und die Situation des jungen Menschen muß das wichtigste Regulativ des Religionsunterrichts werden. Die ‚Themen' seines Lebens und seiner Zeit gilt es aufzunehmen und so zu entfalten, daß er in ihnen vor Fragen gerät, die ihn in einer unbedingten Weise beunruhigen. Gelingt dieser Versuch, dann wird ein offener Dialog mit religiösen Texten und Zeugnissen möglich und notwendig, in denen dem Schüler Deutungen seiner eigenen individuellen und gesellschaftlichen Existenz, aber auch Herausforderungen zu neuen Verstehens- und Verhaltensweisen begegnen" *(Horst Gloy)*[32].

Die Auswahl der Themen wird nach alledem nicht ohne Mitbestimmung und Mitbeteiligung der Schüler geschehen dürfen. Sie wird auch insofern schüler-orientiert sein, als sie den spezifischen Altersstufen, Bedürfnissen, Erfahrungen, Interessen, Konfliktbereichen, Perspektiven und Sozialisationsprozessen der Schüler entspricht. Der problemorientierte, induktiv ansetzende Grundtypus braucht sich keineswegs nur auf Sekundarbereich und Berufsschule zu beschränken. Er gewinnt auch in der Grundschule an Gültigkeit[33]. In beiden Bereichen ist er freilich auf Kooperation angelegt und auf Kenntnis des soziokulturellen Kontextes angewiesen.

Seelsorge an Schülern im Rahmen des themenorientierten Religionsunterrichts arbeitet unter kognitivem Aspekt an der *Klärung von Konzepten, welche Schüler von sich und ihrer Welt haben.* Schon der junge Mensch hat eine heimliche Vorstellung von sich und davon, wie andere ihn sehen, auch davon, daß es irgendeinen Sinn haben muß zu leben. Eine — wie auch immer geartete – „Ideologie" im Sinne Erik Eriksons ist für die Identität des Einzelnen unerläßlich. „Menschen sind darauf angewiesen – urteilt *Gert Otto* — in allem einzelnen, was sie beschäftigt, sich auszustrecken in Richtung auf ein ‚Gesamtverständnis' des Lebens, in Richtung auf etwas, das über das einzelne hinausweist ... Der Mensch kann nicht leben, ohne zugleich die Sinnfrage seines Lebens zu stellen."[34]

Seelsorge an Schülern im Rahmen des themenorientierten Religionsunterrichts kann dazu dienen, eigene Sinndeutungen zur Sprache zu bringen und sich mit andersartigen Sinndeutungen auseinanderzusetzen. Durch das

---

[32] H. Gloy, Themen statt Texte?, in N. Schneider (Hrsg.), Religionsunterricht – Konflikte und Konzepte, Hamburg-München 1971, 74.

[33] Zu Themenvorschlägen in verschiedenen Bereichen vgl. etwa W. Esser, Zum Religionsunterricht morgen, Bd. III, München-Wuppertal 1972, oder G. Otto/H. J. Dörger/J. Lott, Neues Handbuch des Religionsunterrichtes, Hamburg 1972 u. a. Zur Grundschule: H. Grosch (Hrsg.), Religion in der Grundschule, Frankfurt-Düsseldorf 1971.

[34] G. Otto, Art. Religionsunterricht, in: ders., Praktisch-Theologisches Handbuch, Hamburg 1970, 416.

Angebot von schülerspezifischen Themen und durch Abklärung trivialisierter oder traumatisierender Ideologien trägt sie auf ihre Weise zur Identitätsfindung bei. Die Korrektur solcher umfassender Konzepte geschieht freilich nicht allein auf rationalem Wege. Mit den Themen kommen immer auch Gefühle zutage. Mit der Klärung von Konzepten werden – mehr oder weniger intensiv – immer auch Konflikte bearbeitet. Man wird bei der Seelsorge an Schülern im Rahmen des themenorientierten Religionsunterrichts kaum so weit gehen können, sich eine Konfliktverarbeitung vorzunehmen[35]. Gleichwohl schließen wir nicht aus, daß eine Seelsorge auch unter kognitivem Aspekt der Ich-Stärke von Schülern keineswegs abträglich ist, sondern sie stabilisieren kann, sofern das Angebot und die Arbeit an elementaren Themen in einer annähernd angstfreien Atmosphäre geschehen. Themenorientierter wie traditionsbezogener Unterricht können – je auf ihre Weise – daran mitwirken, daß aus „Es" oder „Überich" mehr „Ich" wird.

2. *Gruppenorientierter Unterricht*

Die wachsende Bedeutung der Gruppe, die innerhalb der therapeutischen Behandlung und Beratung zu verzeichnen ist, läßt sich auch im pädagogischen Bereich – ob Schule oder Erwachsenenbildung – verspüren. Genau gesehen ist das freilich gar nicht so ungewöhnlich. Seit der Formulierung der Feldtheorie durch *Kurt Lewin* und seinen klassischen Forschungen über Führungsstile ist gerade auf pädagogischem Gebiet ein entscheidender Beitrag zur Begründung der Gruppendynamik geleistet worden. Im Anschluß an Lewins Arbeiten[36] kann davon ausgegangen werden, daß eine Klasse gerade kein Konglomerat zufällig zusammengewürfelter Einzelner, sondern eine Gruppe ist, ein sozialer Organismus, der spezifischen Gesetzmäßigkeiten unterliegt. Angesichts des ganzen Materials, das mittlerweile auf dem Gebiet der Gruppendynamik vorliegt, sei es an dieser Stelle genug, nur an einige Gesichtspunkte zu erinnern, die auch für die Klasse als Gruppe gültig sind:

(a) Jeder Schüler ist zunächst ein Glied *außerschulischer* Gruppen, beispielsweise in der Familie und im Wohn- und Nachbarschaftsbezirk. Die Erlebnisse und Einstellungen, die er von den außerschulischen Primärgruppen aufnimmt, werden in die Klasse eingebracht und mit denen der anderen Schüler konfrontiert.

(b) Das Werden der Klasse als einer Gruppe geschieht als konflikt- und krisenanfälliger Prozeß. Analog zum Lebenszyklus des Einzelnen und zur Entwicklung von Selbsterfahrungsgruppen lassen sich hypothetisch folgende *Phasen* festhalten:

- Abhängigkeit und Anklammerung,
- Aggression und Auseinandersetzung,

[35] Vgl. dagegen H. Reiser, Identität und religiöse Einstellung, Hamburg 1972.

[36] Vgl. K. Lewin, Die Lösung sozialer Konflikte, Bad Nauheim ³1968; Grundzüge der topologischen Psychologie, Stuttgart-Bern 1969 u. a.

- Angenommenwerden und Annehmen,
- Austausch in Autonomie[37].

(c) Zur *Dynamik* einer Gruppe tragen demnach folgende Daten bei:
- der Prozeß mit verschiedenen Phasen, die sich jedoch nicht gegenseitig löschen, sondern die jeweils auch später potentiell im Spiel sind;
- das Gegenüber und Gegeneinander von Subgruppen;
- das Gegenüber und Gegeneinander von Positionen in der Gruppe und die Profilierungswünsche, Rivalisierungsbedürfnisse, funktionale und dysfunktionale Rollenwahrnehmungen, kurzum das Aufleben der Geschwistersituation;
- das Verhältnis zum Lehrer: Erwartungen, Erfüllungen, Enttäuschungen, kurzum das Aufleben der ödipalen Situation.

(d) Die *Führungsstile* des Lehrers üben eine tiefgreifende Wirkung auf die Klasse als Gruppe aus. Von den drei Verhaltensmustern, die *Lewin, Lippitt* und *White* schon vor dem Zweiten Weltkrieg klassifizieren konnten[38], wirkt sich vor allem das autoritäre (aber auch das laissez-faire) Lehrerverhalten unheilvoll aus. Es vermag die ödipale Ohnmachtssituation der Schüler mitunter ins Unerträgliche zu verstärken. „Je aggressiver, autoritärer und fordernder Führungsfunktion ausgeübt wird, desto intensiver die Tendenz zur Sündenbocksuche und zur Bestrafung eines Schuldigen . . ." *(Tobias Brocher)*[39].

Der sogenannte Sündenbock ist somit das Symptom für eine Szene, in der alle aufgestaute Aggression nicht gegen die übermächtige Autorität abgeleitet, sondern an dem schwächsten Glied der Gruppe ausgelassen wird – das Gesetz einer Gesellschaft, die sich auch in unserer Gegenwart noch über den autokratischen Lehrer im Raum der Schule zu reproduzieren pflegt. Schule kann jedoch auch Stätte der sozialen Reifung sein, sobald die Rolle demokratischer Einübung und partnerschaftlicher Erziehung erkannt und erprobt wird. Ein wichtiges Element dieses Geschehens ist der demokratische Führungsstil, der sich zuallererst in der Gesamthaltung des Lehrers und zunehmend auch in der Gruppenarbeit zeigt. Gruppenarbeit – das legt die Untersuchung von *Ursula Walz* beispielhaft nahe – vermag in unersetzbarer Weise zur sozialen Reifung im Rahmen der Schule beizutragen. „Gruppe, Gruppenunterricht und Gruppenarbeit können als Ausdruck eines pädagogischen Lebensstils und einer erzieherischen Lebensform betrachtet werden, die in hervorragender Weise zu mitmenschlichem Verhalten und Verantworten Anlaß geben. Die Gruppenpädagogik entwickelt sich dort am besten, wo die Lehrerpersönlichkeit bewußt in den demokratischen Lebensstil hineinwächst und sich und die Klasse zu einer sozialen Verbundenheit führt, die sich in der Verantwortung um die Sache und aller gegenüber allen gebunden weiß."[40]

---

[37] Vgl. D. Stollberg, Seelsorge durch die Gruppe, Göttingen ²1972, 83 u. a.

[38] K. Lewin/R. Lippitt/R. K. White, in: Journal of Social Psychology 10/1939, deutsch in: K. Lewin, Die Lösung sozialer Konflikte, Bad Nauheim ³1968.

[39] T. Brocher, Art. Gruppendynamik. Gruppe, in: T. Brocher/L. v. Friedeburg, Lexikon der Sexualerziehung, Stuttgart 1972, 219 f.

[40] U. Walz, Soziale Reifung in der Schule, Hannover ³1968, 258.

Die Religionspädagogik kann sich über diese Realitäten heute nicht mehr hinwegsetzen. Ihr eigener, aus dem Evangelium abzuleitender Ansatz einer emanzipatorischen Erziehung ist zudem ein Argument dafür, den gruppenorientierten Aspekt des Religionsunterrichts aufzugreifen. Wenn wir davon ausgehen können, daß sich außerschulisches Konfliktverhalten auch im Kräftespiel einer Klasse verwirklicht und sogar verstärkt, dann ist es für eine Religionspädagogik, welche Seelsorge an Schülern nicht als ein ihr fremdes Werk versteht, nur konsequent, sich den Schäden im Zuge der Sozialisation zuzuwenden: Der Angst vor anderen, der Festlegung auf einen bestimmten Stand der Leistung oder eine bestimmte soziale Schicht, den Sprachschwierigkeiten, den Unterlegenheitsgefühlen, der Unfähigkeit zur Aggression oder der Überaggressivität, der Vereinzelung, den Vorurteilen und den Zwängen von Gruppe und Gesellschaft. Aus diesem Grunde sieht *Dieter Stoodt* den Sinn von Religionsunterricht insbesondere in *Sozialisationsbegleitung:* „Die Grundorientierungen, Werte, Sinngebungen, kulturellen Stereotypen – wie sie sich in den Schülern spiegeln – müssen aufgearbeitet werden. Es ist in alledem mehr Religion als man meinen möchte – nur darf man unter Religion nicht oberflächlich die bis zu Unverbindlichkeiten verkommenen und nichtssagenden Privatismen verstehen, sondern jene sich bis in unsere Seelen, unsere Motivationen, unsere scheinbar originell-persönlichen Strebungen und unseren sozialen Gestaltungen einmischenden, ja sie sogar mitkonstituierenden Wert-, Bedeutungs- und Sinnzusammenhänge, die wir als kleine Kinder übernehmen müssen, das Leben ermöglichende Bereitstellungen von Mustern und Institutionen, die doch zugleich unser Leben bedrücken und uns schwach und unmündig halten."[41] In der Balance zwischen Information und Interaktion gibt es Stoodt zufolge für die einzelnen Stufen ein *Bündel methodischer Möglichkeiten:*

- Rollenspiele (Psychodramen oder Soziodramen), durch die Konfliktsituationen ausgespielt und Konfliktpotentiale ausprobiert werden;
- Selbstorganisation der Klasse, bei der beispielsweise die Spielabläufe von den Schülern selbst vorbereitet werden und sich neue Konstellationen in der Klassenhierarchie herstellen können;
- Verarbeitung der Spiele, durch die auch andere Abläufe und damit Alternativen diskutiert und durchgespielt werden können;
- Malen, mit dessen Hilfe Konfliktfelder und Konfliktpersonen dargestellt und durchgesprochen werden können;
- Klärung von Beziehungen und Interaktionen innerhalb der Klasse mit Stilelementen der Selbsterfahrungsgruppe[42].

Man wird ein solches Spektrum je nach Situation noch erweitern können. Grundlegend für die Gruppenpädagogik ist nach alledem das partnerschaftliche Gespräch der Gruppe, das auf Kommunikation und Kooperation, aber ebenso auf Kritikfähigkeit zielt. „Denn gerade in unserer konsumorientierten Gesellschaft kann die Gruppe zu einem Laboratorium werden, in dem

---

[41] D. Stoodt, Die Praxis der Interaktion im Religionsunterricht, in: Der Ev. Erzieher 23/1971, 5.

[42] D. Stoodt, aaO., 8 ff. S. darüber hinaus u. a. F. Kaspar, Gruppenpädagogische Unterrichtsverfahren. Stuttgart/München 1971; und neuerdings O. Betz/F. Kaspar (Hrsg.), Die Gruppe als Weg. München 1973.

Lernende und Lehrende sich bemühen, andere als Gegenüber anzunehmen und zugleich Selbstverantwortung einzuüben. Der ganze Prozeß, sich als selbständige Persönlichkeit mit anderen und gegenüber anderen zu profilieren, muß schon frühzeitig vor und in der Schule passieren. Im Anschluß an den Ansatz von *Erik Erikson* und die Ausführungen von *Joachim Scharfenberg*[43] wird man den *Religionsunterricht als Reifungshilfe* verstehen können, bei der etwa für die Altersstufe des Grundschulkindes die Autonomieproblematik anzusprechen und auszutragen ist. Der Religionsunterricht bietet unter gruppendynamischem Gesichtspunkt eine Möglichkeit zur Revision auch kirchlich eingebürgerter Muster. „Jede Gruppensituation zeigt mit überwältigender Deutlichkeit – so stellt Scharfenberg fest –, bei wie vielen Kindern das Selbstgefühl von Scham und Zweifel untergraben ist. Sich in diesem Konflikt auf die Seite derer zu stellen, die es gelernt haben, sich herauszuwagen, bringt uns allerdings unmittelbar in Konflikt mit den bürgerlichen Sekundärtugenden unserer gegenwärtigen Kleinfamilie, die man auf den Nenner einer ‚Hänschen-klein-Ideologie' bringen kann. Auch im christlichen Bereich wird die beginnende Autonomie keineswegs als ein Wert geschätzt."[44] Die letztgenannte These entbehrt freilich nicht einer eigenartigen Tragik: Daß gerade das Thema der Autonomie, das zu den Anfängen und zum genuinen Ansatz des christlichen Glaubens gehört, in der kirchlichen Praxis pervertiert erscheint. Der gruppenorientierte Religionsunterricht der Gegenwart wird demgegenüber das Autonomiebedürfnis als begründetes Anliegen aufnehmen, um ihm im Spielraum „von Sprache, von Kritik, von Aktion, und von Formen des gemeinsamen Lebens" *(Scharfenberg)*[45] Ausdruck zu verleihen. Der Religionsunterricht wird im begrenzten Rahmen der Schule dazu beitragen, daß junge Menschen eine Möglichkeit mehr gewinnen, sich anzunehmen, wie sie sind, und zugleich zu ahnen, wie sie werden können.

3. *Individuumorientierter Unterricht*

Die Thematik der Autonomie hat nicht von ungefähr in unseren Tagen an Aktualität gewonnen. Im Anschluß an die Nachkriegszeit, in welcher der Wunsch nach Konsum und Komfort neu erwachte, ist eine Ära angebrochen, in der der Zwang zu Produktion und Profilierung zusehends gewachsen ist. Konsum und Karriere sind Kennzeichen einer Entwicklung, die freilich nicht nur die Erwachsenen erfaßt hat. Sofern die Schule ein Spiegel der ganzen Gesellschaft ist, sind Konsum und Karriere auch Kennzeichen für die Welt unserer Kinder: Leitvorstellung der Lerngesellschaft ist es immerhin, die Informationen zu füttern und die Leistungen zu fordern, die den wirtschaftlichen und wissenschaftlichen Interessen der Industriegesellschaft entsprechen. Es stellt sich mehr und mehr die Frage, ob der weithin außengelenkte Mensch nicht längst schon einem Mythos der

---

[43] E. H. Erikson, Kindheit und Gesellschaft, Stuttgart ³1968; J. Scharfenberg, Religionspädagogik und Gruppendynamik, in: Wissenschaft und Praxis in Kirche und Gesellschaft 59/1970, 453 ff.

[44] J. Scharfenberg, aaO., 463 f.

[45] J. Scharfenberg, aaO., 466 f.

Neuzeit zum Opfer fiel: dem Mythos vom endlosen Wachstum und von den erwerbbaren Werten. Es könnte sein, daß auch die Schule für die Phantasie vom irdischen Paradies einen entscheidenden Part zu spielen hat. „Dank ihrer Struktur als rituelles Spiel eines stufenweisen Aufrückens" – stellt *Ivan Illich* fest – „leistet die Schule wirksame Dienste als Schöpfer und Erhalter eines sozialen Mythos ... Die Schule ist ein Weiheritual, das den Novizen in das geheiligte Wettrennen um den fortschreitenden Verbrauch einführt; sie ist ein Sühneritual, dessen akademische Priester zwischen den Gläubigen und den Göttern von Privileg und Macht vermitteln; sie ist ein Bußritual, das die Versager opfert und sie als Sündenböcke der Unterentwicklung brandmarkt ... Max Weber hat die gesellschaftlichen Folgen des Glaubens untersucht, daß das Heil denen gebühre, die Reichtümer gesammelt haben; wir können heute feststellen, daß die Gnade denen vorbehalten ist, die genügend Schuljahre angesammelt haben."[46]

Das Problem der Autonomie ist der Psychoanalyse zufolge mit dem Problem der Leistung eng verknüpft, eine Sicht, die auch von sozialpsychologischer Seite zu stützen ist: Das werdende Selbst ist von seiner Umwelt nicht unabhängig. Was ich selbst von mir halte, hängt aufs engste zusammen mit der Haltung, die andere mir gegenüber zeigen. Mein Selbst erscheint in der Sicht der anderen wie in einem Spiegel. Es ist deswegen – wie *Otto Friedrich Bollnow* bemerkt — von größtem Belang, ob mir Menschen mit Vertrauen oder mit Mißtrauen begegnen. „Jedes Mißtrauen, das ich einem anderen Menschen entgegenbringe, verändert diesen Menschen. Es macht ihn eben so faul und dumm und hinterhältig, wie ich es in meinem Mißtrauen von ihm erwartet habe. Und umgekehrt: Jedes Vertrauen verwandelt ihn im positiven Sinn in den besseren Menschen, den das Vertrauen in ihm vorausgesetzt hat. Man kann den anderen Menschen geradezu besser machen, indem man ihn für besser hält."[47] Schulische Leistung und Lehrerverhalten haben deshalb einen lebenswichtigen Einfluß auf das Selbstbild und Selbstwertgefühl des jungen Menschen. Sichtbar wird dieser Sachverhalt am sogenannten schlechten Schüler, einem Stereotyp, von dem sich selbst Lehrer nicht immer freihalten und von dem sich der betreffende Schüler erst recht nicht selber befreien kann. Denn das Verhalten von Lehrer, Mitschülern und Eltern wirkt als dreifache Verstärkung auf seine eigene Vorstellung von sich zurück und wird vielleicht lebenslang zum Verhängnis.

Es wäre indessen zu einfach, das ganze *Spektrum von Schwierigkeiten* auf das leistungsorientierte Schulversagen einzuschränken. Jeder Schüler erlebt die Schule als ein Individuum, das psychophysischen Impulsen und psychosozialen Interessen unterliegt. Lernschwierigkeiten können – dies war zu erörtern – zunehmend einer Leistungsangst entspringen. Sie können zugleich aber auch auf einer zerrütteten Eltern-Kind-Beziehung beruhen oder Symptom einer neurotischen oder organischen Erkrankung sein. So führt beispielsweise eine gestörte Beziehung zu Eltern oder Gleichaltrigen

---

[46] I. Illich, Entschulung der Gesellschaft, München [2]1972, 69 ff.

[47] O. F. Bollnow, Existenzphilosophie und Pädagogik, Stuttgart [4]1968, 143. Zur sozialpsychologischen Sicht s. C. W. Backmann/P. F. Secord, Sozialpsychologie – Aspekte der Erziehung, Weinheim 1972, 50 ff.

„das Kind schnell dazu, sich als ungeliebt oder nicht liebenswert anzusehen. Man kann theoretisch die Angst als eine vermittelnde Variable zwischen diesen Erlebnissen der Ablehnung und der mangelnden Leistung des Kindes in der Schule ansehen" *(Conklin)*[48]. Ablehnung und Angst, Schuldgefühle und Schulversagen bilden somit ein Syndrom von Störungen, die sich in einem ganzen Komplex von Minderwertigkeitsgefühlen wie in der Minderung der Kommunikationsfähigkeit auswirken können. Schüler mit solchen Störungen geraten zudem sehr schnell in eine isolierte Position, wie es folgendes Protokoll festhält:

„... steht beim Spiel abseits
versucht, sich auf- und vorzudrängen
spielt gern mit kleineren Kindern
hat Angst vor der Schule
will nicht mehr allein auf die Straße,
weil er Angst vor den Kindern hat"[49].

Angesichts dieser Schwierigkeiten und ausgehend vom *Selbstverständnis der Seelsorge* als einer durch das Evangelium motivierten Lebenshilfe an Menschen in Lebenskrisen ist schließlich die Frage zu stellen, was individuumorientierter Religionsunterricht im Rahmen der Schule leisten kann. Wir setzen dabei voraus, daß sich Seelsorge nicht auf einen bestimmten Bereich der Persönlichkeit – beispielsweise seine religiöse Perspektive – beschränken kann. Seelsorge versucht vielmehr, der Integration des ganzheitlich verstandenen Individuums zu dienen. Eine vornehmlich partnerzentrierte Seelsorge, wie wir sie uns vorstellen, vollzieht sich zum Beispiel als aufmerksame Beobachtung und Begleitung des Einzelnen auf den verschiedenen Entwicklungsstufen. Es wäre nach alledem nicht wenig, wenn im Laufe der Zeit eine Atmosphäre der Wärme und Wertschätzung, der Zuwendung und Zuneigung aufkäme[50] – als ein Angebot an den Schüler, von sich aus Konflikte und Krisen zum Ausdruck zu bringen. Diese „Precounseling-Situation" *(Seward Hiltner)* wird andererseits auch außerschulische Chancen der Seelsorge umfassen: Arbeitsgemeinschaften, Exkursionen, Retraits und ähnliches. Partnerzentrierte Seelsorge geschieht darüber hinaus auch als aktives Eingreifen in Situationen schwerster Belastung von Schülern wie zum Beispiel bei Aufenthalt im Krankenhaus, Heimunterbringung, Scheidung der Eltern, Straftaten oder Trauerreaktionen. Seelsorgerliches Engagement und solidarisches Eintreten können sicherlich nicht von solchen Krisen erlösen. Sie können aber entängstigen und entlasten und nicht selten auch wichtige Schritte – zu psychotherapeutischen oder sozialpädagogischen Stellen – in die Wege leiten.

---

[48] Conklin, zitiert bei H.-R. Lückert, Eltern-Lehrer-Schüler, in: A. Sahm (Hrsg.), Erziehen und Führen, Stuttgart 1972, 36 f.

[49] Bericht von G. Rick, zitiert bei H.-R. Lückert, aaO., 52. Zur Problematik s. auch R. Lempp, Lernerfolg und Schulversagen, München 1971; S. B. Sarason u. a., Angst bei Schulkindern, Stuttgart 1971; S. Wolff, Kinder in Bedrängnis, Stuttgart 1971.

[50] Vgl. dazu R. und A.-M. Tausch, Erziehungspsychologie, Göttingen [6]1971, 315 ff.

Religionsunterricht wird – erst recht, wo ihm Jugend- und Konfirmandenarbeit zur Seite stehen – zu einem Raum für Kommunikation. Man wird die schulischen Möglichkeiten nicht überschätzen dürfen. Die *Grenzen* sind gegenwärtig eng gesteckt, was personale Besetzung, Klassenfrequenz, Räume, Vorurteile in Gesellschaft und Schule und nicht zuletzt die Ausbildung der Lehrer anlangt. Die Aufzählung des Defizits, das heute zur Debatte steht, macht deutlich, daß gegenüber dem gegenwärtigen Religionsunterricht keine Riesenerwartungen, aber auch keine Resignation angebracht sind. Ein Religionsunterricht, der sich die Sinnfrage, die Selbstwerdung und die persönliche Sorge von Schülern angelegen sein läßt, ist ein spezifisches Angebot, das seinen Sitz im Leben der Schule rechtfertigt. „Religionsunterricht als Hilfe zur Realitätsbewältigung" – lautet schließlich eine Deutung von *Dietrich Stollberg*[51] – „vermittelt ‚Mut zum Sein', Angstfreiheit und die Fähigkeit, Übertretungen zuzugeben; er hilft dem Schüler, sich selbst zu riskieren. Das ist Religionsunterricht auf der Grundlage der Rechtfertigungslehre. Er leistet kategoriale Bildung, indem er Gottes annehmende Toleranz im kommunikativen Prozeß bedingungslos annehmender Zuwendung – wenn auch menschlich unvollkommen – vermittelt. Damit legt sich evangelischer Religionsunterricht gerade nicht auf ein bestimmtes Erziehungsideal fest, er macht sich kein Bildnis vom Menschen, um ihn dadurch gesetzlich zu versklaven, sondern indem der pädagogische Bezug idealfrei bzw. ideologiefrei gehalten wird, kann er zum Medium der Gnade werden."

---

[51] D. Stollberg, Auslegung von Geschichte oder Auslegung von Gegenwart?, in: ders., Praxis Ecclesiae (Frör-Festschrift), München 1971, 159 f.

Hermann Stenger/Leo Zirker

Beratung für kirchliche Berufe

Notizen zur Arbeit einer katholischen Beratungsstelle

Angehörige kirchlicher Berufe sehen sich im gesamten ökumenischen Bereich nicht selten vor schwerwiegende Entscheidungen gestellt. Meist sind es einsame Entscheidungen. Umso größere Bedeutung kann deshalb das Beratungsmodell beanspruchen, das von Hermann Stenger und Leo Zirker im folgenden beschrieben wird. In dem Beitrag (1972) der beiden katholischen Kollegen äußert sich nicht nur fachliche Kompetenz, beispielsweise in kurzfristiger Krisenberatung, sondern zugleich auch das Anliegen und die Attitüde einer zeitgerechten „Seelsorge am Seelsorger". Krisenberatung dieser Art darf als beispielhaft gelten für die Konzipierung berufsbezogener und berufsbegleitender Seelsorge.

Wer heute davon hört, daß nicht wenige Seelsorger und Ordensangehörige schwere persönliche und berufliche Krisen durchmachen und daß es von der Kirchenleitung gutgeheißene Beratungsstellen gibt, die ihnen Hilfe anbieten, wird das nicht als Sensation empfinden. Noch vor gut einem Jahrzehnt sind derartige Krisen und eine entsprechende Hilfe – zumindest für den durchschnittlichen Katholiken in der Bundesrepublik – kaum vorstellbar gewesen. Ein Seelsorger, so dachte man, könne keine wirkliche Berufskrise, sondern höchstens „Probleme" haben und diese seien mit gutem Willen und den bewährten Mitteln geistlicher Erneuerung zu meistern. Die seltenen Fälle, in denen man sich direkt mit den Schwierigkeiten eines Priesters, eines Ordensbruders oder einer Schwester konfrontiert sah, nahm man als unausweichlich hin und umgab sie, so gut es ging, mit Schweigen. Indem man die Krisen im spirituellen Bereich lokalisierte, sah man verständlicherweise wenig Grund, sich ihrer mit den Mitteln und Erkenntnissen der Humanwissenschaften anzunehmen. So hing es meistens von Einzelinitiativen qualifizierter Seelsorger und von günstigen Umständen ab, wenn ärztliche und psychologische Hilfe geleistet wurde. Die wenigen, die Rat und Hilfe gaben, sahen, daß ihre Tätigkeit unzulänglich war und daß mehr und systematischer geholfen werden mußte. Es entstand der Wunsch, die Erfahrung aus langjähriger nichtinstitutionalisierter Beratungstätigkeit nicht verlorengehen zu lassen, sondern sie im fachlichen Gedankenaustausch zu erweitern und wissenschaftlich zu fundieren.

Die durch das II. Vatikanische Konzil in Gang gekommene Entwicklung gestattete es, aus diesen Einsichten die Folgerungen zu ziehen und entsprechende Beratungsstellen einzurichten. Eine davon ist der „Beratungsdienst für kirchliche Berufe" in München. Wir berichten auf den folgenden Seiten zunächst über einige schon bestehende ähnliche Einrichtungen (1.), dann über die bisherige Arbeit des Münchener Beratungsdienstes (2.) und schließlich über Erfahrungen und Fragen, die sich aus der Praxis ergeben haben (3.).

1. Einrichtungen in benachbarten Ländern und in der Bundesrepublik

Beratungsstellen für kirchliche Berufe sind nichts absolut Neues. Die Anfänge systematischer Beratungen und Eignungsuntersuchungen reichen in den USA in die Zeit vor dem Zweiten Weltkrieg zurück. Der entscheidende Anstoß ging von der 1936 erschienenen Studie des damaligen Vorstehers der Abteilung für Psychologie und Psychiatrie an der Catholic University of America, P. *Thomas Verner Moore*, aus. Moore hatte anhand einer von ihm durchgeführten statistischen Untersuchung festgestellt, daß bei psychiatrisch behandelten Priestern signifikante Unterschiede in der Häufigkeit bestimmter psychotischer Erkrankungen gegenüber der durchschnittlichen Patientenpopulation auftraten. Die Erklärung für die überdurchschnittliche Häufigkeit von Alkoholismus, Paranoia, Schizophrenie und manisch-depressiven Erkrankungen sah er primär darin, daß praepsychotische Menschen vom Priestertum angezogen würden[1]. Moores Arbeit wurde in zwei Richtungen weiterverfolgt: Zum einen suchte man seine obengenannte Hypothese zu validieren, zum anderen wurden Untersuchungen angestellt, inwieweit die Vorbereitung und Ausbildung für den Priesterberuf die Persönlichkeitsentwicklung beeinflußt[2]. Das Ergebnis war eine beachtliche Anzahl deskriptiver empirischer Untersuchungen über die Persönlichkeitsstruktur von Seminaristen, Priestern und Ordensangehörigen[3]. Seit den fünfziger Jahren laufen parallel dazu die Bemühungen, geeignete Verfahren für prognostische Eignungsuntersuchungen zu entwickeln.

In Europa haben diese Untersuchungen bis jetzt nur zögernd Anerkennung und Nachahmung gefunden[4]. An Initiativen zur praktischen Hilfe hat es dennoch nicht gefehlt.

1.1. Eine der ersten Einrichtungen im katholischen Bereich war die *„Therapeutische Seelsorgestelle" in Luzern*[5]. Die im Jahre 1956 von ihrem jetzigen Leiter Dr. *Armin Beeli* mitbegründete Einrichtung ist nicht speziell auf die Beratung von Priestern und Ordensleuten ausgerichtet. Die Initiatoren hat-

---

[1] Vgl. T. V. Moore, Insanity in priests and religious: I. The rate of insanity in priests and religious, in: American Ecclesiastical Review 1936, 485–498; vgl. ders., Insanity in priests and religious: II. Detection of prepsychotics applying for admission to priesthood or religious communities, in: American Ecclesiastical Review 1936, 601–613. Th. N. McCarthy bemerkt zu dem Vorgehen Moores, daß aus einem undifferenzierten Vergleich einer bestimmten Personengruppe mit der Gesamtpopulation wenig brauchbare Ergebnisse zu erwarten sind; vgl. Th. N. McCarthy, Testing for the roman catholic priesthood, in: W. C. Bier (ED.), Psychological testing for ministerial selection, New York 1970, 47–75; hier 48 bis 49.

[2] Vgl. McCarthy, aaO., 49.

[3] Umfangreiche Literaturangaben finden sich bei McCarthy, aaO.

[4] Erste Ansätze finden wir hauptsächlich in Frankreich. Hinweise s. M. Leclerq u. a., La vocation – éveil et formation, Paris 1965, insbesondere 91, Anm. 4. Vermerkt sei auch die Arbeit von A. Benkö, J. Nuttin, Examen de la personalité chez les candidats a la prêtrise, Publication de Université Louvain, 1956. – Wir erwähnen in den folgenden Hinweisen nur Beratungseinrichtungen, mit denen wir in engerem Kontakt stehen.

[5] Adresse: CH-6000 Luzern, Maihofstr. 44.

ten umfassendere seelsorgliche Intentionen. Sie wollten die Erkenntnisse der Tiefenpsychologie für die Seelsorge nutzbar machen und der theoretischen und praktischen Annäherung zwischen Theologie und Psychologie dienen. Sie glaubten, diesen Brückenschlag am ehesten erreichen zu können, indem sie die Arbeit des Priesters und die des Therapeuten in einer Person verbanden.

Laut Tätigkeitsbericht wurden in den ersten zehn Jahren des Bestehens über 1000 Beratungen und von 1966 bis 1971 weitere 617 Beratungen durchgeführt. Der Anteil der Beratungen für Priester, Seminaristen und Ordensleute betrug in den ersten Jahren um 25 % und stieg stetig an bis zu 49,5 % im Jahre 1969. In den letzten beiden Jahren fiel der Anteil auf 22,5 % ab. Die angebotene Hilfe reicht von einfacher Studienberatung in einem einmaligen Gespräch über eine psychodiagnostische Abklärung bis hin zur (analytischen) Therapie. Besonders wird darauf geachtet, mit allen in Frage kommenden kirchlichen und staatlichen Stellen und Verantwortlichen zusammenzuarbeiten. Das schlägt sich darin nieder, daß einerseits die Mitarbeiter der Seelsorgestelle sehr häufig in Ordenshäusern, Seminaren und Kliniken beratend tätig sind und daß andererseits 70–80 % der Klienten durch Ärzte, Psychologen, Analytiker und Berufsberater an die „Therapeutische Seelsorgestelle" überwiesen werden.

1.2. Spezielle Einrichtungen für die Beratung von Priestern und Ordensangehörigen und für Berufseignungsuntersuchungen von Kandidaten und Kandidatinnen sind die in Paris bestehende *Association médico-psychologique d'aide aux Religieux* (A.M.A.R.)[6] und die aus ihr hervorgegangene *Association médico-psychologique d'aide au Clergé* (A.M.A.C.)[7]. A.M.A.R. wurde 1961 von P. *Albert Plé* O.P. und P. *Louis Bairneart* SJ. gegründet.

Zahlreiche Ordenshäuser und Priesterseminare legen ihren neueingetretenen Mitgliedern nahe, sich während des ersten Studien- bzw. Vorbereitungsjahres einer Berufseignungsuntersuchung bei A.M.A.R. bzw. A.M.A.C. zu unterziehen. Das Angebot wird im allgemeinen bereitwillig angenommen. Da die Beratung allen Kandidaten empfohlen wird, fühlt sich keiner diskriminiert. Die Arbeit erfolgt in der Regel im Team, bestehend aus einem Priester, einem Psychologen und einem psychiatrisch oder psychoanalytisch ausgebildeten Arzt[8]. Neben den Eignungsuntersuchungen bieten die beiden Beratungsstellen auch Rat und Hilfe für Priester und Ordensangehörige in persönlichen und beruflichen Krisen an. Unter ihrer Beteiligung wurde vor drei Jahren eine psychotherapeutische Klinik für Priester und Ordensleute gegründet. Eine weitere Aufgabe ist die Mitarbeit in der pastoralpsychologischen Aus- und Weiterbildung der Novizenmeister, Spirituale und Regenten. Bei den regelmäßig durchgeführten Kursen wird besonderer Wert auf Befähigung zur Teamarbeit durch gruppendynamische Erfahrungen und zur individuellen und kollektiven Praxisberatung gelegt. Außer A.M.A.R. und

---

[6] Adresse: 18–20 Rue des Tanneries, Paris XIII.

[7] Adresse: 6 Rue de regard, Paris VI.

[8] Weitere Hinweise s. A. Plé O.P., Une expérience de discernement des vocations, in: Leclercq u. a., aaO., 89–102; R. Ritter, Erfahrungen mit einer psychologischen Eignungsuntersuchung vor der Zulassung zum Noviziat, in: Ordenskorrespondenz 8/1967, 53–60.

A.M.A.C. gibt es in Frankreich noch eine Reihe regionaler Beratungsstellen.

1.3. In der Bundesrepublik ist der Münchner Beratungsdienst nicht die einzige spezielle Beratungsstelle für kirchliche Berufe. Der Pastoralpsychologische Dienst im *Bistum Essen „Consilium St. Lukas“*[9] widmet sich neben Krisenberatungen und Berufseignungsuntersuchungen der Beratung von Seelsorgern in besonders gearteten Seelsorgefällen. In Einzelberatungen wurden von 1969 bis 1971 insgesamt 544 Personen beraten. Eine große Zahl der Ratsuchenden wurde in organisch-ärztliche bzw. psychiatrisch-psychotherapeutische Behandlung, in psychologische Beratung und priesterliche Führung weitervermittelt.

Gegenwärtig wird im *Erzbistum Köln* ein Pastoralpsychologischer Dienst eingerichtet[10].

Eine andere Ausrichtung hat das *„Informationszentrum Berufe der Kirche“* in *Freiburg*[11]. Es bietet Informationen über Berufsmöglichkeiten und Ausbildungsrichtlinien im kirchlichen Dienst und wirbt auf diese informative Weise für kirchliche Berufe. Wertvolle Hilfe für Seelsorger und Erzieher bieten auch die dort herausgegebenen Hefte zur Pastoral der geistlichen Berufe. Es bestehen Bestrebungen zu engeren Kontakten mit den Beratungsstellen für kirchliche Berufe und den kirchlichen Ehe- und Erziehungsberatungsstellen.

2. *Aufbau und Tätigkeit des Münchener Beratungsdienstes*

2.1. *Zielsetzung und Arbeitsweise.* Der „Beratungsdienst für kirchliche Berufe" in München[12] hat sich in Zielsetzung und Arbeitsweise an den beiden französischen Einrichtungen A.M.A.R. und A.M.A.C. orientiert. Er ist keine von der kirchlichen Behörde geschaffene Institution, sondern eine auf private Initiative hin entstandene Einrichtung mit kirchlicher Anerkennung. Dem Leitungskuratorium, das den Beratungsdienst nach außen vertritt, gehören keine offiziellen Vertreter der Diözesen und der Ordensgemeinschaften an. Dadurch soll die Unabhängigkeit gewährleistet werden, die notwendig ist, um bei den Ratsuchenden möglichst wenig Vorurteile zu wecken, die eventuell gegen kirchliche Institutionen bestehen. Handelt es sich z. B. um eine Laisierung, könnte eine institutionell engere Bindung des Beratungsdienstes das Vertrauen des Klienten beeinträchtigen. Die Sorge für den Klienten steht ganz und gar im Mittelpunkt der Beratungstätigkeit. Derzeit sind 25 nebenberufliche Mitarbeiter an den Beratungen beteiligt: Geistliche, Fachpsychologen und psychiatrisch oder psychotherapeutisch ausgebildete Ärzte. Gewöhnlich arbeitet ein jeweils von Fall zu Fall gebildetes Dreierteam aus Angehörigen der drei Disziplinen zusammen. Von dieser Regel gibt es allerdings zahlreiche situationsgerechte Ausnahmen. Mitarbei-

---

[9] Adresse: Prof. Dr. Gustav L. Vogel, 43 Essen, Zwölfling 12.

[10] Vorläufige Adresse: Dr. Stefan Andreae, 53 Bonn-Beuel, Am langen Graben 3.

[11] Adresse: 78 Freiburg, Schoferstr. 1.

[12] Adresse: 8 München 22, St. Anna-Str. 19 (Prof. Dr. Richard Egenter, Vorsitzender des Kuratoriums; Dipl.-Psych. Prof. Dr. Hermann Stenger, Geschäftsführer; Dipl.-Theol. Leo Zirker, Sekretär).

terversammlungen, die in loser Folge stattfinden, fördern den fachlichen Gedankenaustausch, der auch wegen der verschiedenen wissenschaftlichen Herkunft und der verschiedenen hauptberuflichen Tätigkeit unerläßlich ist. Die Zugehörigkeit zu verschiedenen Konfessionen wirkt sich im Gespräch sehr positiv aus.

Der organisatorische Aufwand ist vergleichsweise gering. Als Kontaktstelle für die Klienten dient ein Büro, das an zwei Nachmittagen in der Woche geöffnet ist. Die Beratungen selbst finden in den Praxisräumen der einzelnen Mitarbeiter statt.

2.2. *Überblick über die bisherige Tätigkeit.* In der Zeit vom 1. 10. 1968 bis zum 30. 9. 1972 wurden insgesamt 303 Klienten beraten. Es handelte sich um 141 Krisenberatungen und 120 Eignungsuntersuchungen, jeweils im Team, und 42 Einzelberatungen. Bei letzteren ging es z. B. um Studienberatungen, um Einsatzmöglichkeiten in speziellen Seelsorgeaufgaben oder um die Beratung von Ordensoberen in aktuellen Problemsituationen ihrer Gemeinschaften. Hinzuzurechnen ist eine wachsende Zahl von schriftlichen Anfragen, die entweder beantwortet oder zur Beantwortung weitervermittelt wurden.

Der Personenkreis setzte sich fast ausschließlich aus Priestern, Ordensangehörigen und Kandidaten bzw. Kandidatinnen für diese Berufe zusammen. Die Angehörigen und Bewerber anderer kirchlicher Berufe wurden bisher noch nicht gezielt über die Beratungsmöglichkeiten informiert, da man erst abwarten mußte, welches Interesse an den Beratungen bestand und wieviele überhaupt durchgeführt werden konnten. Es wird angestrebt, den Beratungsdienst allen kirchlichen Berufen in gleicher Weise zugänglich zu machen.

Im Mittelpunkt der Arbeit stehen die Beratungen durch ein Dreierteam. Sie nehmen gewöhnlich etwa 8–10 Stunden in Anspruch und können in drei bis vier Tagen abgeschlossen werden. Um die Probanden nicht zu sehr zu belasten, wird möglichst nicht mehr als ein Gespräch pro Tag vereinbart. Der relativ große Mitarbeiterkreis gestattet es, jeweils die Mitarbeiter einzusetzen, die von ihrer Ausbildung und hauptberuflichen Tätigkeit her am besten geeignet erscheinen.

Methode und Ablauf der Beratung sind nicht starr festgelegt. Bewährt hat sich folgendes Vorgehen: Der Geistliche erklärt dem Klienten Sinn und Ablauf der Untersuchung, versucht Vorurteile abzubauen und ein Klima des Vertrauens zu schaffen. Er macht sich ein Bild über die religiöse Situation, über Berufsmotive und Einstellungen des Kandidaten. Durch Anamnese und Exploration sucht der Arzt zu klären, ob Anzeichen für neurotische oder psychotische Störungen vorliegen und wie die Berufsmotivation gestaltet ist. Der Fachpsychologe interessiert sich ebenfalls für die Motivation und außerdem für Begabung und Fähigkeiten des Ratsuchenden. Es ist ihm belassen, diejenigen diagnostischen Verfahren anzuwenden, die ihm am geeignetsten erscheinen. Es geht dabei nicht darum, ein umfassendes Persönlichkeitsbild des Probanden zu erstellen, sondern ihm Anhaltspunkte für anstehende Entscheidungen zu geben. Nachdem der Proband bei allen drei Beratern war, besprechen diese untereinander das Beratungsergebnis, das mit dem Probanden, soweit dies zweckdienlich ist, in einem Schlußgespräch durchgearbeitet wird. Um der Schweigepflicht nachzukommen und um das Vertrauensverhältnis zwischen dem Klienten und den Beratern nicht zu gefährden, werden kirchliche Stellen und Vorgesetzte nur dann über das Beratungsergebnis informiert, wenn der Proband dies wünscht oder ausdrücklich damit einverstanden ist.

Ziel der Beratung ist es, eine möglichst zuverlässige Diagnose zu erstellen und daraus eine verantwortbare Indikation und eventuelle Prognose abzuleiten. Notwendige therapeutische und psychagogische Hilfe wird, wenn irgendwie möglich, vermittelt und gelegentlich von Mitarbeitern übernommen. Sie erfolgt aber in jedem Fall außerhalb der Organisation und der Verantwortung des Beratungsdienstes.

3. Erfahrungen und Fragen

Die bisherige Tätigkeit führt zu Erfahrungen und Fragen, die sich aus der Methode und Organisation (3.1.), aus den Krisenberatungen (3.2.) und aus den Eignungsuntersuchungen (3.3.) ergeben. Die Notizen schließen mit Überlegungen für die weitere Arbeit (3.4.).

3.1. Erfahrungen methodischer und organisatorischer Art. Aus der Methode und Organisation der Beratungstätigkeit haben sich drei Probleme ergeben, die uns immer wieder beschäftigen: Vor- und Nachteile der Arbeit im Team, die Art und Weise der Finanzierung und die Einhaltung der Schweigepflicht.

3.1.1. Die *Beratung im Team* hat sich grundsätzlich bewährt und den beachtlichen zeitlichen und organisatorischen Aufwand gerechtfertigt. Drei verschiedene Zugänge zur Fragestellung gestatten es, deren verschiedene Dimensionen in das Gesamtbild einzubringen: der Priester das spirituelle und spezifisch kirchliche Moment, der Arzt das psychogenetische und hereditäre, der Psychologe das psychodiagnostische Moment. Erfahrungsgemäß bringt die psychodiagnostische Abklärung Tendenzen und Komponenten zum Vorschein, die im Gespräch unbemerkt geblieben sind. All das ermöglicht ein objektiveres und sichereres Urteil.

Zweifellos hat die Teamberatung auch ihre Schattenseiten. Die massierte Beratung durch ein dreiköpfiges Team kann von dem Klienten als belastende Prüfungssituation und das konzentrierte, von den ursprünglichen Beratungsgesprächen losgelöste Abschlußgespräch über die Untersuchungsergebnisse als Urteilsspruch erlebt werden. Das könnte sich ungünstig auf die Beratungsatmosphäre und auf die möglicherweise nachfolgende Therapie auswirken. Schwierigkeiten gab es in dieser Hinsicht nur dann, wenn besondere Belastungen hinzukamen, z. B. wenn der Proband nur auf nachdrückliches Drängen der Vorgesetzten sich zur Beratung angemeldet hatte. Im übrigen zeigte sich das methodische Konzept flexibel genug, um den Streß erforderlichenfalls durch ein mehr klientenzentriertes Vorgehen zu mildern und auf Person und Situation des Probanden z. B. durch eine zeitlich länger ausgedehnte Beratungsphase Rücksicht zu nehmen. Andererseits haben in manchen Fällen gerade die starke Belastung und direkte Konfrontation zum Erfolg der Beratung beigetragen. Der schwierigste Punkt der Teamberatung bleibt das Schlußgespräch. Es ist oft nicht einfach, überhaupt eine echte Synthese aus den vorangegangenen Gesprächen zu finden, und für den, der das

Schlußgespräch führt, ist es zudem nicht leicht, die von den beiden anderen Teammitgliedern eingebrachten Aspekte adäquat zu berücksichtigen. Soweit wir sehen, bieten sich aber keine besseren Alternativen an. Würde man das Schlußgespräch wegfallen lassen, bestünde die Gefahr, daß der Proband die Einzelgespräche mit den drei Beratern nach eigenem Gutdünken interpretieren würde. Auch könnten ihn die unterschiedlichen Akzente irritieren. Zudem wäre das wichtigste Moment der Teamberatung verlorengegangen, nämlich, daß sich die Berater gegenseitig ergänzen. Die andere Lösung, ein Schlußgespräch bei allen drei Teammitgliedern, würde die Belastung für den Probanden verstärken und die Beratungskosten erhöhen.

3.1.2. In den *Beratungskosten* ist der nächste kritische Punkt angesprochen. Im Unterschied zu vielen Beratungseinrichtungen im kirchlichen und staatlichen Bereich steht der Beratungsdienst nicht unentgeltlich zur Verfügung. Manches spricht dafür, daß es der Beratung zugute kommt, wenn der Proband dafür etwas bezahlen muß und er weiß, daß er dafür auch eine Leistung erwarten kann. Schlecht wäre es, wenn er durch völlige finanzielle Entlastung der Beratung indifferent gegenüberstünde oder gar den Eindruck hätte, daß hier auf Betreiben kirchlicher Stellen etwas mit ihm geschehe, dem er sich wohl oder übel nicht entziehen könne. Andrerseits ist es für viele Klienten nicht leicht, die Beratungskosten, die in der Regel zwischen 300 und 400 DM betragen, aufzubringen. Meistens sind die Probanden ja noch im Studium oder in der Ausbildung. Man denke auch an Ordensleute, die über keine eigenen Geldmittel verfügen und so gegebenenfalls auf die Zustimmung der Oberen zur Beratung angewiesen sind. Auch wenn in Härtefällen großzügig verfahren wird, besteht doch die Gefahr, daß manche notwendige Beratung nicht zustande kommt, weil man die Kosten scheut.

In der Praxis wird die Frage der Finanzierung dadurch entschärft, daß die Ordensgemeinschaften und Diözesen sich in der Regel bereitwillig an den Kosten beteiligen und sie erforderlichenfalls ganz übernehmen. Doch das ist seinerseits nicht ganz unproblematisch, nicht nur aus den oben angeführten Gründen, sondern auch wegen der Gefährdung der Diskretion.

3.1.3. Wenn die kirchlichen Vorgesetzten die Kosten der Beratung tragen, kann es leicht zu Problemen hinsichtlich der *Schweigepflicht* kommen. Die institutionell Verantwortlichen sind gewöhnlich daran interessiert, über das Beratungsergebnis informiert zu werden. Das ist durchaus verständlich. Oft geht ja die Initiative zur Beratung von den Oberen aus, weil sie sich in den anstehenden Entscheidungen überfordert fühlen und von der Beratung Hilfe erhoffen. In den meisten Fällen ist das kein Problem, weil sich die Probanden selbst mit ihren Vorgesetzten über die Beratung besprechen und oft selbst wünschen, daß diese ihre Sicht der Dinge in die Beratung einbringen und über das Ergebnis benachrichtigt werden. Man darf das aber keineswegs als selbstverständlich voraussetzen. Manche Klienten legen größten Wert darauf, den Vorgesetzten nicht einmal wissen zu lassen, daß sie den Beratungsdienst konsultiert haben. Die Verpflichtung zu absoluter Diskretion einzuhalten, ist die Voraussetzung für den Erfolg der Beratungstätigkeit überhaupt. Würden die Teams nicht auf strenge Diskretion auch gegenüber kirchlichen Stellen achten oder wäre der Beratungsdienst sogar personell oder sachlich mit kirchlichen Stellen verzahnt, könnte er seine jetzigen Aufgaben nicht mehr wahrnehmen. Er würde vor allem die nicht mehr erreichen, die gerade wegen ihrer Schwierigkeiten im Verhältnis zu kirchlichen Vorgesetzten oder zur kirchlichen Institution Hilfe suchen. Außerdem ist Diskretion eine entscheidende Voraussetzung dafür, daß die Klienten freiwillig zur Beratung kommen und bereitwillig dabei mitwirken. Beides ist unerläßlich für den Erfolg der Beratung. Trotz der bestehenden psychologischen Kontrollmöglichkeiten sind die Berater letztlich doch darauf angewiesen, daß die Probanden ehrlich und interessiert auf ihr Angebot eingehen. Die geübte Diskretion liegt deshalb auch im wohlverstandenen Interesse der Institution, selbst wenn der greifbare Ertrag der Beratung für die Vorgesetzten bisweilen gering bleiben muß.

Nach diesen mehr methodisch-organisatorischen Fragen soll nun auf die speziellen Aspekte der Krisenberatungen und Eignungsuntersuchungen eingegangen werden. Dabei ist vorauszuschicken, daß die Übergänge zwischen diesen beiden Schwerpunkten fließend sind. Mangelnde Berufseignung kann die Ursache psychischer und psychosomatischer Schwierigkeiten sein. Umgekehrt ist es möglich, daß ein nicht verarbeiteter persönlicher Konflikt die Eignungsfrage überlagert. Eine Abgrenzung ist dennoch möglich und sinnvoll.

3.2. Erfahrungen aus der Krisenberatung. Die Krisenberatungen betrafen die ganze Skala möglicher Krisen, angefangen von „normalen" Identitätsproblemen bis hin zu schweren neurotischen Konflikten und psychotischen Erkrankungen. Wie bereits erwähnt, sehen die Teams ihre Aufgabe darin, eine gut fundierte Diagnose zu stellen und einen gangbaren Weg zur Behebung der Krise zu erkunden. Fast in jedem zweiten Krisenfall ist die Vermittlung therapeutischer und psychagogischer Hilfen angezeigt.

Die Ursachen der Krisenfälle liegen hauptsächlich in beruflichen Problemen im weitesten Sinn. Darunter fallen Arbeitsüberlastung und Autoritätskonflikte, Schwierigkeiten im Gemeinschaftsleben und hinsichtlich des Zölibats. Es ist verständlich, daß oft zunächst vordergründige Schwierigkeiten ausgesprochen werden und die tieferliegenden Probleme erst im Laufe der Beratung zum Vorschein kommen. Oft sind sie ja den Probanden selbst nicht bewußt. Die Bedeutung, die das Autoritätsproblem und die Schwierigkeiten im Zusammenleben bei Ordensangehörigen einnehmen, macht nachdenklich. Gewiß sind oft individuell bedingte Konfliktsanteile im Spiel. Man wird sich aber auch fragen müssen, ob schon alle Orden im Aggiornamento ihrer überkommenen Gestalt jungen Menschen das Klima bieten, in dem sie sich positiv entwickeln und angemessen entfalten können. In diesem Zusammenhang verweisen wir auf die Ergebnisse einer amerikanischen Studie, in der Temperamentsunterschiede zwischen Ordensschwestern, die ein Jahr und solchen, die 15 Jahre und länger im Orden waren, untersucht und verglichen wurden. Gemessen mit „Thorndike's Dimension of Temperament" (TDOT)[13] zeichneten sich die jüngeren Schwestern durch Heiterkeit (cheerfulness), Geselligkeit (sociability), Annahmebereitschaft (acceptance) und Freundlichkeit (placidity) aus. Bei den Schwestern im Alter von 33–36

[13] Vgl. R. L. Thorndike, Thorndike Dimension of Temperament Manual, New York 1966.

Jahren zeigten sich dagegen mehr Anzeichen von Schwermut (gloominess), Kritiksucht (criticality), Reizbarkeit (irritability) und Tendenzen, sich zurückzuziehen (withdrawal tendencies)[14]. Dieses Untersuchungsergebnis darf nicht verallgemeinert werden. In seiner Tendenz wird es aber durch die Erfahrung der Beratungsarbeit bestätigt. Es gilt, daraus die Konsequenzen zu ziehen und die Probleme der inneren Struktur kirchlicher Institute und Institutionen mehr als bisher zu beachten[15].

Bei Seelsorgepriestern und männlichen Ordensangehörigen stehen neben Autoritätskonflikten Schwierigkeiten mit dem zölibatären Leben im Vordergrund. Die Beratung von Klerikern, die vor der Frage stehen, ob sie wegen des Zölibats den kirchlichen Dienst aufgeben sollen, ist meistens sehr schwierig, da sie sich weder in der einen noch in der anderen Richtung rückhaltlos entscheiden können. Selbst wenn sich die Frage einer Heirat aufgrund einer vorhandenen Bindung ganz konkret stellt, wird sie häufig dadurch abgewehrt, daß sie ins Prinzipiell-Theoretische gehoben wird. Eine von der ganzen Person getragene Entscheidung kann so nicht zustandekommen. Das scheint nicht nur daran zu liegen, daß die Alternative „Priesterberuf oder Ehe" theoretisch und existentiell keine absolute ist. Sieht man den eigentümlichen Schwebezustand, in dem Seminaristen und auch Priester die endgültige Berufsentscheidung vor sich herschieben, kommt man zu dem Schluß, daß es in diesem Personenkreis ein besonderes Maß an Identitätsproblematik gibt. Dazu einige Gedanken. Die angedeutete Entscheidungsschwierigkeit scheint in manchen Fällen mit einer Beeinträchtigung der Ichbildung im Laufe von Kindheit und Jugend zusammenzuhängen[16]. Nicht weniger bedeutsam ist heute die Schwierigkeit von Klerikern und Ordensleuten, eine klare berufliche Identität zu finden. Der theologische Pluralismus in der heutigen Kirche wirkt erschwerend auf die Identitätsfindung als Glaubender, zumal vielen Menschen eine fundierte und reiche Glaubenserfahrung fehlt. Ferner ist der Weg zur beruflichen Identität durch den raschen Wandel des Berufsbildes und durch die Rollenkonflikte belastet, die sich aus den unterschiedlichen Rollenerwartungen und der Auflösung der Totalrolle des Priesters in funktionale Rollensegmente entsprechend den Bedingungen der modernen Industriegesellschaft ergeben[17]. Ein weiterer Gesichtspunkt ist die Tatsache, daß der theologische Ausbildungsgang immer noch wenig positive Voraussetzungen bietet für gläubige und menschliche Selbsterfahrung und für „Probeidentifikationen"[18] als Vorbereitung auf die

---

[14] Vgl. B. M. Reis, A Study of Personality Differences of Women in Religious Community Structure. Unpublished Masters's Thesis, Xaver University (Ohio), 1967. Als Kontrollgruppe dienten jeweils verheiratete Frauen des gleichen Alters. Da sich die älteren Schwestern in gleicher Weise von den verheirateten Frauen ihres Alters abhoben, ist der Einwand, das Untersuchungsergebnis spiegele nur eine allgemeinmenschliche Entwicklungstendenz wider, nicht stichhaltig.

[15] In die gleiche Richtung weist die Untersuchung von Friedhelm Luthe über den Berufswechsel der Priester; F. Luthe, Der Berufswechsel der Priester, Düsseldorf 1971, insbesondere 88.

[16] Vgl. E. H. Erikson, Identität und Lebenszyklus, Frankfurt 1966, 136 ff.

[17] Vgl. L. v. Deschwanden, Eine Rollenanalyse des Pfarrpriesters, in: Internationales Jahrbuch für Religionssoziologie 4/1968, 123–157.

[18] E. H. Erikson, aaO., 141.

endgültigen Rollenfestlegungen. Es wäre zu hoffen, daß die heute sich zeigenden kommunikativen und meditativen Ansätze hier eine Besserung bringen[19].

Die gegenwärtige Situation verlangt vom Einzelnen ein höheres Maß an Identität und Ichstärke als das in Zeiten der Fall gewesen sein mag, die eine Identitätsanleihe bei der festgefügten und unbestrittenen Institution „Kirche" erlaubten.

3.3. *Erfahrungen aus den Eignungsuntersuchungen.* Die Berufseignungsuntersuchungen sollen den Anwärtern kirchlicher Berufe in einem möglichst frühen Stadium ihrer Berufsvorbereitung mehr Klarheit darüber verschaffen, ob sie für den angestrebten Beruf geeignet sind, und ihnen gegebenenfalls berufliche Alternativen aufzeigen. Die Untersuchung kann weder die Berufsentscheidung des Einzelnen noch die Entscheidung der kirchlichen Behörde über die Zulassung zu einem bestimmten kirchlichen Dienst ersetzen. Sie soll vielmehr einen „Raster" bieten, um gänzlich ungeeigneten Kandidaten frühzeitig einen anderen Weg zu zeigen und bei geeigneten zu einer rechtzeitigen Berufsklärung beizutragen.

Bei den 120 Kandidaten und Kandidatinnen, die zur Untersuchung und Beratung kamen, lassen sich, grob gesehen, fünf Gruppen ausmachen: 1. Probanden, bei denen sich keine oder keine ernsthaften Bedenken bezüglich der Berufseignung ergeben. Dieser Gruppe stehen 2. am anderen Ende der Skala diejenigen Ratsuchenden gegenüber, die sich aufgrund schwerer neurotischer oder gar psychotischer Erkrankungen für den angestrebten Beruf mit Sicherheit nicht als geeignet erweisen. Dazwischen rangieren 3. solche, die bedingt geeignet erscheinen, weil gewisse Grundvoraussetzungen nur mangelhaft gegeben sind, und bei denen die Berufsfrage letztlich davon abhängt, ob der Orden oder die Diözese ihnen eine Stelle zuweisen kann, die ihren Fähigkeiten entspricht. Hinzu kommt 4. die recht große Gruppe von Kandidaten, bei denen Reifungsrückstände keine verläßlichen Aussagen über ausreichende Fähigkeiten oder tragfähige Motivation zulassen und bei denen man daher die weitere Entwicklung und gegebenenfalls die Auswirkung entsprechender Hilfen abwarten muß. Schließlich ist noch 5. die Gruppe von Probanden zu nennen, die alle Voraussetzungen für einen kirchlichen Beruf mitbringen, bei denen man aber Zweifel haben muß, ob sie „dabei bleiben". Die relativ hohe Zahl der Probanden, die für eine ausgewogene Berufsentscheidung noch nicht reif sind, unterstreicht die Notwendigkeit reifungsfördernder Begegnungs- und Milieufaktoren und begleitender psychologischer Hilfen.

120 Eignungsuntersuchungen in 4 Jahren, das zeigt, daß man von generellen Eignungsuntersuchungen sehr weit entfernt ist. Das liegt sicher zuerst einmal daran, daß zu wenige Beratungseinrichtungen bestehen und sich allein aufgrund der räumlichen Entfernung mancherorts die Frage einer Eignungsuntersuchung überhaupt nicht stellt. Nicht weniger scheint es

---

[19] Hingewiesen sei auf das zunehmende Angebot von Selbsterfahrungsgruppen, gruppendynamischen Seminaren, Kommunikationstrainings usw. Die Meditationsbewegung wird sich dann günstig auswirken, wenn die Leiter der Meditationskurse wirkliche Meister sind, was natürlich genauso für die kommunikativen Unternehmungen gilt.

aber daran zu liegen, daß von vielen geistlichen Oberen die Eignungsuntersuchungen nur für ganz problematische Fälle als notwendig erachtet werden. So kommen zu den Beratungen häufig nicht Studienanfänger, sondern Kandidaten, die bereits mitten im Studium oder sogar kurz vor den Weihen stehen. Gerade in solchen Fällen wird oft deutlich, wie wertvoll eine frühzeitige Eignungsberatung für den Einzelnen und auch für die betreffende Gemeinschaft gewesen wäre. Je später die Beratung stattfindet, um so schwieriger ist es oft, eine menschlich und sachlich verantwortbare Lösung zu finden. Wie kann man beispielsweise einer Frau, die ohne Eignung zum Ordensberuf seit acht Jahren im Orden lebt und die für einen Weg außerhalb des Klosters keine Energie und keine berufliche Möglichkeit (mehr) hat, anders helfen, als sie in ihrem Wunsch zu bestätigen, im Kloster zu bleiben, und für sie eine „Nische" ausfindig zu machen, in der sie sich selbst und der Gemeinschaft nicht zu sehr zur Last fällt? Eine frühere Beratung hätte vielleicht eine für beide Seiten befriedigendere Lösung bringen können.

Trotz solcher Erfahrungen stößt der Gedanke, allen Kandidaten für den Priester- und Ordensberuf eine Berufseignungsuntersuchung nahezulegen, noch vielfach auf Bedenken und Vorbehalte. Wir wollen deshalb einige grundsätzliche Überlegungen in das Gespräch einbringen:

(1) Es war niemals völlig dem Einzelnen überlassen, darüber zu befinden, ob er für den kirchlichen Dienst berufen und geeignet sei. Es gab für die Zulassung immer auch Normen. Sie reichen von den apostolischen Gemeindebriefen[20] bis zum Kirchlichen Gesetzbuch[21]. Immer gab es auch Methoden, um diese Normen so gut wie möglich anzuwenden. Die „Berufseignungsuntersuchungen", die die Ordensgründer vorschrieben, waren so „perfekt", wie es zur damaligen Zeit eben möglich war. Es ist nur konsequent, wenn heute die erweiterten Möglichkeiten, die der Fortschritt der Humanwissenschaften gebracht hat, genutzt werden. So weisen die kirchlichen Vorschriften für die Heranbildung von Priestern und Ordensangehörigen darauf hin, daß bei den Kandidaten neben der Echtheit der Berufung auch die moralische, geistige, physische und psychische Eignung sorgfältig geprüft werden müsse und auch auf das anamnestische und diagnostische Urteil eines verläßlichen Arztes nicht verzichtet werden solle[22].

Die Mitarbeiter des Beratungsdienstes verstehen sich freilich nicht als im kirchlichen Auftrag tätige Gutachter. Ihre Arbeit soll vielmehr Vorsorge treffen, daß jeder Kandidat sich rechtzeitig seiner Situation bewußt wird und ihm dadurch schwere Enttäuschungen erspart bleiben. Das ist sicher auch im Sinne der zitierten kirchlichen Richtlinien.

(2) Die Schwierigkeit, geeignete Bewertungsmaßstäbe aufzustellen, ist nicht wegzuleugnen. Sie wird sich weiter verstärken, wenn die kirchlichen Berufe, insbesondere der Priesterberuf, noch mehr spezialisiert und professionalisiert werden. Muß man aber deshalb von Eignungsuntersuchungen absehen? Steht hinter der Forderung nach spezifischen Beurteilungskriterien

---

[20] Vgl. 1 Tim. 3,1–13; Tit. 1,6–9.

[21] Vgl. CIC can. 538 ff., 794 ff.

[22] Vgl. Art. 33 der Statuta Generalia zur Apostolischen Konstitution Sedes Sapientiae vom 3. 5. 1956, zitiert nach A. Plé, aaO., 90–91.

nicht noch ein Rest jener Mentalität, die über der Außergewöhnlichkeit der priesterlichen Berufung nicht mehr sah, was der Priester mit den anderen Berufen gemeinsam hatte? Da ist im letzten Jahrzehnt ein bemerkenswerter Bewußtseinswandel vor sich gegangen. Der Priester hat seine exzeptionelle Stellung verloren, sein Beruf ist anderen vergleichbar geworden. Die von der Vollversammlung der deutschen Bischöfe (18./19. 2. 1970) in Essen verabschiedeten Leitlinien für die Priesterausbildung stellen fest, der priesterliche Dienst erfordere „ein ständiges Bemühen um menschliche Qualitäten wie Aufgeschlossenheit, Kontaktfähigkeit, Einfühlungsvermögen, Fähigkeit zur Zusammenarbeit und zum Ausgleichen, Mut zur Wahrhaftigkeit, zur Verantwortung, zu Entscheidungen und Initiativen"[23]. Sieht man von der spezifischen geistlichen Dimension ab, die die Bischöfe selbstverständlich auch hervorheben, so unterscheiden sich die genannten Eigenschaften sicher nicht wesentlich von den Anforderungen eines Sozialberufs. Warum sollte es dann nicht möglich sein, mit den Beurteilungskriterien und Untersuchungsmethoden, wie sie bei Arbeitsämtern längst erfolgreich angewandt werden, auch über die Eignung eines jungen Mannes zum Priesterberuf Verläßliches zu sagen?

Natürliche Veranlagung und geistliche Berufung stehen zweifellos in Korrelation zueinander. Die empirischen Forschungen über gruppenspezifische Merkmale von Priestern und Ordensangehörigen werden sicher auch mehr Licht in diese Zusammenhänge bringen und verläßlichere Prognosen zulassen.

Schließlich wird man einen angehenden Priester oder eine Ordensnovizin einfach auch danach zu beurteilen haben, wie ihre körperliche und geistige Entwicklung verlaufen ist und verläuft. Es wird heute deutlicher gesehen, daß eine authentische religiöse Beziehung nur in seltenen Fällen unabhängig von gelungenen zwischenmenschlichen Beziehungen erreicht wird. Das hat besonders für den zölibatären Menschen Konsequenzen. Religiös sinnvolle Ehelosigkeit steht auf dem gleichen personalen Boden wie die personal gelebte Ehe[24]. Beide setzen ein gewisses Maß an physischer und psychischer Reife voraus. Als grobe Orientierung für das, was „Reife" beinhaltet, kann man z. B. die Merkmale, die Landis und Bolles anführen, gelten lassen. Der psychisch reife Mensch besitzt danach 1. eine ausreichende Fähigkeit zur Arbeit, 2. ist er frei von ausgedehnten emotionalen Konflikten und 3. fähig, ohne übermäßige Spannung oder Verzögerung Entscheidungen zu treffen; er ist 4. in der Lage, normale soziale Kontakte als angenehm zu empfinden und 5. kann er die emotionalen Nöte anderer verstehen und darauf antworten[25].

Eine Untersuchung, die sich an solchen und ähnlichen anthropologischen Grunddaten orientiert, wird zwar nicht über die „Berufung" als solche entscheiden können, sie kann aber feststellen, ob die Voraussetzungen für eine personal tragfähige Berufsentscheidung gegeben sind.

---

[23] Als Manuskript erhältlich beim Sekretariat der Deutschen Bischofskonferenz.
[24] Vgl. L. Weber, Mysterium Magnum, Freiburg 1964, 114 ff.
[25] Vgl. C. Landis and Marjorie Bolles, Textbook of Abnormal Psychology, Rev. Ed. New York 1950, 43.

(3) Die Berufseignung ist nicht etwas, das zu Beginn des Studiums als fester Bestand vorgefunden werden müßte und könnte. Man wird deshalb die Probanden weder an absoluten Maßstäben messen noch elitären Ausleseprinzipien unterwerfen wollen. Die Eignungsuntersuchung ist vielmehr eine Art Momentaufnahme in einem Wachstums- und Reifungsprozeß, dessen Ausgang von vielen Faktoren beeinflußt wird.

Die Erfahrung zeigt, daß solche Momentaufnahmen nicht unnütz sind. Sie können dem, der ungeeignet ist, unnötige Zeiteinbußen ersparen und dem, der geeignet ist, Fingerzeige geben, die ihn zur kritischen Selbstreflexion anhalten und für kommende Entscheidungen besser disponieren. Auch den institutionell Verantwortlichen könnte mancher Aufwand an Kraft, Zeit und Geld erspart werden, wenn sie häufiger frühzeitige Beratungen empfehlen würden.

3.4. Überlegungen für die weitere Arbeit.

3.4.1. Unserem Eindruck nach zeichnen sich drei *Tendenzen* ab, denen die künftige Beratungstätigkeit stärker Rechnung tragen muß. Es gibt die *Tendenz zur begleitenden Beratung.* Schon von Anfang an waren wir uns dessen bewußt, daß unsere Arbeit in vielen Fällen eine Art Notlösung ist in Ermangelung besserer Möglichkeiten. Da weder Krisen noch Eignung statische Größen sind, sondern ein dynamisches Geschehen, müßten auch Beratung und Hilfe mehr prozeßhaften Charakter tragen. Weiterhin gibt es die *Tendenz zur Gruppe als reifungsfördernder Möglichkeit.* Zweifellos können diesbezüglich Selbsterfahrungsgruppen, gruppendynamische Übungen usw. einen Beitrag liefern. Die dritte Tendenz betrifft die *Berücksichtigung des strukturellen Aspektes.* Die individuellen Probleme sind immer im Kontext der sozialen Gegebenheiten zu sehen. Es geht nicht nur darum, daß sich das Individuum den gegebenen Verhältnissen anpaßt, sondern daß auch die Institutionen – z. B. die Orden – einen Veränderungsprozeß durchmachen müssen, der den Menschen unserer Zeit gerecht wird[26].

3.4.2. Allen drei Tendenzen könnte dann mehr als bisher entgegengekommen werden, wenn den Mitarbeitern der Beratungsstellen eine stärkere Beteiligung an der pastoralpsychologischen *Aus- und Weiterbildung* von Seelsorgern und sonstigen kirchlichen Führungskräften möglich wäre. Dies ist ein Ziel, das seit der Gründung unseres Beratungsdienstes nie aus dem Auge gelassen wurde. Es läßt sich jedoch nur verwirklichen, wenn hauptamtliche Kräfte und mehr regional verteilte Beratungszentren vorhanden sind. So sinnvoll und kollegial erfreulich die Zusammenarbeit von nur nebenberuflichen Mitarbeitern ist, so begrenzt ist jedoch auch deren Aktionsmöglichkeit im speziell kirchlichen Bereich. Ohne hauptberufliche Pastoralpsychologen wird kaum je eine begleitende Beratung ausgebaut werden können, ebenso kann ohne sie der unmittelbare Kontakt mit Seminaren und Ordenshäusern nicht intensiviert werden. Dieser Kontakt wäre oft sehr

---

[26] Vgl. H. Stenger, Zustimmung zum Veränderungsprozeß. Anleitungen zum Handeln, in: J. Kerkhofs, Das Schicksal der Orden – Ende oder Neubeginn, Freiburg 1971, 43–84.

wünschenswert, da viele Klienten gerne einverstanden sind, Vorgesetzte und Obere an ihrer Eignungs- bzw. Krisenberatung zu beteiligen.

3.4.3. Sehr erwünscht ist die *engere Zusammenarbeit mit ähnlichen Einrichtungen und Fachkräften anderer Konfessionen.* Vereinte Anstrengungen wären eine gegenseitige Hilfe. Vieles könnte gemeinsam besser und auch rationeller getan werden. Erste Ansätze dafür sind auf lokaler Ebene bereits vorhanden. Daß die neugegründete „Deutsche Gesellschaft für Pastoralpsychologie" interkonfessionellen Charakter trägt, kommt unseren Bestrebungen sehr entgegen.

Reinmar Tschirch

Tiefenpsychologische Erwägungen zum Charakter christlichen Lebensgefühls und kirchlicher Predigt

Grundängste und Grundantriebe des Einzelnen üben nicht allein Einfluß auf Entstehung und Entwicklung seines Glaubens aus. Sie stehen auch in Wechselwirkung zu dem psychologischen Klima in der Gemeinde, ihrem Stil in Gottesdienst und Predigt. In dem vorliegenden Beitrag (1969) bemüht sich Reinmar Tschirch darum, die konstruktive Rolle psychoanalytischer Religionskritik zu beschreiben. Daneben zeigt dieses Essay eine Reihe von Elementen, die etwas vom pastoralpsychologischen Ansatz des Autors erkennen lassen: einen hohen Informationsgrad gegenüber zeitgenössischer Theologie, ein intensives Interesse an der neueren Tiefenpsychologie und den Impuls, beide aufeinander zu beziehen.

Die Psychoanalyse beschäftigt sich mit dem Menschen, seinem Erleben und Verhalten in einer speziellen Hinsicht: nämlich daraufhin, ob und wieweit es beeinflußt, geprägt oder gar erzwungen ist von Motivationen, die im Erleben und Verhalten nicht bewußt sind, sondern unterhalb der Schwelle des Bewußtseins bleiben. Da ihre Erfahrungen zunächst im Umgang mit gestörten und kranken Menschen gesammelt wurden, suchte sie nach dem Zusammenhang, in dem auffällige neurotische Verhaltensweisen mit Ausfällen und Fehlverarbeitungen von psychischen Grundbedürfnissen und -antrieben stehen könnten. Grob gesagt, hat eine Neurose den Sinn, das Leiden an bestimmten Lücken und Ausfällen von Antrieben und von Möglichkeiten, sie angemessen und realitätsgerecht zu befriedigen, möglichst gering zu halten, zu überdecken und auszugleichen. Dabei stieß die Psychoanalyse auf einige Grundantriebe, die in unserem kulturellen Klima besonders konflikthaft sind und von daher leicht Anlässe zu Fehlentwicklungen bieten: etwa den sexuellen und den aggressiven Impuls oder, anders systematisiert, das Bedürfnis nach Vertraut- und Bekanntsein, nach Besitz, nach Geltung, nach Zärtlichkeit und Liebe. Daß man von ihrer Konflikthaftigkeit schon immer gewußt hat, zeigt sich etwa darin, daß mönchische Regeln gerade in diese Impulsbereiche mit besonderer Härte eingriffen: Gelübde der Armut, des demütigen Gehorsams und der sexuellen Abstinenz. Störungen in der Gestaltung dieser menschlichen Grundbedürfnisse führen nun wieder zu bestimmten charakterlichen Strukturen, die dem seelisch Erkrankten die ständige, angsterweckende Begegnung mit seinen gehemmten und verdrängten Impulsen ersparen sollen. In der psychoanalytischen Systematik hat man vier solcher Grundstrukturen herausgestellt: die schizoide, depressive, die zwanghafte und die hysterische Struktur. Der Psychotherapeut Fritz Riemann[1] hat einmal den Versuch gemacht, diese Strukturen an ihrer Einstellung zu vier spezifisch menschlichen Ängsten und zu vier spezifischen Möglichkeiten, auf eine Situation einzugehen, zu beschreiben.

In dem von ihm herausgearbeiteten Modell von Grundimpulsen und Grundängsten und ihrer psychischen Verarbeitung erscheint menschliches Erleben angetrieben von zwei Impulspaaren, deren Glieder einander polar zugeordnet sind. Da ist der Impuls zu Selbstverwirklichung, Unabhängigkeit,

[1] Grundformen der Angst, Ernst Reinhardt Verlag, München/Basel 1965.

Distanz, dem als Gegenpol der Impuls nach Einfügung, Anlehnung, menschlicher Nähe entspricht. Das andere Gegensatzpaar wird bestimmt von dem Impuls auf Dauer, Stabilität und Ordnung und dem Gegenimpuls nach Neuem, nach Veränderung und Wandel. Jedem Impuls beigegeben ist eine spezifische Angst: Derjenige, dem Ich-Verwirklichung in Distanz höchster Wert ist, wird sich vor Anpassung, Selbsthingabe, vor vertrautem Kontakt fürchten, weil darin natürlich auch Angewiesenheit und Selbstbeschränkung beschlossen liegt. Wer auf Anpassung und Einfügung aus ist, wird gerade Distanz vermeiden wollen, weil sie ihm als Isolierung und Ungeborgenheit erscheint. Dem auf Dauer eingestellten Menschen werden Wandel und Veränderung, als Unsicherheit und Vergänglichkeit erlebt, irritieren. Wer den Impuls nach Neuem überwertig lebt, wird den Notwendigkeiten und Zwängen des Lebens ausweichen wollen, weil er in ihnen Endgültigkeit und Unfreiheit fürchtet. Je nachdem, von welchem Impuls und von welcher daran gekoppelten Angst man beherrscht ist, wieweit man einseitig auf einen Impuls festgelegt ist und andere Impulse nicht mehr leben kann, mag man hier in der Sprache der Neurosenpsychologie von schizoiden, depressiven, zwanghaften oder hysterischen Charakterstrukturen sprechen. Diese, der seelischen Pathologie entlehnten Termini stehen bei Riemann nun nicht nur für auffällige, psychische Krankheitsbilder. Sie beschreiben vielmehr je eine spezifische, mehr oder weniger ausgeprägte Tönung menschlichen Erlebens und Verhaltens, das sich auf der Skala von normalen, gut angepaßten bis zu schwer gestörten, neurotischen oder gar psychotischen Verhaltensweisen und Phänomenen bewegt.

Dieses Impuls-Modell läßt sich natürlich auch benutzen, um das psychische Klima christlicher Frömmigkeit und Verkündigung daran zu untersuchen. Wer die Freiheit besitzt, sich einmal auf diesen Versuch einzulassen und zu fragen, zu welchen Impulsen christliches Lebensgefühl einen besonderen Zugang hat und welche Grundängste des Menschen hier in besonderer Weise geteilt werden, dem wird sich der Tatbestand auftun, daß die Einstellung zu diesen Grundimpulsen und -ängsten in der christlichen Tradition sehr unterschiedlich gewesen ist, daß sie Wandlungen unterworfen war. Wer möchte nicht beim Schizoiden etwa an das Eremitentum der Alten Kirche, beim Depressiven an bestimmte Extremgestalten von Heiligen in der Geschichte der christlichen Diakonie, beim Zwanghaften an Orthodoxie und Konservativismus, beim Hysterischen an schwärmerische Sektierer denken? Auch die gesunde und fruchtbare Verwirklichung dieser Impulse läßt sich selbstverständlich in den Lebensformen christlichen Glaubens finden: etwa die Rationalität der Liebe, für die Paulus eintritt, die Überwindung starrer, prinzipieller Distanz, die die Agape den Zöllnern, Dirnen, Sündern, Heiden zugewandt sein läßt, das Eintreten für notwendige Ordnung gegenüber Enthusiasten und Libertinisten und wiederum die Verteidigung der christlichen Freiheit gegen die gesetzliche Starre.

Das Verständnis des Liebesgebots etwa ist ein vorzügliches Symptom dafür, ob und wieweit christliche Verkündigung und christliches Lebensgefühl eingeengt sind auf die einseitige Bejahung eines menschlichen Impulses oder ob sie offengeblieben sind für die ganze Spielbreite menschlicher Grundantriebe. „Die christliche Forderung, daß man seinen Nächsten wie sich selbst lieben soll, wird als ein ‚mehr als sich selbst‘ verstanden." So zeigt das Christentum manche „depressiven Züge: in der Forderung der Entsagung, von Opfern, des Aufgebens des Eigenwillens, des ‚liebe deine Feinde'."[2] Im Gebot der Nächstenliebe wird oft das ‚wie dich selbst' unterschlagen, als sei es selbstverständlich, daß man sich selbst liebe und geliebt wisse, ja als sei hier die Hauptgefahr, daß der Mensch sich natürlicherweise selbst zu viel liebe. Der Impuls, für sich selbst etwas zu tun, sich selbst zu verwirklichen, und die damit verbundene Angst, sich zu verlieren, nicht zu sich selbst zu kommen, finden weithin nicht jenes Verständnis wie der Impuls zu sozialer Anpassung, zu Hingabe und die Angst vor Isolierung. Beispielsweise malen viele Predigten die Distanziertheit und Anonymität menschlicher Kontakte in Großstädten mit schwärzesten Farben, ohne darüber nachzudenken, daß darin ja auch notwendiger Selbstschutz und gerade Ermöglichung von Intimität und persönlicher Freiheit beschlossen liegen könnte, worauf der amerikanische Theologe Harvey Cox[3] aufmerksam macht. „Es ist an der Zeit, mit der schlechten Sitte aufzuhören, bei jedem Wort in dem die Silbe ‚selbst' erscheint, in moralische Entrüstung auszubrechen." (P. Tillich).

Ähnlich symptomatisch ist die Weise, welche Reaktionen in christlicher Verkündigung und Lebensgefühl etwa die Botschaft von der Freiheit des Glaubens findet. Die Zusage der Freiheit meint man oft mit vielfältigen Absicherungen umgeben zu müssen. Die Ermutigung zur Freiheit muß unbedingt mit energischer Warnung vor ihrem Mißbrauch verbunden sein. Zu einer Predigt über Mt 4,8—11, die in bewegten Worten beklagt, daß die Kirche zu drängenden politischen Fragen kein einheitliches Wort anzubieten habe, was doch nur bedeuten könne, daß „dem Teufel ... ein Stück Erde reserviert würde", bemerkt Josuttis[4]: „Das Beispiel zeigt sehr deutlich, was geschieht, wenn die ‚Herrschaft Christi' an die Stelle der christlichen Freiheit tritt. Auch in den weltlichen, politischen Fragen kann es dann nur eine christliche Anschauung geben, weil Gott ja nur einen Befehl an seine Gemeinde erteilt. Wenn Paulus behauptet, vor Gott gelte nicht der Inhalt des Handelns, sondern die Gebundenheit des Gewissens im Glauben, die auch unterschiedliche Entscheidungen in konkreten Fragen des christlichen Lebens erlaubt, dann darf und kann das nicht sein." Josuttis stellt als Resümee seiner Untersuchung von 907 Predigten und Andachten fest, „als Leitbegriff der gegenwärtigen Ethik" habe die „ ‚Herrschaft Christi' die christliche Freiheit verdrängt. Diese Herrschaft Christi bedeutet ... die Verschärfung der Gebote, und sie beruft sich zur Beschränkung des gnostizierenden Enthusiasmus nicht auf die Liebe (die vielmehr als Begrenzung der Freiheit verstanden wird), sondern auf den Befehl." Josuttis zitiert dazu Joachim Iwand: „Luther kennt nicht nur, wie die Moralisten, eine Freiheit wozu, sondern er kennt zuerst und zutiefst die Freiheit wovon. Es ist einer der merkwürdig geistlos hingenommenen Gemeinplätze in dieser trostlosen Epoche der Restauration, daß die ‚Freiheit wovon' immer verdächtigt wird, daß sie geradezu aus der Botschaft des Christentums gestrichen wird."[5] Und der vielfach angefeindete Ernst Käsemann diagnostiziert in seiner ungewöhnlich, aber erfrischend engagierten und impulsiven Streitschrift „Der Ruf der Freiheit"[6] als „das beherrschende Element des christ-

[2] Riemann aaO. S. 67 und 70. [3] Stadt ohne Gott? Kreuz Verlag, Stuttg. 1966.
[4] Gesetzlichkeit in der Predigt der Gegenwart, Chr. Kaiser, München 1966, S. 98.
[5] Gesetz u. Evangelium, Nachgelassene Werke IV, 1964, S. 279 bei Josuttis S. 97.
[6] J. C. B. Mohr, Tübingen 1968, S. 19.

lichen Lebens heute die Angst vor der Freiheit des Christenmenschen, bei der man von vorneherein nur die Willkür als Schreckgespenst vor Augen hat. Ordnung ist seit langen Jahrhunderten das Gerüst, an das man alles Leben und Denken in der Kirche nagelt." Nimmt man eine verbreitete Art homiletischer Zeitkritik dazu, die weithin unreflektiert populäre christliche Grundstimmung widerspiegelt, eine Kritik, die getragen wird vom Unbehagen gegenüber dem Wandel, von der Romantisierung alter christlicher Sitte und Ordnung und der resignierten Trauer um ihren Verlust, von der Angsterweckung vor neuen technischen Entwicklungen, eine Kritik, in der der Moderne Unbehaustheit, Ruhelosigkeit, Umgetriebensein, hektische Geschäftigkeit, Bindungslosigkeit, Unzufriedenheit usw. pauschal testiert wird, dann liegt auch hier der Eindruck nahe, kirchliche Verkündigung habe mehr Verständnis für den menschlichen Wunsch nach Dauer, Sicherheit und Ordnung als für den Impuls nach Wandel, Veränderung und Neuem. Zusammenfassend wird man sagen können, daß in christlicher Frömmigkeit und Verkündigung atmosphärisch mehr jene Gestimmtheiten im Vordergrund standen und stehen, die in der Systematik tiefenpsychologischer Strukturenlehre depressiv und zwanghaft zu nennen wären, während schizoide und hysterische Erlebens- und Verhaltensweisen kaum in ähnlicher Stärke in Erscheinung traten.

Bei all diesen Erwägungen geht es um etwas anderes als um den Versuch, tiefenpsychologische Aspekte zum Kriterium sachgemäßer und rechter Auslegung zu erheben. Jedoch, worauf wir aufmerksam werden können und müssen, ist die Tatsache, daß biblische Texte, liturgische Sätze, Gebetsformulierungen und Gesangbuchverse bei Prediger und Hörer auf eine in bestimmter Weise ausgeprägte Erlebens- und Verhaltensstruktur treffen, die sich nun allerdings mit den Erkenntnismöglichkeiten der Psychoanalyse beschreiben läßt. Worin die Gefahr beschlossen liegt, daß je nach dem Grad der Verfestigung der eigenen Charakterstruktur der Prediger nur noch das predigt und der Hörer nur noch das hört, was in dem ihm aufgegebenen und begegnenden Wort seiner Erlebnis- und Verhaltensweise entspricht, daß er nur sich selbst darin wiederfindet, daß er das Wort benutzt zur ideologischen Rechtfertigung seiner eigenen Erlebensausfälle und Verhaltenszwänge und so aus seiner Not eine Tugend macht.

Man stelle sich etwa eine extrem aufopfernde Mutter vor, die nach dem Motto lebt: Eine gute Mutter tut alles für ihre Kinder. Beim Essen nimmt sie immer als letzte, die besten Happen gehören den anderen. Wenn Kleidung angeschafft wird, steht sie selbstverständlich zurück. Zu Weihnachten weiß sie es stets so einzurichten, daß das Weihnachtsgeld für die Geschenke an die Kinder draufgeht, so daß sie gar nicht in die Verlegenheit gerät, selbst einen Wunsch zu äußern. Auch in ihrer sonstigen Lebenshaltung ist sie extrem bescheiden und bedürfnislos. Bekommt sie etwa Konfekt geschenkt, kann sie es nicht anrühren, bevor nicht die Kinder eifrig geplündert haben. Wäre hier nicht karikiert gezeichnet, würde man eine solche Frau gern für das Musterbild einer guten Mutter halten. Dem psychologisch geschulten Beobachter dagegen würde vielleicht auffallen, in welch ungewöhnlichem Ausmaß bei dieser Mutter Wünsche, selber etwas zu bekommen, für sich zu kaufen, geschenkt zu erhalten, gar nicht mehr erlebt werden. Er würde wahrscheinlich bei genauerem Zusehen feststellen können, daß unter der Oberfläche diese Wünsche doch da sind und sich in kaum in einer verständlichen

Beziehung zur Realität stehenden Verstimmungen anzeigen, etwa in dem Vermissen von Dankbarkeit von seiten der umsorgten Familie oder in dem Vorwurf, andere dächten nur an sich selbst. Diese Verstimmungen und Vorwürfe können nun aber einen solchen Menschen gerade um jenen Lohn bringen, der, wo man nicht bewußt darauf aus ist, mit Liebe, Fürsorge und Schenken als heimliche Folge verbunden ist: die spontane Dankbarkeit und Anerkennung des anderen, die freudebringende Teilhabe an der Erfüllung und dem Glück des Mitmenschen. Die Bedürfnislosigkeit einer solchen Mutter ist allein schon ein stiller Vorwurf gegen die anderen, ein Vorwurf, der bereits die geringsten Wünsche als lieblose Ansprüchigkeit erscheinen läßt. Die Einseitigkeit, die mangelnde Flexibilität, der starre Wiederholungszwang unterscheidet eine solche Bedürfnislosigkeit von einer gesunden Haltung, in der man bewußt wünschen und über seine Wünsche frei entscheiden, in der man je nach Situation Verzicht und Erfüllung gegeneinander abwägen kann. Die Unfähigkeit, Wünsche zu erleben und zu realisieren, hat aber zur Folge ein gestörtes Selbstwertbewußtsein, das kompensiert werden muß. Dies wird erreicht, indem man den Ausfall an Möglichkeiten und Fähigkeiten bei sich selbst in eine Tugend ummünzt, eine womöglich christlich aufgeputzte Ideologie der Bescheidenheit und des aufopfernden Verzichts entwickelt und gleichzeitig Verhaltensweisen, mit dem andere den eigenen nicht mehr zugelassenen Impuls angemessen verwirklichen, abwertet als Raffgier, Egoismus, Materialismus usw. Da der neurotisch Bedürfnislose das Nehmen und Empfangen nicht mehr erlebt, verschiebt sich für ihn auch der Stellenwert, den es bei den Mitmenschen in Wahrheit hat. Und er selbst kann kaum mehr angemessen geben, da ja dazu auch gehörte, daß er das Nehmen aus eigenem Erleben kennt. Schließlich entwickelt sich aus der eigenen Unfähigkeit zu vernünftigem Lebensgenuß auch die Tendenz, anderen ihre Lebensfreude christlich madig zu machen oder ihnen dabei ein möglichst schlechtes Gewissen zu bereiten.

Daß die Unfähigkeit, normale menschliche Impulse und Bedürfnisse zu erleben und zu gestalten, bei neurotisch gehemmten Menschen gern überspielt wird durch eine entsprechende Ideologiebildung, weist die Psychotherapeutin Annemarie Dührssen[7] auch in anderen Antriebsbereichen nach. Aggressive Gehemmtheiten können ebenfalls kompensiert werden durch eine neurotische Demutshaltung. Die verdrängten aggressiven Impulse bleiben aber dennoch wirksam. Dabei dürfen wir den Begriff „aggressiv" nicht mit jenem abwertenden, negativen Beigeschmack versehen, den er unter uns besitzt, sondern ihn als wertneutrale Beschreibung eines normalen menschlichen Dranges verstehen, auf die Dinge zuzugehen, in Besitz zu bringen, sich zu behaupten, zu gestalten, Erfolg zu haben. Der aggressiv Gehemmte nun unterläuft gleichsam mit seiner prinzipiellen Demutshaltung die ihm gefährlichen Situationen, in denen normalerweise aktive Auseinandersetzung angemessen wäre. Freilich schafft sich der neurotisch Gehemmte oftmals als Ausgleich daneben einen legalen, einen frommen Abflußkanal, der der Minderung der inneren Spannung dient, etwa bei Gehemmtheit der Besitzimpulse und ihrer Ideologisierung als Bedürfnislosigkeit und Bescheidenheit in unterschwelligem Neid oder partieller unbeherrschter Gier, bei aggressiver

[7] Psychotherapie bei Kindern und Jugendlichen, Verl. f. Medizin. Psychologie, Göttingen 1963, bes. S. 121–131.

Gehemmtheit in der Abwertung und der Verfolgung Andersdenkender. Wie oft finden wir Gemeindeglieder oder Pfarrer, denen Verträglichkeit, Friedlichkeit und Vergebungsbereitschaft am Herzen liegen, die sich in ihrem Leben ausgesprochen um ein höfliches und liebevolles Verhältnis zu ihren Mitmenschen bemühen, die aber dann alle Regeln der Höflichkeit, des Anstands und der Fairness über Bord werfen und ein ungehemmt intolerantes und aggressives Verhalten an den Tag legen, wo es um das „eine Evangelium", um die „reine Lehre", um unveränderliche gottgesetzte Normen christlicher Sitte geht und ihnen ein theologisch Andersdenkender gegenübersteht!

„Es ist aber ein großer Gewinn, wer gottselig ist und läßt sich genügen. Denn wir haben nichts in die Welt gebracht, darum werden wir auch nichts hinausbringen. Wenn wir aber Nahrung und Kleidung haben, so laßt uns genügen" (1.Tim 6,6 ff) – dieses Wort in der Hand eines neurotisch Bedürfnislosen, und er wird es zur Stützung seiner Ideologie christlicher Bescheidenheit mißbrauchen. Das Wort der Bergpredigt über den zu duldenden Backenstreich (Mt 5,38 ff) wird dem aggressiv Gehemmten zur ideologisierenden Rechtfertigung seiner neurotischen Unfähigkeit dienen, sich dort angemessen zu behaupten und durchzusetzen, wo es notwendig ist, andererseits wird er mit übergroßer Bereitschaft die Verfluchung dessen, der ein anderes Evangelium predigt, hören, weil es ihm erlaubt, seine verdrängten aggressiven Impulse abzulassen, ohne überhaupt zu bemerken, daß es sich hier um seine eigene Aggressionslust handelt, wo er doch um der Sache des Evangeliums hart und entschieden vorgehen zu müssen glaubte.

Wie christliche Verkündigung dazu mißbraucht werden kann, bestimmte soziale Verhältnisse ideologisch zu verbrämen und zu sanktionieren, so kann sie auch ausgenutzt werden, spezifische psychische Gestimmtheiten und Reaktionsweisen entweder zu ideologisieren oder abwertend zu dämonisieren. Die besondere Gefahr besteht heute m. E. darin, daß christliche Verkündigung depressive und zwanghafte Züge beim einzelnen wie in der Gesellschaft stützt und verstärkt. Das Angstobjekt des zwanghaften Menschen ist die Freiheit, gefürchtet als Willkür. Sein Angstschutz ist die feste, ewige, autoritäre Ordnung, am besten eine Schöpfungsordnung oder ein Naturrecht. Das Angstobjekt des Depressiven ist die Selbstverwirklichung, verdächtigt als Egoismus und Individualismus, sein Schutz dagegen ist der Verzicht, die Hingabe, das Verpflichtetsein im Übermaß bis zur Selbstaufgabe. Diese Angstobjekte durchziehen auch die christliche Predigt und von ihr auch werden die entsprechenden Abwehrmechanismen gegen die Angst empfohlen. Die Tiefenpsychologie zwingt den Prediger, auch darauf aufmerksam zu werden, welches psychische Vorverständnis er an den Text und an die Gemeinde heranbringt, ein Vorverständnis, das ihn zu einer bestimmten, einseitigen Auswahl, einer bestimmten Tönung, zu bestimmten Sympathien und Antipathien, zu gewissen Verbiegungen und Überinterpretationen des Textes bewegen könnte. Ein Vorverständnis, das auch der Hörer haben kann und das ihn gewisse Erwartungen und Ansprüche an Predigt und Gottesdienst richten und ihn oft nur darauf aus sein läßt, die Lücken und Fehlverarbeitungen in seiner psychischen Erlebens- und Verhaltensstruktur durch christliche Ideologie zu überspielen.

In Predigt, Gebet und Liturgie, in Unterricht und Lehre werden ständig traditionelle Gottessymbole gebraucht. Das Problem, das sich damit erhebt, betrifft nicht so sehr die Frage, wie weit überlieferte religiöse Symbole überhaupt noch verstehbar, wie weit sie etwa sprachlos geworden und gestorben sind, weil „die Anschauung verloren gegangen ist, aus der die (symbolischen) Bilder stammen."[8] Drängender ist vielmehr die Überlegung, ob diese Symbole nicht falsche Assoziationen auslösen und unechte menschliche Haltungen unterstüzen. So spricht Paul Tillich in Aufnahme psychologischer und soziologischer Kritik an den personalen Symbolen für die Beziehung des Menschen zu Gott von einer „autoritären Verzerrung" des Symbols Gottes als des Herrn, wobei die Autonomie menschlicher Vernunft und menschlichen Willens zerbrochen würde, und von einer „sentimentalen Verzerrung" des Symbols Gottes als des Vaters, wobei ein naives Vertrauen erweckt würde, das leicht in Enttäuschung umschlägt. Die Theologie müsse die zwei Seiten eines Symbols so deuten, „daß eine schöpferische Relation zwischen ihnen hergestellt werden kann", einerseits die Bestimmtheit des Symbols durch die in ihm zur Sprache kommende transzendente Realität, andererseits seine Abhängigkeit von der Situation der Hörer. Ein entstellender Gebrauch etwa der beiden Symbole Gott – Herr und Gott – Vater ließe sich nur vermeiden, wenn man sie beide aufeinander bezogen und einander interpretierend und korrigierend verwende. „Die Möglichkeit des Gebrauchs der Symbole ‚Herr' und ‚Vater' ohne Auflehnung, Unterwürfigkeit oder ideologische Täuschung ist uns geschenkt durch die Offenbarung dieses Herrn und Vaters als Sohn und Bruder unter den Bedingungen der Existenz."[9]

Die psychoanalytische Kritik an der religiösen Symbolsprache setzt vorwiegend bei ihrem paternalistischen, autoritären Charakter ein, der heute in der seelischen Wirklichkeit des religiösen Menschen zur „Projektion der Verantwortung auf einen anthropomorphen Gott", zu ihrer „Delegierung... nach dem Vorbild eines Kind/Vater- oder Kind/Eltern-Verhältnisses"[10], zu einer Verfestigung religiöser und moralischer Vorurteile verleite, die aus rationaler Welterfahrung nicht bestätigt werden können. Mitscherlich bezeichnet die christliche Lehre einer Gotteskindschaft als „Kinderglauben", der vor der größeren Unsicherheit abschirmen solle, die kritisches, bewußtes Denken mit sich bringe. Ein solches Verlangen, stellt Mitscherlich für mein Gefühl etwas pauschal fest, erfüllten die Kirchen, „wenn sie sich bereit erklären, die Verantwortung für ihre unmündigen, elternbedürftigen Kinder zu übernehmen, – eine Verantwortungsbereitschaft, die in einer oft kuriosen Mischung von Unglauben und magischer Erwartung von den Angehörigen dieser Kirchen angenommen wird"[11]. Er fordert in Analogie zur sozialen Befreiung eine religiöse Befreiung des Menschen und sieht sie etwa verwirklicht in der Religiosität Max Plancks und Albert Einsteins, die auf die Lehre von einem persönlichen Gott als Quelle menschlicher Furcht und Hoffnung verzichtet. „Eine solche Religiosität entstammt nicht mehr dem Gewissensgehorsam, sondern dem Ich-‚Gehorsam'. Unzweifelhaft vollzieht sich hier ein Fortschritt zu einer vaterlosen (= Geschwister-) Gesellschaft; nicht zu einer, die den Vater töten muß, um sich selbst zu bestätigen, sondern zu einer, die erwachsen wird, die von ihm Abschied zu nehmen weiß, um auf eigenen Fü-

---

[8] A. Mitscherlich, Auf dem Wege zur vaterlosen Gesellschaft, R. Piper und Co., München 1963, S. 389.

[9] Syst.Theol. I, S. 329 ff. [10] Mitscherlich, aaO. S. 66.

[11] Die Unfähigkeit zu trauern, Piper München 1968, S. 229.

ßen zu stehen."[12] Die Religionskritik, die hier Mitscherlich unter sozialpsychologischen Aspekten vorbringt, findet sich in ihren Grundzügen schon bei Freud. Er sah den Ursprung der Religion in der Erfahrung kindlicher Hilflosigkeit und leitete ihre Inhalte her aus den „ins reife Leben fortgesetzten Wünschen und Bedürfnissen der Kinderzeit" nach Schutz, Geborgenheit und autoritativen Anweisungen. Religion ist ihm ein „Versuch, die Sinneswelt in die wir gestellt sind, mittels der Wunschwelt zu bewältigen." Dieser Versuch kann natürlich keinen Erfolg zeitigen, weil die Erfahrung lehre: „Die Welt ist keine Kinderstube. Die ethischen Forderungen, denen die Religion Nachdruck verleihen will, verlangen vielmehr eine andere Begründung, denn sie sind der menschlichen Gesellschaft unentbehrlich, und es ist gefährlich, ihre Befolgung an die religiöse Gläubigkeit zu knüpfen."[13] Zusammengefaßt lautet der psychoanalytische Vorwurf gegen den christlichen Glauben etwa so: Die paternalistisch-autoritäre Atmosphäre der Vaterreligion setzt eine „Denkhemmung" und lebt von ihr, eine Denkhemmung, die den Gläubigen künstlich unmündig und infantil sein läßt und die Reifung des Menschen zu Selbstverantwortung und Selbstbestimmung, zu kritischem Bewußtsein verhindert.

Nun ist das ja ein Thema, das seit Gogarten und Bonhoeffer unter dem Stichwort Säkularisierung eingehend in theologischer Reflektion bedacht wird. Gerade Gogarten bemühte sich, das Verständnis der Symbole „Vater" und „Sohn" aus autoritärer Verzerrung zu befreien und sie in „schöpferische Relation" zu setzen zu den heutigen gesellschaftlichen Bedingungen einer säkularisierten Welt, die dem Menschen, dem Sohn, als Erbe zugeeignet sei. „Weil der Mensch seine Welt hat, die Welt, deren Herr er ist und für die er darum als der Mündige die Verantwortung trägt, ist er Sohn und nicht nur Kind." Sohnschaft bedeute zweierlei, „daß der Sohn, was er ist, nicht aus sich selbst ist, sondern allein vom Vater her ... ", aber ebenso bedeute es „einer für sich sein, selbständig sein." Dieses Für-sich-sein, Selbständig-sein gelte nicht nur für das Verhältnis des Menschen zu seiner Welt, sondern auch für das zu Gott: „Der Mensch, der als Sohn der freie und verantwortliche Herr seiner Welt ist, ist eben damit auch Gott gegenüber selbständig."[14]

Freilich auf das hohe Niveau dieser theologischen Überlegungen ist jene psychoanalytische Kritik nicht bezogen; vielmehr hat sie schon auf Grund ihrer Erfahrungen mit Patienten die Ebene populärer christlicher Frömmigkeit im Auge und ist daran interessiert, wie diese sich im seelischen und geistigen Erleben und Verhalten niederschlägt. Woraus sich aber populäre Gläubigkeit nährt, Predigt, Liturgie, Gesangbuch, Gebetssprache, volksmissionarisches Schrifttum, das macht allerdings nicht den Eindruck, als seien die prinzipiellen theologischen Einsichten über Wesen der Säkularisierung und deren Zusammenhänge mit dem Evangelium schon Allgemeingut geworden. Vielmehr hat es den Anschein, als wenn die evangelische Predigt und Lehre, mehr noch Gebet und Liturgie im Gottesdienst die Beziehung Gott — Mensch völlig ungeschützt als ein paternalistisch-autoritäres Oben und Unten darstellen. Man sehe sich daraufhin nur einmal viele unserer allgemeinen Kirchengebete an, ein wahres Schulbeispiel dafür, wie hier Verantwortlichkeit für Dinge, die der menschlichen Vernunft und Gestaltung aufgegeben sind, auf Gott den Vater projiziert werden. Um was alles wird da gebetet! Um den

[12] AaO. S. 391 f. [13] Ges. W. XV S. 181.
[14] Verhängnis und Hoffnung der Neuzeit, Siebenstern 1968, S. 74 f.

Frieden der Welt, um Schutz und Schirm unseres Volkes, um gerechtes Gericht, um Gesundheit der Luft, um Abwendung von Hungersnot, Seuchen, Arbeitslosigkeit und Teuerung, als wenn es wirklich Gott wäre, der etwa den Krieg in Vietnam machte und nicht die Amerikaner und Vietnamesen, als wenn er die Luft verunreinigte und nicht die Schornsteine und Essen unserer Fabriken, die Auspuffrohre unserer Autos, als wenn wirtschaftliche Schwierigkeiten nicht das Versagen der Politik seien, als wenn das Leben und die Gesundheit von Kranken nicht von ärztlicher Aufmerksamkeit und Geschicktheit, den technischen Möglichkeiten und Einrichtungen unseres Krankenhauswesens und einer vernünftigen, staatlichen Gesundheitspolitik abhinge. Statt daß gebetet wird, daß wir Herz und Einfühlung, Phantasie und Liebe für die Nöte von „Witwen und Waisen", für die Schicksale der Armen und Fremden (wer ist damit eigentlich gemeint: Gastarbeiter, Schwarze, Juden, Flüchtlinge?), von Alten und Schwachen, von Kranken und Leidenden aufbringen, daß wir diese Nöte vor allem auch durch vernünftige sozialpolitische Lösungen angehen, wird Gott aufgerufen, daß „er sie aufrichte und stärke, heile und rette". Für die Kinder wird gebetet, daß „ihre Engel sie bewahren", nicht, daß sie umsichtige, verantwortungsvolle, liebesfähige Eltern finden und daß wir selbst, wo ihr Leben in unserer Hand liegt, mit ihnen rücksichtsvoll und verantwortlich umgehen. Was helfen Engel den Kindern, wenn sie beispielsweise geschlagen werden von Eltern, die sich noch obendrein zur Rechtfertigung ihres Verhaltens auf die Bibel berufen? – Ein großer Teil dieser Gebete erweckt den Eindruck, als wäre das Leben weithin Schicksal, dem wir hilflos ausgeliefert sind wie Kinder; die einzige Möglichkeit darin zu bestehen, sei, sich der Hilfe und dem Schutz eines starken Vaters anzuvertrauen. „Domini sumus", diese Zuversicht Luthers scheint nur „in genetivo" zu gelten und auch hier nur in einer pervertierten Weise, die Gott statt des heidnischen Fatum zu einer Art Schicksalstyrannen macht, dem Beter erlaubt, sich um seine Verantwortung zu drücken, und die Botschaft des Evangeliums grotesk entstellt, jene Botschaft, die die Befreiung des Glaubenden von der Herrschaft der Dämonen, seine Ermächtigung zur Herrschaft über die Welt in menschlicher Vernunft und vernünftiger Menschlichkeit verkündet. Wie reimen sich solche Gebetsformulierungen, die sich agendarisch festgelegt nun mindestens eine Generation lang in das Erleben der Kirchgänger einfressen werden, mit dem zusammen, was etwa zu sagen wäre in Predigten zum Schöpfungssegen, zu Psalm 8, zu den Proklamationen des Paulus: „Alles ist Euer, es ist alles erlaubt, aber nicht alles nützt." Man wird sich angesichts einer solchen gottesdienstlichen Gebetsatmosphäre nicht weiter wundern dürfen, wenn z. B. Eltern eines bettnässenden Kindes dies aufnehmen und den „Herrn Jesus" darum bitten, er möge das Kind vom Bettnässen befreien, statt eben darum, ihnen selbst möge Verständnis und aufmerksame Liebe geschenkt werden, um als Eltern der Verantwortung gegenüber dem Kind besser gerecht werden und ihm in seinen Schwierigkeiten helfen zu können.

Auch Alfred Niebergall[15] stellt eine Diskrepanz zwischen Predigt und modernem Mündigkeitsbewußtsein fest. Das habe zu einem Verlust der Predigt an Autorität geführt, weil die Predigt von den Menschen unserer Tage „als eine besonders provozierende Form der Bevormundung" empfunden wird;

[15] Die Predigt, in: „Anstöße" – Berichte aus der Arbeit der ev. Akademie Hofgeismar Nr. 2/3 Mai 1968, S. 39.

man wird hinzufügen müssen, daß sie in vielen Fällen auch so wirkt. „Je weiter der Prozeß der Mündigkeit vorgeschritten ist, um so geringer ist das Ansehen der Predigt, „da Mündigkeit sowohl selbstverantwortliche Lebensgestaltung wie eigenes Verständnis des Wortes Gottes für sich beanspruche. Leider begnügt sich Niebergall mit dieser Feststellung, ohne im Rahmen des zitierten Vortrags Predigtverständnis und Mündigkeitsbewußtsein in ein anderes Verhältnis zu setzen.

Das bei entsprechenden Hörern vorhandene infantile Bedürfnis nach Sicherheit und Schutz in der Delegierung der Verantwortung wird nun auch in der Predigtsprache gern aufgenommen. Josuttis spricht in seiner Analyse von Predigten davon, daß z. B. hinter der verbreiteten Klage über schlechten Kirchgang und den angestrengten Bemühungen und Einladungen zum Gottesdienstbesuch sich auch die Absicht verberge, „Menschen christlich zu trainieren, mündige Menschen zum Befehlsempfang zu versammeln."[16]. Viele Prediger fühlten sich aus der Furcht heraus, den Hörern konkrete Weisung schuldig zu bleiben, gedrängt, „ihre Predigt jeweils mit einem Befehl, mit einer Forderung, mit einem Auftrag zu schließen." Josuttis vermerkt in diesem Zusammenhang den Hang mancher Prediger, in einen totalitären Jargon zu verfallen: Da wird vom Feind Nr. 1, von Befehlsausgabe, von Zucht und Ordnung und von ganzem Gehorsam gesprochen. Gerade die fatale Weise, wie sich hier die Kategorien Gehorsam und Ungehorsam als Beschreibung von Glaube und Unglaube in den Vordergrund schieben, ist auffällig. Dabei ist nach einer Bemerkung Tillichs kein Terminus als Beschreibung des Glaubens, des „Neuen Seins" ungeeigneter als der des Gehorsams, denn er setzt ja schon die Entfremdung und Entfernung des auf Gehorsam hin Angesprochenen zu dem Willen Gottes voraus, während das „Neue Sein" ja gerade Versöhnung und Einung zum Fundament hat. — Charakteristisch für die kritisierte Weise, unbedacht Gehorsam als Äquivalent für Glaube zu verwenden, ist eine Weihnachtspredigt zu Tit 3,3—7 von Hans Asmussen, in der der Prediger diesen Ungehorsam näher qualifizieren möchte und Gottes Gebote und die Stimme der Alten, von Vater und Mutter in eine recht fragwürdige, gleichrangige Reihe stellt: „Die Welt hat sich doch gewandelt", so hört man den Weltmenschen reden. „Heute gehorcht man nicht mehr", beklagt sich der Prediger über die Jetztzeit, als wenn wir es nicht erlebt hätten, daß Gehorsam auch auf der Seite des Unmenschlichen und Ungehorsam auch auf der Seite Gottes stehen könnte! Solche Atmosphäre kommt sicher den Gestimmtheiten der Depressiven und Zwanghaften entgegen, die einerseits in Abhängigkeit und Verpflichtung, andererseits in 100%tig richtiger und fester, autoritativer Ordnung Schutz gegen ihre Angst vor Selbständigkeit und Wandel suchen. Und da es sich hier, auch theologisch gesehen, um Verbiegungen und Verzerrungen des Evangeliums handelt, wie sie Josuttis unter dem Stichwort Gesetzlichkeit zu erfassen sucht, wird man es dem Tiefenpsychologen nicht verübeln können, wenn er auch beim Prediger nach unbewußten psychischen Motivationen Ausschau hält, die ihn manchen guten theologischen Einsichten zum Trotz so predigen lassen, wie er es tut.

Ein geradezu klassischer Prüfstein dafür, ob der Prediger Texte mißbraucht, um ein im Zusammenhang unserer gesellschaftlichen Notwendigkeiten sich infantil ausnehmendes, paternalistisch-autoritäres Lebensgefühl zu vermit-

[16] AaO. S. 91.

teln, bietet sich im Gleichnis vom verlorenen Sohn. Die entscheidende Weiche stellt man mit der Antwort auf die Frage, worin denn eigentlich die Verlorenheit, die Sünde dieses Sohnes bestehe. Die Mehrzahl bisheriger Exegeten und Prediger statuiert sie bei der Trennung des Sohnes vom Vater, bei seiner Bitte um Auszahlung des Erbanteils und bei seiner Auswanderung. Aufstand und Rebellion des Sohnes, Lösung von seinem Ursprung, Ungehorsam und Usurpation des väterlichen Gutes – in dieser Weise etwa wird überwiegend die Diagnose gestellt. Schlatter, der das Gleichnis zu einer allegorischen Darstellung jüdischer Geschichte ausweiten kann, bemerkt: „Der selbstherrliche Wille nimmt das, was Gottes ist, als sein Eigentum in Anspruch und unterwirft es seiner Begier. Das Ergebnis ist die Vergeudung der göttlichen Gaben und die Verarmung dessen, der sie mißbraucht."[17] Erst einmal auf dieser Fährte lassen sich prächtig Seitenhiebe auf soziale Emanzipation, auf eine, dann stets böswillig karikierte, Erziehung zu Freiheit und Selbstverantwortung, auf Autonomie und Vernunftgläubigkeit, auf die säkularisierte, moderne Kultur usw. anschließen. Unter den prominenten Kanzelrednern bietet kein geringerer als Thielicke ein Paradebeispiel. Er ist genötigt, seine recht schwache theologische Argumentation durch fingierte Gespräche zwischen Sohn und Vater kunstvoll zu überspielen: „Vater, ich möchte ein selbständiger Mensch werden. Du mußt mir mehr Freiheit geben. Ich kann es nicht mehr hören, dieses ewige: Du sollst ..., Du darfst nicht." Schließlich weiß der Prediger auch noch phantasierte Gedanken zu lesen und meint zum Weggang des Sohnes: „Sicher aber denkt der Vater nicht: möge er reifer werden in der Fremde! Sondern er stellt die bange Frage: Wie wird er zurückkommen?"[18] Wobei der Prediger vergißt, daß die Botschaft des Evangeliums Gott in der Tat daran interessiert sein läßt, daß der Mensch nicht abhängig, nicht Sklave, nicht unmündiges Kind bleibt, sondern zum mündigen Sohn und Erben heranreift (Gal. 3 und 4). „Die Betonung liegt (an dieser Stelle) auf Sohn, im Gegensatz zum Kind, und auf dem Erben, der Verantwortung übernommen hat. Das schließt ein, daß die strikt vertikale Beziehung, in der die Beziehung eines Vaters zu seinem kleinen Jungen ausgedrückt wird, verschwindet zu Gunsten der mündigen Partnerschaft, die zwischen einem erwachsenen Mann und seinem Vater Platz greift."[19]

Angesichts eines solchen exegetisch zweifelhaften ideologischen Mißbrauchs des Gleichnisses ist die Gegenposition, die André Gide entwickelt, verständlich: Der Dichter beurteilt die Rückkehr des Sohnes als Eingeständnis seiner Schwäche und läßt einen dritten fingierten Sohn das Wagnis der Freiheit, an dem der Bruder scheiterte, noch einmal aufnehmen: „Du willst tun, was ich nicht konnte?" – Im Gleichnis selbst jedoch wird die Auswanderung des Sohnes ohne jede Kritik als Faktum registriert und keineswegs als Rebellion eines Freiheitsbesessenen verurteilt. Die Rückkehr ist ebenfalls nicht Kapitulation eines revoltierenden Schwächlings, nicht ohnmächtig resignierter Verzicht auf ersehnte Freiheit und Selbständigkeit. Der aufnehmende Vater bewahrt den Sohn ja gerade vor dem Schicksal unwürdiger Abhängigkeit, vor dem Los eines Tagelöhners und Sklaven. Und andererseits ist auch nicht einfach dies der Vorzug des älteren Sohnes, daß er im Hause unter der väterlichen Autorität bleibt, was von ihm allerdings als Dienst und

[17] Kennen wir Jesus? Gladbeck 1952, S. 209.
[18] Das Bilderbuch Gottes, Furche 1959.
[19] Harvey Cox, aaO. S. 284.

Einhalten der väterlichen Gebote verstanden wird; dies gerade aber wird vom Vater so nicht aufgenommen: Was der Ältere vielmehr hat, ist Teilhabe und Partnerschaft mit dem Vater.

Die Verführung zu dem oben dargestellten Mißbrauch des Gleichnisses stammt aus einem „Vorverständnis", das unbefragt bleibt und seine Wurzeln sowohl in der religiösen wie in der pädagogischen und sozialen Ideologie der Ausleger selbst hat. Das Gleichnis ist keine Allegorie, die sich zur Stellungnahme bezüglich des Problems: Heteronomie-Autonomie oder: Bindung und Freiheit des Menschen verwenden ließe. In der Situation Jesu will es, wie Eta Linnemann überzeugend herausgearbeitet hat, die Hörer zum Einverständnis mit Jesus und seinem Verhalten bringen: „Werden sie (die Zuhörer) mit ihm ins Einverständnis gelangen und erkennen, daß jetzt Zeit ist, in der Verlorene heimfinden? Werden sie in die Freude dieses Wiedersehens einstimmen und nicht länger gegen Jesu Tafelrunde (mit den Sündern) protestieren, in der er das Fest der Heimkehr feiert als den Anfang der größten Werke Gottes, als der Vorfeier der Gottesherrschaft?"[20]. Das paternalistisch-autoritäre Vorverständnis, das die Auslegungstradition dieses Gleichnisses begleitet, macht heute den Theologen und Prediger blind dafür, daß seine exegetischen Vorurteile ins Leere puffen, daß sie vielmehr wieder neu kritisch befragt werden müssen. Und wenn es dazu nicht den Anlaß tiefenpsychologischer Einwände gäbe, dann schon längst jenen Anlaß, den der Zusammenhang des Evangeliums selbst bietet, ein Zusammenhang, der sich nicht einfach nahtlos in eine paternalistische Atmosphäre einfügen läßt, sondern kritische Elemente enthält.

Tillich warnte vor einer autoritären Verzerrung des Symbols Gottes als des Vaters und nennt die unkritische, direkte Projektion der Erfahrung frühkindlicher Abhängigkeit vom Vater auf Gott, diese unkritische Identifizierung der konkreten Vermittlung des Unbedingten mit dem Unbedingten selbst „religiös gesprochen dämonisch, psychologisch gesprochen neurotisch." Erziehung und Psychotherapie könnten und müßten diese Art von Vaterbild auflösen — das Element des Unbedingten, das etwa im Charakter der Unbedingtheit des moralischen Imperativs erlebt werde, könnten sie aber nicht auflösen; es sei essentiell menschlich[21]. Cox ist noch kritischer: Er macht auf den Zusammenhang aufmerksam, der zwischen den sozialen Erfahrungen des Menschen und den Benennungen und Symbolisierungen für Gott besteht. „Werden diese familiären und politischen Strukturen geändert (die Quelle unserer Gottessymbole sind), resultiert das unausweichlich in neuen Symbolisierungen Gottes."[22] Er schlägt vor, „die Vorstellungen von Teamwork und Partnerschaft in Bezug auf unser Gottesverhältnis noch tiefer auszuschöpfen"[23] und sieht, da man nicht einfach Namen erfinden könne, die Notwendigkeit voraus, eine Zeitlang ohne einen Namen für Gott auskommen zu müssen, bis ein neuer Name sich zeige, — wie auch das Volk Israel durch mehrere Stadien der Namengebung gegangen sei, wie Mose ein griffiger Gottesname verweigert wurde. „Statt starrköpfig an veralteten Namen zu hängen oder ängstlich neue zu entwerfen, sollten wir vielleicht lieber, wie Mose, einfach das Werk in Angriff nehmen, die Gefangenen in die Freiheit zu führen im Vertrauen

[20] Gleichnisse Jesu, Göttingen 1961, S. 86 f.

[21] Auf der Grenze, Evangelisches Verlagswerk Stuttgart 1962, S. 166 f.

[22] AaO. S. 281. [23] AaO. S. 284.

darauf, daß uns ein neuer Name geschenkt wird durch die Ereignisse der Zukunft hindurch."[24]

Darin besteht genau das Problem, ob das Symbol Vater unter uns nur noch in autoritärer Verzerrung zu erscheinen vermag, ob es auf dem Wege zur vaterlosen Geschwistergesellschaft dahinwelkt, so daß es nur noch sterben kann oder gar endgültig umgebracht werden muß, oder ob dieses Symbol in Beziehung gebracht werden kann zu der sozialen Erfahrung unserer urbanisierten Gesellschaft, ob es also wandlungsfähig ist, obschon es wie andere tradierte Gottessymbole der sozialen Anschauung vergangener, anders strukturierter Gesellschaften und ihrem Erleben entstammt. Wie jedoch, wenn dies nicht möglich wäre, der Theologe aber daran festhalten müßte, daß das Gottessymbol Vater wesentlicher und unaufgebbarer Bestandteil christlichen Glaubens und unverzichtbares Sprachmittel rechter Rede von Gott sei? – Dem Theologen, der sich der tiefenpsychologischen Kritik stellt, muß sich aber diese fatale Alternative nicht bieten, sofern er das Symbol Vater nicht ungeschichtlich starr und statisch, sondern dynamisch, funktional und darin geschichtlich begreift. Es ist an der Zeit, daß jene antipaternalistischen, antiautoritären Momente des Evangeliums zur Geltung kommen, die bisher, aus welchen Gründen auch immer, im Hintergrund gestanden haben. Ja man wird darüber nachdenken müssen, ob und inwieweit sich diese Momente nicht gerade in die Entwicklung einer säkularisierten Welt, und das heißt auch, einer ihrer Struktur nach vaterlosen horizontalen Geschwistergesellschaft hinein verwirklicht haben, so daß die theologische Reflektion, auch das theologische Nachdenken über Vollzug von Predigt und Gottesdienst nicht etwa gesellschaftlichen Tendenzen nachgeben und sich ihnen opportunistisch anpassen müßte, die nichts mit dem Evangelium zu tun hätten oder im strikten Widerspruch zu ihm stünden. Vielmehr scheint die Sache so zu stehen, daß theologisches Denken in der Auseinandersetzung mit geschichtlichen Entwicklungstrends in der Tiefe den verborgenen Wandlungen Gottes nachgeht und beurteilt, wie weit hier in sozialer Übersetzung Evangelium zu Wirksamkeit und Ziel gelangt. So daß also theologische Reflektion dem Namenlosen den rechten Namen gibt, durch Sprache bewußt macht und rechtfertigt. Daß sie auch hier ihre Funktion erfüllt, in rechter Weise zwischen Gott und Götzen, Evangelium und Gesetz, christlicher Freiheit und Herrschaft der Mächte, zwischen Glaube und Ideologie zu unterscheiden.

Im Kontext unserer sozialen Erfahrung bedeutet Väterlichkeit nicht mehr ein Vater-Sein, das sich nur selbst erhält und die Kinder zur gefügigen Anpassung an väterliche Autorität bringt, unter der sie zeitlebens bleiben. Dies erschiene uns heute mit Recht als Pervertierung von Väterlichkeit, als ein Vatersein, dem es eben nicht um die ihm Anbefohlenen, sondern nur um die eigene Selbstbewahrung zu tun wäre. Vater symbolisiert unter uns vielmehr eine zeitlich begrenzte Funktion: Der rechte Vater ist darauf aus, sich selbst zunehmend überflüssig zu machen in dem Maße, wie er den Sohn auf dem Wege der Reifung zu Mündigkeit, Selbständigkeit und Eigenverantwortung voranbringt. Sicher, Reifung, Mündigkeit, Autonomie, diese uns geläufige Begrifflichkeit ist in der neutestamentlichen Tradition nicht so zu finden, wohl aber die Sache selbst, die sich in anderen Worten ausspricht, etwa wenn der Glaube als ein Wachsen und Zunehmen, ein Aufbauen und Reichwerden

[24] AaO. S. 288.

und als ein Weg vom unmündigen Kindsein zum mündigen Erben beschrieben wird. So bezeichnet oikodomein = aufbauen (oft in Verbindung mit phyteuein = pflanzen und auxanesthai = zunehmen, wachsen) den Wachstumsprozeß der Gemeinde wie des Einzelnen. Pervertiert ist ein oikodomein, dem es wie beim Zungenreden nur um sich selbst zu tun ist (1. Kor. 14,17). Auch die Bildung eines reifen, mündigen, freien Gewissens, die oikodome tes syneideseos, kann beeinträchtigt werden (1. Kor. 8,10). So soll alles zur oikodome geschehen, wobei in der klassischen Formel: „Es ist alles erlaubt, aber es baut nicht alles auf" das oikodomein durch das sympherein interpretiert wird: „Aber es nützt nicht alles." Der Liebe im Unterschied zur bloßen aufblähenden Gnosis wird die Fähigkeit des oikodomein zugesprochen. So gibt es weder die perfekte, reife Kirche noch den perfekten, reifen Glaubenden, was man allerdings nicht in dem Sinne verstehen kann, als sei es Sache des Glaubens, den Christen in Unmündigkeit, Unreife, Kindlichkeit zu erhalten. Im Gegenteil, das Kindsein ist „gewiß nicht die Paulus naheliegende Darstellung seiner christlichen Ausrichtung.... der erwachsene Christ ist das Ziel, das begrenzt und bestimmt wird ‚nach dem Maß der Volljährigkeit, die Christus gibt' (Eph. 4,13 f.) ... Erscheint der Zustand des nepios (= kleines, unmündiges Kind) in Eph. 4,14 als ein zu überwindender, so ist er nach Gal. 4,1.3 ein überhaupt schon Überwundener", so formuliert Bertram in Kittels theologischem Wörterbuch zum Neuen Testament unter dem Stichwort: nepios[25]. So wird auch von den Glaubenden im Neuen Testament nicht als den ewigen Kindern gesprochen, sondern als den Erben, den freigeborenen Söhnen im Unterschied zu den Sklaven, den Mitarbeitern, den Freunden im Gegensatz zu den unwissenden Knechten, den Schülern, die einmal selbst alle Völker lehren werden, den Knechten, die zu Herren aufsteigen (Luk. 12,35 ff.).

Dieses dynamische Moment im Evangelium, das nicht auf die Erhaltung einer väterlichen Autorität und eines kindlich unwissenden Gehorsams aus ist, sondern auf die Freisetzung der Söhne zielt, steht sicher auch in wirkendem Zusammenhang mit dem Charakter unserer Kultur, die nicht mehr durch Konservierung patriarchalischer Herrschaft, Ordnung und Bestandes, sondern durch Ausweitung des vom Vater übernommenen und durch Eroberung neuen Lebensraumes, durch Experiment, Einübung neuer Verhaltensweisen und zwischenmenschlicher Strukturen, durch Progressivität und Mobilität gekennzeichnet ist, deren Charakter also nicht starr, statisch und unbeweglich, sondern geschichtlich, dynamisch und beweglich ist. Abschied von den Vätern und Aufbruch in neue Zukunft statt Bleiben unter dem Vater und starre Wiederholung seiner Lebensformen ist die geschichtliche Übersetzung des Exodus aus der Knechtschaft und der Freiheit vom Gesetz. Nicht die gefügige Unterwerfung unter einen übermächtigen Vater, sondern die Gemeinschaft mit dem Sohn in einer Gemeinde der Brüder, eine Gemeinschaft, in der der Geist des Herrn wohnt, der Freiheit schenkt und ermöglicht (2. Kor. 3,17), das ist es, worauf der Glaube aus ist. Eine Verkündigung, die sich zur Begründung ihrer paternalistischen, autoritären, heteronomen Tendenz auf das Bedürfnis der Hörer nach abhängiger Geborgenheit, nach Sicherheit (securitas), nach Ordnung und konkreter Weisung, nach Erleichterung und Delegierung der Verantwortung beruft, sie ist es, die sich dem „Schema der Welt" gleichmacht und anpaßt und so dem eigentlichen Willen des Evange-

[25] Bd. 4, Stuttgart 1942, S. 919.

liums nicht gerecht wird. Dies gilt in erster Linie aus theologischen Gründen, die heute in vielem unter einem anderen Aspekt in der tiefenpsychologischen Kritik gleichsam übersetzt erscheinen.

Die Aufgabe, Gottessymbole in eine schöpferische Relation zu unserer gewandelten sozialen Erfahrung zu bringen und sie darin, der eigentlichen Tendenz des Evangeliums entsprechend, vor einem statischen Mißverständnis zu schützen und sie funktional und dynamisch auszulegen, betrifft nun nicht nur das Symbol Gott als Vater, das hier nur als wichtiges Beispiel durchexerziert wurde, davon sind in gleicher Weise auch andere Symbolisierungen wie Herr, König, Hirt usw. betroffen ... Darunter gibt es möglicherweise eben auch Symbole, die nicht mehr lebendig sind und auch durch keinen kunstvollen liturgischen Ton und keine gewandte Kanzelrhetorik krampfhaft am Leben erhalten werden können. Wo man sich hier ängstlich und starrköpfig an veralteten Namen festhält, haben es wohl der Prediger und die Gemeinde nur noch nicht bemerkt, daß Jesus nicht hier, nicht im Grabe, sondern in Galiläa, vorne in der Zukunft ist. Sie suchen stattdessen den Lebendigen immer noch bei den Toten. – An dieser Stelle nur noch ein Hinweis auf das Symbol Herr = Kyrios. Von Anfang an sollte in ihm nicht eine statische, sondern eine dynamische Wirklichkeit gekennzeichnet, zu Wort und Bewußtsein gebracht werden. Jesus – der Herr ist eine Kampfansage gegen andere Herren. In ihr spricht sich der Glaube an die Entmächtigung der Mächte und an die Befreiung des Menschen zu der ihm zugedachten und zugeeigneten, selbstverantwortlichen Herrschaft über die Welt, die nun bloße Welt ist, aus. Die Tyrannei des Gesetzes, der stoicheiai, der Götzen ist nicht von einer neuen Tyrannei abgelöst worden, es hat sich nicht ein bloßer Namenswechsel der Herren für den Glaubenden vollzogen, als sei Gott einfach an die Stelle der alten Tyrannen getreten, als habe sich aber an der Tyrannei selbst nichts geändert. „Domini sumus", das gilt eben gerade auch „in nominativo". Und das „in genitivo" hat sein Ziel darin, daß es dieses „domini in nominativo" schafft und in Schutz nimmt. Es ist die Frage, ob dieser dynamisch-funktionale Aspekt im Zusammenhang unserer sozialen Erfahrung noch mit dem Symbol Gott als Herr angemessen zur Sprache, zu Bewußtsein und Wirksamkeit kommen kann, ob hier nicht ein neuer Name erforderlich wird, ob hier nicht die Mahnung Harvey Cox' ihr Recht hat, „statt starrköpfig an veralteten Namen zu hängen oder ängstlich neue zu entwerfen, wie Mose einfach das Werk in Angriff zu nehmen, die Gefangenen in die Freiheit", die Unmündigen in die Mündigkeit, die Ängstlichen in das Vertrauen, die Lieblosen in die Liebe, die Hoffnungslosen in die Hoffnung „zu führen im Vertrauen darauf, daß uns ein neuer Name geschenkt wird durch die Ereignisse der Zukunft hindurch".

Die Tiefenpsychologie kann die theologische Kritik an christlicher Verkündigung nicht ersetzen. Es liegt aber auf der Hand, daß die Themen, auf denen die größte Aufmerksamkeit tiefenpsychologischer Kritik ruht, in anderer Begrifflichkeit, unter anderen Namen schon immer die theologische Debatte bestimmt haben. Der Theologe, der gelernt hat, ohne Affekte und Vorurteile der Psychoanalyse gegenüber zu treten und die methodische, wissenschaftliche Kommunikation mit ihr aufzunehmen, wird dankbar sein für die Erwägungen dieses Gesprächspartners, die ihn aufmerksam machen darauf, daß sich hinter christlichen Selbstverständlichkeiten und Unbefragtheiten nicht nur theologische Verhärtungen, Vorurteile, Überinterpretationen und Ideologien verbergen, sondern eben auch Vorverständnisse, Gestimmtheiten, Bedürfnisse, Ängste und Ideologien, die ihre Wurzeln im psychischen Erleben besitzen. Der Theologe wird gehindert sein, teilzunehmen an jenem tiefen Widerstand, den der Einzelne wie die Gesellschaft dem therapeutischen Bemühen der Psychoanalyse um Ausweitung des Raumes menschlicher Bewußtheit, Verantwortlichkeit und Freiheit entgegensetzt. Wenn es stimmt, daß die Säkularisierung ihren Ansatz im Glauben selbst hat, dann wird auch der Theologe Einspruch erheben müssen gegen eine Predigt, eine Gebetspraxis, eine liturgische Sprache, die angeblich um des Glaubens willen gerade diese Säkularisierung aufhalten möchte und die darin ermöglichte und beschlossene Entwicklung zu freierer Vernünftigkeit, Sachlichkeit, Verantwortlichkeit in einer weltlichen Welt zu diffamieren nicht unterlassen kann. Daß die kritische Theologie bisher weithin so ohnmächtig gegenüber kirchlicher Predigt-, Gebets- und Gottesdienstpraxis war, hat sicher mit dazu beigetragen, daß sich die tiefenpsychologische und sozialpsychologische Kritik an christlicher Frömmigkeit heute so heftig zu Wort meldet und sich bis zu jener extremen Schärfe in dem Vorwurf steigern konnte, Glaube sei gleichsam ein psychisches, neurotisierendes und neurotisches, unmündiges, unreifes Verhalten beförderndes und fixierendes Opiat. Ob die These von der gegenseitigen Ausschließlichkeit von Ichautonomie und christlicher Existenz zum letzten Wort in der Auseinandersetzung zwischen Tiefenpsychologie und Theologie werden muß, ob mit dieser fatalen Alternative die Kommunikation zwischen den beiden Gesprächspartnern abbrechen muß, eine Kommunikation, die sträflich lange versäumt wurde und heute erst in zarten, aber doch hoffnungsvollen Anfängen steht, dies zu verhindern scheint auch eine der vordringlichsten Aufgaben theologischer Arbeit in der Gegenwart zu sein.

Originaltitel und Fundorte übersetzter und nachgedruckter Beiträge

Thomas W. Klink: A Perspective of Depth in Pastoral Work. Aus: Th. W. Klink: Depth Perspectives in Pastoral Work, Englewood Cliffs, N.J.: Fortress Press, 1965, S. 18–32.

Helmut Harsch: Die Bedeutung des tiefenpsychologischen Schuldverständnisses für die Theologie. Aus: Wege zum Menschen. 17. Jg., 1965, S. 159 bis 171.

Yorick Spiegel: Der Prozeß der Trauer. Aus: Wege zum Menschen. 24. Jg., 1972, S. 1–14.

Kurt Niederwimmer: Tiefenpsychologie und Exegese. Aus: Wege zum Menschen. 22. Jg., 1970, S. 257–272.

Dietrich Stollberg: Seelsorge und Psychotherapie. Aus: Pastoraltheologie. 58. Jg., 1969, S. 396–405.

William E. Hulme: Corporate Body in the Lord's Supper. Aus: W. E. Hulme: Pastoral Care Come of Age, Abingdon Press, 1970, S. 85–101.

Reinmar Tschirch: Tiefenpsychologische Erwägungen zum Charakter christlichen Lebensgefühls und kirchlicher Predigt. Aus: Wege zum Menschen. 21. Jg., 1969, S. 257–272.

Hinweise zu den Autoren

Peter Frör, geb. 1942 in München. 1962 Studium der Theologie in Erlangen, Heidelberg, Tübingen. 1967 ökumenisches Stipendium für das Studium der Pastoralpsychologie in San Anselmo/Californien. 1968 Vikar in Starnberg. Seit 1972 Krankenhauspfarrer in Bethel und Studienleiter am Zentrum für Klinische Seelsorgeausbildung Bethel. Mit der Durchführung der „Seminarkurse der EKD für Krankenhausseelsorge" beauftragt.

Helmut Harsch, geb. 1929 in Calw. Dr. theol. Studium in Erlangen und Tübingen und am Richmond-College in London. Dann Studium der Tiefenpsychologie und Psychotherapie in Stuttgart. 1955–1962 pfarramtliche Tätigkeit im Gemeindedienst und Religionsunterricht. 1962 wissenschaftlicher Assistent für Praktische Theologie in Tübingen. Seit 1965 Leiter der Ev. Erziehungs-, Ehe- und Familienberatung in München und Lehrbeauftragter für Pastoralpsychologie an der Ev. Theol. Fakultät der Universität München. Mitglied der „Deutschen Gesellschaft für Psychotherapie und Tiefenpsychologie" und der „Deutschen Gesellschaft für Pastoralpsychologie".
Das Schuldproblem in Theologie und Tiefenpsychologie, Heidelberg 1965; (Hg.) Seelsorge als Lebenshilfe, Heidelberg 1965; (Hg.) Das neue Bild der Ehe, München 1969; (Hg.) Versuche mehrdimensionaler Schriftauslegung, München 1972.

William E. Hulme, geb. 1920. Studium der Theologie am Evangelical Lutheran Theological Seminary in Columbus; klinisch-religions-psychologische Ausbildung an der Boston University. Später unter anderem Studentenpfarrer am Wartburg College und an der Oxford University, Professor für Pastoraltheologie und Pastoral Counseling am Wartburg College, an der Divinity School of the University of Chicago, am Institute of Religion of the Texas Medical Center und am Lutheran Theological Seminary in St. Paul, Minnesota.
Zahlreiche Veröffentlichungen in psychologischen und theologischen Zeitschriften. Von seinen Büchern sind am bekanntesten: How to Start Counseling, New York 1955; Counseling and Theology, Philadelphia 1956; The Pastoral Care of Families, New York 1962; The Dynamics of Sanctification, Minneapolis 1966; Dialogue in Despair, New York 1968.
William E. Hulme wurde im deutschen Sprachraum erstmals von Dietrich Stollberg vorgestellt, vgl. Seelsorge praktisch, 2. Aufl. Göttingen 1970, 51–70.

Thomas W. Klink, gest. 1970. Studium der Theologie am Chicago Theological Seminary und klinisch-pastoralpsychologische Ausbildung am Elgin State Hospital unter der Supervision von Anton T. Boisen, dem Begründer des Clinical Pastoral Training. Später unter anderem Seelsorger, Supervisor und Leiter der Abteilung für „Religion and Psychiatry" an der Menninger Foundation in Topeka; Vorsitzender des „Council for Clinical Training", Herausgeber der Zeitschrift „The Journal of Pastoral Care".

Viele und verschiedenste Arbeiten, unter anderem: Supervision, in: Ch. R. Feilding, Education for Ministry, Dayton 1966; The Ministry as Career and Crisis, in: Pastoral Psychology 1969; Preface for a Pastoral Theology of Ministry to the Dying, in: W. B. Oglesby, The New Shape of Pastoral Theology, New York 1969.

Zur Gesamtkonzeption von Klink vgl. vor allem Dietrich Stollberg, Seelsorge praktisch, 2. Aufl. Göttingen 1970, 71–85; zur Bibliographie vgl. The Journal of Pastoral Care 1971, 47–50.

Kurt Niederwimmer, geb. 1929 in Wien, 1962 Doz., 1967 a. o. Professor für Neues Testament an der Universität Wien.

Der Begriff der Freiheit im Neuen Testament, Berlin 1966; Jesus, Göttingen 1968. – Aufsätze, bes. in: Zeitschrift für neutestamentliche Wissenschaft; Theologische Zeitschrift, Basel; Kerygma und Dogma.

Hans-Christoph Piper, geb. 1930 in Hirschberg/Schlesien. Studium der Theologie in Göttingen, Heidelberg und Amsterdam, Promotion zum Dr. theol. in Göttingen 1964. Ausbildung zum Supervisor für klinische Seelsorgeausbildung bei W. Zijlstra (Amersfoot). Seit 1970 Klinikpfarrer an der Medizinischen Hochschule Hannover und Supervisor am Pastoralklinikum (Zentrum für klinische Seelsorgeausbildung).

Klinische Seelsorgeausbildung. Berliner Hefte für evangelische Krankenseelsorge Nr. 30, hg. vom ev. Konsistorium Berlin-Brandenburg, 2. Aufl. Berlin 1973; Gesprächsanalysen, Göttingen 1973. – Aufsätze zur oekumenischen Theologie, zur Hymnologie und Seelsorge.

Fritz Riemann, geb. 1902 in Chemnitz. Ausbildung in Psychoanalyse in Berlin, erst dort, nach dem Krieg in München freipraktizierender Psychoanalytiker. Dozent und Lehranalytiker am Institut für Psychologische Forschung und Psychotherapie in München.

Grundformen der Angst, 8. Aufl. München 1973. – Aufsätze in Fachzeitschriften und Sammelbänden.

Richard Riess, geb. 1937. Dr. theol. 1958–61 Studium der Diakoniewissenschaft (mit dem Schwerpunkt in Psychosomatik und Sozialmedizin) und 1957–63 Studium der Theologie. 1963/64 klinisch-pastoralpsychologische Ausbildung in Chicago und Boston. Gemeindepraxis in München. 1967 wissenschaftlicher Assistent in der Praktischen Theologie mit Lehrauftrag für Pastoralpsychologie an der Universität Erlangen-Nürnberg. 1972 Supervisor am Seminar für therapeutische Seelsorge in Frankfurt am Main mit Lehrauftrag für Pastoralpsychologie am Theologischen Seminar in Friedberg. Seit 1973/74 Dozent für Pastoralpsychologie am Pastoralkolleg der Evang.-Luth. Kirche in Bayern.

Psychologische Erwägungen zur Perikope von der Versuchung Jesu, in: Wege zum Menschen, 22. Jg., 1970, 275–281; Zur pastoralpsychologischen Problematik des Predigers, in: Dietrich Stollberg (Hg.), Praxis Ecclesiae, München 1970, 295–321; Zur Analyse der poimenischen Ausbildung und zur Aufnahme des Clinical Pastoral Training, in: Deutsches Pfarrerblatt, 71. Jg., 1971, 277–279; Seelsorge. Orientierung, Analysen, Alternativen, Göttingen 1973. – Daneben Gutachten, Predigtstudien, Rezensionen.

Joachim Scharfenberg, geb. 1927. Studium der Theologie und Psychologie. Dr. theol. CPE in den USA. Ausbildung zum Psychoanalytiker am Berliner Psychoanalytischen Institut. Gemeinde- und Krankenhauspfarrer. Leiter der Evangelischen Beratungsstellen in Berlin und Stuttgart. 1967 Lehrbeauftragter an der Universität Tübingen. 1971 Ordinarius für Praktische Theologie an der Universität Kiel.

Sigmund Freud und seine Religionskritik, 3. Aufl. Göttingen 1973; Religion zwischen Wahn und Wirklichkeit, Hamburg 1972; Seelsorge als Gespräch, Göttingen 1972. Schriftleiter von „Wege zum Menschen".

Yorick Spiegel, geb. 1935 in Düsseldorf. 1955 Studium der Theologie in Hamburg, Göttingen und Bonn. 1961 Assistent an der Kirchlichen Hochschule in Berlin. 1966 Th. M. Harvard Divinity School. 1967 Promotion und Pfarrdienst in Rheinhausen und Essen. 1972 Habilitation für das Fach Praktische Theologie in Bochum. Seitdem Dozent im Fachbereich Religionswissenschaften Universität Gießen.

Theologie der bürgerlichen Gesellschaft, München 1968; Die Kirche als bürokratische Organisation, München 1969; Der Pfarrer im Amt, München 1970; (Hg.) Pfarrer ohne Ortsgemeinde, München 1970; (Hg.) Psychoanalytische Interpretationen biblischer Texte, München 1972; (Hg.) Erinnern, Wiederholen, Durcharbeiten – Zur Sozialpsychologie des Gottesdienstes, Stuttgart 1972; Der Prozeß des Trauerns, 2 Bände, 1973; Zus. mit Otto Seeber (Hg.), Behindert, Süchtig, Obdachlos – Projektarbeit mit Randgruppen, 1973. – Aufsätze zur praktischen Theologie, insbes. zur Kirchensoziologie und zur Beratung.

Hermann Stenger, geb. 1920 in München. 1951 Kath. Ordensgeistlicher (Redemptorist). 1954 Diplom in Psychologie. 1961 Dr. phil. 1965 Abschluß der tiefenpsychologischen Zusatzausbildung in Wien. Seit 1955 Lehrtätigkeit an der phil.-theol. Hochschule in Gars am Inn, seit 1966 auch an der Theol. Fakultät in Innsbruck (Pastoralpsychologie). 1969 Honorarprofessor für Pastoralpsychologie in Innsbruck. Seit 1972 Vorstandsmitglied der Deutschen Gesellschaft für Pastoralpsychologie (DGfP). Beratungstätigkeit für Angehörige kirchlicher Berufe. Gruppendynamisch orientierte Kurse im Rahmen der Fort- und Weiterbildung von Priestern, Religionslehrern, Ordensangehörigen.

Wissenschaft und Zeugnis. Die Ausbildung des katholischen Seelsorgeklerus in psychologischer Sicht, Salzburg 1961 (Dissertation); Gefährdete Antwort. Psychologische Probleme des Ordensberufes, 2. Aufl. Freiburg i. Br. 1964; Der Glaube im Werden. Religionspsychologische und pastoralpsychologische Überlegungen, Freiburg i. Br. 1966; Zustimmung zum Veränderungsprozeß, in: J. Kerkhofs, H. Stenger, J. Ernst, Das Schicksal der Orden. Ende oder Neubeginn, Freiburg i. Br. 1971.

Dietrich Stollberg, geb. 1937. 1965 Ordination. 1968 Promotion. 1971 Habilitation für das Fachgebiet „Praktische Theologie". Psychotherapeutische Ausbildung u. a. bei Dr. theol. h.c. Dr. phil. Dr. med. V. E. Frh. von Gebsattel. Seit 1971 ordentl. Professor für Praktische Theologie mit Schwerpunkt Seelsorge an der Kirchlichen Hochschule Bethel.

Therapeutische Seelsorge, München 1969; Seelsorge praktisch, Göttingen 1970; Seelsorge durch die Gruppe, Göttingen 1971; Mein Auftrag – Deine Freiheit, Münchnen 1972; Nach der Trennung, München 1974. — Zahlreiche Aufsätze und Rezensionen in Fachzeitschriften, Lexika und Handbüchern.

Reinmar Tschirch, geb. 1932 in Berlin. 1950 Studium der Theologie und Lehrvikariat. 1958 Gemeindepfarrer in Cappel bei Marburg und Eschwege/Werra. Speziell Jugendarbeit und Arbeit mit Elterngruppen. Seit 1965 Arbeit an einer ev. Ehe-, Familien- und Lebensberatungsstelle (Kassel). Mitwirkung an Maßnahmen der psychologischen Pfarrerfortbildung. Hörer am Institut für Psychotherapie in Göttingen. Stellvertretender Vorsitzender der Ev. Konferenz für Familien- und Lebensberatung. Vorstandsmitglied der Deutschen Gesellschaft für Pastoralpsychologie.
Mit Kindern leben – Ein Elternbuch, Gütersloh 1972; Wie reden wir mit unseren Kindern von Gott?, 4. Aufl. Gladbeck 1971; Die Ehe und die Kinder, Gladbeck 1966; Christus in unserer Zeit – Das Christuszeugnis unseres Glaubensbekenntnisses dem Menschen von heute ausgelegt, 2. erw. Aufl. Kassel 1967. – Beiträge zu Fragen der Erziehungsberatung und Sexualpädagogik, in: „Wege zum Menschen".

Klaus Winkler, geb. 1934. Theologiestudium und Ausbildung zum Psychoanalytiker. Dr. theol. Seit 1963 als Pfarrer der Ev.-luth. Landeskirche Hannovers mit der Leitung einer psychologischen Beratungsstelle und mit Pastorenfortbildung beauftragt; daneben als Dozent und Lehranalytiker am Lehrinstitut für Psychotherapie und Psychoanalyse in Hannover tätig.
(Mit E.-F. Sievers) Pastoren von A–Y, Göttingen 1971. – Aufsätze über pastoralpsychologische Themen und zum Verhältnis von Psychotherapie und Seelsorge, in: „Wege zum Menschen" und „Wissenschaft und Praxis in Kirche und Gesellschaft".

Leo Zirker, geb. 1937 in Rheinzabern. Diplomtheologe; Mitarbeiter des Beratungsdienstes für kirchliche Berufe in München.